ΣBEST シグマベスト

高校入試

＼実力メキメキ／

合格ノート
中学歴史

中村充博 著

文英堂

はじめに

❶「もっているだけで合格する魔法の本」「努力せずに成績が上がる本」…
あったらいいですね。
でも，この本は「ちゃんと読まないといけないし，
いちいち書かないといけない本」です。
もとは塾の授業用のプリントです。
とくに入試対策問題演習の解説などで使っているもので，
中でも「これだけは！」というものを集めた，
受験用書き込み型決戦テキストです。
なお，この本は，問題集ではありません。
いちばんの問題集は過去問だと思います。

❷**社会科に天才はいない。**
ひらめきで解けるものではありません。
「なんにも知らないけどできた」そんなことはありませんね。
もちろん思考力を試す問題もありますが，
それも前提となる知識がなければ解けません。
社会科は暗記科目です。
「わからない」というより，多くの場合「知らない」だけです。
「じゃあ一体，何をどこまで覚えればいいの？」とよく聞かれます。
社会科は範囲が広いですからね。

❸書き込み編に書き入れるときに，
赤色フィルターで消える色のペンで書くことをおすすめします。
そして，書き込み編を完成させて終わりではなく，
何度も何度も，くりかえしてください。
よく「ムリ～」と言う人がいます。
（気持ちはわかりますが…当たり前です。1回ではムリですよ）
でも，あきらめないで。
できない理由を考えるより，できる方法を考えよう。
たとえば，くりかえし書いたり，（声に出して）読んだり，
指さして確認したりしましょう。
道を覚える場合なども，何回か歩いているうちに
覚えられるのではないでしょうか？

❹**本の長所は，自分のペースですすめられること。**
欠点は，自分で始めなければ何も変わらないこと。
さあ，君の目標にむかって「学力補完計画」を遂行（すいこう）しましょう。

著者記す

本書の特長

講義テキスト 解説編 ＋ **整理ノート 書き込み編** ＝ 歴史が得意なら，さらに完全マスター！ 歴史が苦手でも，高校入試合格レベルへ！

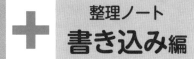

現役の塾講師による講義テキスト

- 日常学習から高校入試まで，中学歴史のポイントを総合的にカバーしています。
- 最重要ポイントは，徹底した反復トレーニングで確実に身につくようにしています。

自分で完成させる整理ノート

- 空らんを自分でうめる作業によって，書いて覚えることができます。
- 空らんの語句はすべて，解説編に同じ番号でのっています。

本書の使い方

❶ **書き込み編を完成させる** …… **書き込み編**の空らんの答えは，すべて**解説編**にのっています。❶，❷などの番号とてらし合わせれば，**書き込み編**の整理ノートは完成です。

❷ **トレーニングをする** …… 反復して練習することは，学力アップにとても効果があります。とくに重要なテーマには，何回も勉強できる**トレーニング**がついているので，自分の手で答えを書いてみることによって，重要点をマスターすることができます。

❸ **知識を確かめる** …… **解説編**では**赤色フィルター**で赤字の重要語をかくして，知識を確認することができます。入試の前には，通して読んでおくと総整理ができます。入試に出るポイントは，かざりわくの中に大きな文字で強調して書いてあります。知識を確かめる勉強に，大いに役立つはずです。

❹ **読んで勉強する** …… 単元ごとにはっきりと分かれていますから，必要なところだけを勉強できます。定期テスト，模擬試験などの前に，試験の範囲をしっかり読んでおきましょう。

解説編　　**書き込み編**

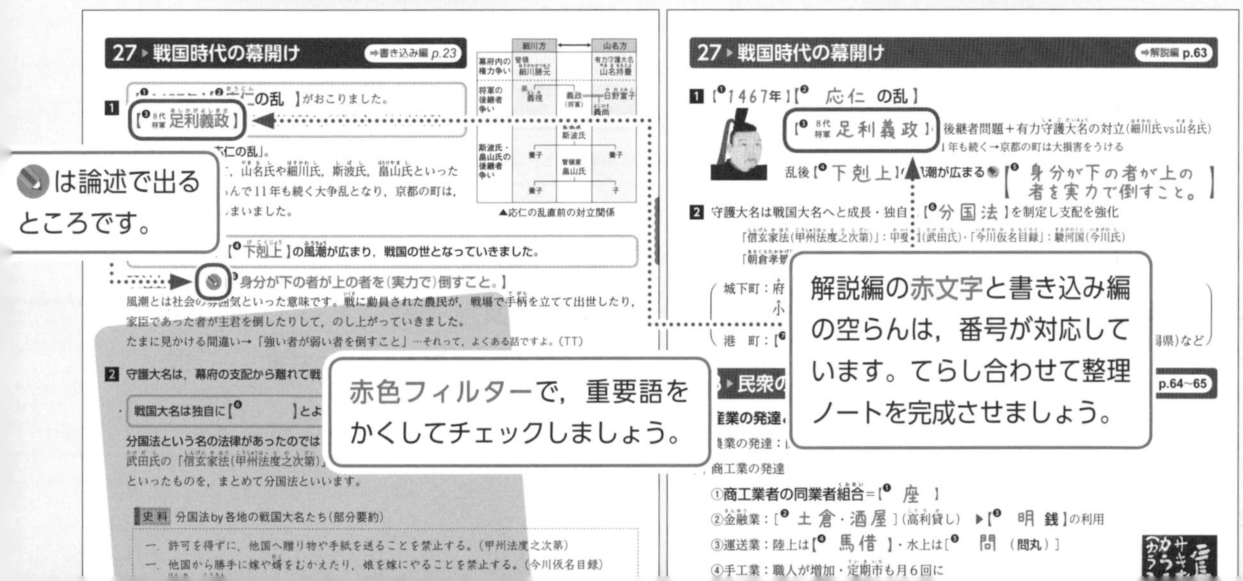

もくじ ▶解説編

◇学習を始める前に◇

❶ 略記号等について

B.C.	紀元前(きげんぜん)	A.D.	紀元後	遷都(せんと)	都を遷(うつ)すこと
米	アメリカ	独	ドイツ	露	ロシア帝国
英	イギリス	伊	イタリア	ソ	ソ連(ソビエト連邦)
仏	フランス	蘭	オランダ	ロ	ロシア連邦

❷ 世紀とは？ ⇨書き込み編 *p.4*

世紀とは[❶**100年**]をひとまとめにした表現です。
入試問題では「次のうち，17世紀のできごととして…」などと問われます。
世紀の数え方がわからないと，問題文の意味そのものがわからなくなります。

イエス＝キリストが生まれたとされる年を，元年＝(イコール)西暦１年とします。
０年ではありませんよ，１年です。「平成元年」も，平成１年のことですね。
「ビルの１階から３階まで行くのと，１階から地下３階まで行くのは，どちらが遠い？」
同じではありませんね。ビルに０階はありませんからね。西暦にも０年はありません。

ちなみに，イエスの誕生日は12月25日といわれています。そう，クリスマスですね。

[　**1年**]～[❷ **100年**]までの100年間が **1 世紀**
[❸ **101年**]～[❹ **200年**]までの100年間が **2 世紀**
[❺ **201年**]～[❻ **300年**]までの100年間が **3 世紀**
～中略～
[❼**1801年**]～[❽**1900年**]までの100年間が**19世紀**
[❾**1901年**]～[❿**2000年**]までの100年間が**20世紀**
[⓫**2001年**]～[⓬**2100年**]までの100年間が**21世紀**となります。

☆**問題です**☆
① 239年＝[　　**世紀**]　② 794年＝[　　**世紀**]　③1573年＝[　　**世紀**]
④1603年＝[　　**世紀**]　⑤1192年＝[　　**世紀**]　⑥1600年＝[　　**世紀**]

ヒント：頭の数字に１を足すと求めることができます。(1297年なら12＋1＝13世紀)
ただし，下２ケタが00の場合は注意が必要。2000年は，20世紀最後の年ですね。

あるいは「100円玉」だけを持って買い物に行ったとき，1338円の商品を買う場合，
100円玉をいくつ出しますか？ 14枚(1400円)ですね。(おつりが62円)
1867円の商品なら100円玉を19枚(つまり1867年＝19世紀)と考えます。
ちなみに，1600円の商品を買う場合は16枚なので，1600年＝16世紀と考えることができます。

☆答☆ ① 239年＝[**3 世紀**]　② 794年＝[**8 世紀**]　③1573年＝[**16 世紀**]
④1603年＝[**17 世紀**]　⑤1192年＝[**12 世紀**]　⑥1600年＝[**16 世紀**]

❸ 時代区分 ⇨書き込み編 *p.4*

高校受験をめざす皆さんは，すでにある程度の基本語句は知っていますよね？　たとえば

「**姫路城**」「**金閣**」「**正倉院**」「**東大寺南大門**」「**平等院鳳凰堂**」

どれも聞いたことのある語句だと思います。

では，古い順に並べ替えてください。――できますか？

ひとつひとつの語句は覚えているけれど，時代がゴチャゴチャだという人は多いと思います。

定期テストとは違って，入試ではいくつもの時代にまたがって出題されます。

突然ですが，問題です。

「次のうちで，AKB48のメンバーでないのは誰？」→〈a○○○奈　b□□□美　c△△△香　d樋口一葉〉

100年ほど時代が違うから簡単でしょう？(a～cは大人の事情(^^;))

では，次の問題にいきましょう。

「次のうち，鎌倉時代の人物でないのは？」→〈a後鳥羽上皇　b藤原純友　c藤原定家　d親鸞〉

200年以上も時代が違うから簡単でしょう？

(答：b＝939年，瀬戸内海で反乱。鎌倉時代は12世紀末からです。→**p.42**)

そこそこできる生徒とイマイチの生徒。知っている単語の量は，実はそれほど違いません。

ゴチャゴチャしていて「点数に結びついていない」からイマイチなのです。

「興味があることなら覚えられるんですけど…」と言いたい気持ち，わかります。誰でもそうですから。

私がジャニーズの区別がイマイチなのと同じですね。

でも，どうしても覚えないといけないことがあります。

算数で九九を覚えていないのに，三角形の面積を求めるのは無理ですよね。社会科も同じです。

まず，時代の順番を覚えていますか？

これを覚えないと，ひたすらムダな努力を重ねることになってしまいますよ。

語句だけ覚えても何時代かがわからない，何となく程度の知識なんて，入試では使えません。

「え～ムリ～」が口ぐせの人！　ノートに10回書いて，声に出して20回読みなさい。

⑬ 古代							⑭ 中世			⑮ 近世	⑯ 近現代			
⑰ 旧石器時代	⑱ 縄文時代	⑲ 弥生時代	⑳ 古墳時代	㉑ 飛鳥時代	㉒ 奈良時代	㉓ 平安時代	㉔ 鎌倉時代	㉕ 室町時代	㉖ 安土桃山時代	㉗ 江戸時代	㉘ 明治時代	㉙ 大正時代	㉚ 昭和時代	平成・令和

※日本史の場合は，旧石器時代の次は縄文時代となります。
　世界史の場合は，「新石器時代」という磨製石器の時代になります。

※古墳時代と飛鳥時代は，明確に区分しにくい。
　「さあ今日から飛鳥時代だ」といえる画期的なできごとは，とくにありません。

※室町時代の後半は，戦国時代となります。1467年の応仁の乱のころからです。

※安土桃山時代は，
　一般的には，織田信長が室町幕府を滅ぼした(1573年)ころから，江戸幕府の成立(1603年)までをいいます。
　ただしこの本では，より理解しやすいように，信長の時代をすべて安土桃山時代に含めています。

❹ 各時代のおもなできごと ⇨書き込み編*p.5*

あなたが中学３年生なら，まずこのページを完全に暗記してから，次にすすむことをオススメします。

飛鳥時代	代表的人物は冠位十二階・十七条の憲法・遣隋使派遣・法隆寺の聖徳太子。 645年，中大兄皇子(天智天皇)と中臣鎌足が蘇我氏を倒し，大化の改新を始める。 672年，壬申の乱に勝利した大海人皇子(天武天皇)が改革， 妻の持統天皇は藤原京を造営。701年，大宝律令を制定。
奈良時代	710年，平城京。代表的人物は東大寺大仏・正倉院の聖武天皇。 この時代の文化を天平文化という。 口分田が不足したため，743年，墾田永年私財法が出され，荘園が発生した。
平安時代	794年，平安京。都を遷したのは桓武天皇。 894年，遣唐使が停止される。 中期には藤原氏が権力をにぎり，摂関政治をおこなう。このころ，国風文化が花開く。 末期になると平清盛が政権をにぎり，日宋貿易をおこなった。
鎌倉時代	1192年，征夷大将軍に任ぜられた源頼朝が，鎌倉幕府初代将軍となった。 まもなく北条氏が幕府の実権をにぎった。これを執権政治という。 1221年，承久の乱に勝利し，御成敗式目(1232)を制定するなど武家政権を確立。 しかし元寇(モンゴル軍の襲来)をきっかけに幕府は衰退。
建武の新政～ 南北朝時代	鎌倉幕府の滅亡後，後醍醐天皇が建武の新政をおこなう。 しかし，すぐに足利尊氏と対立して，奈良の吉野に朝廷(南朝)を開く。 京都の北朝(室町幕府)との対立(南北朝時代)は，1392年まで続く。
室町時代	1338年，北朝の天皇から征夷大将軍に任ぜられた足利尊氏が，幕府を開く。 金閣で知られる足利義満は南北朝合一を実現，また勘合貿易をおこなう。 このころの文化を北山文化という。 銀閣で知られる足利義政の後継者争いから，1467年，応仁の乱がおこる。 このころの文化を東山文化という。 1573年，織田信長が将軍の足利義昭を追放，室町幕府を滅ぼす。
安土桃山時代	安土城，楽市・楽座で知られる織田信長が，本能寺の変で暗殺されると， 豊臣秀吉が天下を統一し，太閤検地，刀狩，朝鮮出兵をおこなう。 このころスペイン・ポルトガルと南蛮貿易がおこなわれた。
江戸時代	1600年，関ヶ原の戦いに勝利し，1603年，江戸幕府を開いたのが徳川家康。 大阪の陣で豊臣氏を滅ぼし，大名を統制するため武家諸法度を制定。 鎖国が完成するまで，朱印船貿易がおこなわれる。 徳川家光は参勤交代を制度化し，幕藩体制を確立。 生類憐みの令を出し，犬将軍といわれた徳川綱吉のころの文化を元禄文化という。 徳川吉宗が享保の改革をおこない，ワイロ政治家といわれた田沼意次をへて， 松平定信が寛政の改革をおこなう。 江戸時代の後半の文化を化政文化という。 水野忠邦が天保の改革をおこなう。 1853年，ペリーが浦賀(神奈川県)に来航し，幕末の動乱期となる。 1867年，大政奉還をおこなった最後の将軍が徳川慶喜。

1章 原始～古代の世界

1 ▸ 人類の誕生

➡書き込み編 p.6

・人類誕生の時期は，**約700万～ 600万年前**。諸説あります。
最古とされるのはトゥーマイ猿人(サヘラントロプス＝チャデンシス)ですが
現在も研究がすすめられているので，どんどんさかのぼることになるでしょう。

・場所は[❶アフリカ**大陸**]です。
森林の消失など，なんらかの原因で，草原での生活を始めた類人猿は，ヒョイと立ちあがりました。
身をかくす森林がなくなり，周囲を警戒して遠くを見渡したのでしょう。
すると，両手が自由になりますね。何かをつかみ，もちあげ，運ぶことができるようになります。
このようにして**直立二足歩行**をし，**道具**を使うようになったと考えられています。

・**猿人**：約700万年前に出現。トゥーマイ猿人や【❷アウストラロピテクス 】が代表的。

石を打ち欠いてつくった**打製石器**を使用しました。
もちろん木製の道具なども使ったのでしょうが，大昔のことなので残っていません。

・**原人**：約200万年前に出現。[❸ジャワ**原人**][❹ペキン**原人**](北京原人)が代表的です。

ジャワは現在のインドネシアです。ジャワカレーとか，聞いたことがありますね。

・**旧人**：約60万年前に出現。約20万年前には，**ネアンデルタール人**が出現。

埋葬の風習がみられることから，時間の観念をもつようになったと思われます。

おまけ えっ時間？ と思われるかもしれませんが，とても大きな進歩です。なぜなら，犬や猫などに，明日とか未来という観念はないといわれているからです。明日のテストのことや，入試のことを考えて悩むのは，人間だけです。以前の人類も，夜が明けて朝になったことは，時間の経過というより，世界が変化したととらえていたのかもしれませんね。

・**新人**：約３万年前，【❺クロマニョン**人** 】があらわれました。

現在の人類の直接の祖先。クロマニョンは発見されたフランス南部の地名です。

・豊猟などを願って洞穴に描いた絵が発見されています。
洞穴美術として，スペインの[❻アルタミラ]・フランスの[❼ラスコー]が知られています。
美術の時間に習ったかな？ （洞穴美術・洞穴壁画と書いた場合は「ほらあな」ではなく「どうけつ」と読みます）
・アルタミラの壁画は，５歳の女の子が，地主である父に連れられて洞穴に入って見つけたという
エピソードがあります。「パパ，牛がいるよ」って感じだったのかな。

参考 世界史上では，
打製石器を使用していたころを**旧石器時代**といいます。
磨製石器や土器が使用された時代を**新石器時代**といい，日本ではおおむね**縄文時代**に相当します。

2 ▸世界の古代文明

➡書き込み編 p.6~7

・川と文明の発達は，切り離せません。それぞれの位置と河川名は，セットで覚えましょう。
「地理はニガテ」なんて言っている場合ではないですよ。

【A メソポタミア文明】(メソポタミア＝「川にはさまれた地域」という意味)

・【❶チグリス川・ユーフラテス川】にはさまれた，現在の[❷イラク]にあたる地域です。

チグリス川は，ティグリス川とも書きます。両河川はペルシャ湾へ注ぎます。

・メソポタミア文明の文字は【❸くさび形文字】(楔形文字)。

粘土板に小枝などを押しつけてできる三角形のへこみから生まれた文字で，
楔(くさび)のような形をしていることから，こうよばれます。

・その文字で書かれた法律が，バビロニア王国の
[❹ハンムラビ法典](ハムラビ法典)です。
「目には目を，歯には歯を」の部分がよく知られています。

・[❺60進法]は，時計などがそうですね。七曜制も現在にうけつがれています。
太陰暦は，月の満ち欠けをもとにした暦です。
潮の干満を知ることができるもので，現在も漁師さんが使っています。
また，メソポタミアでは，麦からつくったビールのような酒も飲んでいたそうです。

・イギリスなど西ヨーロッパからみて東，エジプトやメソポタミア地方のことを
オリエントといいます。「太陽の昇る土地」という意味です。

【B エジプト文明】

・エジプト文明は【❻ナイル川】流域。ナイル川は，世界最長の川です。

下流域のデルタ(三角州)地帯では，定期的に洪水がおこるのですが，
この洪水によってもたらされた肥沃な土が農耕文明をはぐくみました。
「エジプトはナイルの賜物(ナイル川のおかげ)」といわれます。

・また土地を測量するために数学や，季節を知り農耕をおこなうために天文学が発展しました。

・エジプト文明の文字は【❼象形文字】(絵文字)。ヒエログリフ(神聖文字)は有名です。

ナポレオン(→**p.115**)がエジプト遠征の際にもち帰った石碑(ロゼッタ=ストーン)などから
研究がおこなわれ，解読されています。
右にあげた文字は「クレオパトラ」と読みます。
エジプトの象形文字は，アルファベットのもととなった文字です。

・[❽太陽暦]は，１年を365日とする暦です。現在の暦のルーツとなっています。

【C インダス文明】

・インダス川とガンジス川を，右や左(東や西)で覚えておくと混乱することがあります。
イラク・イランに近い方がインダスと「イ」つながりで覚えるといいでしょう。
インド(左中右)と書いた場合，イが左になりますよね。イが左＝インダスが左です。

・**インダス文明の文字は［❾インダス文字］**という象形文字です。
代表的遺跡は［❿モヘンジョ＝ダロ遺跡］やハラッパー遺跡です。
モヘンジョ＝ダロ(モヘンジョ・ダロ)遺跡は現在の**パキスタンに位置します**。

・このように，都市文明が栄えていましたが，

B.C.1500年ころ［⓫**アーリヤ人**］(アーリア人)が侵入，先住民を征服しました。
このころにつくられた厳格な身分制度が，**インドの身分制度【⓬カースト制度】**の原型です。

【D 中国文明】**黄河(こうが)文明**ともいいます。(長江(ちょうこう)文明とあわせて中国文明)

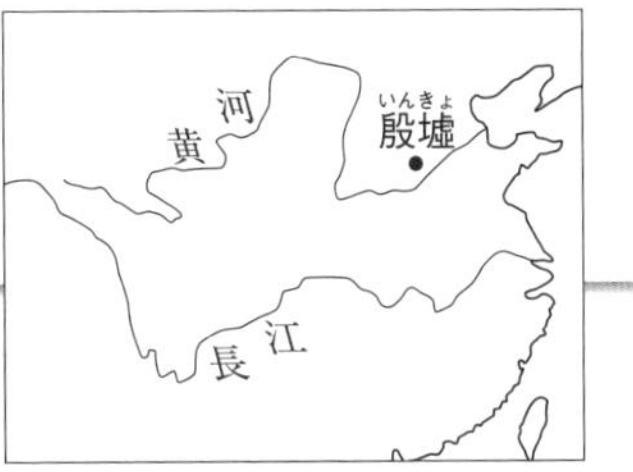

・**地図をみて，黄河(こうが/ホワンホー)と長江(ちょうこう/チャンチアン)の区別をしてください。黄河は北です。**

・(細かいことをいえば)**下流ではなく「黄河中・下流域」**です。
(現在確認できる)**最古の中国の王朝は【⓭殷(いん)】**です。
(殷王朝の跡から)**亀(かめ)の甲羅(こうら)や鹿(しか)の肩甲骨(けんこうこつ)に刻まれた【⓮甲骨(こうこつ)文字】**が発見されました。

甲骨文字は漢字のルーツとなった文字です。
この文字を刻んだ甲羅を火で焼く占(うらな)いで，政治がおこなわれていたようです。
殷の時代には**青銅器(せいどうき)**も使われていました。

・**黄河流域は，稲作(いなさく)ではなく畑作(はたさく)が中心です。**
選択問題で「稲作がおこなわれていた黄河流域では…」という選択肢(し)があれば，誤りの文です。
地理の知識も活用してください。

・**中国王朝の歌は「もしもしカメよ♪」のリズムで歌って覚えましょう。**
(「キラキラ星」でも可。キラキラ光る夜空の星よ♪に続いて，インシュウシンカンサンゴクシン…＾＾)
(　)は高校入試では出てきませんが，リズムがいいのでそのまま歌ってください。
五代十国(ごだいじっこく)とは，50年ほどの間に，中国北方で5王朝，南方などで10あまりの地方政権が次々とおこっては，滅(ほろ)びていった時代のことです。(高校の世界史で習います)
歌うときは「ごーだい♪」としましょう。

いん・しゅう・しん・かん・さんごく・しん♪ なんぼくちょー・ずい・とう・ごーだい♪ そー・げん・みん・しん・ちゅーかみんこく♪ ちゅーうかじんみんきょーわこく♪	殷→周→秦→漢→三国→(晋)→ 南北朝→隋→唐→(五代十国)→ 宋→元→明→清→中華民国→ 中華人民共和国♪

・周のころには王の権威が低下し，戦乱の時代(⑮春秋・戦国時代)が始まりました。
この戦乱の時代にあって，どうすれば平和な世の中になるのか？
と，さまざまな思想家が考えをめぐらせました。その１人に，

儒学(儒教)の祖となった【⑯孔子】がいます。くわしくは後述します。(→p.106)

・ 周の次は【⑰秦】。B.C.221年，はじめて中国を統一したのが【⑱始皇帝】です。

「お前(B.C.)はじ(2)じ(2)い(1)，始皇帝」。
長さや量などの単位や貨幣も統一しました。「皇帝」という称号も始皇帝のつくったものです。

・ **始皇帝は【⑲万里の長城】を修築しました。**

[**北方の騎馬民族の中国侵入をふせぐためのもの**]です。
以前から建設はすすめられていたのですが，秦の時代に修築。(一応，完成ともいえるでしょう)
のちの王朝も建設を続け，現在みることができる長城は，明の時代に完成したものです。

・**秦の始皇帝の墓は，兵馬俑で有名です。**
副葬された，本物の人間(兵士)や馬そっくりの人形です。リアルな埴輪といった感じかな。

・ **秦の次は【⑳漢】です。** (漢は，クーデターによって別の国がたてられた時代をはさみ，前漢と後漢に分けられるのですが，今は気にしなくてもかまいません)
漢とローマ帝国を結ぶ交易路は【㉑シルクロード】。(「絹の道」という意味)
中国産の絹製品を【㉒ローマ帝国】に運んだ道です。

漢は，朝鮮半島に楽浪郡という支配地をもち，
当時「倭」とよばれた日本のことを記述した歴史書が残っています。(→p.16)

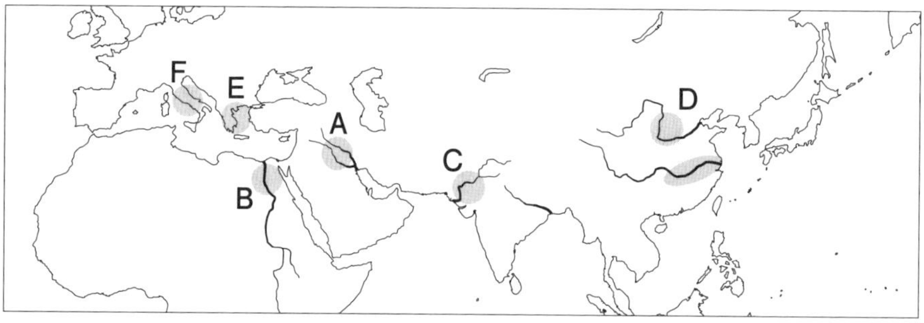

◀おもな古代文明の発生地

おまけ 資料集などに載っている古代エジプトの絵をみて，何か気づきませんか？
横顔ばかりでしょう？　一時期を除いて，エジプトでは同じ表現形式が続きました。伝統だそうです。伝統というからには，それなりの時間が必要です。安定した時代が続いたということです。メソポタミアと違ってエジプトは地形的に防衛しやすかったので，他民族の侵入をうけることも少なく，政治的に安定した時期が続きました。そうしたエジプトの風土が，来世や死後の世界への関心をはぐくんだといえます。
一方，民族の興亡がくりかえされたメソポタミアの文化には，もっと現実的な傾向がみられます。たとえば，ハンムラビ法典の「目には目を，歯には歯を」の部分は，「もし，目をつぶされても，相手の目をつぶすまでにとどめなさい(命までは奪うな)」として復讐の範囲を限定し，現実問題に対応するものと考えられています。
ミイラをつくったり，死後の世界のガイドブック(死者の書)までつくったりしたエジプトとは，雰囲気が違うでしょう？

[E ギリシャ文明]

(1) B.C.8世紀ころ，**ギリシャにアテネやスパルタといった都市国家[㉓ポリス]が成立しました。**
都市国家とは，町を中心につくった小さな国のことです。

・人口の多くを奴隷が占めていたスパルタでは，厳しい軍隊式教育がおこなわれていました。
奴隷の反乱をふせぐためです。（スパルタ教育って聞いたことありませんか？）

・B.C.5世紀ころ，**アテネでは18歳以上の男子市民による直接民主政治がおこなわれました。**
男子だけですよ。（もちろん奴隷は参加できません）

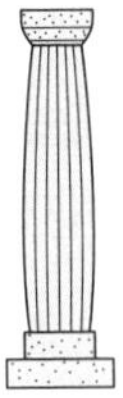

・**アテネの代表的建築は，パルテノン神殿です。**
この柱は，真ん中がややふくらんでいる**エンタシス**という技法が用いられています。
法隆寺の柱にも用いられており，古代の文化的交流がうかがえます。(→p.23)

・また，4年ごとに古代オリンピック（オリンピアの祭典）が開かれました。
ギリシャ人の民族の祭典で，戦争をしていてもこの期間中は中止されるほどでした。
マラトンの戦いでペルシャ（ペルシア）軍をやぶったことを知らせようと，アテネまで約40kmを走った兵士のエピソードから，マラソン競技が生まれました。（ペルシャ戦争は，高校の世界史で）

・アテネでは学芸がさかんで，ソクラテス，プラトン，アリストテレスといった哲学者が出ました。
「無知の知」とはソクラテスの言葉です。
知るということは，知らないということを自覚することから始まるということ。
何がわからないのかを知ることが，わかるということの出発点だということです。
また，「ピタゴラスの定理」（三平方の定理）のピタゴラスも古代ギリシャの人です。

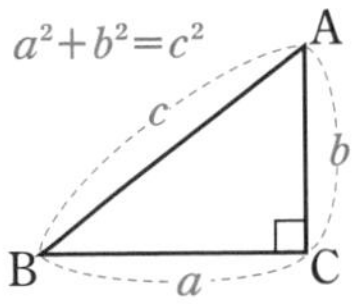

・なお，エジプト文明の象形文字から，フェニキア文字（フェニキア人は地中海交易などで活躍），
さらにギリシャ文字をへて，ローマ人のラテン文字[㉔アルファベット]が生まれました。

(2) B.C.4世紀，ギリシャの北にあったマケドニアの[㉕アレクサンドロス大王]（英語でアレキサンダー，アラビア語やペルシャ語ではイスカンダル）は，B.C.334年から，**東方への大遠征をおこないました。**
ペルシャを滅ぼして，エジプト，イラン，そしてインド近くにまでおよぶ**大帝国を建設しました。**
彼は民族の融和政策をとりました。
征服したからといって，宗教や文化をおしつけることはなく，自由にしてよいとしたのです。
これによって人々の交流がさかんになり，各地にギリシャ風の文化が広まりました。
ギリシャ文化とオリエント文化の融合によって生まれた文化を[㉖ヘレニズム]といいます。
ミロのビーナスは有名です。
また隣接するインドにも影響を与え，インドの人も仏像をつくるようになりました。
ガンダーラ地方（今のパキスタン付近）でつくられたので，ガンダーラ美術といいます。

・アレクサンドロス大王が32歳で亡くなると，帝国は分裂しました。
しかし，その功績はヨーロッパだけでなく，のちの世界全体に大きな影響を与えました。

[F ローマ文明] (→p.68)

(1) B.C.1世紀，ローマが地中海世界を統一。B.C.27年に，共和政から帝政に移りました。

(2) ローマは強大な政治力を背景に，ギリシャの文化を継承・発展させました。
学問や芸術ではギリシャにおよばなかったといわれますが，実用的な分野にすぐれ，
ローマ字，ローマ法，コロッセオ（コロッセウム。円形闘技場）や水道の建設などが有名です。

2章 日本の原始時代

3 ▸旧石器時代 ──?～1万年前ころ

➡書き込み編 p.8

(1) 旧石器時代の人々は，どうやって日本に来たのでしょう？　泳いだ？　イカダを使った？　いいえ，**日本列島は［❶氷河時代］(氷期)のためユーラシア大陸と陸続きでした。**

(2) **旧石器時代の研究のきっかけとなったのが【❷岩宿遺跡(群馬県)】の発見です。**

相沢忠洋が，関東ロームとよばれる赤土の火山灰の地層から打製石器を発見しました。

(岩宿の発見は，このころ日本に人は住んでいなかったという学説をくつがえしました)

・金取遺跡(岩手県)からは打製石器が，
港川遺跡(沖縄県)からは人骨が発見されています。

(3) **ナウマン象の化石が見つかったのが【❸野尻湖遺跡(長野県)】です。**

・旧石器時代の人々は，集団で象を追いこんで，湖で溺れさせて捕獲したと考えられています。

重要 歴史には地図が出る

「○○(事件や建物など)はどこか。地図中の記号で答えなさい」という問題はよくあります。
群馬県の岩宿遺跡，島根県の石見銀山遺跡，佐賀県の吉野ヶ里遺跡…
位置(都道府県名)とセットでおさえましょう。

・ところで，都道府県の場所がわからない人はいませんか？
都道府県の場所がわからないと，それだけでアウトになることがあります。

都道府県名は，必ず覚えましょう。

例題：次のできごとや建物などと関係のある場所を，地図中の記号で答えなさい。

(1) 鎌倉幕府
(2) 平等院鳳凰堂
(3) 安土城
(4) 元寇(モンゴル軍の襲来)
(5) 空海の金剛峯寺
(6) 中尊寺金色堂
(7) 加賀の一向一揆
(8) 足尾銅山

答 (1) う (2) き (3) え (4) く (5) お (6) あ (7) か (8) い
基本的な問題ですが，今はまだむずかしいかもしれませんね。
でも，地図と関連させた問題があることを意識しておくこと。

4 ▸ 縄文時代 ── 1万年前ころ〜B.C. 4世紀ころ

➡書き込み編 p.8

(1) **1万年前ころ，最後の氷期が終わり，海面が上昇して日本列島が形成されました。**
また，気候変動にともなって，ナウマン象などの大型動物が死滅し，
動きのはやい動物(キツネやイノシシなど)がふえました。

(2) 縄文時代は，まだ本格的な農耕はおこなわれず，人々は栗やドングリをひろったり，貝を集めたり，漁をしたりといった，**狩猟・採集生活を営んでいました。**

・石を磨いた**磨製石器**や弓矢，骨や角でつくった［❶**骨角器**］などが使われました。

・縄文時代には，**身分の差はほとんどなかった**と考えられています。
これは弥生時代以降の社会とは大きく異なります。

(3) **縄文土器**は，表面に縄目の模様があることからそうよばれます。
弥生土器などに比べると，ぶ厚いのですが，もろかったようです。黒っぽい色です。

(4) 縄文時代の家は【❷**竪穴住居**】。(「堅穴」は×ですよ)　竪

「たて穴住居」とも。奈良時代ころまで，一般的な庶民の住居の形でした。

(5) **縄文時代の，まじない用の人形は【❸土偶】です。**　偶

女性の形をしています。自然の恵みや，安産や多産を願ったものと考えられています。
縄文時代の精神生活をうかがい知ることができます。**埴輪と混同しないようにしましょう。**

土偶です

土偶です

埴輪です。
古墳のまわりや上に
並べられました

・**抜歯**という習慣がありました。何本かの歯を抜くのです。
成人の儀式と考えられていますが…痛そうですね。

・**屈葬**とは，手足を折り曲げて死者を埋葬するものです。
死霊の活動をふせぐためとか，墓穴をほる手間をはぶくためなど，諸説あります。

(6) **縄文時代のゴミ捨て場は【❹貝塚】です。**(捨てられているものから，当時の生活を知ることができる)
代表的なものに［❺**大森貝塚(東京都)**］があります。

明治時代のはじめに，アメリカの動物学者のモースが発見しました。(→p.145)

(7) **縄文時代の大規模遺跡は【❻三内丸山遺跡(青森県)】です。**

B.C.3900年ころ〜B.C.2200年ころの遺跡で，最大で500人以上が生活していたようです。

・新潟産のヒスイや北海道産の黒曜石(石器の原料。ガラス質の黒い石)が全国各地で発見されていることから，広く交易がおこなわれていたことがうかがえます。

おまけ 縄文土器。中でも火焔土器とよばれる，上の写真のような派手なデザイン。
あれをつくるということは，かなり時間的な余裕があったのではないでしょうか。
土偶の中には個性的な髪型のものもあります。交易で手に入れたヒスイの装飾品などで，
オシャレを楽しんだりもしていたようです。それはそれでステキな生活かもしれませんね。

5 ▸弥生時代 ──B.C.4世紀ころ～A.D.3世紀ころ ➡書き込み編 p.9

1 弥生時代の生活

(1) B.C.4世紀ころ【❶稲作】が伝わりました。

もっとも，最近の研究では，弥生時代の始まりはさらに前とされています。
また，縄文文化と弥生文化の区別もつきにくくなっています。
この本では，よりわかりやすく，稲作の有無で縄文と弥生を区別することとします。

・農耕生活が始まり，社会が大きく変化しました。
人々は定住し，ムラとよばれる集落を形成。やがてこれらの集落が統合されて，クニが生まれます。

(2) 種籾は沼地などに直にまき，

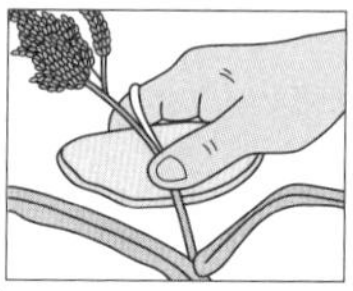

収穫は【❷石包丁】で穂首刈りします。

先端をつみとるのです。なお石包丁は**磨製石器**です。

収穫した稲穂は【❸高床倉庫】に保管します。

(3) **弥生土器**は，薄くて丈夫で赤っぽい色をしています。縄文土器との違いをおさえましょう。

弥生時代と縄文時代の違いは，稲作と金属器があるかないかです。

(4) **青銅器には，銅剣・銅矛・銅鏡・【❹銅鐸】といった種類があります。** 鐸

写真で区別できるようにしておきましょう。とくに銅鐸は，漢字で書けるようにしましょう。
また，銅鐸の写真から，何時代か？　そのころの社会のようすは？
といった問題に発展することもあります。銅鐸は弥生時代のものです。

▲銅　鐸

・ちなみに青銅とは銅とスズの合金です。
加工しやすく，世界史上では鉄器よりも古くから利用されていました。
(ロールプレイングゲームでも，木や石の武器→青銅の剣→鉄の剣…の順ですね)(^-^)

・日本には，ほぼ同時に伝えられたため，青銅器と鉄器が使い分けられました。

・青銅器は，おもに「儀式」や「権威の象徴」として使われました。
鉄器は実用品(武器や農具)として使われました。
また，いくつもの小さなクニができ，人々を支配する有力者(王)があらわれて，
縄文時代にはなかった，**身分の違い**が生まれました。

おまけ なぜ青銅器は「権威の象徴」になったのでしょう？　ひとつ考えられるのが，外見の美しさです。
新しい十円玉はピカピカでしょう？　青銅器も，もともとは光っていたのです。
ムラのリーダーの証として青銅の品を継承したのかもしれません。
「皆のものよく聞け，わ，わしが死んだら…ゴホゴホ…このナカムに後をたくす，
ゴホゴホ…うっ」「長老～～！」なんてやりとりのあとにナカムが銅剣を手にとって
「さあ，みんな長老の遺志をついでがんばろう」なんてことがあったのかもしれません。
当時の日本には文字がなかったので，正確なところはわからないのですが，
青銅器をめぐってさまざまなドラマがあったことでしょう。

(5) 弥生時代のおもな遺跡です。

最古の水田跡とされるのは [❺板付遺跡(福岡県)] です。(異説もあります)

稲作が，大陸や朝鮮半島に近い九州から始まったことは，おさえておきましょう。
なお，この時点から弥生時代だなんてはっきり区分することはできないので，
稲作ということで弥生時代に分類しました。「縄文後期(末期)」と習うかもしれません。

[❻登呂遺跡(静岡県)] からは，高床倉庫の跡や木製農具が発見されました。
ほかにも [唐古・鍵遺跡(奈良県)] など，各地で遺跡が発見されています。
弥生時代最大の遺跡といわれるのが【❼吉野ヶ里遺跡(佐賀県) 】です。

吉野ヶ里遺跡はとても広い遺跡で，当時の建物が復元されています。

・弥生時代になると，水や農地をめぐって争いがおこるようになりました。このため，
[❽戦争] (争い) **に備えて，周囲に濠(堀)をめぐらせた** [❾環濠集落] **がみられます。**
また，**見張りのための** [❿物見やぐら] **もありました。**
当時の墓からは，刀傷や矢で射られた跡がみられる人骨が(中には首をとられているものも)
みつかっています。

2 歴史書にあらわれた日本

(1) 中国の歴史書は，まだ文字がなかったころの日本(倭国)のことを伝える貴重な史料です。
『漢書』地理志(『漢書地理志』)は，倭国に関する最古の記述がみられるものです。
これによると，漢が朝鮮半島においていた楽浪郡の海の向こうには倭人が住んでいて，
倭人の国は[⓫ **100余国**]に分かれていたとあります。

史料『漢書』地理志より，倭人に関する記述

> 夫れ楽浪海中に倭人あり。分かれて百余国と為る。歳時を以て①来り献見す②と云ふ。
> ①歳時を以て＝定期的に　②献見す＝貢物をもってくる

(2)『後漢書』東夷伝(『後漢書東夷伝』)は，日本の歴史に関して年代が特定できる最古の史料です。
(漢は，皇帝の親族がクーデターをおこして別の国を建てた時代をはさんで
「前漢」と「後漢」に分けられるのですが，中学生の段階では気にしなくてもかまいません)

[⓬ **57年**]**漢を訪れた倭国の使者に，皇帝が**【⓭ **漢委奴国王** 】の金印を与えました。
この金印は，江戸時代に【⓮ **福岡県・志賀島** 】**で発見されました。**

「**いつなんどきも金印忘れず**」。(高校版では「後漢から奴国へ金印光る」。金印を与えた**光**武帝の名を入れます)
大事なのは金印の文字です。
巨大帝国「**漢**」が「**倭**」という国にある「**奴**」の**国の王**と認めたという意味とされます。
なお，金印に限って「倭」の字が「委」となっているので注意。

史料『後漢書』東夷伝(部分要約)

> 倭の奴国が，貢物をもってやって来た。光武帝は，金印をさずけた。

・戦乱が続き，分裂状態であった倭国。その中の福岡県にあった1つの国が，
漢の皇帝のうしろだてを得て，優位に立とうとしたものと考えられています。
「この金印が目に入らぬか！　うちの国は中国の皇帝と知り合いだぞ」という感じですね。

正しいものを選べますか？(^o^) a 漢奴倭国王　b 漢奴委国王　c 漢倭奴国王　d 漢委奴国王

魏

(3)【⓯ **魏志倭人伝** 】に[⓰ **239年**]【⓱ **邪馬台国** 】**の女王**【⓲ **卑弥呼** 】**の使者の記述。**

『　』をつけて『魏志』倭人伝や『魏志倭人伝』，または『　』なしで，魏志倭人伝，とも。
・当時の中国は，「魏」「呉」「蜀」の3国が覇権を争った『**三国志**』**の時代**でした。
その1つである魏の歴史書に，邪馬台国の使者が魏を訪れたと記されています。
「**文(ふみ)来るかなと卑弥呼は待つ**」。

卑

・卑弥呼は巫女のような女性で，**呪術**(占い)で政治をおこなっていたとあります。
これを祭政一致の政治体制といい，祭(まつり)と政(まつりごと)が同じ意味をもっていました。

参考 占いで政治をおこなうというのは，現代人には少し理解しにくいかもしれませんね。
しかし，儀式や行事をおこなうことも政治です。豊作を祈る儀式をすること，
田植えや収穫，感謝の祭り，工事の安全を祈ること，病気の回復を祈ること，葬式をおこなうこと，
どれも人々がともに生きることの一部なのです。
なお，現代の日本では，祭政一致は憲法で否定されています(日本国憲法第20条，第89条)。

・また卑弥呼は年をとっていたが独身で，人前に出ることはなく弟が政治を助けていたこと，
身分の差や**税**を集めるしくみがあったこと，人々の髪型や服装について，お箸は使わず手づかみで
食事をしていたこと，牛や馬がいなかったことなど，社会のようすも記されています。

・ややこしいのが，邪馬台国への道のりです。○○国から歩いて何日，さらに船で何日，
さらに歩いて何日…と書いてあるのですが，一体どこなのかわかっていません。
のちの大和政権との関係，金属器の出土状況…テレビで特集番組がつくれるくらい，
いろいろな説がありますが，有力なのは「**北九州説**」と「**近畿説**」です。
卑弥呼は北九州で生まれ，のちに奈良へ引っ越した(遷都した)という説もあります。

・**卑弥呼は皇帝から[⑲ 親魏倭王]の称号と金印，銅鏡などを与えられたと記録にあります。**
その銅鏡(三角縁神獣鏡など)や金印が発見されたら世紀の大発見となるでしょう。

・卑弥呼の死後，男王を立てたが国が乱れたので，
一族の少女(壱与。13歳)が王となり，国が治まったとあります。

・なおこのあと，150年間ほど倭国に関する記録がなくなります。
空白の歴史，そして次は，大和政権の時代です。
大和政権といえば古墳と埴輪。埴輪には馬型のものもあります。
邪馬台国に馬はいなかったのに，埴輪をつくった人々は馬に乗っていた…
多くの人の興味をかきたててやまない，歴史のロマンですね。

史料 魏志倭人伝より，邪馬台国に関する記述(部分要約)

邪馬台国は男子をもって王としていたが，戦乱が続いたので，女子を立てて王とした。
その名を卑弥呼という。呪術にすぐれ人々をひきつけた。
すでに年をとっていたが夫はなく，弟が政治を助けていた。
その国の男子は布を結び合わせて服とし，髪をみずらに結い，体や顔に入墨をしていた。
女子は布の中央に穴をあけ，首を出して着ている。
稲や麻を植え，蚕を飼い，糸をつむいでいる。この地には牛馬や羊がいない。
239年，倭の女王は使者を魏に遣わし，皇帝は「親魏倭王」の称号と金印を与えた。
卑弥呼の死後，大きな墓をつくり，百数名の奴隷らが殉死した。
その後，男王が立ったが，人々は従わず，戦乱により千余人もの死者が出た。
そのため卑弥呼の一族の女，壱与が13歳で王となり，国が安定した。

・なお，北海道では7世紀ころまで「続縄文文化」，
沖縄など南西諸島では10世紀ころ(平安時代前期)まで「貝塚文化」
とよばれる独自の文化が栄えていました。

3章 古墳時代

6 ▸ 古墳の出現と国家の形成

➡書き込み編 p.10

・３世紀後半ころ～７世紀ころを，古墳時代といいます。
古墳の形は丸いものや四角いものなどいろいろあります。

・鍵穴のような形の古墳が【❶前方後円墳】です。 ←こんな形。逆さま  でも。

円墳や方墳(四角形)などいろいろな形がありますが，**前方後円墳は日本を代表する形とされています。**
九州南部から東北地方南部に分布しており，巨大なものは近畿地方に多くみられます。

・［❷**大仙古墳**(**大阪府堺市**)］**は面積世界最大の墓です。**(高さの世界一はピラミッド)

仁徳天皇の墓と伝えられていますが，定かではありません。
ダンプカーもショベルカーもない時代に，よくつくったものです。このことから，
✎［**強大な権力をもった支配者が出現した**］**ことがわかります。**

・古墳の周囲に並べられたのが【❸**埴輪**】です。人・家・馬など，さまざまな形があります。

馬具や武具，鏡などの副葬品とともに，当時の社会のようすを知る貴重な手がかりです。

注意 土偶と混同しないように。土偶は縄文時代ですよ。

▶ 国家の形成

・大和地方の豪族連合政権を【❹**大和政権**】といいます。(ヤマト政権，ヤマト王権，大和朝廷とも)
大和政権は，５世紀ころには［❺**九州～東北地方南部**］を支配していました。

東北地方の北の方では，蝦夷とよばれた人々が抵抗を続けていました。
これを平定することになるのは，平安時代に桓武天皇によって派遣された坂上田村麻呂です。(→**p.34**)

・**大和政権の王は【❻大王】(おおきみ・だいおう)といいます。**

のちに(天武天皇のころから)［❼**天皇**］という称号が使われるようになります。(→**p.25**)

・なお，「**朝廷**」は，大王や天皇が政治をおこなっていた場所や政府のことです。
「**幕府**」は，征夷大将軍に任じられた武士が政治をおこなう政府のことをいいます。

・次に，大王を中心とした支配体制について。
・当時，有力者である豪族は，**氏(うじ)という同族集団**(親戚など)でまとまっていました。
一族のリーダーを頂点に，家来や奴隷を率いる集団です。
この集団に**姓(かばね)という家柄や地位を示す称号**を与え，
大王家を中心とする身分秩序が形成されました。
これを[❽**氏姓制度**]といいます。
・たとえば，現在では会社や役所で働いているのは個人ですが，
財務部は○○一族が，広報部は△△一族が，総務部は□□一族が…といった感じで，
特定の仕事を担当し，朝廷に仕えていました。
ナマケ者もいたかもしれません。
○○一族の出身だからということで地位が与えられていましたからね。
だからこそ，個人の能力を評価する聖徳太子の「冠位十二階」制定は意義があるのです。(→**p.22**)

・右は大和政権の支配図ですが，
読み方がむずかしいですね。
蘇我氏など中央の有力豪族には
大臣(おおおみ)や大連(おおむらじ)，
地方の有力者には
国造(くにのみやつこ)や県主(あがたぬし)という
姓が与えられました。
・なお，国造といえば，筑紫国造磐井という人物が
527年に朝廷に対して反乱をおこしました。

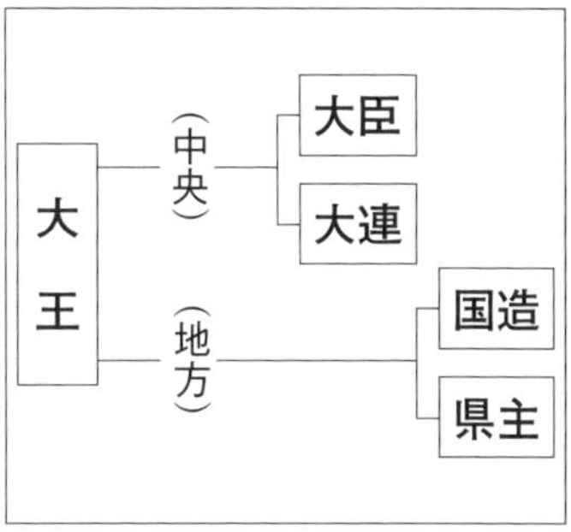

■旧石器～古墳時代トレーニング■(**p.21**までですんだら赤シートでチェックしよう)

重要用語	文化	記号
大森貝塚	縄文	え
登呂遺跡	弥生	う
野尻湖遺跡	旧石器	あ
板付遺跡	弥生	か
岩宿遺跡	旧石器	い
三内丸山遺跡	縄文	お
吉野ヶ里遺跡	弥生	き
埴輪	古墳	た
土偶	縄文	そ
渡来人	古墳	く
倭の五王	古墳	こ
打製石器	旧石器	す
磨製石器	縄文	し
須恵器	古墳	け
骨角器	縄文	さ
銅鐸	弥生	せ

あ：長野県・ナウマン象
い：群馬県・相沢忠洋
う：静岡県
え：東京都・モースが発見
お：青森県
か：福岡県・最古とされる水田跡
き：佐賀県・環濠集落・物見やぐらなど
く：大和政権に仕える
け：のぼりがまで焼かれた硬質の土器
こ：宋(南朝)へ使者を派遣・ワカタケル大王
さ：動物の骨でつくられた釣針やモリなど
し：石を磨いてつくられた矢じりやオノなど
す：石を打ち欠いてつくられた矢じりなど
せ：青銅器
そ：まじない用・女性の形の人形
た：人や家，馬の形など

7 ▸東アジアと日本のようす

➡書き込み編 p.10

・まずは，中国の情勢と日本の話から。

・中国は南朝(宋)と北朝(北魏)に分裂していました。南北朝時代とよばれます。

北朝(北魏)では，均田制とよばれる班田収授法の手本となった制度がおこなわれていました。

南朝(❶宋)**は，平清盛が貿易をした宋とは別の宋です**。(→p.45)

・朝鮮半島もまた分裂していました。地図をよくみておくこと。

重要 のちの時代の朝鮮と中国の関係も大事です。
「新羅」が半島を統一したころの中国は唐，
日本と百済は白村江の戦いで唐と新羅の連合軍に敗退。
元寇のころの朝鮮半島は「高麗」，元軍とともに博多に襲来。
朝鮮出兵のころの中国は明。秀吉は，明の征服を考えていた
…と関連させた問題も出ます。

・『宋書』倭国伝(『宋書倭国伝』)には，倭の五王の記述があります。
中国では讃・珍・済・興・武とよばれた5人の王のことです。

> **478年，倭の五王の1人[❷武]が，宋に使者を遣わして手紙を送ったとあります。**
> 武は中国でのよび名で，日本では【❸**ワカタケル大王** 】，つまり雄略天皇と考えられています。

[❹**稲荷山古墳(埼玉県)**]や[江田船山古墳(熊本県)]で，
「獲加多支鹵」の名が刻まれた鉄剣などが出土しています。
✎[**奈良から遠く離れた地にまで，大和政権の勢力がおよんでいたこと**]がわかります。

・なぜ倭王が中国に使者を派遣したのでしょうか？　論述形式での出題もあります。
「死なばもろとも，あなたが頼り」。倭国の王は東アジアにおける倭国の地位を認めてもらい，
✎[**中国皇帝の権威をかりて，周辺諸国に対して優位に立とうとした**]のです。

・周辺の国々は中国皇帝に服従の意を示して，その国の王と認めてもらいます。
漢委奴国王の金印のところでも述べましたが(→p.16)，皇帝に認めてもらえれば，
周辺の国々に対して優位に立てますし，中国から攻めこまれる心配もなくなります。
このような中国を中心とする思想を，中華思想といいます。

・**皇帝に貢物を贈るということを，朝貢といいます**。服従の意を表すためです。
室町時代の明との勘合貿易もそうです。(→p.61)皇帝への献上品に対して，返礼の品々を下し与えられるという朝貢形式の貿易だったのです。こういった関係があったことは理解しておきましょう。
なお，そういった情勢のもとで，対等外交をめざした聖徳太子の姿勢は注目に値します。(→p.23)

史料『宋書』倭国伝(部分要約)

> 興死して弟武立つ。順帝の昇明二年①，使者を遣わして上表して曰く「祖先をはじめ私も，国内はもとより朝鮮半島をも征服しました」と。そこで皇帝は武②に，東方の軍事的指揮権を認める称号を与えた。
>
> ①昇明二年 ＝ 478年　②武 ＝ ワカタケル ＝ 雄略天皇

・589年，北朝の流れをくむ【❺ **隋** 】が中国を統一しました。

大運河の建設や高句麗遠征の失敗などから反乱がおこり，30年足らずで滅亡しました。
律令の制度などは唐が継承し，のちに日本が手本としました。（→p.26）

・次に，朝鮮半島の情勢と日本について。

麗

・【 ア **高句麗** 】：中国の北朝鮮国境付近にある「好太王碑文」には，
391年，朝鮮半島に進出していた倭軍と高句麗とが交戦したとあります。
のちには隋とも戦いました。（滅亡後，渤海国の基盤となりました）

・【 イ **新羅** 】：527年，九州の豪族である筑紫国造磐井が新羅と共謀して，
大和政権に対して反乱をおこしました。
562年には伽耶（加羅，任那）を滅ぼし，676年，**朝鮮半島を統一しました。**

・【 ウ **百済** 】：日本と友好関係にあり，【❻ **538年** 】に日本に仏教を伝えました。
「**仏教伝来，ご参拝**」。諸説ありますが，538年にしましょう。
インドのシャカが説いた教えは，中国をへて朝鮮半島から日本に伝わりました。

なお，政権内では仏教の受け入れをめぐって，
賛成派の［❼ **蘇我氏** ］と反対派の［❽ **物部氏** ］が戦いました。
勝ったのは賛成派の蘇我氏です。

蘇

参考 この対立を，単に仏教が好きか嫌いかという対立とみるよりは，
諸外国との交流をすすめようとする国際派と，そうは考えなかった保守派との対立
とみる方が適当でしょう。
まだ少年だった聖徳太子も，賛成派の蘇我氏側について参戦したとのことです。
太子は戦いの時に，仏教の守護をする「四天王」に戦勝のお願いをしたそうです。
そして，勝利したことを感謝して，のちに建てたのが**四天王寺**と伝えられています。

・［ エ **伽耶** ］：**加羅**，**任那**とも。鉄資源が豊富で，大和政権とも関係が深かった地域です。

・**このころ多くの【❾ 渡来人 】が来日しました。**
朝鮮半島では諸国が争っていましたので，戦乱から脱出してきた一族も
あったことでしょう。
渡来人は，機織・漢字・［❿ **須恵器** ］・暦・儒教・仏教といった，
新しい技術や文化を伝えた最先端技術者集団でもありました。
須恵器は弥生土器よりしっかりした，灰色で硬質な土器です。
（須恵器はのぼりがまで焼かれた）
なおこのころには，弥生土器の流れをくむ土師器もありました。

▲須恵器

・渡来人は外交上の重要な役割をはたし，子孫はのちの朝廷でも活躍しました。
坂上田村麻呂や，桓武天皇の母も渡来系だと伝えられています。

4章 飛鳥時代

8 ▸ 聖徳太子の政治

➡書き込み編 p.11

・**飛鳥時代の代表的人物は【❶聖徳太子(厩戸皇子)】です。**

系図によると，父は用明天皇で母は蘇我氏の血を引く皇女となっていますが，現在の研究では，彼の存在そのものが疑問視されています。『日本書紀』の記述は過去を美化したもので，そんなすごい人物はいなかったというのです。でもここでは，実在の人物として説明します。

・593年，聖徳太子は，おばさんにあたる【❷推古天皇】の【❸摂政】となりました。
聖徳太子は，**有力豪族**［❹蘇我馬子］**と協力して政治をおこないました。**

蘇

推古天皇は，蘇我氏によってかつぎだされた史上初の女性天皇です。
摂政とは，天皇が女性や幼少である場合に，天皇の代理で政治をおこなう役職です。（摂関政治 →**p.38**）
女性天皇は中大兄皇子の母や聖武天皇の娘など，現在まで８人います。（現在の天皇は126代目）

・当時の朝廷では，親がえらければ，子どもにも自動的に役職が与えられました。（世襲制といいます）
勉強しなくても親の力で進学できるとしたら，努力はしませんよね。そこで，

冠

603年，聖徳太子は【❺冠位十二階】を制定しました。

そのねらいは，【❻家柄にかかわらず，才能や功績のある人物を重用するため。】
（家柄ではなく，有能な人材を役人に取り立てるため。）

これは役人の冠の色を分け，能力に応じて位を与えるものです。
本人の能力で出世することができるし，一目で位がわかるようになっています。
見た目でわかるようにされると，プレッシャーですね。（ちなみに紫色が最上位で青，赤，黄，白，黒の順）

・能力主義人事，つまり仕事のできる人が出世するのは，今日では当たり前とされていますよね。
でも今までと違うことを始めようとすれば，抵抗もあります。最初にやるのは大変だったでしょう。
（もちろん，その後も基本的に世襲制は続きますし，今も完全になくなったとはいえませんが）

・**604年，聖徳太子は【❼十七条の憲法】を制定。**

憲法といっても，国民には関係なく，**朝廷に仕える**［❽役人］**としての心得を説いたものです。**
「憲法十七条」「十七条憲法」とも。でも「十七」を「17」と書いてはダメです。
第一条はとくに重要です。「**和をもって貴しとなし**」，つまり仲良くしなさいということ。
第二条は「仏教を大事にしなさい」です。
第三条は「天皇の言うことを聞きなさい」。第四条では，儒教(→**p.106**)の精神も取りこんでいます。

史料 十七条の憲法①

一に曰く，和をもって貴しと為し，さからうこと無きを宗とせよ。
二に曰く，あつく三宝を敬え。三宝とは仏・法・僧なり。
三に曰く，詔②をうけたまわりては必ずつつしめ。

①独立した史料ではなく，『日本書紀』に憲法を制定したという記述がある　②詔＝天皇の命令

・ほかには「仕事を間違えるな」「私利私欲をすてて仕事をしなさい」「えこひいきするな」
「遅刻するな」というのもあります。一体どんな職場だったのでしょうね(^_^;)

遣 隋

・**607年，聖徳太子は【❾遣隋使】として【❿小野妹子】を派遣しました。**

「無礼なり，怒る煬帝，太子の国書」。
『隋書』倭国伝(『隋書倭国伝』)には，太子が隋の皇帝にあてた国書(手紙)が記されています。
そこには，**「日出づるところの天子，書を日没するところの天子にいたす」**とあります。
東の国の王から，西の国の王へ手紙を送ります，という意味で，
それまでの(倭の五王など)**下から上にという態度ではなく対等外交をめざす姿勢です。**
国書をみた皇帝(煬帝)は「なんと無礼な」と怒ったとあります。
ただ，隋も高句麗との戦争に手を焼いていたので，返礼の使者を送ってきました。

・遣隋使として派遣された学問僧や学生の中には，
帰国後，中大兄皇子や中臣鎌足が学んだ塾の先生になった人物もいました。
(妹子といっても女性ではありませんよ。「子」は，当時は男性にも用いられていました)

史料『隋書』倭国伝にみえる聖徳太子の国書(部分要約)

日出づるところの天子，書を日没するところの天子にいたす。つつがなきや①，云々。
皇帝の煬帝は「蛮夷②の書，無礼なり」と怒ったが，翌年，使者を倭国に遣わした。
①つつがなきや ＝ お変わりないか　②蛮夷 ＝ 野蛮人

9 ▸ 飛鳥文化

➡書き込み編 *p.11*

・**飛鳥文化は，**✎［ **最初の仏教文化** ］**です。**
聖徳太子は，大阪に四天王寺，奈良に【❶法隆寺】を建立しました。(現在あるものは再建)

法隆寺は，**「現存する世界最古の木造建築」としてユネスコの世界遺産に登録されています。**
右の写真(上)は「法隆寺釈迦三尊像」です。

・飛鳥文化の建築様式には遠く**ギリシャ**や**インド**，中国の影響もみられ，
文化的交流があったことがうかがえます。
一例としては，古代ギリシャのパルテノン神殿にみられる柱のふくらみ，
エンタシスとよばれる技法が，法隆寺の柱にもみられます。(→**p.11**)
・「広隆寺弥勒菩薩像」も載せました。朝鮮半島にも同じ形の仏像があり，
朝鮮半島と文化的交流があったことを伝えるものです。
また，奈良の明日香村にはイラン系の人々が住んでいたという記録もあります。

・**聖徳太子の死後は【❷蘇我氏】が天皇をしのぐ力をもつようになった**
と『日本書紀』は記録しています。蘇我氏は天皇家をないがしろにし，国を乗っ取ろうとしていた，
聖徳太子の息子(次期天皇の有力候補)も蘇我氏が滅ぼした，とあります。
蘇我氏は悪という構図ですね。『日本書紀』は朝廷で編纂させた歴史書です。(→**p.33**)
蘇我氏側の史料があれば別の側面もみえたのでしょうが，残っていません。

10 ▸ 大化の改新

➡書き込み編 p.11~12

・さて，朝廷では蘇我氏が権力をふるっていました。そんなある日，蹴鞠というサッカーのリフティングのような遊びをしていたとき，靴がスポッとぬげた中大兄皇子と，その靴をサッとひろって届けた中臣鎌足が出会ったというエピソードがあります。

蘇我氏のためにパッとしなかった青年皇子と，これまた蘇我氏のためにサッパリだった弱小豪族の青年の運命的な出会いですね。

皇子，折り入ってお話があるのですが…

1 【❶645年】【❷大化の改新】(大化改新)とよばれる改革が始まりました。
【❸中大兄皇子】と【❹中臣鎌足】が【❺㊋蘇我蝦夷・㊋入鹿】を滅ぼしました。

「**蒸し米で祝おう大化改新**(蘇我氏を蒸し殺し)」。

蝦夷

権力をほしいままにしていた蘇我一族を滅ぼし，
[❻天皇]**を中心とする中央集権国家の樹立をめざした改革をおこないました。**

・蘇我氏を滅亡させたことは，大化の改新の始まりにすぎません。改革の内容は，
①**公地公民**を原則とする。豪族が支配していた土地と人民を，国家が直接支配すること。
②**地方支配**体制を確立すること。
③**班田収授**の実施。人民に土地を配分する班田制をおこなうこと。
④**新しい税**の制度をつくること。

・この一連の改革は，701年の【❼大宝律令】の制定で実を結ぶこととなります。(→**p.26**)

・**またこのとき，**[❽大化]**という年号を定めました。**日本ではじめての年号とされます。

年号(元号)は令和にいたるまで240あります。(北朝を基準として数えた場合)
年号を定めることは，長さや重さの単位を統一することと同じような意味があります。

・**中大兄皇子は蘇我氏を滅ぼしたあと，**[❾難波宮]**に遷都をおこないました。**現在の大阪城の近くです。
政治の実権をにぎっていた中大兄皇子でしたが，すぐには天皇にはならず，中臣鎌足とともに，
はじめての全国的な戸籍を作成し，大宝律令に先立つ律令の制定もおこないました。

2 外交では，対外戦争もおこないました。

【❿663年】【⓫白村江の戦い】**です。百済を救援しようと，朝鮮半島に軍を送りました。**
しかし，「無論惨敗，白村江」。[⓬唐]**と**[⓭新羅]**の連合軍に惨敗しました。**

敗戦後，逆襲に備えて大宰府の北に[⓮水城]という長さ1kmほどの堤と，
瀬戸内海沿岸など各地に山城を築かせました。

・**敗戦後，中大兄皇子は，近江の**[⓯大津宮]**(滋賀県)に遷都しました。**(667年)

・翌年，**中大兄皇子は即位し【⑯天智天皇】（てんじ天皇）となりました。**（てんち天皇ではない）
また，**中臣氏は［⑰藤原氏］となりました。**（藤原の姓をたまわった）

平安時代に全盛をほこった道長・頼通の藤原氏の祖先です。（→p.38）
鎌足が臨終の際，天智天皇は鎌足に最上の位と藤原の姓を授けました。

中大兄皇子　＝　天智天皇　　中臣鎌足 - - → 藤原道長

参考 天智天皇の時代には，もう古墳の建造はみられなくなりました。

3 天智天皇以後の政治

・（前置きです）天智天皇は，息子の大友皇子にぜひとも皇位を継がせたいと考えていました。
しかし，天皇の弟の大海人皇子は人望があり，次期天皇の有力な候補者でした。
しかも，当時は父→子よりも兄→弟への継承の方が一般的だったのです。
天智天皇は弟をよび，「次の天皇になってもらいたいのだが」と切り出します。
大海人皇子は，「いえ私などめっそうもない，やはり大友皇子に」と答えました。
「ありがとう兄さん，がんばるよ」などと言えば，兄に滅ぼされるかもしれません。
聡明な大海人皇子は，出家して吉野にこもります。皇位に興味がないというアピールです。しかし…

・**天智天皇が亡くなると，【⑱672年】皇位継承をめぐって【⑲壬申の乱】がおこりました。**

「**無難に済まない壬申の乱**」。次の天皇の地位をめぐる争乱です。

吉野で兵をあげた**【⑳大海人皇子】（天智の弟）**は，大友皇子（天智の子）を滅ぼしました。
壬申の乱に勝利した大海人皇子は，飛鳥に遷都して即位し，【㉑天武天皇】となりました。

勝利した天武天皇は，豪族たちの特権を取り上げて
公地公民を徹底し，新たな身分制度を制定するなど，
強気の改革をすすめました。

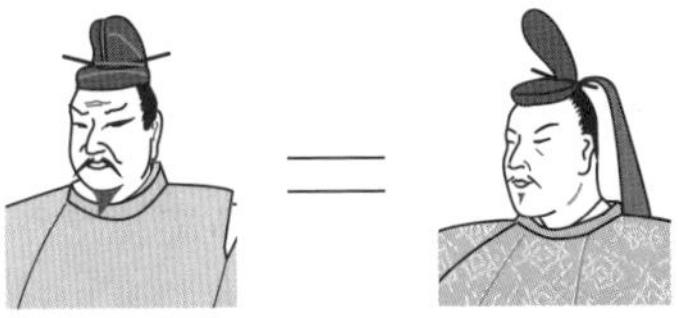
大海人皇子　＝　天武天皇

・天武の死後，有力な息子たちが亡くなっていたこともあり，

妻の［㉒持統天皇］が皇位を継承しました。
持統天皇は694年，奈良県北中部に［㉓藤原京］を造営しました。（平安京遷都の100年前ですね）

大和三山（耳成山・畝傍山・天香久山（天香具山））にかこまれた，初の本格的な（唐風の）都です。
最近の調査では，平城京よりも広かったのではないかといわれています。

・**このころ，最初の貨幣といわれる［㉔富本銭］が鋳造されました。**和同開珎よりも古い貨幣です。

天武・持統朝のころ，**倭→「日本」という国号，大王→「天皇」の称号が使われ始め，**
天皇が神格化されるようになりました。次のような歌も詠まれています。
「大君は　神にしませば　天雲の　雷の上に　いおりせるかも」柿本人麻呂（「万葉集」）

11 ▸ 律令国家の成立と地方の支配

➡書き込み編 p.12

1 律令国家の成立

・【❶701年】【❷大宝律令】が制定されました。

「ナンバーワンだぜ大宝律令」。
これによって，政治のシステムが確立し，**日本は律令国家の段階に入りました。**
律令国家とは，支配者が代わっても「定めたルールに従って政治をおこなう」というものです。
トップ(支配者)が代わるたびに，やり方がコロコロ変わるのは問題ですからね。

・［❸律］**は刑罰の法です。**

どんなことをしたらどんな罰を与えるのかを，明らかにしたものです。
死刑，流刑，牢獄(刑務所)行き，そしてムチでたたくというものもありました。

おまけ 流刑(島流し)といっても，箱に入れて(あるいはイカダで)海に流すシーンを思い浮かべてはいけませんよ。きちんと送り届けるのです。それなりの身分の人にはお供もついていきましたし，流刑地でも普通に生活していたようです。

・［❹令］**は行政法です。**(政治のしくみ)

税制や，役人のポスト(役職)や位，国司の任期や交代時期などが定められていました。

・**私有地・私有民を廃止し【❺公地公民】を原則としました。**(「公地・公民」とも)

すべての土地と人民を国家のものとするものです。

参考 ところで，「豪族」はいつから「貴族」になったのでしょうか？　素朴な疑問ですよね。
「さあ，今日から貴族だぞ！」などということはありませんね。
土地と人民を支配していたのが豪族で，私有地と私有民をもてなくなった公地公民を機に，
役職に応じて支配地を与えられたのが貴族，としておきましょう。

・右の行政組織図をみてください。中央政府は［❻二官八省］とよばれるしくみです。
神祇官は儀式を担当しました。祭政一致の政治形態は健在ですね。
太政官の長官(太政大臣)は内閣総理大臣みたいなものですが，
何の仕事を担当していたかとか，まして省については，
今はあまり気にしないでおきましょう。
むしろ，ほかの時代の行政組織図との区別の方が大事です。
(後述します)

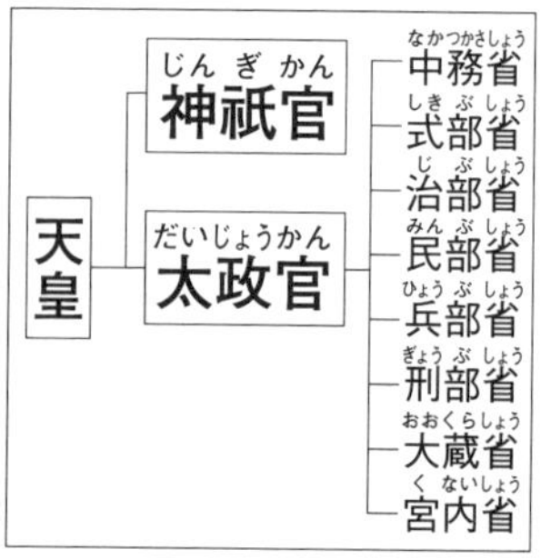

・次に，地方支配をみてみましょう。

全国を【❼国・郡・里】に分けました。（漢字に注意。「群」ではなく「郡」です）

国はだいたい今の県，郡は市，里は50戸ほどの単位です。

国には都から【❽国司】が派遣されました。

朝廷(天皇)の命令にきちんと従わせるためです。
都から役人を送りこむことで，地方を直接支配する体制を確立したのです。
しかし，国司は都からきた貴族ですから現地のくわしい状況はわかりません。そこで，

現地の有力者を【❾郡司】に任命しました。

その下には，里の管理者として【❿里長】(**さとおさ，りちょう**)がおかれました。

北九州(福岡県)には【⓫大宰府】という役所をおきました。

北九州は大陸や朝鮮半島に近く，防衛や外交の窓口として重要な地点です。
ちなみに現在の地名は「太宰府市」で「太」です。いつのまにか大→太になったようです。
古代は大宰府，今は太宰府(「古代は大ざいふ」)。しっかり区別しましょう。

・奈良時代の724年，東北地方への支配を広げるため，現在の宮城県に**多賀城**を設置しました。
(東北地方には，大和政権に従わない，蝦夷とよばれる人々がくらしていました)
なお，蝦夷の平定は，平安時代はじめ，桓武天皇が派遣した坂上田村麻呂のときです。(→**p.34**)

2 律令による税制

・**［⓬6年］ごとに戸籍を作成しました。**

年齢や家族構成，顔の特徴(ホクロの位置など)も記されました。
また，良民(公民)と，**奴婢**(奴隷)などの賤民との区別もありました。
租を集めるための基本台帳とするものです。これにもとづいて，

【⓭6歳】以上の【⓮男女】に【⓯口分田】を与えるのが【⓰班田収授法】です。

重要 土地は6歳になると割り当てられ，死ぬと国に返さなければなりませんでした。
注意してください，**男女**ですよ。

・ちなみに男性は2反(段)＝23～24a。108m×10.8mが2つ，サッカーワールドカップのグラウンド(105m×68m)の3分の1，テニスコートなら4面分くらいの広さです。
女性は男性の3分の2の面積でした。(奴婢には，良民の男女に与えられる面積のそれぞれ3分の1ずつ)
戸籍とは別に，調・庸を集めるための台帳として，**毎年**，**計帳**が作成されました。

・「租・調・庸」などの税はよく出題されます。内容をしっかりおさえましょう。

【⑰租】は，収穫した稲の約［⑱3％］を［⑲国司］に納める地方税の一種です。

租は【⑳男女】に課税されます。以下は男性のみです。

【㉑調】は，地方の【㉒特産物】を［㉓都］に納めるものです。

「特産物を“調”べてもってこい」と覚えよう。

・調の荷札に使われた木簡には，塩やアワビ，カツオといった海の幸などが運ばれたと記録されています。

史料 木簡に書かれた調の荷札

紀伊国日高郡調塩三斗①　　①斗＝量を表す単位

【㉔庸】は，［㉕布］を［㉖都］に納めるものです。　庸

もともとは都で労働をするというものでしたが，
遠方からやってくることも考慮して，代わりに布を納めるものとされました。

・また，調と庸を都に運ぶ役目を［㉗運脚］といい，農民の義務とされていました。
村ごとに当番が運ぶのですが，途中の食費などは村で負担しなければなりませんでした。

［㉘雑徭］は「ぞうよう」と読みます。たまに読み方を問われることもあります。　徭

［㉙国司］のもとで，土木工事など，年間［㉚60日］以下の労働をおこなうものです。

・これらのほかに，出挙というものもありました。
春に稲などを貸しつけ，秋に利息をつけて返すというもの。もとは貧民救済のためでしたが，
のちには強制的におこなわれるようになり，税と同じような負担となりました。

・さらに，兵役もありました。

［㉛衛士］は「えじ」と読みます。［㉜都］の警備を1年間するものです。
【㉝防人】は【㉞九州】の警備を【㉟3年間】するものです。

防人は「さきもり」と読みます。読み方も大事ですし，漢字で書けなくてはいけません。
50戸から2～3人ほどが選抜され，食料や武器などは村の負担とされました。

史料『万葉集』の防人の歌

からころむ　すそに取り付き　泣く子らを　置きてそ来ぬや　母なしにして
（服のすそに取りついて泣く子どもたちを，残してきてしまった。あの子たちには，母もいないというのに）

幼い子を残して行かねばならないという，とてもせつない歌です。(´;ω;`)

参考 男性だけに課せられた税か，男女に課せられた税なのかは大切です。
奈良時代の末期の史料として，女45人に対して男5人といった戸籍がみつかっています。
税を逃れるための，うその戸籍です。租以外の税は，男性だけに課されましたからね。

・都では市が開かれ，調・庸の品々が取引されていました。

参考 [㊱708年]【 ㊲和同開珎 】の鋳造が始まりました。

「何円払う和同開珎」。

大宝律令の制定は701年，和同開珎の鋳造開始が708年。

どちらも平城京遷都より前のできごとです。奈良時代ではないことを，気にとめておくこと。

(710年の平城京遷都以降が奈良時代です)

並べ替えや，奈良時代のできごとと区別させる問題もあります。

←荷札に使われた

[**木簡**](もっかん)

貴重品だった紙の代わりに使われた，細長い木の板です。

平城京にあった長屋王(天武天皇の孫)の邸宅跡からは，

大量の木簡が発見されました。

(→書き込み編 *p.13*)

おまけ **「奈良の大仏」**(→**p.31**)

・東大寺の大仏は，高さ15m，重さ380t。
(ちなみにガンダムは18mで25t，ウルトラマンは40mの35000t)

・銅とスズの合金製。かつて表面は金メッキされて，ピカピカに光っていたそうです。

・しかし欠陥だらけで，完成後数十年で背中に亀裂が入って頭が西にかたむき，
何やら悩んでいるようなポーズになりました。ついに平安時代，地震で頭がゴロリ…

・やがて源平の争乱期，東大寺は炎に包まれ(平重衡の兵火)，大仏様は胴体が溶けてグニャ～…
さらには，せっかく修理した頭も地面にトロリと落ちてしまいました。
これを修理したのが重源と源頼朝です。

・ところが戦国時代，三好三人衆が大仏殿を城代わりに戦ったものだから，松永久秀の奇襲で焼け，
今度は頭がドロドロに。なんとその後，百数十年間も頭なしで座ることになりました。

・現在の頭は江戸時代に再建されたもの。
この顔が今の大仏様のお顔ですが，奈良時代のものとはまったく違うといいます。今のような
幅広な顔ではなく，奈良時代はもっとすっきりと細おもての上品な顔立ちだったようです。
なお，大仏殿もこのとき再建されました。(今あるものです)
創建当時の6割の規模ですが，それでも木造建造物としては世界最大のものです。

・現在の「奈良の大仏」は，台座の蓮弁(蓮の花弁)＝奈良時代，胴体＝鎌倉時代，頭＝江戸時代のものなのです。

5章 奈良時代

12 ▸ 平城京と聖武天皇の政治

➡書き込み編 p.13

・【❶710年】【❷平城京】に遷都。
平城京のモデルは唐の都の【❸長安】。[道路が碁盤の目のように東西南北に通っていた。]

「ナント大きな平城京」。このときの天皇は，天智天皇の娘で，**元明天皇**という女性天皇です。
遷都という大イベントにもかかわらず，元明天皇は試験にはあまり出ません。

・奈良時代の中心人物は【❹聖武天皇】です。文化史でも，聖武天皇関係がよく出題されます。

1 土地制度の変化

・奈良時代には，鉄製農具も普及するなど，農業技術の進歩がみられました。
しかし，重い税負担などで，農民の生活は苦しいままでした。そのため，
土地をすてて逃げ出す者も出てきて，口分田が荒れてしまいました。
口分田不足を解消しようと朝廷は開墾を奨励したのですが，人は，ただでは働きません。そこで，

[❺723年][❻三世一身法]を制定しました。

これは，未開墾地を新たに開墾した者には３世代にわたって私有を認め，
荒れ地を使えるようにした者には本人のみの私有を認めるというものです。しかし，
「**何！３世代だけですか？**」。
期限つきの私有であったため，あまり効果がありませんでした。そのため今度は，

【❼743年】【❽墾田永年私財法】を出しました。

墾

開墾地の永久私有を認めるものです。
税(租)を納めなければなりませんが，自分の土地がふえるので，開墾がすすみました。
私有地を認めることは，公地公民の原則をくずすことになります。
公地公民の名目よりも，米という実を優先した「**名より実をとる開墾命令**」だったのです。

・私有地のことを【❾荘園】といいます。

このことは国家のあり方をも変えるきっかけとなりました。私有地を拡大した開発領主と結びついた貴族の台頭，やがて，土地をめぐる対立などから武士が力をのばしていきました。
(台頭：力をつけてのし上がっていくこと。勢いを増してくること)

2 仏教の保護

・聖武天皇は仏教を大切にし，国ごとに【❿国分寺】と【⓫国分尼寺】を建立しました。

国分尼寺は尼寺，つまり女性の僧の寺です。
・なぜ，聖武天皇は仏教を大切にしたのか…？　論述によく出ます。
【⓬仏教の力で，国を守るため。】(仏教の力で人々の不安を取り除き，国を治めるため。)
政治をおこなう者が仏教を大切にすれば，仏様の力で国が鎮まると考えたためです。
こういった考え方を，鎮護国家の仏教といいます。

・鎮護国家という用語は気にしなくてもかまいませんが，のちの時代の仏教と比較してみましょう。
より理解が深まると思います。簡単にまとめれば，以下のようになります。

奈良時代	経典にもとづいてシャカの教えを学ぶ，学問的なもの。**鎮護国家の仏教**
平安初期	貴族の間で，個人の現世の幸福などを願う**密教**が流行。(→**p.35**)
平安中後期	**極楽浄土に生まれかわることを願う浄土信仰**が生まれた。(→**p.40**)
鎌倉時代	**わかりやすく簡単におこなえる**など，庶民にも広まった。(→**p.57**)
江戸時代	寺請制度がおこなわれ，すべての人を寺に登録させた。(「葬式仏教」化)(→**p.91**)

・【⓭ 743年 】，**聖武天皇が東大寺に大仏を建立する詔を出しました。**
「おなじみの大仏さん」。

・東大寺は国分寺の総本山です。(詔：天皇の命令のこと)
・この大工事を指揮したのは，僧の【⓮ 行基 】です。
ちなみに大仏は，正式には盧舎那仏といいます。
・大仏の完成は752年です。
盛大な開眼供養法要がおこなわれましたが，これにあわせて来日する予定だった鑑真は，
何度も遭難してしまって，大仏完成式典に間に合いませんでした。
鑑真の来日時期に関する出題もありますので，気にとめておきましょう。

13 ▸ 天平文化

➡書き込み編 p.13〜14

・奈良時代の文化を，当時の年号(元号)から【❶ 天平文化 】といいます。
✎[**国際的な文化**]です。次の平安時代の国風文化(→**p.39**)と対比させておさえましょう。

・中国も[❷ シルクロード]を通じて西方世界との交流がありました。
シルクロードは漢の時代からの貿易路で，「中国産の絹をローマへ運んだ道」です。(→**p.10**)
東西の文化交流の道でもありました。
その終着点が奈良の平城京だともいわれます。【❸ 遣唐使 】のおかげですね。

・はじめて派遣された遣唐使は，[❹ 630年]**の犬上御田鍬**。大化の改新よりも前のことです。
遣唐使の停止は【❺ 894年 】。こちらは重要年号です。(→**p.39**)

・政治や文化を学んだ留学生によって，さまざまなものがもたらされました。
地図で，唐の都(**長安**)の位置をみておきましょう。現在の西安です。内陸部にありますね。
海をわたるのも大変だし，上陸後も危険があったことでしょう。

・また，危険を乗りこえて長安についたとしても，
今度はいつ帰れるかわかりませんでした。
「天の原　ふりさけ見れば　春日なる　三笠の山に　いでし月かも」
百人一首で有名なこの歌は，遣唐使とともに留学生として唐にわたった
阿倍仲麻呂が，故郷の奈良の景色をなつかしんで詠んだものです。
三笠山は，平城京の東側，東大寺の向こうにみえます。
仲麻呂は，故郷に戻ることなく，異国の地で生涯を終えました。

・**聖武天皇の宝物が収められているのが，東大寺の【❻ 正倉院 】です。**

書き込み編で，外観とおもな宝物をみておきましょう(→書き込み編*p.13*)。
とくに，琵琶と水差しがよく出てきます。西アジアや朝鮮半島の品々も数多くあります。

・正倉院には校倉造とよばれるログハウスのような建築技法が用いられています。

・**唐の高僧【❼ 鑑真 】が来日しました。**

鑑

５度の渡航失敗ののち，ついに６度目の航海で来日に成功しました。
苦難のため，失明したといわれています。

・鑑真は日本に「戒律」を伝えました。
戒律とは，一言でいえば正式な僧侶になるための手順や儀式のことです。

鑑真は【❽ 唐招提寺 】を建立しました。

重要 **唐**から**招**いた高僧の寺・**唐招**提寺です。大仏造立の行基と区別しましょう。

鑑真です。
唐から来ました

行基です。
大仏をつくりました

・仁徳天皇のころからのさまざまな歌を集めた『❾ 万葉集 』**が完成しました。**
天皇から農民，［❿ 防人 ］などの歌が，約4500首も収められています。
漢字の音と訓を用いて日本語を表記する【⓫ 文字 万葉仮名 】(万葉がな)が用いられました。

当時の日本には，まだ「ひらがな」や「カタカナ」がありませんでした。
「夜露死苦」と書いてヨロシクといった具合です。
防人の歌(→**p.28**)は，次のように書かれています。

史料『万葉集』の防人の歌

から ころ む　す そ に と り つ き　な く こ ら を　お き て そ き ぬ や　お も な し に し て
可良己呂武　須宗介等里都伎　奈苦古良乎　意伎弖曽伎怒也　意母奈之介志弖

・編者は不明ですが，大伴家持が深く関与しているといわれます。
その他の作者には，柿本人麻呂，**山上憶良**らがいます。

・山上憶良は遣唐使の経験もある国司で，
農民たちの苦しみを詠んだ「貧窮問答歌」が知られています。

史料「貧窮問答歌」(部分要約)

人並に働いているのに，ボロしか着られず，つぶれそうな傾いた家で
地べたにわらを敷いて寝ている。家族は身を寄せて嘆き悲しんでいる。ご飯を炊くかまどにも
クモの巣がはってしまった。それなのにムチをもった里長が税を取り立てる声が聞こえてくる。
こんなにもやるせないものか，人の世の生活の道は。

税の徴収をしていたのが里長だということをおさえましょう。

・また，朝廷によって，

現存する日本最古の歴史書である『⓬古事記』が編纂されました。(712年完成)

天武天皇の命令で，暗記の名人であった稗田阿礼が古代から伝承されたものを暗誦し，太安万侶が記述したものです。さらに，

『⓭日本書紀』が完成しました。国の正式な歴史書(正史)です。(720年完成)

『古事記』とともに，神話や国の成り立ち，歴史などを説明することで，
天皇が国を治めることの正当性を説くという面があります。
日本書「記」と書いてはいけませんよ。日本書キは「紀」です。
『古事記』と『日本書紀』をあわせて「記紀」ということもあります。(高校生になったらね(^v^))

国ごとに，地名や産物や伝説などをまとめた『⓮風土記』(ふどき)をつくらせました。

国司に命じて朝廷に提出させた地誌です。**いわば「地方レポート」のようなものです。**
現存するものは少ないのですが，記紀とは異なる神話もあり，貴重な史料となっています。

・神話は不可思議で理解をこえる現象を説明するものでもあります。
雷や死など，人間の理解をこえたできごとに理由を与えます。

5章 奈良時代

重要
・さて，奈良時代の次は平安時代が始まりますね。もちろんそれでいいのですが，その前に，

[⓯**784年**]に[⓰**長岡京**]という都がつくられました。(**平安京遷都の10年前です**)

京都府の南部，平安京のすぐ南です。遷都をおこなったのは[⓱**桓武天皇**]です。
・長岡京は，洪水や建設責任者の暗殺にからむ怨霊騒ぎなどで放棄され，
すぐに平安京に遷りました。平安京遷都も桓武天皇です。

おまけ 長岡京を呪った怨霊というのは，建設責任者の暗殺事件にかかわっているとされて皇太子の位を追われ，無実を訴えながら亡くなった早良親王(桓武天皇の弟)のことです。

・なぜ平城京から都を遷したのでしょうか？　論述の定番です。

桓武天皇が遷都した理由は，【⓲仏教勢力の政治介入をさけるため。】

寺院の移転禁止(ついてくるな！)という命令を出したくらいの徹底したものでした。
これは，平安京遷都の理由としても問われます。
ですから年代も「鳴くよウグイス平安京」ではなく「泣くよ坊さん平安京」で覚えましょう。

・当時の寺は，学問の研究所のようなところでした。僧は現在でいう学者を兼ねた存在で，
外国語(中国語)を理解し，法学や建築学，医学，薬学などさまざまな分野に通じていました。
政治に口出しできるだけの，高い教養と社会的地位をもっていたのです。
また奈良時代末には道鏡という僧が天皇(聖武天皇の娘)にとりいるなど，政治が乱れました。
天皇を中心とする政治を取り戻すため，桓武天皇は遷都という大事業をおこなったのです。

6章 平安時代

▶平安時代を前期・中期・後期・末期と区分して，それぞれの特徴を理解しましょう。

前期：桓武天皇

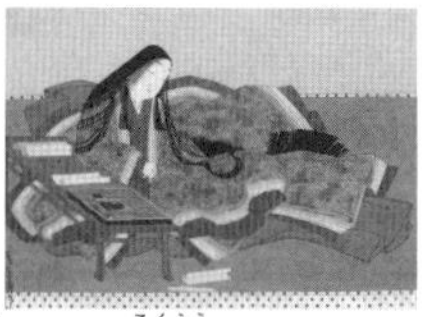
中期：摂関政治と国風文化

末期：平氏政権

14 ▸ 平安時代・前期 ――京の都と社会のようす

➡書き込み編 *p.14*

1 桓武天皇の政治

・【❶794年】「泣くよ坊さん平安京」。遷都をおこなったのは【❷桓武天皇】です。

桓武天皇が遷都した理由は「仏教勢力の政治介入をさけるため」です。
くりかえしますが，遷都で泣いたのは坊さんですよ。ウグイスが鳴いても論述問題は解けません。

・桓武天皇は，国司の不正を監視するなど律令政治の再建をすすめ，
九州や東北地方以外では兵役を免除しました。(代わりに郡司の子弟を兵士〈健児〉にした)また，

蝦夷(えみし)の征討のため，［❸征夷大将軍］の【❹坂上田村麻呂】を派遣しました。

蝦夷とは朝廷に従わない東北地方の人々のことです。
蝦夷のリーダー**阿弖流為(アテルイ)**を降伏させ，
胆沢城(岩手県)などを建設，東北地方の支配をかためていきました。

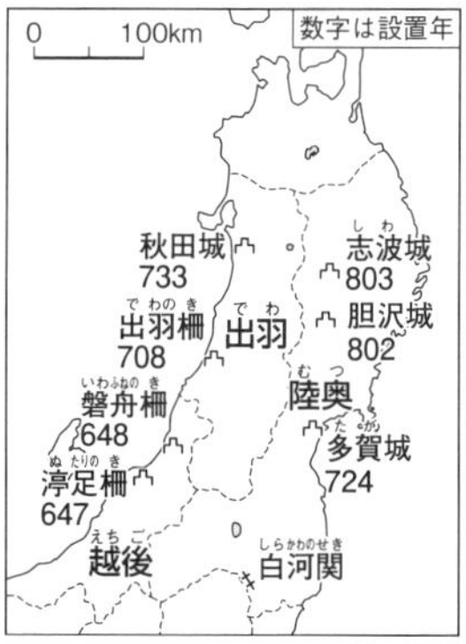

東北地方の支配▶

・「泣くな坂上，田村がみてる」と年号を覚えるよりも，
坂上田村麻呂は桓武天皇の命令で遠征したことをおさえましょう。
時代を問われたら，桓武天皇の時代です。
平安時代のごくはじめだとピンとくること。

豆知識 **征夷大将軍**

幕府を開いた源頼朝が朝廷から任命されたのが「征夷大将軍」です。
そもそも征夷大将軍の「征夷」は蝦夷を征討するという意味でした。
また，「幕府」とは戦時における作戦本部のようなものです。
戦国時代のドラマなどで３方に幕(布)をはったところで
軍配をふって「行け～！」という武将のシーンをみたこと
はありませんか？　あの幕をはった臨時の指令所が，本来の意味での「幕府」です。

・遠方に出征するわけですから，いちいち都の天皇に「次の指令は？」なんて聞けませんよね。
「坂上田村麻呂よ，そなたにまかせる」ということで，
軍事指揮権や税を集める権限，裁判をおこなう権限などを与えられました。
令(律令の令)の規定にない臨時の官職で，大伴弟麻呂，坂上田村麻呂，文室綿麻呂らが歴任。
以後しばらく廃止されていたのですが，やがて武士が政治の表舞台に出てくる時代になると，
武士の棟梁の地位を表すようになりました。(棟梁：武士団のリーダーのこと)

・**天皇から征夷大将軍に任ぜられると，政治をおこなうことを認められることになるのです。**

2 新しい仏教

・**平安時代のはじめ，遣唐使とともに留学した最澄と空海が，新しい仏教を伝えました。**
［❺ **密教** ］とよばれるもので，秘密の教義と呪法により，仏の世界に達しようとする流派です。
奈良時代の鎮護国家の仏教とは違うものです。

・**個人の幸福を祈願する儀式が重視され，現世利益を願う貴族の間で流行しました。**
悪霊退散や，ときには政敵(政治的ライバル)をおとしいれる儀式もおこなわれました。

重要 何宗・何寺・何県か，山の名と寺の名もセットで，きっちり区別しましょう。

【❻ **天台宗** 】 【❼ **最澄** 】(伝教大師) (❽ **比叡山** ・ **延暦寺**)［❾ **滋賀県** ］	【❿ **真言宗** 】 【⓫ **空海** 】(**弘法大師**) (⓬ **高野山** ・ **金剛峯寺**)［⓭ **和歌山県** ］

「天　才　真　空パック」

才は最だけどね

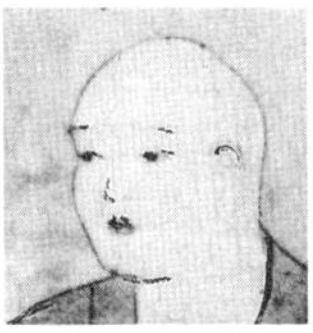

さらに「**高野どうふとワカメの真空パック**」＝**高野**山の**和歌**山，**真**言宗で**空**海(強引にf^-^;)

・**延暦寺は現在の滋賀県に位置しますが，世界遺産「古都京都の文化財」に含まれます。**
現在の県境と，当時の文化的境界は一致しません。京の都の北東，鬼門の方角を守るものです。

・空海の別名「弘法大師」は「弘法も筆の誤り」の弘法です。
三筆(三大達人)の１人に数えられている書道の達人でした。
空海が最澄に送った手紙も残っています。

・天台宗と真言宗の違いを聞かれると困ります。
前者が法華経を，後者が大日経，金剛頂経を中心経典とするもので…
すみません，あまりにも深遠なので，お坊さんや宗教学者などでなければ説明できません。(T-T)

おまけ もともと加持祈禱は修行の一環だったのですが，
病気平癒など個人の願いをかなえる儀式になりました。
「のうまくさんまんだー　ばーざらだんせんだー
まーかろしゃーだー　そわたやうんたらたー　かんまん」
僧が唱える呪文です。映画などでは悪霊を退散させます。
また，何やら唱えながら，指を曲げたりからめたりして
いることもありますね。
「臨・兵・闘・者・皆・陣・列・在・前」って唱えています。

重要 最澄・空海は有名ですね。名前はみんな知っています。
でも，時代を混乱する人が多い。
平安時代の人…だけでは，むずかしい問題に対応できないことがあります。
桓武天皇・坂上田村麻呂・最澄・空海は，平安時代のはじめであることをおさえましょう。

3 土地支配の変化

・桓武天皇による律令制度の再建がおこなわれたのは，平安時代初期のことでした。
しかし902年に班田収授がおこなわれたのを最後に，口分田の配分がされなくなりました。

・そんな中，貴族や寺院といった有力者たちは，
せっせと開墾をすすめて【⑭**荘園**】を広げていきました。
こういった有力者を開発領主といいます。

・開発領主は自分の土地をいくつかの区画(名・あるいは名田という)に分けて，
有力農民(名主)に管理させました。
江戸時代の名主(→**p.89**)と同じ字ですが，読み方が違いますね。内容も少し違います。
多くの名(土地)をもつのが，大名主です。これが「大名」の語源です。

・荘園の地主となった開発領主は，「税を払いたくないなあ」と思うようになります。
税を払わなくてすむ方法とは？　マンガでみてみましょう。

・土地の所有者を中央の貴族などの名義にすることを，土地を[⑮**寄進**]するといいます。
寄進をうけた上級貴族などを[⑯**荘園領主**]といいます。
・また中村は貴族らの[⑰**保護**]をうけ，その土地の[⑱**荘官**]として事実上の支配を続けます。

[**荘園領主**]
[**保護**] ↓　↑ [⑮**寄進**]
[⑱**荘官**]

・そして有力者の保護により
税を免除される[⑲**不輸の権**]や，
国司の立ち入りを拒否する[⑳**不入の権**]を手にしました。
(まとめて「不輸・不入の権」とも)

注意 **なお，荘園がふえたからといって，日本中が荘園になったわけではありません。**
朝廷の土地(公領)も残っていました。国によっては6割ほどが公領という場合もあります。

・10世紀に入ると，戸籍がつくられなくなり，
1人ひとりに税を課すということができなくなりました。これでは税を集めることができません。

・そこで朝廷は，
地方役人である［㉑国司］に大きな権限を与え，地方政治をまかせることにしました。
戸籍によって○○村の△△さん個人から税を徴収するのではなく，
国司に○○村そのものから税を集めさせることにしたのです。

・国司の中には，私利私欲のままに政治をおこなう者も多かったようです。
あまりにもひどかったため，訴えられた国司もいました。
988年，**藤原元命**は規定外の税を課すなどしたため，郡司や農民から解任を請求されました。
朝廷への訴え状を［㉒**尾張国郡司百姓等解文**］といいます。（百姓はひゃくしょうと読むことも）
「農民たちの鍬は(くわは)武器になる」。
重要年代というわけではありませんが，地方政治に国司が用いられた時代の目安となります。
尾張国は今の愛知県です。ちなみに彼は，翌年解任されました。

史料 尾張国郡司百姓等解文（部分要約）

尾張国の郡司と百姓たちが願い出ます。国司の藤原元命がこの3年間におこなった非合法な徴税と不法行為に関する31か条について，朝廷の裁決をお願いいたします。

・平安時代末期に成立した『今昔物語集』（すべての話が「今は昔」で始まる）には，強欲な国司の話があります。
ガケから落ちて，従者に助け上げられたとき，手にキノコをにぎっていたという話です。
手に入るものは何でも手に入れるという強欲さ。当時の国司のようすを物語るものです。

史料『今昔物語集』より，強欲な国司の話（10世紀ころ。部分要約）

今は昔。信濃守①藤原陳忠と云う人有りけり。
国司の任期が終わって都に帰る途中のこと，橋の上から谷底に落ちてしまった。
お供の者があきらめかけていると，谷底から「籠に縄をつけて下ろせ～」と叫ぶ声が聞こえてきた。
お供の者たちが引き上げてみると，籠に乗った守は平茸を3房にぎっていた。
どうしたことかと尋ねると「まだ沢山あるのに大損をした気分だ。
受領(国司)は倒れても土をつかんで立ち上がれというではないか」と言った。
人々は皮肉に笑い合ったという。

①守＝国司の長官。信濃は今の長野県

・しかし，郡司や農民にとってはひどい地方官であっても，
都に税などを運んでくる以上，中央の貴族たちにとっては「使える人物」となるわけです。
また，藤原氏が人事権（誰をどんな役職にするかを決める権限）をにぎっていたので，
摂関家に貢物をしなければ出世できなかったということもありました。
中央でも地方でも，政治が私物化されるようになった時代といえるでしょう。

・平安時代の中期には【❶藤原氏】が天皇に代わって政治をおこないました。

藤原氏は，中臣鎌足を祖とする貴族です。(→p.25)

・藤原氏による政治を【❷摂関政治】といいます。摂政の「摂」と関白の「関」で摂関政治です。

摂関政治の特徴について，磯野家におきかえて，みてみましょう。
藤原氏のトップが波平さんとします。
波平は娘のサザエさんを天皇と結婚させます。この天皇がマスオさんです。

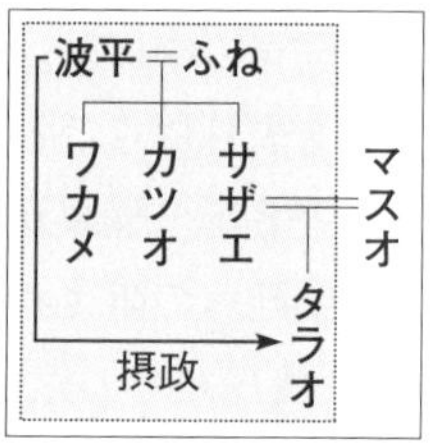

・平安時代の貴族は「通い婚」をおこなっていました。
別居する妻のもとを，夫が訪れるのです。
そのため，妻と実家との結びつきは，夫との絆以上に強いものでした。
結婚後も磯野家でくらすサザエさんと，同じような感じでしょうか。
（磯野家にはマスオさんも同居している，という違いはありますが）

・そして生まれてきた子は母方の影響下で育てられますので，磯野家でくらすフグタタラオのようになります。やがて波平は「マスオ君，そろそろ引退しないかい？」と退位をもちかけます。
波平に頭があがらないマスオが「えっ，いやぁそのぉ，タラちゃんはまだ幼少ですし…」と言ったところで，「マスオ君，タラちゃんの面倒はワシがみるから」で押し切られてしまうのです。
実際に，９歳で即位させられた天皇(清和天皇)もいたほどです。

・権力を得るために結婚する(させる)という話は，現代のドラマなどでもよくありますよね。
教授の娘と結婚するとか，自分の娘を社長の息子と結婚させるという話です。
こういった結婚を，政略結婚といいます。

重要「藤原氏はどのように権力をにぎったか？」論述問題の定番です。

【❸ 娘を天皇と結婚させ(天皇の后とし)，生まれた子を天皇にして，その天皇が幼少のときは摂政，成人してからは関白として権力をにぎった。】

（娘を天皇の后とし〈天皇と結婚させ〉，生まれてきた子を天皇にして権力をにぎった。）

・よく間違えるのは「天皇と結婚して権力をにぎる」…あわてないで。(T-T)
「天皇と娘を結婚させて権力をにぎる」…おしいけど不十分。ポイントは「孫を天皇にする」こと。

・幼少の天皇に代わって政治をおこなう役職を，**摂政**といいます。
天皇の成人後に政治をたすける役職を，**関白**といいます。
摂関政治の全盛期は【❹(父)藤原道長】【❺(子)藤原頼通】のときです。

道長が摂政となったのは［❻1016年］。「遠い昔の道長摂政(人は異論の道長摂政)」。

・道長の歌「この世をば わが世とぞ思う 望月の かけたることも なしと思えば」。
望月は満月のことです。娘が３人も天皇と結婚し，まさに絶好調というときに詠んだものです。

・道長の子の頼通は，［❼1053年］に平等院鳳凰堂を建てました。(→p.41)

注意「よりみち＝頼道」ではありません。「らいつう＝頼通」と覚えて漢字で書けるようにしましょう。

16 ▸ 国風文化

➡書き込み編 p.15

1 遣唐使は新しい文化をもたらしましたね。しかし「**白紙に戻す遣唐使**(吐くよゲロゲロ遣唐使)」。

・【❶894年】【❷菅原道真】の建議によって**遣唐使が停止**(廃止)されました。

菅

菅原道真はダメですよ。「菅原みちしん」と覚えて，漢字で書けるようにしましょう。
遣唐使に任命された際，おとろえ始めた唐に危険をおかして行くメリットは少ないと訴えました。

・このころから，それまでうけいれてきた唐風の文化が消化吸収されて文化の国風化がすすみ，**唐風の文化をふまえつつ，日本風の優雅な貴族文化**が生まれました。

【❸国風文化】は，[❹日本の風土や生活，日本人の感情にあった優雅な貴族文化。]

重要「国風文化が生まれた背景は？」という問題の答えで「**遣唐使が停止(廃止)されたから**」というのがありますが，直接の原因ではないようです。でも，よく出題されます。

おまけ 大帝国・唐が衰退したきっかけは，世界三大美女の1人ともいわれる楊貴妃です。皇帝が彼女に恋をし，彼女の一族を高位高官につけるなど政治を混乱させ，反乱がおこったといわれています。

おまけ のちに道真は，ライバルの藤原氏によって大宰府に左遷(出世コースからはずれること。転勤や出向など)され，恨みをもったまま世を去りました。しかしその後，彼の左遷にかかわった人物が次々と変死するという事件がおこりました。雷の直撃もあったそうです。人々は道真の怨霊のしわざだとうわさして，彼をまつることにしました。なお，道真はすぐれた学者でもあったので，「学問の神様」といわれています。受験生の神様・天満宮は道真をまつる神社です。

・漢字を書くのは面倒ですよね。平安時代の人もそう思いました。
そこで漢字から絵文字のような，新しいコミュニケーション手段をあみ出しました。
「カタカナ」と「ひらがな」，まとめて[❺**仮名文字**](かな文字)といいます。
仮名文字の誕生は平安時代(国風文化)，きちんとおさえておきましょう。

以→い

参考 仮名文字は，文字それ自体には意味がなく，ただ音だけを表す記号(文字)なので「表音文字」といいます。アルファベットやハングルもそうです。
一方，漢字にはそれぞれ意味がありますので，「表意文字」といいます。

2 おもな文学・絵画作品

・『❻竹取物語』の作者は不明です。

竹から生まれたかぐや姫が月に帰るというスペースアドベンチャー超大作です。

・『❼源氏物語』を書いたのは【❽紫式部】です。

モテモテ男の光源氏が主人公(前半)の超長編小説。きっと高校の古典で読むことになるでしょう。

・『❾枕草子』を書いたのは【❿清少納言】です。

随筆とはエッセイ，今でいうブログのようなものです。
冒頭の「春はあけぼの」の部分は有名です。清少納言は，紫式部のライバルといわれます。

参考 紫式部は一条天皇の中宮(后)の彰子(道長の娘)に仕えました。
清少納言は一条天皇の皇后の定子(道長の兄の娘)に仕え，家庭教師のような立場にありました。

・『⓫古今和歌集』は天皇の命令で【⓬紀貫之】らが編纂した勅撰和歌集です。　貫

鎌倉時代の『新古今和歌集』まで続く勅撰和歌集のシリーズを八代集といいます。(→**p.55**)

・『⓭土佐日記』を書いたのも【⓮紀貫之】です。

国司として土佐(今の高知県)に派遣され，任期を終えて京に帰るまでの旅日記です。
まだ男性は漢文体を使っていたころ，女性が好んで使っていた「仮名文字」を用いて，
女性になりきって書きました。公務員でエリートの男性が，「海賊がいてさ，マジヤバイ」なんて
調子でブログを書いているみたいなもの…といってしまえば失礼でしょうか。
それまでの記録としての日記とは違い，仮名文字を使って細やかな心情の描写に挑戦した作品です。

・日本風の絵［⓯大和絵］が描かれました。

ふすま絵や屛風絵，物語の一場面などを描いた絵巻物もつくられました。
マンガのルーツかもしれませんね。
応天門の変(866年)という貴族の勢力争いを描いた
「伴大納言絵巻」が有名です。

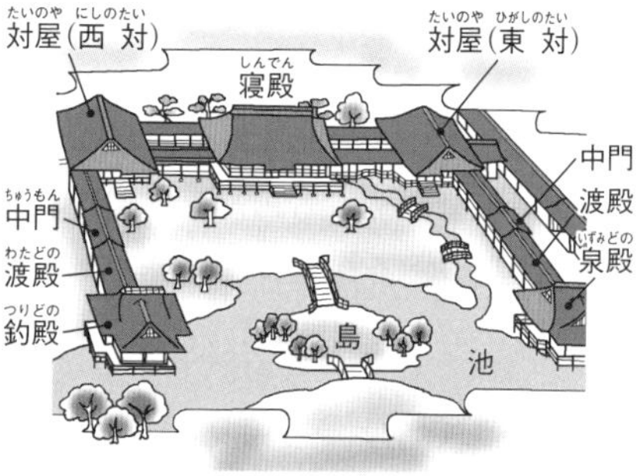

3 生活・思想

・**貴族の住居の建築様式は【⓰寝殿造】といいます。**

庭に池がある豪邸です。
なお，正倉院は校倉造(→**p.32**)，**銀閣の１階は書院造**(→**p.66**)。

・貴族の男性の正装は衣冠束帯，**貴族の女性の服は**［⓱十二単］(女房装束)**です。**

おひな様の服装です。なお，必ず12枚重ね着をしたのではなく，たくさん着たという意味です。

・ノストラダムスの大予言ってありましたね。1999年，天から暗黒大魔王が降ってきて世界が滅亡
するとかなんとか…君たちの世代では知りませんか？　では「ハルマゲドン」はどうでしょう？
ともかく，人間ごときの力がおよばない事情によって世界が滅亡するという思想のことです。
こういったものはいつの時代，どこの場所にもあるものです。日本の平安時代にもありました。

・［⓲末法**思想**］。1052年以降，仏様の力がおとろえて世の中が乱れるという考え方です。

・各地で続く戦乱，そして飢饉，人々は現世に希望を見出せなくなっていました。
「現世はもうダメだ～。せめて来世は極楽浄土に生まれ変わりたいよ～」そこで，

【⓳浄土信仰】(浄土教)が生まれました。これは，
【⓴阿弥陀仏(阿弥陀如来)にすがって，極楽浄土に生まれ変わることを願う信仰。】

論述で「極楽浄土に行く」はイマイチです。物理的な移動ではありませんから。

・「現実から逃げること」ともとれますが，死後は極楽浄土に生まれ変われるのだから，
「今もがんばろう」という希望をもつことになったかもしれませんね。(^o^)

・極楽浄土へのあこがれは，建築など美術にも反映されました。

> [㉑ **1053年**]【 ㉒ **平等院鳳凰堂** 】を建てたのは道長の子【 ㉓ **藤原頼通** 】です。

阿弥陀仏をまつる阿弥陀堂で，宇治(㉔ 京都府南部)にあります。(意外と小さな建物です)
「平等院，入れこみ入れこみ阿弥陀仏」。頼通の時代の目安となります。

鳳凰

・10円玉のデザインになっている建物ですね。(日本国と書いてある方が硬貨の表です)
(漢字に注意。鳳の「鳥」は横棒につかまっています)

・時代はすすみますが，

> 1124年完成の【 ㉕ **中尊寺金色堂** 】も【 ㉖ **奥州藤原氏** 】**の栄華を伝える阿弥陀堂建築です。**
> [㉗ 平泉(岩手県)] **にあります。**(世界遺産。地理でも出題されます)

「人々に，幸せ運ぶ金色堂」。
京都の摂関家とは違う家系の藤原氏で，のちの「前九年合戦」「後三年合戦」で出てきます。(→p.42)

17 ▸ 平安時代・後期 ──武士の成長と院政

➡書き込み編 p.16

1 武士の成長

・公地公民の原則がくずれた平安時代には，
各地の有力者たちが自分の土地を守るために武装化するようになりました。
・また，都の警備などにあたっていた軍事担当の貴族が，朝廷が弱体化する中で，
律令の秩序をこえた大きな力をもつようになります。**武士という新しい身分の登場です。**
・「さぶらい」から「さむらい(侍)」，あるいは「もののふ」ともよばれました。
(「さぶらう」とは身分の高い人の側にひかえているという意味)

・彼らは血縁関係を基礎に，家臣や家来を従えて武士団を形成しました。
やがてこれらの武士団は，源氏と平氏の下に統合されていきました。
なぜ，源氏と平氏だったのかといえば，天皇の子孫という名門だったからです。
当時，天皇には妻が何人もいて，当然子どももたくさんいましたが，すべての子が天皇になるわけではありません。天皇にならなかった者に姓が与えられ，一般貴族となることがありました。

> ・[❶ **桓武天皇**] **の子孫が平氏，**[❷ **清和天皇**] **の子孫が源氏です。**

「桓武平氏・清和源氏」と唱えて覚えましょう。たまに出ます。(教科書などに系図が載っていることも)

・武士団のリーダーを棟梁といいます。
各地の武士たちは，同盟を結んだり，主従関係(従うことを約束する)を結んだりして統合され，
名門の源氏と平氏の二大勢力が形成されました。「われらが棟梁は，天皇のご子孫なるぞ」
「おーすごい，われらもぜひお仲間に」といった感じでしょうか。

2 武士の反乱

・各地で武士団が勢力をのばし，中には，朝廷に対して反乱をおこす者もあらわれました。
しかし，朝廷は軍事的には無力でしたので，別の武士団に鎮圧を命令しました。
「麿は争いが苦手でおじゃる，誰ぞ行ってきてたもれ(>_<)」って感じでしょうか。
やがて武士は，その実力を認められ，政治の中心に進出していきました。

・【❸935年】**関東で【❹平将門の乱】**がおこりました。

「関東を組みこむ新皇，将門の乱」。近いできごとは，「936年，高麗の朝鮮半島統一」です。

注意 「平安時代・後期」であつかっていますが，道長・頼通の時代より100年ほど前のことです。

・地方をかえりみない朝廷に腹を立てた将門は，反乱をおこしました。
939年には，国司を追放して関東地方を攻略，現在の茨城県あたりを本拠地とし，
都の天皇に対抗し，みずから［❺新皇］と称して，朝廷からの独立をめざしたのです。
朝廷は，別の武士(平貞盛，藤原秀郷)の力を借りてこの乱をしずめました。

・なお，戦乱を題材とした文学作品を軍記物といいますが，最古の軍記物は『将門記』です。

・ほぼ同時期の［❻939年］**瀬戸内海で【❼藤原純友の乱】**がおこりました。

純友は朝廷の役人でしたが，任期がすぎても都に戻らず，海賊のリーダーになって，
大宰府を襲撃するなど大あばれしました。
(「海賊王に俺はなる！」と言ったかどうかは定かではありませんが(^v^))
これも朝廷は，別の武士(小野好古，源経基)の力を借りてしずめました。

参考 次の前九年合戦との間が100年以上もあいていますが，平和が続いたわけではありません。
この後も，朝廷内での対立や，武士の反乱がおこり，そのたびに武士が活躍しました。

・将門，純友の乱から100年ほどのち，**陸奥とよばれていた東北地方で紛争がおこりました。**
豊かな東北地方の利権をめぐる対立が背景にあったようです。
馬の産地でしたので，今でいえば自動車工場地帯をかかえているようなものですからね。

・**1051年，東北地方で［❽前九年合戦］がおこりました。**(前九年の役とも)

「人を恋する9年前」。**藤原頼通が平等院鳳凰堂を建てたころです。**
朝廷に反抗的な陸奥の豪族(安倍氏)を，源頼義と義家父子が清原氏と協力して鎮圧しました。

・**1083年，東北地方で［❾後三年合戦］がおこりました。**(後三年の役とも)
これを鎮圧したのが［❿源義家］です。

発端は，陸奥の豪族(清原氏)の内紛です。
清原清衡はのちに藤原氏を名乗り，奥州藤原氏となりました。(奥州＝陸奥)

・源義家はたまに出題されます(源頼朝のお祖父さんのお祖父さん)。鳥の群が急に向きを変えたのをみて，
草むらに敵の兵が隠れていることを見破ったというエピソードがあります。「人はみつける雁の群」。
また，私財を投げうって部下に恩賞(ほうび)を与えるなどしたため人気が高まり，
朝廷から危険視されるほどでした。
以後，源氏は東国に基盤をもつようになりました。

3 院政の始まり

・天皇の母方の祖父として実権をにぎるためには，まず娘を天皇と結婚させ，男の子を生んでもらわなくてはなりません。しかし藤原頼通の娘には，男の子が生まれませんでした。そして，

藤原氏を外戚としない［⑪後三条天皇］が即位しました。

藤原氏との関係が弱い天皇です。荘園を整理して没収するなど改革をおこないました。

・**【⑫1086年】**(後三条天皇の息子の)**【⑬白河上皇】が【⑭院政】を始めました。**

「父ちゃん，やろうぜ院政を(いわば無敵の院政だ)」。

院政とは，

［⑮**天皇が**(息子に)**位を譲ったあと，上皇として実権をにぎっておこなう政治。**］

［⑯上皇］**とは引退した天皇のことです。**(院とは上皇の住まいのこと)

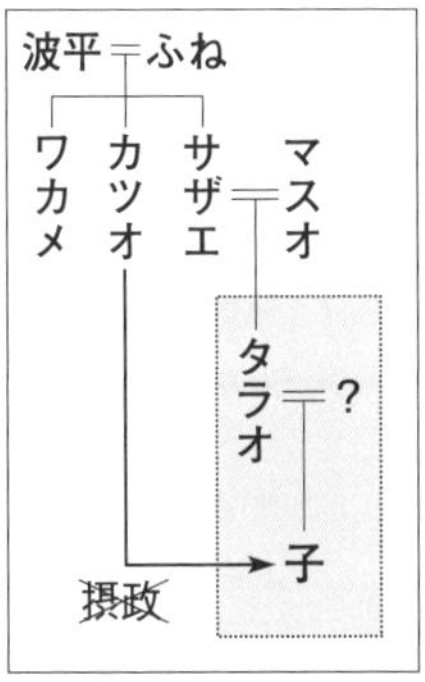

・先ほどの磯野家の例でいえば，天皇のタラオが磯野一族以外の女性との間に生まれた子どもに天皇の位を譲り，みずから後見役になったということです。それなら，母方のカツオがやってきて，「やあ，タラちゃん。子どもに，天皇の位を譲ったんだってね。ボクが摂政になってあげるよ」と言ってきたとしても，「カツオ兄ちゃんはもういいです。ボクがやりますから」と断ることができます。

・つまり父親(引退した元天皇)が息子の代わりに政治をおこなうのですから，**藤原氏は実権をにぎれなくなり，政治の表舞台から去っていきました。**

・なお，上皇が出家する(仏門に入る)と［⑰法皇］とよばれます。(キリスト教の法王とは字が違います)

上皇(法皇)たちは信仰に厚く，吉野や熊野へ参詣に出かけました。

「紀伊山地の霊場と参詣道」は世界遺産に登録されています。

・また，天皇といえども儀式や形式，先例(昔からのしきたり)にしばられるのですが，位を譲って上皇になれば，比較的自由にふるまい，思い通りの政治をおこなうこともできました。

・「院政は平安後期」でかまいませんが，のちのちも断続的に続きました。(鎌倉時代の後鳥羽上皇など)

おまけ 現代でも「院政」に近いことはしばしばおこなわれています。
たとえば，息子に社長の地位を継がせ，自分は会長となります。社長は息子，でも実権は会長がにぎります。そして息子の後見役として会社経営を続ける，といったようなことですね。

・武士団以外にも，武装集団がありました。多くの荘園をかかえる寺院もまた，自衛のために下級僧侶を武装させました。［⑱僧兵］といいます。(下の絵)

奈良の興福寺(南都)，比叡山の延暦寺(北嶺)＝**山法師**が有名です。

院政期には，朝廷を悩ませるほどの勢力に成長しました。

白河上皇は，「賀茂川の水(洪水)・双六のサイコロ・比叡山の僧兵」

この3つだけは自分の思うようにならないと愚痴をこぼしたといいます。

重要 入試では「そのころヨーロッパでは何が？」と問われます。
できごとの間にまったく関係がなくても，
同じ時代のものを選びなさいといわれるのです。

白河上皇が院政を始めたのは，1096年「遠くへ向かえ」［⑲第1回十字軍遠征］のころ。

4 武士の中央進出

・反乱やその鎮圧で実力を示した武士は，朝廷の警備や権力争いにも用いられるようになります。
やがて，発言力を増した武士が，中央政治の表舞台に出てくるようになりました。

・【20 1156年】【21 **保元の乱**】(ほうげんの乱)がおこりました。

自分の息子が天皇になれずにくやしい思いをしている崇徳上皇と，弟の後白河天皇が
それぞれ有力貴族を味方につけて対立，ここに武士が動員されたのが保元の乱です。
勝ったのは天皇側，つまり後白河側です。
「**いいころみんなで殺し合い**」。ひどいゴロ合わせですが，本当に悲しい戦いだったようです。
資料集などに対立関係図が載っていると思いますので，みてください。(くわしくは高校の日本史で)
朝廷内部での皇位継承をめぐる対立に，藤原一族の権力争いがからんでいます。
さらに，源氏と平氏もそれぞれに分かれて戦いました。
仲間割れではありません。武士はあえて分かれたのです。
上皇，天皇のどちら側が勝っても一族の血筋を絶やさぬためです。
源氏の場合でいうと兄の義朝は天皇側，父の為義と弟の為朝は上皇側
といったように分かれました。

・さらに，保元の乱の勝者の間で争いがおこりました。

[22 1159年]【23 **平治の乱**】(へいじの乱)です。
(保元・平治の)**両方に勝ったのが【24 平清盛】です。**
やぶれた[25 源義朝]は，逃げる途中で暗殺されました。**義朝は源頼朝の父です。**

「**平時は清盛，いい国民**」。

・義朝の子の頼朝(13歳)は，清盛の継母の嘆願で死罪を減刑され，伊豆に流刑となりました。
頼朝を生かしておくなんて「野にトラの子を放つようなものだ」と噂されたといわれます。
(約20年後，清盛は，頼朝が平氏打倒の兵をあげたという知らせを聞きつつ，熱病で亡くなりました)

・なお義経は(頼朝の弟。まだ1歳)は，実の母が清盛の側室(正妻以外の妻)となることで命を救われ，
父の敵であった清盛の保護をうけて育ちました。(異説もあります)
幼名を牛若丸といい，五条大橋で弁慶と出会った話は有名です。
のちに奥州藤原氏のもとに身を寄せ，兄の挙兵に呼応して平氏打倒に大活躍します。

重要 **セットでおさえるできごと**(保元平治，文永弘安，文禄慶長…と唱えて覚えましょう)

前九年合戦	**後三年**合戦	東北地方の戦乱(→**p.42**)
保元の乱	**平治**の乱	平安時代後期の戦乱
文永の役	**弘安**の役	元寇(→**p.52**)
文禄の役	**慶長**の役	朝鮮出兵 by 豊臣秀吉(→**p.83**)
三・一独立運動	**五・四**運動	第一次世界大戦後の1919年(→**p.150**)
五・一五事件	**二・二六**事件	太平洋戦争前，軍部のクーデター(→**p.156**)

18 ▶ 平安時代・末期 ——武士による政治の始まり

➡書き込み編 p.17

1 平氏政権

・保元・平治の乱に勝利した【❶平清盛】が権力をにぎるようになりました。

清盛は，娘（徳子＝建礼門院）を天皇（高倉天皇＝後白河法皇の子）と結婚させました。
この方法は，まるで藤原氏と同じですね。
一族の者たちも高位高官につき，栄華をほこるようになりました。

・1167年，武士ではじめて【❷太政大臣】となりました。

「平清盛いい胸毛」。
太政大臣は天皇に次ぐ最高位で，適任者がいなければ任命しないという重要ポストです。
・武士の太政大臣は，平清盛・足利義満・豊臣秀吉・徳川家康・徳川秀忠・徳川家斉の６人だけです。

・平氏は多くの荘園をもち，また

【❸日宋貿易】をさかんにおこなって財をなしました。
【❹兵庫の港（神戸港）】を改修しました。兵庫の港は，［❺大輪田泊］ともいいます。

また，瀬戸内海の航路を整備しました。

・日宋貿易の輸入品は【❻宋銭】などです。（輸出品は金，硫黄，刀剣，扇など）

▲皇宋通宝

大量に輸入された宋銭は，日本に貨幣経済を浸透させることになります。
なお，宋銭が広く流通するのは鎌倉時代になってからです。

・清盛は【❼厳島神社（広島県）】を厚く保護しました。

厳島神社は世界遺産です。
別の角度からの写真も出題されます。
海の中の鳥居がポイントです。

・『平家物語』には，平氏の一族が「平氏にあらずんば人にあらず」（平時忠＝清盛の義弟）と言ったというエピソードがあります。
平氏でなければ人間じゃない…そのような情勢の中で，
平氏に対する不満が高まっていきました。

・清盛は兵を出して反抗勢力を弾圧，後白河法皇を軟禁（幽閉）し，
また，**自分の娘と天皇との間に生まれた３歳の孫を，天皇**（安徳天皇）**として即位させました。**
1180年，後白河法皇の皇子が全国に平氏打倒の命令を出すと，一部の源氏が反乱をおこしました。
このときの反乱は失敗に終わりましたが，
清盛は一時的に，福原京（兵庫県）に都を遷しました。（すぐに平安京に戻りましたが）

・そして，ついに本格的な平氏打倒の動きがおこります。

2 源平の争乱

(1) **1180年，伊豆に流されていた源頼朝が挙兵しました。**源平の戦いの始まりです。

参考 源平の戦いに関しては，源義仲(出身地から木曽義仲とも。頼朝のいとこ)の栄光と死，一ノ谷での奇襲，屋島での「扇の的」など，さまざまなエピソードがあります。
話せば長くなりますし，社会科の試験にはあまり出ないので，ここでは取り上げませんが(出るとすれば国語です)，気になる人は，資料集などをみておきましょう。
また，運動会の紅組・白組や紅白歌合戦は，平氏の赤(紅)旗，源氏の白旗がルーツです。

・【❽ 1185年 】，平氏は［❾ 壇ノ浦の戦い(山口県) ］で滅亡しました。　壇
活躍したのは頼朝の弟の［❿ 源義経 ］です。

大活躍した義経ですが，兄の頼朝にうとまれてしまいました。
(頼朝は関東で勢力固めをしていたので，実際の戦闘にはあまり参加していません)
朝廷に気に入られた義経に，源氏の棟梁の地位をおびやかされると考えたといわれています。
義経は手紙で「そんなつもりはない」と訴えますが，聞き入れられませんでした。

(2) **1185年，平氏を滅ぼしたあと，**頼朝は朝廷にせまって

国ごとに【⓫ 守護 】(警察の仕事)，
荘園と公領ごとに【⓬ 地頭 】(税の徴収)をおくことを朝廷に認めさせました。

弟の義経をつかまえるために家来を各地に派遣しますよ，というのが理由です。
「**人々は，これで支配だ守護地頭**」。
守護・地頭の設置によって，事実上の全国支配が始まったといえます。

守護・地頭の設置は，頼朝が征夷大将軍になる前のできごとである点に注意しましょう。

・守護・地頭は，のちの武家政権にも継承される重要な役職です。
地頭は守護の命令で治安の維持(警察の仕事)もしました。

重要 区別しよう

守護と地頭	鎌倉・室町時代に，武家政権のもとで，御家人が任命された。
国司と郡司	奈良・平安時代に，律令制のもとで，貴族(郡司は地方の有力者)が任命された。

・兄に追われた義経は，奥州藤原氏を頼って東北へと逃げのびました。
しかし，「義経を差し出せ」という頼朝のプレッシャーに負けた藤原泰衡に裏切られ，討たれたと伝えられています。
このとき，家来の弁慶が敵の矢をうけて立ったまま死んでいった(立ち往生)エピソードがあります。
▶さらに，頼朝は［⓭ 奥州藤原氏 ］も滅ぼしました。

参考 **鎌倉時代の始まり**
最近では，事実上の支配体制を確立した**1185年**とする説が有力になりつつあります。
また，承久の乱の勝利で全国支配を確立した**1221年**とする説もあります。それも一理ありますね。
本書では，「**天皇から征夷大将軍に任ぜられた年**」として，**1192年**を鎌倉時代の始まりとしています。
今も形式上，内閣総理大臣は天皇が任命しますからね。

■文化区分トレーニング■

表中の「〃」は，時代と同じ名称を表す。

時代	文化
旧石器	旧石器文化
縄文	縄文文化
弥生	弥生文化
古墳	古墳文化
飛鳥	飛鳥文化
奈良	天平文化
平安	平安初期
	国風文化
鎌倉	鎌倉文化
室町	北山文化
	東山文化
安土桃山	桃山文化
江戸	江戸初期
	元禄文化
	化政文化
明治	明治文化

左を隠して空らんをうめましょう

時代	文化
旧石器	〃 文化
縄文	〃 文化
	文化
	文化
	文化
	文化
平安	平安初期
	文化
	文化
	文化
	文化
	文化
江戸	江戸初期
	文化
	文化
明治	〃 文化

もう一度やってみましょう

時代	文化
旧石器	〃 文化
縄文	〃 文化
弥生	〃 文化
	〃 文化
	〃 文化
	文化
平安	平安初期
	文化
	〃 文化
	文化
	文化
安土桃山	文化
江戸	江戸初期
	文化
	文化
明治	〃 文化

7章 鎌倉時代

19 ▸ 鎌倉幕府の成立

➡書き込み編 p.18

・【❶ 1192年 】【❷ 源頼朝 】が鎌倉幕府初代将軍になりました。
鎌倉は［❸ 神奈川県 ］です。（ちなみに，室町は京都，江戸は東京です）
（1192年は，朝廷から征夷大将軍に任命された年です）（→p.46）

最も有名なゴロ合わせでしょう。「イイクニつくろう鎌倉幕府」。

・**鎌倉は，一方が海で三方を山にかこまれていたため，防衛しやすい地形でした。**

・なお，右の肖像画はずっと頼朝像とされてきたのですが…現在では，別人というのが定説です。
教科書や参考書では，この肖像画をほとんど使わなくなりました。

将軍
【❹ 御恩 】↓ ↑【❺ 奉公 】
❻ 御家人 ……将軍の家来となった武士のこと。

・**御恩とは，**［❼ 将軍が御家人の領地を認めるなど，生活を保障すること。］

先祖伝来の土地の所有権を認められたり（本領安堵），
平氏の領地だった土地をあらたに与えられたり（新恩給与）しました。
実際には，土地そのものをもらったというよりは，
守護や地頭に任命されることで，土地の支配権を与えられました。
ともかく，御家人の生活は，将軍によって保障されたというのがポイントです。

・**奉公とは，**［❽ 御家人が，将軍のために働くこと。］

奉公
（奉行ではない）

普段は守護や地頭の仕事にはげみ，何か事がおこれば，
御家人は一族郎党（家来）を率いて「いざ鎌倉」，そして将軍（幕府）のために戦います。

・一生懸命（いっしょうけんめい）は，「一所懸命」（いっしょけんめい）が語源です。
「一つの所に命を懸ける」。土地はそれほど大切なものなのです。

・**土地を仲立ちとする主従制度**（主従関係）**を封建制度**（封建関係）**といいます。**

・**源氏の将軍の時代は，3代で終わりました。**
頼朝は，落馬によるケガが原因で亡くなったといわれます。
・2代目の頼家は北条氏の陰謀で暗殺，3代目の実朝は甥(頼家の子)におそわれて命を落としました。この後の4代目以降は，頼朝の親戚筋の藤原氏や天皇の息子を形だけの将軍にむかえました。家柄が尊重されましたからね。

・**将軍を補佐する役職として，執権がおかれました。**

> **執権が中心となっておこなう政治を【❾執権政治】といいます。**
> **【❿北条氏】は頼朝の妻［⓫北条政子］の実家。**初代執権は，政子の父の**北条時政**です。

「執権政治は北条氏で鎌倉時代」，「摂関政治は藤原氏で平安時代」。しっかり区別しましょう。

20 ▸ 幕府権力の確立

➡書き込み編 p.18

1 源氏の将軍が3代でとだえると，

> ・**【❶1221年】【❷承久の乱】がおこりました。**
> **【❸後鳥羽上皇】は，全国に［❹2代執権 北条義時］を追討する命令を下しました。**

「後鳥羽上皇，いい(1)ジ(2)ジ(2)イ(1)」。
「今こそチャンスだ。形だけの将軍との主従関係はもろく，
朝廷の権威の前に，多くの御家人が裏切るはずだ」と考えたのです。
上皇の命令に逆らえば，朝廷の敵となってしまいます。
御家人たちは動揺し，幕府もここまでか…という雰囲気になりました。
このとき，出家して尼将軍とよばれていた【❺北条政子】が，御家人たちを集めて語りました。

史料 北条政子の言葉(部分要約)

> みなの者，よく聞きなさい(みな，心をひとつにしてうけたまわるべし)。これが最後の言葉です。頼朝公が朝敵を征伐して幕府を開いてこのかた，官職といい土地といい，その御恩は山よりも高く，海よりも深い。この御恩に感謝して報いたいという志が，どうして浅いことがあろうか。
> 名誉を重んじる者は京都に向かって出陣し，上皇側についた武士らを討ち取り，幕府を守りなさい。
> もし，上皇に味方したいならば，今すぐ申し出なさい。

・史料問題が出たら，冒頭の**「みなの者，よく聞きなさい」**でピンとくるように。
政子の言葉を聞いて，感動のあまり涙を流した御家人もいたと伝えられています。

・**承久の乱の場所は京都です。**幕府軍が勝利し，京都を占拠しました。乱のあと，

> **後鳥羽上皇を［❻隠岐(島根県)］に配流しました。**(配流＝島流しの刑)
> **幕府は【❼六波羅探題】を［❽京都］に設置しました。**(六波羅は京都の地名)
> **【❾朝廷や西国の武士を監視するため】の機関です。**

・承久の乱までは，関東の武家政権(鎌倉幕府)と，京都の公家政権(朝廷)による二元支配でしたが，
承久の乱の勝利によって，幕府の支配が全国におよぶようになりました。

2 御家人と荘園領主，あるいは御家人の間などの土地争いや相続争いの解決のため，幕府は

・【⑩1232年】，初の武家法である【⑪御成敗式目（貞永式目）】を制定しました。
制定したのは【⑫3代執権 北条泰時】です。

「**一文に（ひとふみに），記す武家法，御成敗**」。
成敗とは判断する，決着をつけるということ。式は法令，目は目録のこと。
このときの年号をとって，貞永式目ということもあります。

史料 御成敗式目（部分要約）

3．諸国の守護の仕事は，御家人の京都を守る義務を指揮，催促すること，謀反や殺害人などの犯罪者の取りしまりである。
5．地頭は荘園の年貢を差し押さえてはならない。
8．20年以上継続してその土地を支配していれば，その者の所有になる。
18．女子に譲りわたした所領についても，男子と同じように…

・御家人にとって，土地は生活のすべてをかけているものです。
もし土地をめぐる裁判があいまいだったら，幕府は信用されなくなります。
そこで「道理と先例」（武家社会の慣習と過去の裁判例）にもとづいて，
【⑬**御家人の裁判の公正を図る**】ためのものです。

・また，［⑭守護］**や地頭の職務内容**など，御家人の義務も書かれていました。
・なお，**女性にも相続権**があり，女性の地頭もいました。

・**武家法ですから，公家（朝廷）には適用されませんでした**。あくまで武士のためのものです。
室町幕府も大部分を継承して使いました。（足利尊氏はよく似た「建武式目」を制定）

史料 御成敗式目制定のねらい（北条泰時が弟の重時にあてた手紙。部分要約）

この式目は，ただ道理のさし示すところをしるしたものである。あらかじめ訴訟の裁決のあり方を定めて，人の身分の高低を問題にせず，公平に裁判ができるようにするために，こまかいことを記録しておくのである。この式目は漢字で書かれた律令とは違い，仮名しか知らない者が世の中に多いことを考えて，武家の人々の便宜になるように定めただけのことである。これによって京都の朝廷でのとりきめ，律令の規定が少しも変更されるものではない。律令の規定は立派だが，武家や民間でそれを知っている者は，ほとんどいないだろう。法律を司る役人が自分の判断であれこれ考えて法を適用すれば，人はみな迷惑すると聞いている。このように考えて式目をつくった訳だが，京都①の人たちの中で非難する者があったら，この趣旨を心得て伝えなさい。貞永元年九月十一日

①北条重時の役職は六波羅探題だった

重要 問題文に「初の武家法」とあれば御成敗式目です。
武家の法…文字が似ているからといって，武家諸法度としてはいけません。
武家諸法度は江戸時代ですよ。

重要 ほかの時代の組織図と区別させる問題がよく出ます。将軍の補佐役がポイントです。
まずは，**「鎌倉の執権」「室町の管領」「江戸の老中」をおさえましょう。**

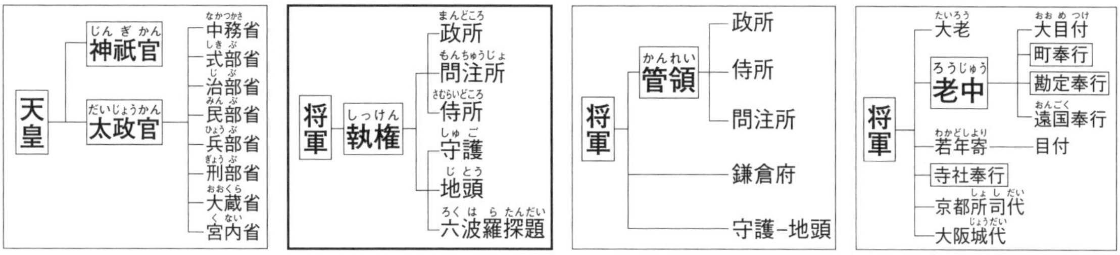

▲律令制　▲**鎌倉幕府**　▲室町幕府　▲江戸幕府

①政所は，一般政務などを担当。**「まんどころ」**と読みます。(読み方も出題されます)
②侍所は，御家人の統率，軍事や警察の統括。「待所」は×です。
③問注所は，裁判を担当。

侍

3 武士の生活

・鎌倉時代の武士は，ふだんは領地に住み，農民を指導して農業をおこなっていました。
武士の屋敷は，防備のために堀や塀でかこまれています。(武家造といいます)
家も簡素で，ぜいたくや派手な生活をしていたわけではなかったようです。
また，馬や弓矢のけいこをして武芸にはげむなど，いざというときにそなえていました。
弓の練習の絵や，屋敷の絵から武士の生活の特徴を説明させる問題もあります。

21 ▸ モンゴルの襲来と幕府の衰退

➡書き込み編 *p.19*

1 そのころのアジア

・[❶チンギス=ハン] **が遊牧民の勢力を統一し** [❷モンゴル帝国] **を建国しました。**

現在のポーランドやハンガリーに攻めこむなど，ヨーロッパ東部にまで拡大し，
人類史上最大の面積の大帝国となりました。その後，1271年に

・5代目で孫の【❸フビライ=ハン】**が国名を**【❹元】**とし，中国を支配しました。**
都は [❺大都]，**現在の北京です。**

「人にない，物をほしがるフビライ=ハン」。
南方に逃れていた宋(南宋)を征服，朝鮮半島の**高麗**も服属させました。
前述しましたが，朝鮮半島の国と中国の国は関連させておさえましょう。(**→p.20**)

・このころ【❻マルコ=ポーロ】(❼イタリア**人商人**)**が元を訪れました。**
彼は元でフビライに仕え，帰国後，『❽東方見聞録』を口述筆記しました。

「**東**の**方**で**見**たり**聞**いたりしたことの**記録**」です。『**世界の記述**』ともいいます。
また『東方見聞録』の中で，日本のことを「黄金の国ジパング」と西洋に紹介しました。
ジパングは英語のJapanの語源といわれます。でも，日本が黄金の国…？
ともかく，この魅力的な話は伝来した印刷術によって広まり，大航海時代の原動力となりました。

2 蒙古襲来(モンゴル軍の襲来)

・領土拡大を続ける元は，日本へ使者を派遣して服属をせまってまいりました。
幕府がこれを拒否すると，

麗

モンゴル軍が[❾博多湾へ]襲来しました。博多は福岡市です。
その中には服属した[❿高麗軍]も含まれていました。
2度にわたるモンゴル軍の襲来のことを【⓫元寇】といいます。

寇≠冠

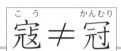

「元寇」は漢字で書けるようにしておきましょう。
冠位十二階の「冠」と間違えやすいので注意。元寇が書けないと「倭寇」(→**p.61**)もアウトですよ。

・**1274年の1回目の襲来を[⓬文永の役]といいます。**

3万の軍勢が博多湾に上陸，そして『蒙古襲来絵詞』のような戦いがおこなわれました。
日本側は一騎討ち戦法，これに対して元軍は集団戦法でした。
火薬を使った武器「**てつはう**」は，殺傷能力はさほどなかったようですが，
大きな音が鳴るので，馬があばれて武者はふり落とされてしまいました。

・絵についての論述問題も出ます。[**元軍の集団戦法と火薬を使った武器に苦戦した。**]
「**いになよ元軍**(「去に」＝「帰れ」)(^_^;)」。このときの元軍は短期間で撤退したといわれます。

・**1281年の2回目の襲来を[⓭弘安の役]といいます。**

あらたに服属させた宋(南宋)の軍をあわせて，14万の大軍が博多湾にやってきました。
14万！ すごい数ですが，南宋や高麗の人々は元に協力的ではなく，うまく機能していなかったようです。
「いになよ元軍」→「**ハイ，帰ります**」。御家人の活躍や暴風雨によって撤退していきました。

元の皇帝は[⓮フビライ=ハン]，むかえうったのは，【⓯8代執権 北条時宗】です。

一方で，御家人たちの生活は苦しくなりました。その理由は
[**⓰十分な恩賞(ほうび)がもらえなかったから。**]
攻めてきたものを追い払っただけなので，あらたな領土が手に入ったわけではないからです。
・論述では「御恩がなかったから」や「御恩がもらえなかったから」はイマイチの解答です。
また，「幕府に対する不満が高まったのはなぜか」と聞かれたら，
「御家人に十分な恩賞(ほうび)を与えることができなかったから」です。

・3度目の攻撃計画もあったそうですが，中国の民衆の抵抗などで実行されませんでした。
でも，文永の役のあと，幕府は御家人に警備を命じ，博多湾に[⓱石塁]とよばれる防塁(とりで)を築かせました。『蒙古襲来絵詞』(戦闘シーンではない場面の背景)にみることができます。
ごくふつうの石垣なのですが，現在も一部が残っています。
石塁の補修や警備はその後も続けられ，御家人の出費がかさみました。

参考 「フビライ=ハン」は「フビライ・ハン」と表記することもあります。
「チンギス=ハン」「マグナ=カルタ」(→**p.112**)なども同様で，
「チンギス・ハン」「マグナ・カルタ」と書いても正解です。(^^)

・**鎌倉時代には，分割相続がおこなわれていました。**

分割相続をくりかえしていくと，所領(土地)がどんどん細分化されて
1戸あたりの収入が少なくなっていき，
やがては経済的に自立することが困難になってしまいます。
時代劇などで「このたわけ者が！」というセリフを耳にしませんか？
「戯け(ふざける，ばかなことをする)」という言葉を洒落て
「田分け」というように，田んぼを分けることは，
一族の没落につながるおろかな行為だったのです。

・前述(御成敗式目→**p.50**)のように，鎌倉時代には女性にも相続権があり，女性の地頭もいました。
しかし鎌倉時代中期になると，女性に相続された土地はその一代限りで，死後は本家に返還することになりました。やがて女性の相続権は否定され，嫡子(本家の後継者となった男子)だけが，全財産を相続するということになっていきました。
公民で出てきますが，長男による単独相続は，明治時代の民法にもみることができます。

・**また，このころ宋銭が流通し，自給自足的な物々交換の経済から，貨幣経済へ移行しました。**
借金をすることや土地の質入もおこなわれるようになったのです。
ちなみに，宋銭といえば，平安時代末期の平清盛の日宋貿易が大事です。(→**p.45**)

・**御家人を救済するため，幕府は【⑱ 1297年 】【⑲ 永仁の徳政令 】を出しました。**

単に「徳政令」となっていることもあります。
でもほかの徳政令と区別して「永仁の徳政令」でおさえておきましょう。
簡単に言えば，御家人の借金は帳消しというものです。(すごいですね)

・しかし，「借金がなくなった！」と喜んだのも束の間で，
御家人がふたたび借金をしようとしても，貸してもらえなくなりました。
あたりまえですよね。いつまた徳政令が出されて，
貸したお金が返ってこないことになるかわからないのですから。
「皮肉な結果の徳政令」。
御家人を救済するはずが，かえって苦しめることになり，幕府の信用も失墜しました。

史料 永仁の徳政令(部分要約)

所領の質入や売買は御家人が困窮する原因となるので，今後は禁止する。
御家人以外の武士や庶民が御家人から買った土地は，何年たっていようと返さなければならない。

3 このころから南北朝のころにかけて，
畿内を中心に［⑳ 悪党 ］とよばれる人々が活動し，社会秩序が混乱しました。
荘園を侵略したり，幕府や領主に反抗したりした新興の武士たちのことです。
地頭や名主で悪党化した者もいました。
派手なファッションをした者が多かったようです。
楠木正成も，河内(大阪)の悪党の出身です。

4 鎌倉幕府の滅亡

・御家人が没落する一方で，執権の北条氏は権力を独占しておりました。
当然，御家人の不満が高まり，これをチャンスとみた

【㉑後醍醐天皇】は，鎌倉幕府打倒の計画をたてました。

ところが，情報がもれて失敗，天皇は［㉒隠岐］へ流されてしまいました。
隠岐は島根県の離島で，承久の乱でやぶれた後鳥羽上皇も配流されたところです。(→**p.49**)

・しかし，これで終わったわけではありません。
後醍醐天皇の息子(護良親王)らが各地の武士によびかけ，これにこたえたのが次の３人です。

［㉓楠木正成］は畿内の悪党のリーダーでした。
［㉔新田義貞］は**鎌倉**を攻略しました。
【㉕足利尊氏】は六波羅探題を攻略しました。

新田義貞と足利尊氏は，鎌倉幕府の御家人でしたが，幕府を裏切りました。
六波羅探題は，承久の乱後に鎌倉幕府が京都に設置した朝廷監視機関でしたね。
鎌倉攻略は新田，六波羅探題攻略は尊氏。たまに出題されます。

・そして，後醍醐天皇は隠岐を脱出，ついに

【㉖1333年】鎌倉幕府は滅亡しました。

「**一味さんざん，鎌倉滅亡**」。

・なお，右の肖像画は長い間「尊氏像」とされていましたが，
現在では違うという説が有力で，教科書にも載りません。
源頼朝と同じですね。当時の武者のイメージとして考えてください。

重要 日本と世界の関連を問う問題は，多く出題されます。
イスラム教が開かれたころ，日本は聖徳太子の時代ですが，何の関係もありません。
直接関連のないできごとなのに，選ばせたり，年表の空らんに入れさせたりします。

・マルコ＝ポーロは金閣の話を聞いて「ジパングは黄金の国」と思ったのでしょうか？
いいえ，時代が違います。金閣はのちの室町時代です。
マルコ＝ポーロの(あるいは『東方見聞録(世界の記述)』が書かれた)時期をおさえましょう。

★ **マルコ＝ポーロは元を訪れた＝元といえば元寇＝元寇のころの日本は鎌倉時代**

A=BでB=C，ゆえにA=C，と三段論法でおさえておきましょう。

22 ▸ 鎌倉文化

➡書き込み編 p.20

・鎌倉時代の前は平安時代，優雅な貴族文化である国風文化でしたね。これに対して，

> 鎌倉文化は，[❶力強く素朴な武家の文化。]

1 おもな文学・絵画作品

・戦乱のようすなどを記した文学作品を軍記物といいます。

> 平氏の繁栄と滅亡を記したのが『❷平家物語』です。
> 『平家物語』を語り広めたのが，【❸琵琶法師】とよばれた人たちです。

作者は不明ですが，貴族たちの日記などをあわせてつくられたようです。

・**琵琶法師は個人名ではありません。**
僧の姿をした盲目の芸人です。怪談の「耳なし芳一」も琵琶法師ですね。
冒頭の「ギオンショウジャノカネノコエ♪」というだけで１分ほどかかります。

史料『平家物語』の冒頭部分

> 祇園精舎の鐘の声，諸行無常の響きあり。沙羅双樹の花の色，盛者必衰のことわりをあらわす。
> おごれる人も久しからず，只春の夜の夢のごとし。
> たけき者も遂には滅びぬ，ひとえに風の前の塵に同じ。

・随筆『❹方丈記』は**鴨長明**の作品。
随筆『❺徒然草』は**吉田兼好**(兼好法師)。冒頭の「つれづれなるままに日暮らし，硯に向かいて」は有名。
社会科より，国語の文学史で出題されることが多いようです。

・３代将軍の源実朝は『金槐和歌集』をつくりました。公家文化にあこがれていたそうです。

> 『❻新古今和歌集』の撰者は[❼藤原定家]らです。

天皇の命令でつくられる和歌集を勅撰和歌集といいます。
『古今和歌集』(平安)から『新古今和歌集』まで８つの和歌集がつくられました。(八代集といいます)
藤原氏だから平安時代と思ってはいけませんよ。藤原氏は政治を離れて文化面で活躍していました。
歌人の１人である西行は，もとは武士で，自身の和歌集『山家集』を残しています。

重要 区別しよう

万葉集	奈良時代，天平文化	文字 万葉仮名，約4500首(→p.32)
古今和歌集	平安時代，国風文化	編者 紀貫之(→p.40)
新古今和歌集	鎌倉時代，鎌倉文化	編者 藤原定家

・**よく出題されるのが『蒙古襲来絵詞』です。**
もっとも，蒙古襲来が鎌倉時代だとわかればできる程度の問題が多いので，あまり心配しないで。
日本軍は元軍の**集団戦法**と，**火薬**を使った兵器＝[❽てつはう]に苦しめられましたね。(→p.52)
・御家人の**竹崎季長**が，自身の活躍ぶりを幕府にアピールするために描かせたものです。
おかげで恩賞がもらえたそうです。

2 建築・彫刻

・源平の戦いで焼失した東大寺大仏殿は僧の重源によって再建され，このときに建設されたのが，

鎌倉文化の代表的建築【❾東大寺南大門】です。
門の左右におかれた２体の【❿金剛力士像】は力強い武士の文化の象徴。
作者は【⓫運慶・快慶】らです。

おまけ 運慶と快慶は親子ではなく，慶派とよばれるブランドに属する仏師です。
高さ８ｍ余，3000ものパーツを組み立てる寄木造という技法，完成まで２か月余りというのはすごいですね。しかも800年も立ち続けています。南大門を通るとき，入って３歩目あたりで左右の像の視線が重なるそうです。金剛力士像(仁王様)の口を開けている方が阿形像，閉じている方が吽形像といいます。コンビの息があっていることを「あうんの呼吸」といいますが，
まさに，あうんの呼吸で仏法を護っています。

重要 **東大寺がつくられたのは奈良時代ですが，東大寺南大門は鎌倉時代です。**
書き込み編の写真をみておきましょう。写真も出るので，南大門が難題問になりますよ。

23 ▸ 鎌倉時代の産業と人々の生活

➡書き込み編 *p.20*

・鎌倉時代の農業。【❶牛馬耕】や，西日本では【❷二毛作】も始まりました。

書き込み編に絵を載せたので，よくみておきましょう。教科書などにもあると思います。
鉄製農具も普及し，草木灰が使われました。

・交通の要所や寺社の門前では【❸定期市】が開かれ，年貢米や特産物が取引されました。

定期的に開かれたから定期市です。毎月４のつく日(4日，14日，24日)などと日を決めて開かれました。
四日市市(三重県)など，地名に残っているところもありますね。

・市では【❹宋銭】が使われていました。(物々交換も多かったようです)

手工業では大工や鍛冶屋など，専門の職人があらわれました。

・少しむずかしい話ですが，荘園や公領ごとにおかれ，年貢を徴収するのが地頭でしたね。
地頭が荘園領主の支配権を侵略するようになり，各地で紛争がおこるようになると，荘園領主が地頭に年貢徴収をまかせたり(地頭請)，
荘園そのものを地頭と分けること(下地中分)がおこなわれるようになりました。
力づくの地頭も多かったようで(下の史料参照)，「**泣く子と地頭には勝てない**」といわれました。
また荘園領主も，農民から厳しく税を取りたてていたので，
農民は【❺地頭】と[❻荘園領主]の二重支配に苦しむことになりました。

史料 紀伊国阿氏河荘(和歌山県)の農民が荘園領主へ送った手紙(部分要約)

御材木のこと。地頭がわれわれを私的な人夫役としてこき使いますので，ひまもございません。材木を運びに出ようとすると，「麦をまけ，まかぬと女子どもの耳を切り，鼻をそぎ，髪を切り，縄でしばって痛めつけるぞ」とおどしますので，御材木の納入が遅くなりました。
(納めるべき材木が遅れた理由と地頭の非法を訴えている)

重要 平安時代に権力をふるったのは**国司**(→**p.37**)，鎌倉時代は**地頭**。区別しましょう。

24 ▸ 鎌倉時代の仏教

➡書き込み編 *p.21*

・**鎌倉時代の仏教の特徴は，「わかりやすく，おこないやすい」もので，庶民にも広まりました。**
高校では内容まで深く学びますので，宗派名とその開祖くらいは覚えておきましょう。

1 ［❶ **念仏宗** ］：**他力本願の宗派**

・念仏宗は浄土信仰の流れをくむものです。
他力本願とは，ひたすら仏の慈悲におすがりし，念仏を唱えて極楽往生を願うものです。

【❷**浄土宗**】を開いたのが【❸**法然**】。
性別や身分にかかわらず，ひたすら「**南無阿弥陀仏**」と［❹**念仏** ］を唱えれば，
出家したり苦行をしたりしなくても，誰でも極楽往生できると説きました。

【❺**浄土真宗**】を開いた【❻**親鸞**】は，法然の弟子です。

鸞

仏が救おうと願っているのは「悪人」だという悪人正機説を説きました。
人を殺したりものを盗んだりする，悪い人の方が救われるという教えではありませんよ。
「悪人」とは，多くの悩みをもち，自分は善人ではないと自覚しているふつうの人という意味です。

浄土真宗の別名は【❼**一向宗**】。
室町時代に**蓮如**の活躍によって布教がすすみ，「加賀の一向一揆」などにつながります。（→**p.65**）

【❽**時宗**】は【❾**一遍**】。
布教に踊りをとりいれ，各地で【❿**踊念仏**】**をおこないました**。盆踊りの原型といわれます。
文化祭などで経験があると思いますが，みんなで踊ると楽しいでしょう？
心がひとつになる感じがしませんか？
『**一遍上人絵伝**』には，踊っている図や，市のようすが描かれた場面（下の絵）があります。

【⓫**日蓮宗**】は**日蓮**。（日蓮とも）

蓮

念仏宗とはいえないのですが，これも他力本願の教えです。
念仏ではなく［⓬**法華経** ］というお経の題目（タイトル）の「**南無妙法蓮華経**」を唱えます。
日蓮は，個人はもとより国家をも救う教えであると説き，他宗派の排斥もおこないました。

重要 これらが出題されるときは，
「踊念仏をおこない…」「法華経を…」
といった語句が，問題文の中に出てきます。
（むしろ，それを出さないと問題が成立しませんよね）

▲市のようす（『一遍上人絵伝』）

2 [⑬禅宗]：自力救済の宗派

・仏を信じて助けを願う他力本願の仏教に対して，みずからの力で悟りを開こうとする宗派です。

【⑭臨済宗】の開祖は【⑮栄西】。
宋にわたって修行しました。また，日本に[⑯茶]をもたらした人でもあります。
彼の教えは，京都や鎌倉の上級武士に広まりました。(室町時代の一休さんこと一休宗純も臨済宗の僧)

【⑰曹洞宗】は【⑱道元】。
臨済宗との違いは…臨済宗は座禅をしながら師との問答を通じて悟りにいたるもの，
曹洞宗は座禅そのものを仏法とするもの…だそうです。専門家でないと答えにくいですね。

・宗派と開祖は，**シンシン・サイサイ・ドウドウ・一時のジョウホウ**と覚えましょう。
浄土[真]宗が[親]鸞＝「シンシン」
臨[済]宗が栄[西](リンザイ宗ですが)＝「サイサイ」
曹[洞]宗が[道]元(ソウトウ宗ですが)＝「ドウドウ」
[一]遍は[時]宗，[浄]土宗が[法]然＝「一時のジョウホウ」
あとは，日蓮宗が日蓮。
記号問題なら，かなり選択肢がしぼれます。

・前ページ右下は『一遍上人絵伝』です。その一部で「市のようす」を描いたものです。

では，問題。
その市で使われていたお金は次のどれか？→[和同開珎・宋銭・明銭・元禄小判]

答え合わせ
A：一遍は鎌倉時代。
B：鎌倉時代に流通していたのは平安末期の日宋貿易で輸入された宋銭。
C：よって『一遍上人絵伝』にある市では「宋銭」が使われていた。
「一遍＝宋銭」ではなく，「A＝B」で「B＝C」だから「A＝C」という手順で考えましょう。

・ちなみに和同開珎は708年に鋳造が始められ，奈良時代に流通しました(→**p.29**)。
明銭は勘合貿易の輸入品です。室町時代に流通しました(→**p.61**)。元禄小判は江戸時代です(→**p.99**)。
でも試験では，まず，一遍が何時代だったか…で迷うかもしれませんね。
社会科は基本的に暗記科目ですが，単なる記憶勝負だけではなく，論理的思考力を試す問題も出ます。

・**宿題を出しておきます。**

ロックが『市民政府二論』を著したころ，日本で著された作品はどれ？
→『源氏物語』『平家物語』『奥の細道』『南総里見八犬伝』 (答→**p.97**)

まとめて遷都

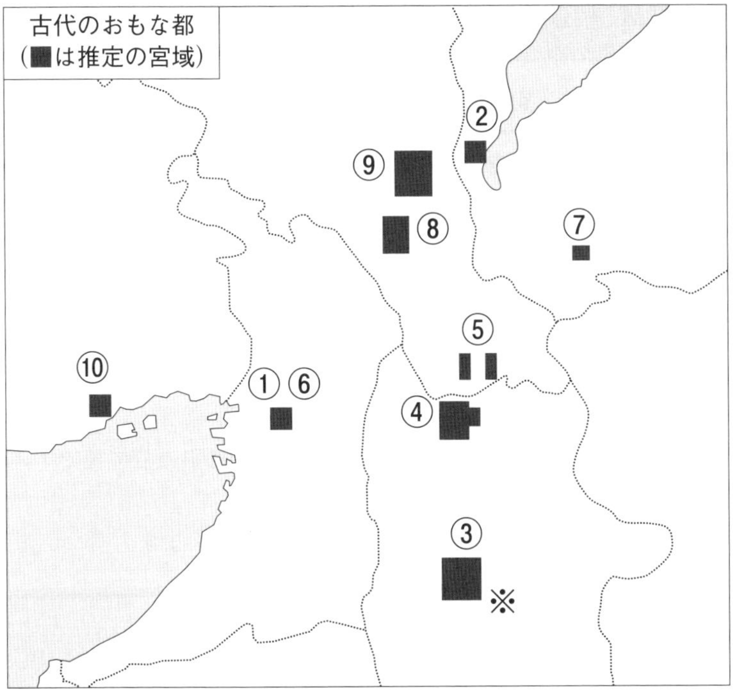

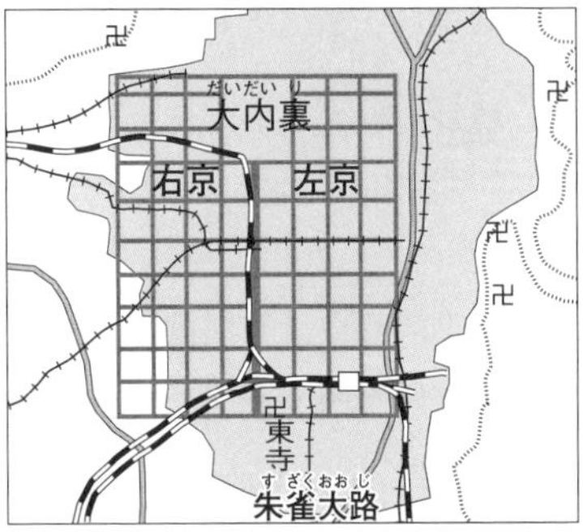

▲現代の京都市(上)と平安京(下)

▶平城京や平安京などは，[碁盤の目のように東西南北に道路が通っていた。]

地図中の位置	遷都年	都の名(または場所)	天皇	遷都の理由・都の特徴など
※		飛鳥地方	推古天皇など	(これ以前の都は奈良県桜井市など)
①	645年	難波宮	孝徳天皇	蘇我氏暗殺直後・実権は中大兄皇子
※	655年	飛鳥地方	斉明天皇	難波宮から戻る
②	667年	大津宮	中大兄皇子	663年，白村江の敗戦後。668年，天智即位
※	672年	飛鳥地方	大海人皇子	672年，壬申の乱の勝利。673年，天武即位
③	694年	藤原京	持統天皇	はじめての中国風都城
④	710年	平城京	元明天皇	
⑤	740年	恭仁京	聖武天皇	
⑥	744年	難波宮		
⑦	744年	紫香楽宮		④平城京に戻る
⑧	784年	長岡京	桓武天皇	洪水や怨霊騒ぎですぐに放棄
⑨	794年	平安京		
⑩	1180年	福原京	安徳天皇	源平の争乱中，平氏が遷都→すぐ⑨に戻る
現在	1868年	東　京	明治天皇	1868年7月，江戸→東京。同9月，年号を明治

8章 室町時代

25 ▸ 室町時代の始まり

➡書き込み編 p.22

・[❶1333年]鎌倉幕府が滅亡しました。(でも，すぐに室町時代になったのではありません)

1334年【❷後醍醐天皇】が【❸建武の新政】を始めました。

天皇による政治を復活させました。しかし，不満が続出します。

[❹公家](貴族)を重視したからです。

武士は大事にされませんでしたので，あまり協力的ではなく，都の治安は乱れました。

・建武の新政を批判する史料が残っています。
「二条河原落書(二条河原の落書)」といわれるもので，京都の鴨川の河原にかかげられた立て札です。
「このごろ都にはやるもの」で始まる文章で，
治安の悪化，新興武士の腰抜けぶり…など建武の新政の失敗のようすが記されています。
作者は不明ですが，かなり教養のある人物が書いたものと思われます。

史料「二条河原落書」(部分要約)

このごろ都にはやるもの。夜討，強盗，謀綸旨①
囚人，緊急事態を告げる早馬，虚騒動。生首は転がっているし，勝手に僧をやめる者，勝手に僧になる者，恩賞により急に大名となって宮中でうろつく者，領地ほしさにありもしない合戦をでっちあげる者，おべっかや悪口が横行し，成り上がる者や，能力もないのに役人に登用される者，武士も馬に乗らずに籠で出勤，弓の練習をしても落馬するほうが多い，京と鎌倉の方式がごっちゃになった怪しげな連歌…これでも京都の住民たちの噂の十分の一ほどにすぎない。

①偽の天皇の命令書

・公家重視に不満だった【❺足利尊氏】が裏切りました。
後醍醐天皇は奈良の[❻吉野]へ逃れました。この朝廷を【❼南朝】といいます。

京都に対して南にある朝廷ということで，南朝です。

・一方，裏切った

足利尊氏は[❽京都]に別の天皇を立てました。この朝廷を【❾北朝】といいます。
この2つの朝廷が対立した時代を【❿南北朝時代】といいます。

・尊氏は，北朝の天皇から征夷大将軍に任ぜられ【⓫1338年】【⓬室町幕府】を開きました。

「瞳さわやか尊氏将軍」。(高校版では「瞳さわやか光が明るい」←北朝の光明天皇から任ぜられたので)
こうして，同時に2つの朝廷，2人の天皇が存在することとなりました。

・対立は全国的な広がりをみせ，南朝側が九州を支配したり，北朝側で内紛(尊氏が弟と対立)がおこるなどしながら，結局，半世紀以上にわたって続きました。

・【⓭3代将軍 足利義満】は，【⓮1392年】南北朝を合一させました。

「いざ国まとめる南北朝」。
南朝側の天皇を退位させました。(南朝が北朝に吸収される形です)
弱体化したとはいえ，天皇を退位させるなんて，すごい力ですね。
義満は室町時代の全盛期の将軍です。さすがは金閣をつくった人ですね。

重要 組織図をみてください。ほかの時代の組織図と区別させる問題がよく出ます。
将軍の補佐役がポイントです。
「鎌倉は執権」「室町は管領」「江戸は老中」です。(と前にも言いましたね)
管領は「かんれい」と読みます。
応仁の乱にも出てくる細川氏や畠山氏といった，有力な守護大名から任命されました。
また，旧政権(前の幕府)のあった鎌倉は重要地でしたので，鎌倉府がおかれました。

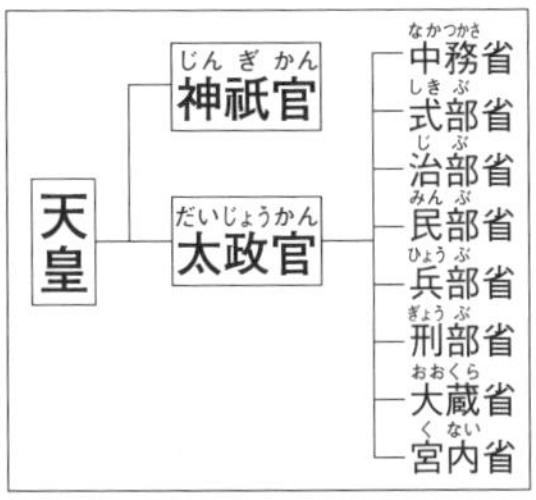

▲律令制

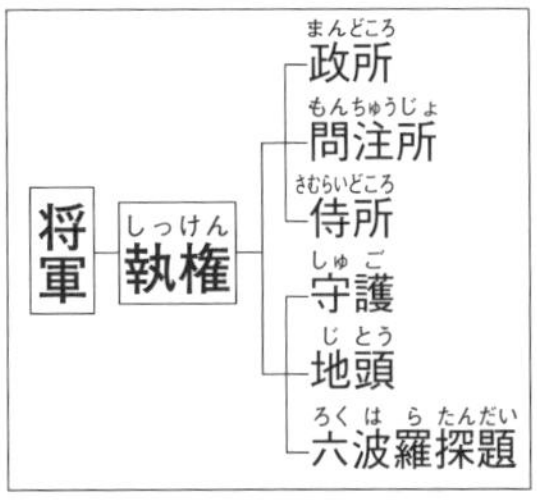

▲鎌倉幕府

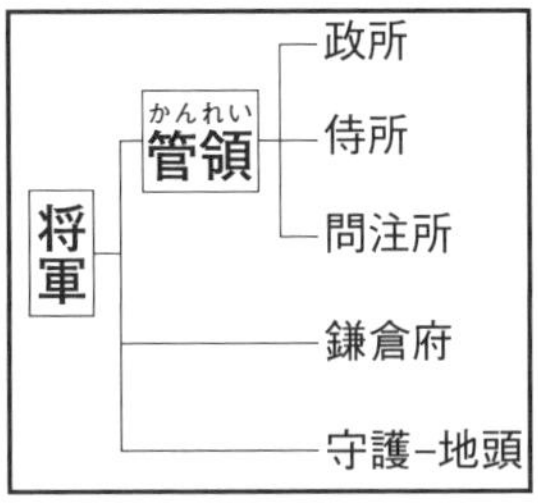

▲室町幕府

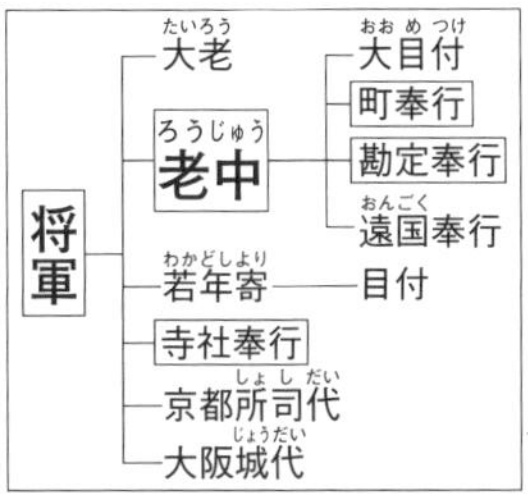

▲江戸幕府

26 ▸ 室町時代の国際関係

➡書き込み編 p.22

1

【❶勘合貿易】は，1404年【❷3代将軍 足利義満】が始めました。
中国の[❸明]との貿易です。日明貿易ともいいます。

とてもよく出ます。
入試でいちばん出題されているのが「足利義満関係か，勘合貿易関連の問題」というくらい出ます。
論述では**勘合を用いた理由**を答えさせる問題がよく出ます。

・勘合を用いた理由は，【❹倭寇と正式な貿易船とを区別するため】です。　寇

倭寇は漢字で書けるようにしましょう。冠ではありませんよ，元寇と同じ寇です。
寇の字が書けないから，ごまかして「海族」などと書く人がいますが，減点です。(海賊です)
もう一度言いますよ。倭寇は漢字で覚えましょう。

・「投資をしないでぼろもうけ」。
日本国王が中国皇帝に貢物をもっていって，
その返礼の品をうけとるという**朝貢**形式の貿易でした。(朝貢→**p.20**)

▲勘合

▲永楽通宝

・輸入品は【❺明銭】[❻生糸]など。輸出品は，銅や硫黄のほか，刀剣などの工芸品です。

宋銭(→**p.45**)に加えて，室町時代には明銭も使われるようになりました。
実際の貿易では博多や堺の商人，大内氏や細川氏といった守護が活躍しました。

2 諸外国などとの関係

○ 李　× 季

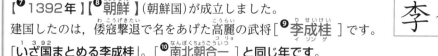

・【❼ 1392年 】【❽ 朝鮮 】(朝鮮国)が成立しました。
建国したのは，倭寇撃退で名をあげた高麗の武将［❾ 李成桂 ］です。
「いざ国まとめる李成桂」。［❿ 南北朝合一 ］と同じ年です。

・朝鮮半島の国のおさらいをしましょう。

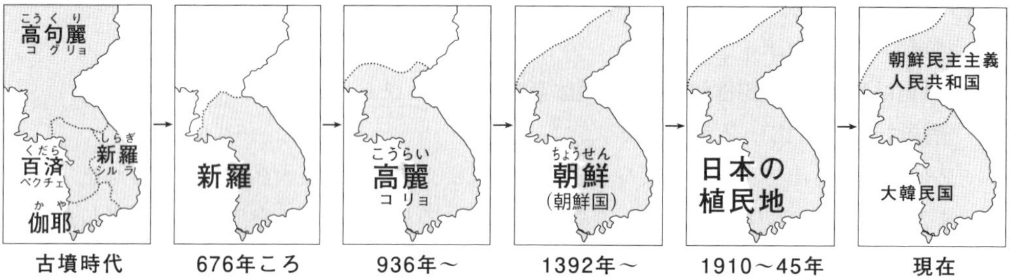

・一時は倭寇問題で険悪となりましたが，朝鮮と国交を回復しました。

日朝貿易の中心となったのが［⓫ 対馬 ］の［⓬ 宗氏 ］です。
日本の輸入品は【⓭ 木綿 】などです。(輸出品は銅，硫黄など)

「対島」と書いてはいけませんよ。「対しま」や「つ馬」もダメです。(「つしま」のほうがまだマシです)
宗氏は，江戸時代の朝鮮通信使の道案内もしました。(→p.92)

参考 当時，日本では綿花は栽培されていませんでした。綿は，麻よりも防寒性などにすぐれ，衣料品として人気がありました。(絹は超高級品でしたので，一般には普及していません)
戦国時代には三河(愛知県)などで綿花栽培が始まり，火縄銃の火縄に使われるなど，軍事的にも重要な産物となります。
学校で「30cm × 30cmの布をつくってきなさい」という宿題が出たら大変でしょう？
素材は何にするか，どうやって布を織るか…人類の歴史の中で，繊維の生産はとても重要です。
生糸や綿糸などの貿易品が試験によく出るのはそのためです。

・**【⓮ 1429年 】尚氏が沖縄島を統一し，【⓯ 琉球王国 】を建国しました。**都は［⓰ 首里 ］です。

「いっしょに国をつくりましょう(石にくい打ち，琉球建国)」。
琉球王国の成立は，室町時代のできごととして認識しておきましょう。

・［⓱ アイヌ ］の人々は，狩猟と採集を基本とする独自の生活を続けていました。
(擦文文化といいます。刷毛で擦った文様のある擦文土器が使用されていました)
青森県の十三湊を拠点にした安藤氏(安東氏)が，アイヌとの交易で繁栄しました。

このころ 頼朝が設置した守護と地頭。守護は国ごとにおかれ，警察の仕事をする役職でしたね。実務として治安の維持にあたったのは地頭ですが，いわば本部長としてそれらを統括していました。弱いとダメですよね。地頭たちにあなどられてしまいますから。やがて，**各地の守護は力をのばし，領国を支配する［⓲ 守護大名 ］へ成長していきました。**

27 ▸ 戦国時代の幕開け

➡書き込み編 p.23

	細川方	⟷	山名方
幕府内の権力争い	管領 細川勝元		有力守護大名 山名持豊
将軍の後継者争い	弟 義視	義政（将軍）	日野富子 義尚
斯波氏・畠山氏の後継者争い	養子	管領家 斯波氏	養子
	養子	管領家 畠山氏	子

▲応仁の乱直前の対立関係

1

【❶ 1467年】【❷ 応仁の乱】がおこりました。
【❸ 8代将軍 足利義政】の後継者問題や，守護大名の対立が原因。

「人の世むなしい応仁の乱」。
次期将軍をめぐって，山名氏や細川氏，斯波氏，畠山氏といった有力守護大名がからんで11年も続く大争乱となり，京都の町は，焼け野原になってしまいました。

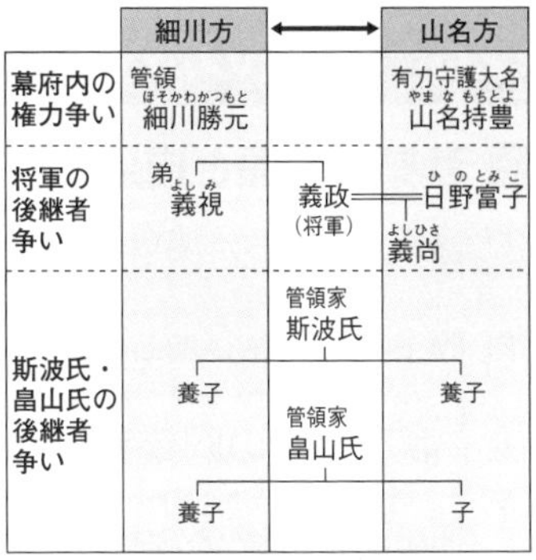

・応仁の乱のあと，【❹ 下剋上】の風潮が広まり，戦国の世となっていきました。

下剋上とは， 【❺ 身分が下の者が上の者を（実力で）倒すこと。】
風潮とは社会の雰囲気といった意味です。戦に動員された農民が，戦場で手柄を立てて出世したり，家臣であった者が主君を倒したりして，のし上がっていきました。
たまに見かける間違い→「強い者が弱い者を倒すこと」…それって，よくある話ですよ。（TT）

2 **守護大名は，幕府の支配から離れて戦国大名へと成長しました。**

・戦国大名は独自に【❻ 分国法】とよばれる法律を制定し，領国の支配を強化しました。

分国法という名の法律があったのではありません。
武田氏の「信玄家法（甲州法度之次第）」，今川氏の「今川仮名目録」，伊達氏の「塵芥集」…
といったものを，まとめて分国法といいます。

史料 分国法by各地の戦国大名たち（部分要約）

一．許可を得ずに，他国へ贈り物や手紙を送ることを禁止する。（甲州法度之次第）
一．他国から勝手に嫁や婿をむかえたり，娘を嫁にやることを禁止する。（今川仮名目録）
一．喧嘩や口論はかたく禁止する。この命令にそむいて勝負におよんだときは，
　理由によらず，双方成敗する。（長宗我部元親百箇条など）
一．朝倉家の城郭のほかに，国内に城郭を構えてはいけない。（朝倉孝景条々）

他国へ手紙を送ることや，他国の者と結婚することを禁じるのは，
［ 家臣が，他国と共謀して反乱をおこすことを未然にふせぐため ］です。

・ケンカをした家臣は理由を問わず両方を罰するというものは，喧嘩両成敗といい，
「甲州法度之次第」など，多くの分国法にみられます。家臣団の統制強化が目的です。

・**城下町**は，小田原（神奈川の北条氏），山口（大内氏），一乗谷（福井の朝倉氏），府内（大分の大友氏）など。
戦国大名は，城下町に家臣や商工業者を住まわせました。（計画的につくったんですね）
・**港町**は，【❼ 堺】（大阪府）や【❽ 博多】（福岡県），
直江津（新潟県），神戸（兵庫県），尾道（広島県），敦賀（福井県）など。
・また，善光寺（長野県），伊勢神宮（三重県）といった有力な寺院や神社を中心に**門前町**，
石山本願寺（大阪府）など，浄土真宗（一向宗）の寺院を中心に土塁や堀をめぐらせた**寺内町**。

28 ▸ 民衆の成長 ➡書き込み編 p.23

1 産業の発達と自治

(1) 農業が発達し，関東にも二毛作が普及。草木灰や牛糞などの肥料，水車も利用されました。

(2) 商工業も発達しました。

① **商工業者の同業者組合を【❶座】といいます。**

地域の有力者(貴族や寺社など)に貢物や上納金を納めて保護をうけ，独占的に営業を認められた商人たちのことです。
座以外の商人を排除し，値段や販売量を独占していました。
ちなみに，江戸時代のそれは株仲間とよばれます。(→p.95)

② ［❷土倉・酒屋］**とよばれる金融業者があらわれました。**(土倉はどくら，とくらとも読む)

高い利息をとって金を貸す「高利貸し」のことです。
銀行というより消費者金融(いわゆるサラ金)のようなものです。(鎌倉時代には借上とよばれた)
金を貸すかわりに品物を預かり，それを保管する倉庫があったから土倉，
酒屋は酒を売ってもうけた資金を使って金融業をおこなっていました。

・**室町時代には【❸明銭】の利用が広まりました。**中国の貨幣を使った理由は，
平安時代中期以降，日本では貨幣をつくっていなかったためです。

▲永楽通宝

③ **陸上運送業者は【❹馬借】**(車借)，水上運送業者は［❺問］(**問丸**)とよばれました。

各地を飛び回っていた馬借は，情報ネットワークをもち，しばしば一揆の中心となりました。

④ 手工業が発達し，大工や鍛冶屋といった専門の職人が増加。
・定期市も，月６回開かれるようになりました。
常設の店舗で商品を売る見世棚を行う商人もあらわれました。見世棚は「店」の語源です。

・このころ，庭園や井戸づくり，革細工などにたずさわった「河原者」とよばれる人々は，「ケガレ(自然の状態を変化させたり，死や出血などにかかわることを，こうよんでおそれた)」にふれているとして差別をうけましたが，中には庭園づくりなどで活躍した人もいました。

(3) 荘園制が崩壊し，領主の支配がゆるむと，**農村では団結して自治をおこなうようになりました。**

・**農民による自治組織を【❻惣(惣村)】**といいます。
掟(村のきまり)などは［❼寄合］という村人会議で決めました。

ときには，いくつかの惣村の代表が集まって大寄合も開かれました。

史料 村の掟(近江国今堀，部分要約)

一．惣より屋敷を借りうけて，村人でない者を住まわせてはならない。
一．神事の猿楽に出す礼金は，惣の共有財産から出す。
一．寄合があるとき，２度連絡しても参加しない者は，50文の罰金とする。

2 土一揆

・団結を強めた民衆は，荘園領主や守護大名に対して反抗するようになりました。

> [❽1428年]【❾正長の土一揆 】がおこりました。
> [❿近江]（滋賀県）の[⓫馬借]が，幕府に徳政令を出すように要求して蜂起しました。

「必死にはげめ，正長一揆」。**日本ではじめての土一揆です。**
土倉や酒屋をおそって借金の証文を焼きすてるといったもので，都や奈良，兵庫にまで広まりました。

史料 正長の土一揆のようす（興福寺の日記より）

> 正長元年九月，一天下の土民蜂起す。徳政と号し，酒屋・土倉・寺院等を破却せしめ，
> 雑物等ほしいままにこれを取り，借銭等（借用証文など）ことごとくこれを破る。
> 管領これを成敗す。およそ亡国の基これに過ぐべからず。日本開白以来，土民蜂起これ初めなり。

・右の写真は，奈良市の柳生地区にあるお地蔵様の隅に彫られたもので，
「正長元年より前の借金はないことにするぞ」と宣言しています。
ちなみに，奈良の領主であった興福寺（寺院も領主として支配していた）は
鎮圧を断念し，現在の奈良市内に徳政令を出しました。

正長に注目

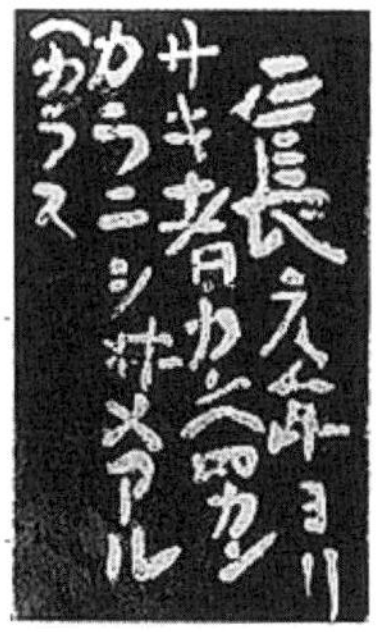

史料 正長の土一揆の碑文in柳生（奈良市）

> 正長元年ヨリサキ者　カンヘ　四カンカウニ　ヲヰメアルヘカラス
> （正長元年より先は　神戸〈かんべ〉　四か郷に　負い目〈借金〉あるべからず）

・前述の応仁の乱をはさんで，

> [⓬1485年]【⓭山城の国一揆 】がおこりました。（山城国一揆とも）
> 応仁の乱の混乱が続いていた**山城国**（⓮**京都府南部** ）で，国人（地元の武士）らが蜂起しました。

「必死はいつも山城一揆」。
応仁の乱のあと，なかなか撤兵しない守護大名（畠山氏）を追い出しました。
自治は[⓯8年間]続きました。（結局，別の守護の統治に同意して自治は解散しました）

> [⓰1488年]【⓱加賀の一向一揆 】がおこりました。
> 加賀（⓲石川県 ）の一向宗（⓳浄土真宗 ）の信者たちが団結して守護大名を滅ぼしました。

「必死はわかった一向一揆」（ちょっと苦しいですが）。一揆はすべて「必死～」でそろえました。(f^-^;)
正長，山城，加賀は1400年代（室町時代）であることをおさえておきましょう。

なんと[⓴100年間]近くも自治をおこない，加賀は「百姓のもちたる国」といわれました。
（民衆が支配する国）
なお，最後は織田信長（の家臣の柴田勝家）に滅ぼされました。

29 ▸ 室町時代の文化

➡書き込み編 p.24

1 【❶北山文化】は【❷3代将軍 足利義満】のころの文化です。

[❸武士と貴族の文化の融合]がみられます。義満は南北朝を合一しましたからね。
ピンとこないなら，次の東山文化と比べて，華やかだったとしておきましょう。

・**代表的建築は，足利義満が建てた金閣です。**(京都の北山にあります)
よくみると３階建てです。１階は寝殿造，２階は武家造，３階は禅宗様となっています。
金閣寺は通称で，正式には(❹鹿苑寺)(ろくおんじ)といいます。

・【❺能(能楽)】を大成したのが【❻観阿弥・世阿弥】親子です。

こっけいを主とした芸能である**猿楽**，田植え歌から発展した**田楽**といった
歌や舞(踊り)を，芸術的な演劇にまで高めました。
能面という「お面」をつけて，お囃子にあわせて舞います。

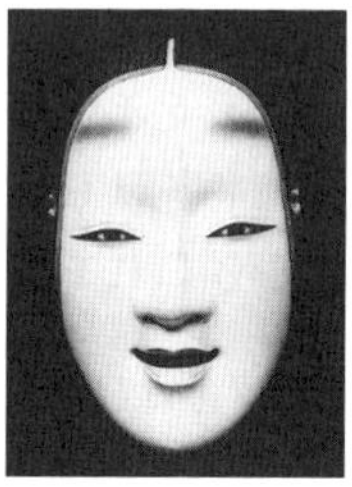
能面▶

・能の舞台の幕間に[❼狂言]が演じられました。

喜劇(コメディ)です。くしゃみは「くっさめ，くっさめ」とおおげさに演じます。観客は大爆笑…

2 【❽東山文化】は【❾8代将軍 足利義政】のころの文化です。

・元や明の文化や禅宗の影響をうけた，簡素で気品のある文化です。
ピンとこないなら，先の北山文化と比べて，落ちついた感じの文化としておきましょう。

・**代表的建築は，足利義政が建てた銀閣です。**(京都の東山にあります)
銀閣寺は通称で，正式には(❿慈照寺)(じしょうじ)といいます。２階建てです。

・【⓫書院造】は和風建築のもと，現在の和室のルーツです。

銀閣の２階部分は禅宗様で，１階は「書院造」です。
和風といえば，茶の湯や生け花もこのころさかんになりました。

・砂と岩でつくられた庭園は，砂で水をイメージさせることから[⓬枯山水]といいます。
龍安寺の庭が有名です。龍安寺は「古都京都の文化財」の１つとして世界遺産になっています。
15個の石は何らかの意図をもって配置されているといわれますが，解釈はさまざまです。

・墨の濃淡で描く【⓭水墨画】を大成したのが【⓮雪舟】です。明に留学した経験もあります。

禅寺の小坊主だった雪舟は，絵ばかり描いていたため和尚さんに怒られてしまいました。
そしてお堂の柱にしばられて泣いていたのですが，足先を使って涙でネズミの絵を描いたところ，
本物と間違えて和尚さんがびっくりしたという逸話があります。

3 庶民・地方の文化

・[⑮御伽草子]（お伽草子，おとぎ草子とも）は，短編物語です。「一寸法師」「浦島太郎」「さるかに合戦」「ものぐさ太郎」などが今日に伝わっています。（今とは少しストーリーが違うところもありますが）
なお，かぐや姫は違いますよ。「竹取物語」は平安時代，国風文化のものです。

・[⑯連歌]は和歌から発展した文芸です。
和歌は1人でつくるものですが，和歌の上の句と下の句を別の人が交互にリレーして詠みます。
50連や100連もありました。二条良基や宗祇らが知られます。

・このころ，各地で祭りや盆踊りがおこなわれるようになりました。
京都では[⑰町衆]とよばれる町人たちによってが自治がおこなわれました。
応仁の乱で中断していた祇園祭を復活させました。書き込み編の写真の山鉾がポイントです。

・また[⑱応仁の乱]をさけて地方へ逃れた公家によって，京都の文化が各地に広まりました。

まとめて天皇

⇨書き込み編 p.25

仁徳天皇	大仙古墳 in 大阪府堺市（面積最大の古墳）
雄略天皇	ワカタケル大王。478年，宋（南朝）に使者派遣。『宋書』倭国伝で倭王「武」
推古天皇	女性天皇。蘇我馬子が擁立。593年，摂政に**聖徳太子**を起用
天智天皇	**中大兄皇子**。645年，大化の改新 with 中臣鎌足 663年，白村江の戦い→敗戦 by 唐＆新羅軍→近江大津宮遷都→即位
天武天皇	**大海人皇子**（天智の弟）。 天智天皇死後の皇位継承争い＝672年，**壬申の乱** vs 大友皇子（天智の子）
持統天皇	女性天皇。天武の妻。694年，藤原京遷都 「春過ぎて 夏来にけらし 白妙の 衣ほすてふ 天の香具（久）山」（百人一首）
元明天皇	女性天皇。710年，平城京遷都
聖武天皇	**奈良時代＝天平文化・東大寺大仏**・国分寺・国分尼寺。宝物は**正倉院**
桓武天皇	784年，長岡京→794年，**平安京**遷都。797年，坂上田村麻呂を征夷大将軍に任ずる
後三条天皇	摂関政治にピリオド。藤原氏を外戚としない天皇
白河上皇	後三条天皇の子。1086年，はじめて**院政**をおこなう
後白河天皇	兄弟げんかから1156年，保元の乱。のちの後白河法皇 （その勝者の争いが1159年，平治の乱←両方勝ったのは平清盛）
後鳥羽上皇	1221年，**承久の乱**＝鎌倉幕府打倒計画（vs 2代執権 北条義時） →乱のあと，上皇は隠岐に配流，幕府は京都に六波羅探題を設置
後醍醐天皇	1334年～**建武の新政** → 失敗 → 吉野に南朝

※現在（令和）の天皇は第126代

9章 ヨーロッパ世界の成立と展開

30 ▸ 古代〜中世のヨーロッパとイスラム教の成立 ➡書き込み編 p.26

・さて，話は変わって世界史となります。世界の中の日本を学ぶことも学習の目標とされています。
でも，受験生にとっては，ヨーロッパが○○のころ日本のようすは？
といった出題も多いので手ごわいかもしれませんね。
高校で世界史が必修となっていたこともあり（つまり高校では世界史担当の先生が多い），
とくに私立入試では世界史の部分からの出題が多いように思われます。

1 【❶ローマ帝国】（→p.11）

・ローマは1日にしてならず。すべての道はローマに通ず。
郷に入れば郷に従え。（英語では「ローマではローマのやり方に従え」といいます）
高校ではたっぷりと学習することになります，でも今はポイントをかいつまんで見ていきましょう。

(1) B.C.6世紀ころ，［❷イタリア半島］の都市国家ローマで共和政（共和制）が始まりました。
共和政とは，王による政治（王政）に対して，市民による民主政治のことです。
選挙もおこなわれていました。（古代ギリシャでもおこなわれていましたね）

(2) B.C.1世紀後半，地中海世界を統一しました。
同じころ，皇帝による政治（帝政）が始まり，ローマは全盛期をむかえました。

おまけ エジプトの女王クレオパトラとのロマンスで知られる将軍ユリウス＝カエサル（英語でジュリアス＝シーザー）は，7月生まれだったのでジュリアスから7月をJuly，また初代ローマ皇帝アウグストゥスが8月生まれだったので8月をAugustというようになりました。なんだかすごいですね。

・**シルクロードは中国の漢からローマ帝国に絹を運ぶ道として発達しました。**
絹は超高級品で，同じ重さの金と交換されたといわれています。
絹は人気の商品でしたが，ローマ人はどうやってつくられるのか知らなかったようです。
皆さんはご存知ですか？ 絹は蚕（蛾の幼虫）がつくる繭から取り出した繊維です。

(3) **西暦30年ころ，キリスト教が成立しました。**
イエスはローマ帝国によってエルサレム（現在のイスラエル）で処刑されましたが，
のちに復活したという伝説が生まれ，キリスト教が成立しました。
処刑されたのは30歳ころと伝えられているので，西暦30年としましょう。
名前はイエス，キリストは救世主の意味です。
英語では「ジーザス＝クライスト」と聞こえます。
母はマリア。キリスト教徒でなくとも，聖母マリアくらいは知っておきましょう。

・今でこそキリスト教は世界三大宗教の1つですが，当時はローマ皇帝から大弾圧をうけました。
神の愛や人類はみな平等であるという考えは，皇帝の支配を否定することになるからです。
しかし，たびかさなる迫害にもかかわらず，使徒（キリストの弟子）たちの活躍により，
キリスト教は，広く民衆にうけいれられるようになりました。
こうなっては，ローマ皇帝としても認めざるを得なくなり，
313年には公認，392年にはキリスト教はローマ帝国の［❸国教］となりました。

(4) 地中海世界に繁栄と平和をもたらしたローマ帝国でしたが，
財政のいきづまりや経済の不振，また，

【❹375年】の【❺ゲルマン人】(ゲルマン系諸部族)**の大移動の波にのまれて衰退しました。**

「**みんなでGOとゲルマン人**」。
ゲルマン人とは，おもに現在のドイツやイギリスといったヨーロッパ北部にくらす人々です。
ローマのラテン系民族は，現在のイタリア・スペイン・フランスなどに多くくらしています。
大移動といっても数年かけて帝国内に住み着いた部族もあれば，どっと侵入した部族もありました。

(5) [❻395年] **ローマ帝国は東西に分裂しました。**「錯誤(さくご)で分裂，ローマ帝国」。
西ローマ帝国(ローマが中心)と，東ローマ帝国(現在のトルコのイスタンブールが中心)です。
西ローマ帝国は[❼476年]に滅亡(「死なむとするか西ローマ」)，
東ローマ帝国(ビザンツ帝国)は[❽1453年]まで長続きしました。
(東ローマ帝国は，オスマン帝国に滅ぼされました。「**人死んで，ゴミにまみれる東ローマ**」)

2 西ヨーロッパ世界の成立

(1) 481年，[❾フランク王国]が建国されました。
旧西ローマ帝国の領内に成立した[❿ゲルマン人]の国家の中で最大のものです。
フランク王国はローマのキリスト教教会と結んで勢力を拡大，
「キリスト教・ヘレニズム・ゲルマン的要素」をあわせもつ文化圏が形成されました。
これが，西ヨーロッパ世界の基盤となります。

(2) 9世紀，カール大帝という偉大な王の個人的な能力でまとまっていたフランク王国は，
彼の死後，3つに分裂しました。
843年，**フランク王国が分裂し，現在の【⓫ドイツ・フランス・イタリア】の元となりました。**
「早よう3つに分けなさい」。

3 西ヨーロッパの封建社会

(1) [⓬476年] **西ローマ帝国の滅亡，続くフランク王国の解体といった巨大国家の消滅により，**
西ヨーロッパ世界は，自給自足の「こぢんまりとした」まとまりとなりました。
・大きな国の保護がなくなったため，人々は地元の有力者を中心に小さくまとまりました。
国王や諸侯(日本でいえば大名)，騎士，それに教会もまた
領主として農民を支配する封建社会が形成されました。

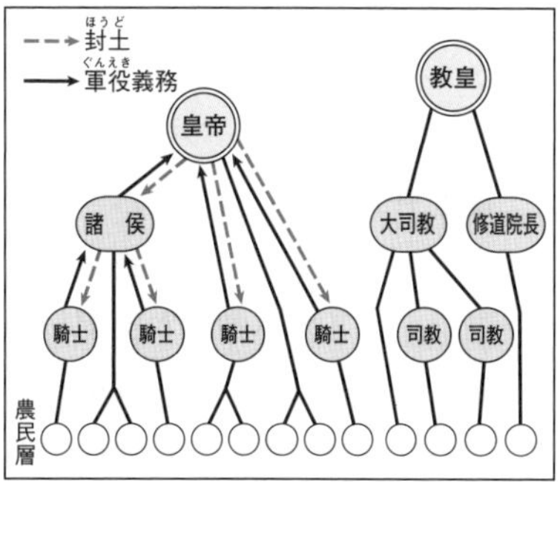

(2) そんな中，**【⓭ローマ教皇】(法王)の権威が高まりました。**
キリスト教は人々の心のよりどころとなっていたので，
教会組織の頂点に君臨する教皇が最高の尊敬を集めたのです。
・**ローマ教皇のいるローマの教会とはカトリックのことですよ。**
やがて，皇帝であっても，教皇に頭があがらなくなりました。
破門の宣告をうけ謝罪のために教皇を訪ねた皇帝が，雪の中
で3日も待たされるという屈辱をうけたこともありました。

4 イスラム世界(イスラーム世界)

(1) 【⑭610年】ころ，【⑮ムハンマド】(マホメット)**がイスラム教を開きました。**
場所は現在のサウジアラビアです。ちなみに日本では[⑯**聖徳太子**]の時代です。

「**路頭に迷う人を救うムハンマド**」。
イスラム教で神は[⑰アラー]，**聖典は**[⑱コーラン]，
聖地は【⑲メッカ】。(今の[⑳サウジアラビア]の都市)
(聖典とは，キリスト教でいうと『聖書』，仏教では「お経」にあたる大切な書物です)
また，**豚肉**と**酒**を口にすることが禁止されています。(地理で出ます)

(2) **8世紀，ムハンマドの後継者たちによって，イスラム帝国が成立しました。**
イスラム帝国の首都は，現在のイラクの首都[㉑バグダッド]です。

おまけ イスラム世界では，数学や医学，天文学などが発達しました。
ちなみに三や七は漢数字，ⅢやⅦはローマ数字です。
３とか７といった数字をアラビア数字といいます。
文学では「シンドバッドの冒険」などで有名な『千夜一夜物語(アラビアン=ナイト)』があります。
イスラム教徒は残酷で恐ろしいといわれてきましたが，どうやらそれはキリスト教徒側の言い分で，
実際はむしろキリスト教徒の方に残酷なおこないが多かったようです。
イスラム教徒は，異教徒に税をかけていましたし，さかんに交易をおこなっていましたから，
相手を殺してしまっては元も子もありませんよね。
歴史は伝える者の立場によって変わるものなのです。

31 ▸ 十字軍の遠征

➡書き込み編 p.27

1 遠征の開始

・現在のトルコあたりを中心とした[❶ビザンツ帝国](**東ローマ帝国**)にとって
拡大を続ける【❷**イスラム勢力**】(❸セルジューク朝)は脅威でした。
そこでビザンツ皇帝は，[❹**ローマ教皇**]に救援派兵を要請しました。

書き込み編の11世紀ごろの地図をみてください。空らんは[エルサレム]です。
・なお，聖地は１つの宗教に１つずつとは限りません。
エルサレムはユダヤ教のほか，キリスト教，イスラム教の聖地でもあります。
ユダヤ教からキリスト教が誕生し，その両者と共通する部分がイスラム教にもあるからです。
・エルサレムでは今も紛争が続きます。パレスチナ問題，「石油危機」との関連もあるので覚えておきましょう。
・右の地図でイベリア半島をみてください。イスラム勢力が支配しています。西のキリスト教世界にとっても，イスラム勢力の拡大は対岸の火事ではなかったのです。

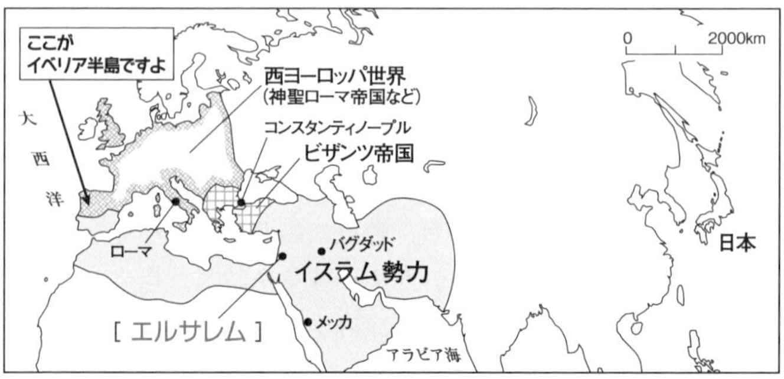

・教皇のよびかけによって，

【❺イスラム教徒】から聖地【❻エルサレム】を取り戻そうと
【❼1096年】【❽第１回 十字軍遠征】がおこなわれました。

「遠くへ向かえ十字軍(十字軍は一苦労)」。
日本では1086年［❾白河上皇］が［❿院政］を始めたころです。(→p.43)

・十字軍の遠征は，1270年まで７回おこなわれました。
勝ったり負けたり話し合ったりといろいろありましたが，
後半になると，兵士たちは純粋な宗教的情熱を失って，
殺戮や略奪をおこなったりもしました。

2 遠征の結果

(1)［⓫諸侯・騎士］は軍事費の出費がかさんで没落していきました。
また，勝てない戦いが続くうちに［⓬教会］の権威も失墜しました。
これに対して，軍事的指導者として［⓭国王］の力が強まりました。
頼れるリーダーがいたじゃないか，といったところでしょうか。

侯
(候ではない)

・荘園単位でこぢんまりとしていた(ある意味でバラバラだった)西ヨーロッパでしたが，
王への信頼が高まったことで，中世封建社会にまとまりが出てきました。

(2) 中世の西ヨーロッパ世界は，ローマ帝国，続くフランク王国の滅亡によって，
人々は，せまい小さな社会で「こぢんまり」とくらしていました。
しかし，十字軍の遠征によって，人や物の移動がさかんになると，
広い世界に目を向けるようになりました。

・とりわけ，すすんだイスラム世界と接したことで，紙や火薬などの新しい文化や，
ヨーロッパでは長く忘れられていた，古代ギリシャやローマの文化がもちこまれました。

・自給自足的な経済から［⓮貨幣経済］となり，物資の移動がさかんになると，

交易中継地として【⓯イタリア】の諸都市が発展しました。

このことは，西ヨーロッパに大きな変化をもたらしました。
人々はキリスト教による精神的な支配からはなれて，
今までとは違った考えや生き方を求めるようになりました。

・**キリスト教の価値観を離れ，**
自然や人間をありのままにとらえようとする人間中心の文化が生まれました。

・それを**ルネサンス**といいます。

32 ▶ ルネサンス

➡書き込み編 p.27

・【❶ルネサンス】とは，文芸復興といわれる芸術・思想上の新しい動きのことです。

（発音するとルネッサンスと聞こえますが，書くときはルネサンスで）

・証明写真しかなかった世界に，修学旅行や文化祭の写真が登場したような感じかな。
14世紀，イタリアの都市フィレンツェを中心におこった，ギリシャやローマの文化を復興させ，
人間の生き生きとした姿を表現しようとする，芸術や思想上の変革をさします。

1 おもな人物・作品

・ダンテは，イタリアの文学者。
『神曲』は地獄や天国を訪れる話で，多くの人が読めるイタリア語で書かれました。

・【❷レオナルド＝ダ＝ビンチ】はイタリアが生んだ万能の天才。科学などにも通じていました。
世界の至宝「**モナ＝リザ**」，一度はみたことがありますよね。（写真でね）
「**最後の晩餐**」は弟子たちとの食事をしていたイエスが「この中に私を裏切る者がいる」と
言った瞬間の弟子たちの動揺を，遠近法を用いてドラマチックに描いています。
裏切ったのは弟子のユダ。このあと，イエスはローマ帝国にとらえられ処刑されました。

・【❸ミケランジェロ】はイタリアの巨匠。
「**ダビデ像**」「**最後の審判**」が有名。ダ=ビンチのライバルともいわれました。

・【❹ガリレオ＝ガリレイ】**は地動説を唱えた天文学者です**。
しかし，当時のキリスト教の世界観では，太陽が地球の周囲を回っているとされていたので，
彼は宗教裁判にかけられ，地動説を封印させられました。
「私の考えは間違いでした，もう地動説は唱えません」と言わされたあと，小声で，
「**それでも地球は動いている**」と言ったといわれます。科学者としての意地ですね。

・ポーランドのコペルニクスも地動説を唱えました。
（ガリレオより100年ほど前）

・ちなみに，聖書が成立するずっと前の古代ギリシャでは，
地球は球体だと考えられていました。
なぜ地球の反対側の人が落ちないのかを説明するには，
ニュートンの万有引力説を待たねばなりませんが。

・［❺シェークスピア］はイギリスの詩人・劇作家です。『ロミオとジュリエット』は有名ですね。
『ハムレット』『リア王』『ベニスの商人』など数多くの作品を残した英文学の巨匠です。

2 三大発明

中国の宋の時代に実用化されたものが伝わり，改良されたものです。
【❻火薬】は武器になります。
【❼羅針盤】は方位磁石です。航海には欠かせません。
【❽活版印刷術】で大量の情報を伝えることができるようになります。

・『東方見聞録（世界の記述）』などが印刷されてアジアへの関心が高まり，やがて大航海時代となります。
また，聖書が印刷されるなど，宗教改革にも大きな影響を与えることになりました。

33 ▸ 宗教改革

➡書き込み編 p.28

・ローマ帝国が東西に分裂したことによって，キリスト教の教会も，
西のローマを中心とするカトリックと，東の正教会に分かれていきました。
どこが違うのかと聞かれても…一言ではむずかしいのですが，
たとえば，十字架上のキリストなどの像をつくるかどうかという違いがあります。
ゲルマン人への布教に聖像を用いたカトリックに対して，
東ローマでは，偶像崇拝を禁止するイスラム教に対抗するため，聖像禁止令を出しました。
のちに撤回されましたが，今でも正教会では，立体の像をほとんどつくらないそうです。
(イコンという絵に祈りを捧げることもありますが，絵そのものを崇拝しているのではなく，
あくまでも絵をとおして神に祈っているのであり，偶像崇拝にはあたらないという考え方だそうです)

・【❶宗教改革】とは【❷カトリック】教会の堕落に対しておこった改革運動です。
これによって生まれたのが【❸プロテスタント】(抗議する者の意)です。

プロテスタントを新教，これに対してカトリックを旧教ともいいます。

・財政難のカトリック教会は，買えば罪が許され天国に行けるという紙(免罪符。贖宥状とも)を
売り出しました。いわばインチキ商法ですね。金もうけに走った教会に対して，

【❹ルター】は【❺ドイツ】で宗教改革をおこしました。
[❻1517年][❼免罪符]の販売に抗議して，意見書を発表しました。

「免罪符，以後人泣かすことはなし」。

・また，神の前に人は平等なはずなのに，教会組織内に聖職者の階級ができていました。
このような教会に対して，大学教授であったルターは
「信仰のよりどころは聖書であり，教会は地上における神の代理者ではない」と批判しました。

・【❽カルバン】は【❾スイス】で宗教改革をおこしました。[❿1541年]です。

「以後よい教会，カルバン派」。

・カルバンは「カルヴァン」と書くこともあります。(フランス語読み。英語では「カルビン」「カルヴィン」)
ベルサイユとヴェルサイユや，スカンジナビア半島とスカンディナヴィア半島など，
外国語をカタカナにするのはむずかしいのです。(→p.78)

・カルバンは，仕事をがんばった結果，お金持ちになることは，悪いことではないと説きました。
当時の教会の教えでは，お金をためることは卑しいこととされていましたので，
カルバンの教えは商工業者や市民階級に受け入れられていきました。
近代資本主義を肯定する理論の形成をみることができますね。なお，

・イギリスのカルバン派を[⓫ピューリタン(清教徒)]といいます。

1642(1640)年に始まるピューリタン革命(清教徒革命)のピューリタンです。(→p.112)

重要 宗教改革は「ドイツでルター」「スイスでカルバン」です。
問題作成者は，必ず答えが１つになるように問題をつくります。
答えは「ルターもしくはカルバン」などということはありません。
問題文には，「ドイツで宗教改革を…」または，「スイスで…」と書いてあります。
「ドイツでルター」「スイスでカルバン」は頭文字で「ドル・スカ」と強引に覚えましょう。

・ 宗教改革に対し，カトリックは【⑫イエズス会】を結成するなどして対抗しました。

イエズス会は布教のための組織で，多くの宣教師を海外へ送りました。
日本にやって来たザビエルもその１人です。（→**p.78**）

重要 フランシスコ＝ザビエルが来日した理由は，
【⑬宗教改革に対抗してカトリックを広めるため。】
（プロテスタントの拡大に対抗してカトリック教会の勢力を回復させるため。）

参考 キリスト教の三大宗派

(1) 395年のローマ帝国の東西分裂以降，教会も，

東の【⑭正教会】（今のトルコのイスタンブール，当時のコンスタンティノープルが中心）と，
西の【⑮カトリック】（ローマが中心）に分裂しました。
そして，**宗教改革によって，カトリックから【⑯プロテスタント】が分離しました。**

・江戸時代，鎖国をしていた日本が唯一来航を許したヨーロッパの国はオランダです。（→**p.91**）
なぜ，オランダだけがOKだったかというと，プロテスタントの国だったため，
キリスト教の布教をしないと考えたからです。
・一方，スペインがインカ帝国などを征服したことから，
カトリックの国は領土的野心があると考えられていました。

(2) 民族と宗教は，地理分野と関連します。

イタリアやフランス，スペインなど［ あ：ラテン系民族 ］**はカトリック系のキリスト教。**
ドイツやイギリスなど［ い：ゲルマン系民族 ］**はプロテスタント系が多い。**
ヨーロッパの東部，ロシアなど［ う：スラブ系民族 ］**は正教会系が多い。**

もちろん例外もたくさんありますが，
だいたいこの区分となっています。

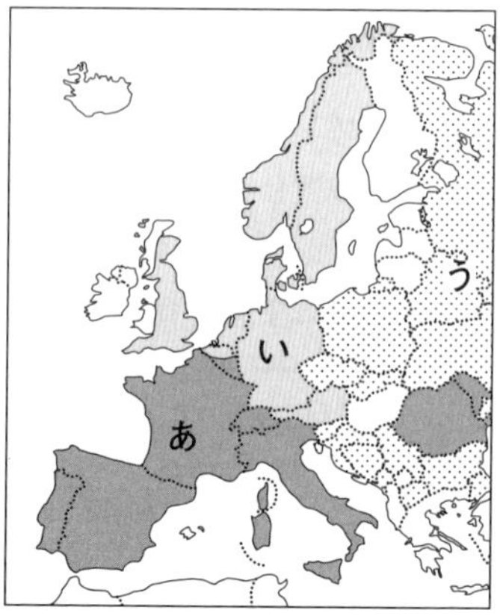

34 ▸ 大航海時代

➡書き込み編 p.29

・書き込み編の地図で，だいたいのコースはおさえておきましょう。
なお，航路を表す地図はヨーロッパを中心に描いたものがほとんどです。(慣れてください)
……………[❶コロンブス] --------[❷バスコ=ダ=ガマ] ―――[❸マゼラン]です。

1 背景

(1) 活版印刷術が普及し【❹マルコ=ポーロ】の『❺東方見聞録(世界の記述)』などが出版されると，人々の東方への関心が高まりました。

(2) ヨーロッパは肉食の文化です。当時コショウ(胡椒)は同じ重さの金と交換されるほどの貴重品でした。

[❻香辛料]の産地であるインド方面へ行くため，
敵対する[❼イスラム勢力圏]を通らずに行けるルートを探しました。

このため，あらたな航路の開拓が期待されていました。
地球が球体であるならば，大西洋を西にすすめば，きっとアジアにつくだろう…
羅針盤も持ったし，鉄砲ももった，さあ世界の海へ出かけよう…大航海時代です。

2 おもな探検家

・イタリア人の【❽コロンブス】は【❾1492年】，**西インド諸島へ到達しました。**
コロンブスは**スペイン**(イサベル女王)の支援をうけました。

「**意欲に燃えるコロンブス**」。
コロンブスのサンタ=マリア号が到着したのは，キューバの北にあるサンサルバドル島といわれます。
このあたりを西インド諸島というのは，インドに着いたと勘違いしたためという説があります。
先住民のことをインディアン，つまりインド人とよぶのもこのためです。

・以前は「新大陸の発見」といいましたが，近年ではアメリカ大陸への到達といいます。
ヨーロッパの白人にとっては新大陸だったかもしれませんが，
すでに先住民がいるのですから，人類にとっての発見のようにいうのはおかしいからです。
ちなみに，アメリカという地名は，探検家「アメリゴ=ベスプッチ」から来ています。
また，コロンビアという国名はコロンブスからつけられました。

・ポルトガルの【❿バスコ=ダ=ガマ】は【⓫インド航路】を開きました。
[⓬喜望峰(アフリカ**大陸南端**)]**経由で**，1498年，**インドの**[⓭カリカット]**に到達しました。**

「意欲はわかったバスコ=ダ=ガマ」。(なお，アフリカ大陸の最南端はアガラス岬です)

・1522年，**世界一周といえば，ポルトガルの**【⓮マゼラン】**です。**

南アメリカ大陸には彼の名がつく海峡(マゼラン海峡)があります。
・マゼラン本人は，フィリピンで原住民との争いで殺害されていますので，
世界一周を達成したのはマゼランの部下ということになります。
でもそのことは気にしないで。世界一周はマゼランです。

3 各国の動向

・【⑮ポルトガル】はアジア貿易をさかんにおこないました。
1543年，種子島に漂着し鉄砲を伝えたのもポルトガル人です。

・ポルトガルのアジア拠点は，インドのゴアや［⑯マカオ］（香港のすぐそば）です。
明の時代から貿易港としてポルトガル人が住みつくようになりました。
マカオは，19世紀にポルトガルの正式な植民地となりましたが，1999年に中国へ返還されています。

・ポルトガルは【⑰ブラジル】を支配しました。（スペインと条約を結ぶ）

・（早くに大型船の建造に成功した）【⑱スペイン】は南北アメリカ大陸へ進出していきました。
現在のメキシコあたりにあった［⑲アステカ帝国］（アステカ王国）を滅ぼしました。（1521年）
アンデス山脈のペルーを中心に栄えていた【⑳インカ帝国】を滅ぼしました。（1533年）

「以後さんざんな，インカ帝国」。
その十数年後には，ポトシ銀山の採掘が始められました。

・メキシコやアルゼンチン，チリなど，ブラジル以外の中南米はスペインが支配しました。
現在の公用語は，ブラジルがポルトガル語，その他の中南米諸国はスペイン語です。
一部，例外もありますが，今は気にしないでおきましょう。（どうしても気になるなら地図帳を）
このため，中南米を文化的な区分から「ラテンアメリカ」といいます。

・スペインは［㉑フィリピン］を支配。現在もキリスト教の信者が多いのはこのためです。

すでに勉強した人は，「フィリピンはアメリカの支配下では？」と思うかもしれません。
「第二次世界大戦当時の東南アジア」といった地図が地図帳や資料集にありますからね。
アメリカがフィリピンを支配するようになったのは，戦争でスペインをやぶった1898年からです。

・［㉒イギリス］はスペインの無敵艦隊をやぶって制海権をにぎり（1588年），
［㉓インド］に東インド会社を設立しました。（1600年）

「以後はばきかすエリザベス」＝「以後はばきかす刀狩」by豊臣秀吉と同じ年です。
「うわ～，ひろ～東インド会社」＝「うわ～，ひろ～関ヶ原」（ちょっと苦しいけど(^_^;)）

・イギリスはアメリカ東部を植民地にしました。
【㉔1776年】に東部の13州がイギリスからの独立を宣言しました。

「いーな，なろうぜ独立国」。（→p.114）

・[㉕フランス] **はカナダ南東部を植民地にしました。**(アメリカとの国境に近いケベック州など)

現在も，カナダの公用語は英語とフランス語です。

・[㉖オランダ] はスペインから独立し，インドネシアに東インド会社をおきました。

東インド会社は，イギリス，オランダ，フランスなどが設立した植民地経営の組織です。
貿易会社といえば貿易会社ですが，国から保護をうけ，軍事力も備えていました。

おまけ 北アメリカ大陸の先住民をインディアンとよびます。英語でインド人という意味です。氷期に陸続きだったユーラシア大陸から移り住んだモンゴロイド系(黄色人種)の人々の子孫とされます。
コロンブスのところで言いましたが，「エッ，インドじゃないの？　別の大陸があったのか」という勘違いから，そうよばれるようになりました。
ヨーロッパからの移民に土地を奪われたり，インディアン狩りがおこなわれたこともありました。
元々のアメリカ人という意味で「ネイティブアメリカン」といわれることもあります。
なお，北アメリカ大陸の先住民では，いわゆるインディアンのほか，イヌイットも重要です。

・南アメリカ大陸の先住民をインディオとよびます。スペイン語でインド人という意味です。
インディアンとルーツは同じとされますが，文化はさまざまです。(白人によるよびわけです)
強制労働や，白人がもたらした天然痘などの疫病によって人口が激減してしまいました。
キリスト教の聖職者の中には保護を唱える者もあり，奴隷化が禁止されましたが，
それによって労働力が不足したため，アフリカから黒人奴隷が「輸入」されることになりました。
輸入ですよ，輸入。奴隷はモノ扱いだったのですね。

◎地図で確認

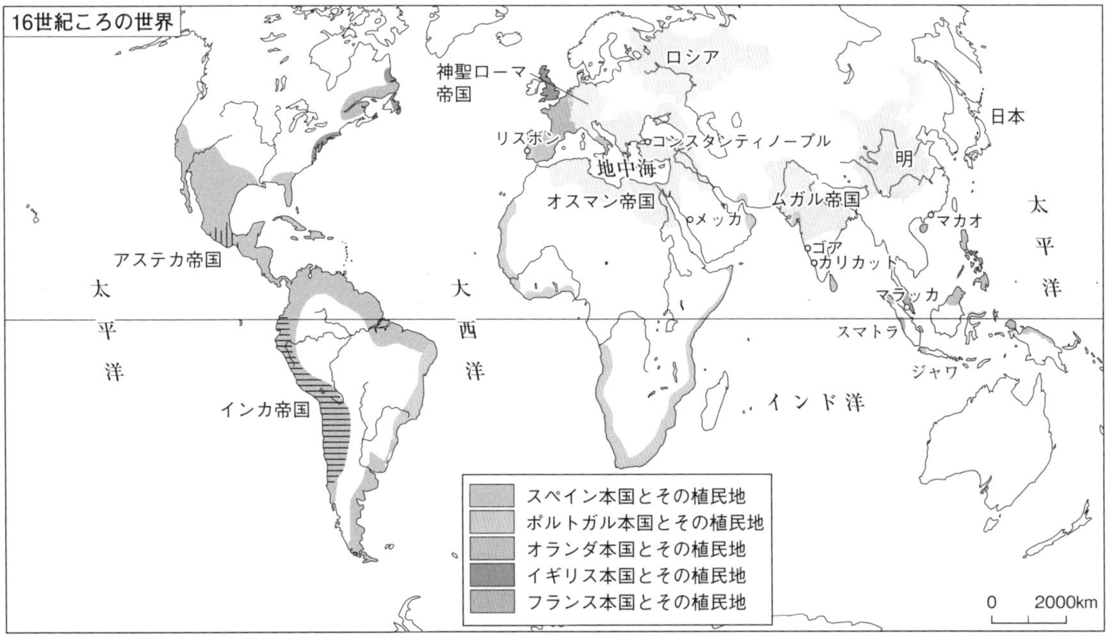

・**オスマン帝国**・・・1299年建国のイスラム教国家。1453年に東ローマ帝国(ビザンツ帝国)を滅ぼした。
・**ムガル帝国**・・・・1526年建国のイスラム教国家。1858年に滅亡した。(→**p.119**)

10章 安土桃山時代

35 ▸ ヨーロッパ人の来航

➡書き込み編 *p.30*

・**話は日本に戻ります。**

一般的には，室町幕府滅亡(1573年)のころから江戸幕府が開かれる(1603年)までをさしますが，信長・秀吉が活躍した時代(織豊政権期・織豊時代)を，安土桃山時代としてあつかいます。

・
> [❶ 1543年]【❷ ポルトガル人 】によって**鉄砲**が**伝来**しました。
> ポルトガル人は【❸ 種子島 】に**漂着**しました。(種ヶ島は×です)

「以後予算は鉄砲に」。

なお，漂着したのはポルトガル船ではなく，
中国の密貿易船とも倭寇の船ともいわれます。

・
> 【❹ 1549年 】【❺ ザビエル(スペイン人) 】**がキリスト教を伝えました。**
> フルネームはフランシスコ=ザビエル。**上陸した場所は**【❻ 鹿児島 】**です。**

「以後よく広まるキリスト教」。

彼は２年あまり滞在し，山口や九州各地で伝道(布教)，京都も訪れています。
「江戸を訪れた」や「鎌倉を訪れた」はひっかけ問題です。京都までしか行っていません。

・**ザビエルは「イエズス会」の宣教師です。**

前述しましたが(→**p.74**)，もう一度。
ザビエル来日の背景は，

✎[**イエズス会がカトリックの勢力を回復させるため，アジアに布教しようとしたから。**]

いろいろな書き方ができますね。(でも論述は，ポイントさえおさえていればいいのです)

重要 **外国語の表記について**

> 私は「フランシスコ=ザビエル」ですが，
> 「フランシスコ・ザビエル」とも書きます。
> 「ザビエル」でもかまいません

外国語を日本語(カタカナ)で書くときには，多少の表記の違いが出てしまいます。
ザビエルなどの人名のほか，「ヒンドゥー教」と「ヒンズー教」，
「スカンディナビア半島」と「スカンジナビア半島」など。
また，「イエス=キリスト」は，英語では「ジーザス=クライスト」と聞こえますが，
テストでは，一般的に使用されている方で答えるようにしましょう。

おまけ ところで，ザビエルのアゴに２つの点を書き，さかさまにして見ると…ある動物に見えませんか？
私が子どものころに流行った落書きです。(^o^)

・【❼南蛮貿易】は［❽ポルトガル人・スペイン人］との貿易のことです。

ポルトガルは中国のマカオやインドのゴア，スペインはフィリピンを拠点としていたので，日本からみて南の方から来た人ということで，南蛮人とよばれていました。
ちなみに，イギリス人やオランダ人を紅毛人といいました。（髪やひげが赤い人が多かったため）
当時の日本人は，ラテン系民族とゲルマン系民族を区別していました。

・輸入品は生糸，鉄砲や火薬，香料。輸出品は【❾銀】や刀剣など。

とくに輸出品の銀は大事です。このころ日本は，世界の銀産出量の$\frac{1}{3}$を占めていました。
世界経済に大きな影響を与えたことが評価され，石見銀山遺跡が世界遺産となりました。
（石見銀山は現在の島根県です。地理でよく出ます）
また，輸入品の生糸は，ポルトガルやスペインからもってきたものではなく中国産です。

・右の南蛮図屏風をみてみましょう。とくに服装に注目。
このころ，カルタやシャボン，ボタンやテンプラなどが伝わりました。今でも外来語として生きていますね。
・前ページの肖像画のザビエルはマントを着ていますが，このマントをポルトガル語でcapaといいます。
雨の日に着る合羽（カッパ）の語源です。

・南蛮貿易はおもに，［❿平戸］（長崎県）・長崎・［⓫堺］（大阪府）の港でおこなわれました。
九州の大名は，貿易の利益のために，キリスト教を保護しました。
また，みずからキリシタンとなった大名もいました。（**キリシタン＝キリスト教の信者**）
九州にキリシタンが多いということは，気にとめておきましょう。
1637年の島原・天草一揆（島原の乱）も九州です。（→**p.91**）

・【⓬堺】は会合衆とよばれた豪商たちが自治をおこなっていました。のちに織田信長に支配されます。

・［⓭堺］（大阪府）や［⓮国友］（滋賀県），根来（和歌山県）では鉄砲の生産がおこなわれました。
鉄砲が大量生産された背景は，［ **多くの戦国大名が買い求めたから。**］
鉄砲の登場により，戦争のスタイルが変わりました。（騎馬戦→集団戦法）
それにともなって築城技術も向上して，天下統一が早まりました。

■まとめて貿易■

日宋貿易	平安時代末期・平清盛	▶神戸港（＝大輪田泊） 輸入品は宋銭など
勘合貿易	室町時代・3代将軍足利義満	▶倭寇と正式な貿易船の区別に勘合を使用 輸入品は明銭・生糸など
南蛮貿易	安土桃山時代	▶スペインやポルトガルとの貿易 輸入品は生糸・鉄砲など　輸出品は銀など
朱印船貿易	江戸時代初期	▶朱印状をもつ船が東南アジアにでかける 輸入品は生糸など　輸出品は銀など

36 ▸ 信長と秀吉

➡書き込み編 p.30～31

・【❶織田信長】は[❷尾張国](愛知県西部)の小大名の子として生まれました。(1534年)

「鳴かぬなら 殺してしまえ ホトトギス」とは彼の気性を表す言葉です。
もちろん本人が言ったのではありません。
短気で残酷でありつつ，するどいひらめきをもつ型破りの性格は，
歴史ドラマなどでも定番ですね。

・[❸1560年]【❹桶狭間の戦い】で駿河(静岡県)の[❺今川義元]を倒しました。

「**今川イチコロ桶狭間**」。
信長のデビュー戦といったところですね。
桶狭間は現在の愛知県です。のちの長篠の戦いと区別しましょう。

・このころ，信長は[❻天下布武]と彫られた印章(ハンコ)を使うようになりました。
武力で天下を統一するという決意でしょうか？　すごいですね。

・1570年ころから[❼石山本願寺]の勢力と対立します。
石山本願寺は浄土真宗(一向宗)で，各地の[❽一向一揆]の中心的存在でした。

結局1580年，信長に降伏しました。
天下統一をめざした信長の最大の敵は戦国大名ではなく，一向一揆だったといわれます。
戦況が悪化すれば逃げ出す足軽などと違って，強い団結力がありましたからね。
なお，のちに石山本願寺の跡地に秀吉が大阪城を築きました。

1571年，反抗的だった【❾延暦寺】を焼き打ちにしました。

このとき，老若男女を問わず数千人を殺したともいわれています。

・**一方で，仏教勢力に対抗するため，信長はキリスト教を保護しました。**

重要 キリスト教に対して，**信長は保護，秀吉は宣教師の追放，家康は禁止。**

・当時はまだ，室町幕府が存在していました。力はおとろえていましたが，将軍もいました。
信長は，この室町将軍を利用しました。
成り上がり者の信長の命令よりも，将軍の名で出された命令の方が，権威があったからです。
・しかし，この将軍が反抗的になったので，

【❿1573年】信長は【⓫15代将軍 足利義昭】を追放し，室町幕府を滅ぼしました。

「**以後ナミダの室町幕府**」。重要年代です。

［⓬ 1575年 ］【⓭ 長篠の戦い 】で【⓮ 武田氏 】をやぶりました。
鉄砲隊を構成したのは［⓯ 足軽 ］とよばれた下級の兵士です。

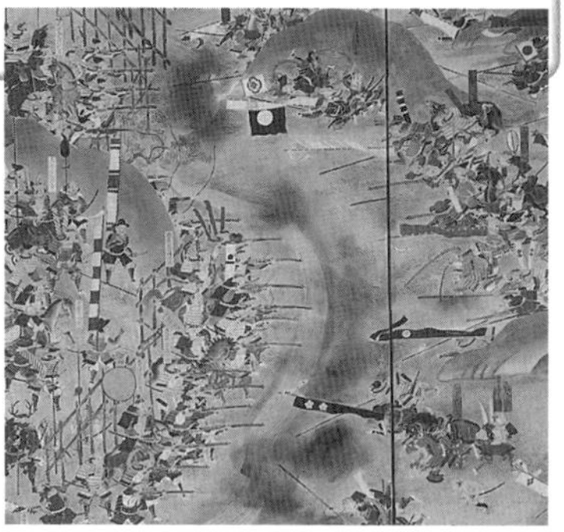

・「人コナゴナにする鉄砲隊」。
最強といわれた武田騎馬軍団をやぶった戦いです。
長篠は現在の愛知県です。

・絵も出題されます。
足軽は，重たい甲冑(鎧兜)ではなく軽装備の歩兵のことです。

・武田氏とは甲斐国，現在の山梨県の戦国武将。
このときの当主は武田信玄の子，武田勝頼です。

1576年，信長は【⓰ 安土城 】を築きました。
場所は近江(⓱ 滋賀県)(琵琶湖の湖畔)です。場所も大事です。

・信長は各地の［⓲ 関所 ］を廃止し(1568年～)，

安土の城下町で【⓳ 楽市・楽座 】という商業振興政策をおこないました。(1577年～)

「楽市・楽座令(楽市令)を出した」とされることもあります。
「座」は有力者から排他的・独占的に営業を認められた商人たちの組合でしたね。(→p.64)
楽市・楽座のねらいは，
［ **座の商人の特権を廃止し，自由な市場を確保して商業をさかんにすること。** ］
楽しい市場で楽しい座，座の商人が楽しくやっていけるようにしたのではありませんよ。
座を排除したのです。

史料 楽市・楽座令(部分要約)

一．この地は楽市とし，諸座は撤廃し，税や労役は免除する。
一．徳政令が出てもこの町は免除する。
一．他国の出身であっても，この町に住む者は，以前から住んでいた者と同じ待遇にする。

重要 **テストでの答え方**

「楽市・楽座」という商業振興政策をおこなったのか，
「楽市・楽座令(楽市令)」を出したのか，ふさわしい書き方をしましょう。
「刀狩」と「刀狩令」もそうです。
「刀狩令をおこなった」「刀狩を出した」は変ですよ。

・全国制覇を目前にした49歳(数え年)の6月，

【⓴ 1582年 】【㉑ 本能寺の変 】で家臣の【㉒ 明智光秀 】に裏切られて自刃しました。

「イチゴパンツの本能寺」。(わりと有名なゴロ合わせです)
光秀が信長襲撃を指示したときの「敵は本能寺にあり」は有名なセリフ。
光秀は一体なぜ裏切ったのか？　ドラマでよくあつかわれるテーマですね。

・【㉓豊臣秀吉】は尾張国に生まれました。(信長より4歳ほど年下です)

秀吉は，木下藤吉郎(のちに羽柴秀吉)と名乗り信長に仕えました。
信長の草履係から出発，才能を発揮し，出世を重ねていきます。

・「鳴かぬなら 鳴かせてみせよう ホトトギス」とは彼の気性を表す言葉。
もちろん本人が言った言葉ではありません。
創意工夫と努力の人，ドラマなどでは口がうまくてお調子者のキャラが定番ですね。

・**本能寺の変の直後，山崎の戦いで明智光秀をやぶり，信長の後継者となりました。**

・1582年から【㉔太閤検地】を実施しました。(太閤とは元関白のこと。一般には秀吉をさします)

「行こうや日本，土地調査」。(本能寺の変と同じ年)
各地の戦国大名も検地をおこなっていましたが，
秀吉による全国的な土地の調査のことをいいます。

閤

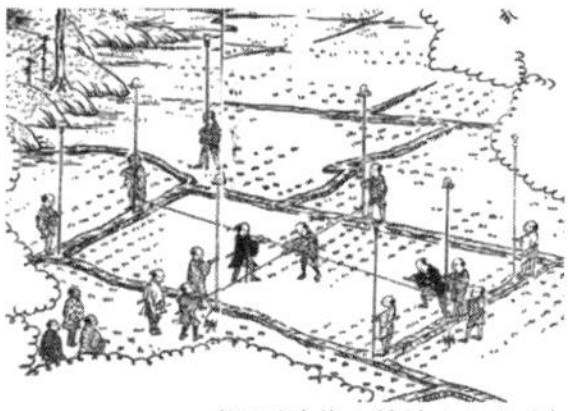

(江戸時代の検地のようす)

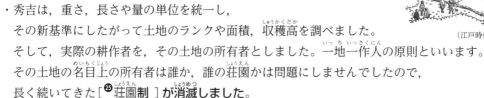

・秀吉は，重さ，長さや量の単位を統一し，
その新基準にしたがって土地のランクや面積，収穫高を調べました。
そして，実際の耕作者を，その土地の所有者としました。一地一作人の原則といいます。
その土地の名目上の所有者は誰か，誰の荘園かは問題にしませんでしたので，
長く続いてきた[㉕**荘園制**]**が消滅しました。**

・年貢は土地の収穫量＝[㉖石高]に応じて課せられました。

参考 1石は約150kgです。1石は10斗，1斗は10升，1升は10合です。
1升は日本酒などのビンで約1.8Lです。(約150kg＝1石＝10斗＝100升＝1000合)
大名の領地も石高で表します。(江戸時代の前田氏は加賀100万石，島津氏は薩摩70万石といったもの)

・1583年，石山本願寺の跡地に【㉗大阪城】を築きました。

・朝廷から【㉘関白】に任ぜられ，1586年には，【㉙太政大臣】となりました。

太政大臣は天皇に次ぐ最高位で，適任者がいなければ任命しないという重要ポストです。
武士の太政大臣は平清盛・足利義満・豊臣秀吉・徳川家康・徳川秀忠・徳川家斉だけです。
清盛のところでも，同じことを書きましたね。(→p.45)

・九州平定後の1587年[㉚バテレン追放令]を出しました。

「以後はなくなる宣教師」。
バテレンとは宣教師のことで，キリスト教信者(キリシタン)も海外追放しました。
カトリック国の領土的野心(日本を植民地化してしまうのではないかという不信感)や，
キリシタンが一向一揆のような抵抗勢力となることを恐れたためです。
ただ，[**南蛮貿易は禁止していなかったので，不徹底なものとなった。**](たまに論述に出ます)
江戸幕府が出したキリスト教禁止令(禁教令)とは違います。(→p.90)

・【❸❶ 1588年】【❸❷ 刀狩令】を出しました。

「以後はばきかす刀狩」＝「以後はばきかすエリザベス」（→p.112）
「以後は刃物は禁止です」というゴロ合わせもあるのですが，
「刃」の字を使うと，混乱して「刃狩」と書いてしまいそうなので注意。
百姓の武具をとりあげ，農業に専念させようとするものです。

> **百姓とは？**
> 農民をはじめ，漁業や林業で生活していた人のこと。武士や町人以外の人，と考えてください。

・1591年には身分統制令を出し，百姓が武士になることを禁止しました。
「太閤検地」「刀狩」とあわせて【❸❸ 兵農分離】の政策です。
下剋上の時代に終止符を打つことになりました。
百姓は土地所有を保障されましたが，納税者として土地にしばられるようになったのです。
兵農分離のねらいは，【❸❹ 百姓の一揆をふせぎ，農業に専念させて確実に年貢を集めるため。】

史料 刀狩令（部分要約）

> 諸国百姓，刀，脇指，弓，槍，てつはう，其外武具のたぐい所持候事堅く御停止候。
> その理由は，要らざる不必要な武器をもち年貢を出ししぶり，あるいは一揆をおこす者は処罰され，そうなればその者の田地は耕作されず，年貢があがらなくなるからである。
> 没収される刀などは無駄にされるべき儀にあらず。大仏御建立の釘かすがいに仰せ付けらるべし。
> 百姓は農具さえもって，耕作に専念しておれば，子々孫々まで安泰である。

注意 前述しましたが，「刀狩」をおこなったのか，「刀狩令」を出したのか，
出題にあわせて，ふさわしい方で解答することに注意しましょう。

・関東（小田原）の［❸❺ 北条氏］・東北（仙台）の［❸❻ 伊達氏］（伊達政宗）を降伏させて，
1590年，全国平定を成し遂げました。（この北条氏は，鎌倉幕府の執権とは違う北条氏です）

・**秀吉は中国の明の征服を考えていました。**
しかし，朝鮮が従わなかったため，出兵を決断しました。

1592年［❸❼ 文禄の役］と1597年［❸❽ 慶長の役］，**あわせて【❸❾ 朝鮮出兵】といいます。**

「異国に出兵，文禄の役」「以後苦難の慶長の役」。
しかし，【❹⓪ 李舜臣（イ スンシン）】が率いる朝鮮水軍の抵抗や，明の援軍に苦戦しました。
亀甲船は，防御のために刀やりを一面につきたてた亀の甲羅のような板でおおった朝鮮水軍の船です。大砲を備え，機動力にもすぐれていたといいます。
日本の補給船は撃破されました。

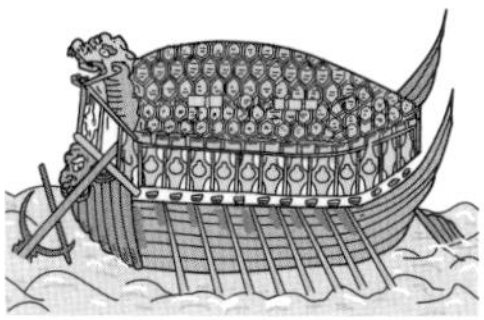

・1598年に秀吉が亡くなると，朝鮮から撤兵しました。
このとき，武将たちが朝鮮の陶芸技術者を領国につれ帰って，焼き物をつくらせました。

［❹❶ 李参平（イ チャムピョン）］**は佐賀県の**［❹❷ 有田焼］**の基礎をつくりました。**

伝統工芸品として，地理で出てきます。
山口県の萩焼，鹿児島県の薩摩焼なども，連行された朝鮮人陶工によって始められました。
・なお，朝鮮建国は**李成桂（イ ソンゲ）**，朝鮮出兵を阻止したのは**李舜臣**，有田焼は李参平。区別しましょう。

37 ▶ 桃山文化

➡書き込み編 p.31

・仏教の影響は少なく，下剋上の風潮の中で台頭した武士や，
南蛮貿易などで活躍した商人の力を背景とする，［❶**雄大で豪華な文化**］です。

・【❷**姫路城**（**兵庫県**）】は白鷺城ともよばれる白壁の城で，世界遺産に登録されています。

五層七階の天守閣（お城の中心となる建物）をもち，一時は豊臣秀吉も居城とした城です。

・［❸**茶の湯**］（侘び茶）**を大成したのが，大阪の堺の商人**【❹**千利休**】**です。**

単にお茶を飲むだけでなく，そこに精神的な深さを追求するものとされます。
人生は何がおこるかわからない。だからこそ，今，あなたに会えたこの一瞬を大切にしたいと思う。
そういう「一期一会の精神」をこめた…そうです。

・襖や屏風に描いた絵を，障壁画といいます。
代表的なのは「❺**唐獅子図屏風**」。［❻**狩野永徳**］**の作です。**
獅子はライオンをイメージさせますが，伝説の生き物です。
まゆ毛がありますね。まゆ毛がなかったら間の抜けた顔になってしまいます。(^o^)

・【❼**歌舞伎踊り**】（かぶき踊り）**を始めたのが**【❽**出雲の阿国**】（出雲阿国）**です。**

出雲国（島根県）の阿国さんは，出雲大社の巫女（神に仕える女性）でした。
神社の修復費用をかせぐために，男装して歌謡ショーをおこないました。
するとこれが大好評で，全国ツアーを開催するほどのブームになりました。
カブキは「傾奇」，つまり奇抜で風変わりなという意味で，
今までにない衣装や動きで，人々をアッと驚かせるような人を「かぶき者」といいました。
歌舞伎踊りは，歌舞伎のルーツとなりました。

おまけ 歌舞伎踊りは「女歌舞伎」といい，若い女性たちのセクシーダンスに発展したため，風紀を乱すとして江戸幕府によって禁止されました（1629年ころ）。代わって出てきたのが「若衆歌舞伎」という美少年の舞台です。しかしご婦人方を虜にしたことや，
男色（同性愛）の流行などを理由に，やはり禁止されました（1652年）。
そして現在につながる，成人男性の「野郎歌舞伎」となったのです。
今の歌舞伎に女性の役者はいません。

・琉球から伝わった弦楽器を改良して三味線が生まれ，
浄瑠璃になくてはならない楽器となりました。

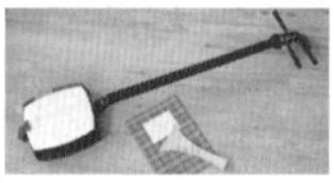

・1582年，宣教師バリニャーノのすすめにより，
九州のキリシタン大名（**大友宗麟・大村純忠・有馬晴信**ら）によって，
［**天正遣欧少年使節**］（天正少年使節）として４人の少年が派遣されました。
ローマ教皇と面会するなど歓迎されましたが，帰国したとき（1590年）
にはバテレン追放令が出されており，マカオへ追放されたり，
殉教（信仰のために命を失うこと）した者もいました。

■まとめて間違えやすい絵■

桃山文化

「 唐獅子図屏風 」
［ 狩野永徳 ］

江戸初期の文化

「 風神雷神図屏風 」
［ 俵屋宗達 ］

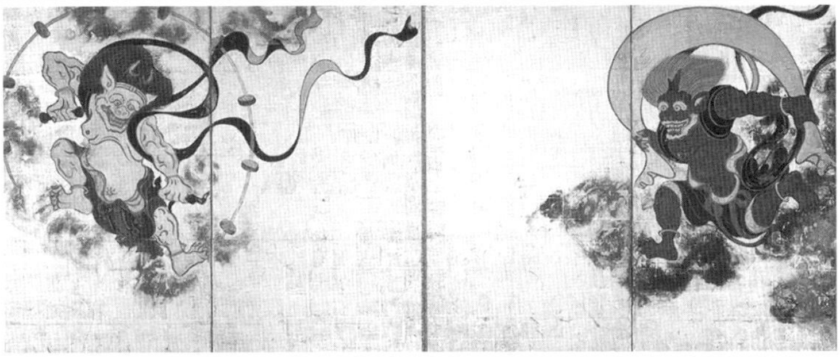

元禄文化（江戸時代前期）

「 見返り美人図 」
［ 菱川師宣 ］

「燕子花図屏風」
［ 尾形光琳 ］

化政文化（江戸時代中～後期）

役者絵「市川蝦蔵」
［ 東洲斎写楽 ］

「 東海道五十三次 」
［ 歌川（安藤）広重 ］

美人画「ポッピンを吹く女」
［ 喜多川歌麿 ］

「 富嶽三十六景 」
［ 葛飾北斎 ］

11章 江戸時代

38 ▸ 幕府の成立と支配の確立

➡書き込み編 p.32

1 幕府の成立

・【❶徳川家康】は三河国(愛知県東部)の小大名の子として生まれました。(1542年)

三河は尾張の隣です。青年時代は織田氏や今川氏の人質としてすごしました。
桶狭間の戦いの後，今川氏から独立し，信長と同盟を結ぶなど，
戦国大名として成長していきました。秀吉と戦い，和睦したこともあります。
やがて秀吉が天下を取ると，警戒されて，
当時まだ田舎だった江戸に領地を移されました。

・「鳴かぬなら 鳴くまで待とう ホトトギス」とは彼の気性を表す言葉です。
もちろん本人が言った言葉ではありません。じっくりと時がくるのを待った忍耐の人。
ドラマなどでは，腹黒い「タヌキおやじ」として描かれるのが定番のようですね。

・秀吉が世を去り，豊臣氏が以前のような存在感を失うと，ついに家康が動き出し，

[❷1600年]【❸関ヶ原の戦い】で【❹石田三成】をやぶりました。

「うわ～，ひろ～関ヶ原」。(「うわ～，ひろ～東インド会社 by イギリス」と同じ年)
関ヶ原の戦いは，天下分け目の合戦といわれます。家康は59歳(数え年)。ついにつかんだ天下です。
関ヶ原は，現在の岐阜県。東軍・西軍あわせて16万の軍勢が激突しました。
三成は豊臣氏の忠実な家臣で，太閤検地や刀狩をおこなった有能な人物でしたが，
小早川秀秋の裏切りが決定的となり，半日ほどで勝敗が決しました。

参考 石田方は大阪，徳川方は江戸をそれぞれ本拠地としていたため，西軍・東軍とよばれます。
三成はこのあと，とらえられて処刑されました。
「人の心計りがたし」。三成41歳(数え年)，最期の言葉といわれます。
石田三成を「光成」としたり，明智光秀と混同したりしないように。

・【❺1603年】**徳川家康は征夷大将軍に任ぜられ，江戸に幕府を開きました。**

「ヒーローおっさん家康将軍」から「一夜むなしい大政奉還」までの**約260年間**が江戸時代です。

2 徳川氏の支配の確立

・将軍の家臣のうち，将軍に直接会うことを許された(お目見え以上)家臣を**旗本**，
直接は会うことが許されない(お目見え以下)格下の家臣を**御家人**といいます。
また，**知行1万石以上**(領地が1万石以上)となると**大名**となります。
・幕府の直轄領(❻幕領)は400万石で，旗本と御家人の領地をあわせると全国の[❼約$\frac{1}{4}$]です。
そして，残りの$\frac{3}{4}$が団結して刃向かってこないように，支配体制を整えました。

参考 以前は幕府の直轄領を「天領」とよびましたが，最近は「幕領」とよぶことが多いようです。
江戸時代を題材にした小説などに「天領」とあったら，幕府の直轄領＝幕領のことだと考えよう。

・幕府と各地の大名(藩)が，全国の土地と人民を支配するためのしくみが[❽**幕藩体制**]です。

・徳川氏の一門の大名を【❾**親藩**】，
古くからの徳川家の家臣であった大名を【❿**譜代大名**】，
関ヶ原の戦いのころに家臣になった大名を【⓫**外様大名**】とそれぞれよびます。

親藩と譜代大名は，重要地や江戸の近くに配置しました。
外様大名は，江戸から遠くに配置しました。
家康の力が大きくなってから態度を決めたような相手は，ちょっと信用できない…ということです。

・親藩のうち，家康の子が分家した[⓬**紀伊・水戸・尾張**]**を御三家といいます。**(徳川御三家とも)

将軍家に後継者がいない場合は，将軍を出すことができる家柄とされました。
８代将軍の吉宗は紀伊(和歌山県)，15代の慶喜は水戸(茨城県)から出ています。
紀伊水戸尾張→紀伊水戸は尾張…「君とは終わりだ」と唱えてみましょう。

・下に，おなじみの政権の組織図を並べました。将軍の補佐役が，判別のポイントでしたね。
鎌倉幕府は執権，室町幕府は管領。そして江戸幕府は**老中**です。
・**緊急事態には臨時に大老がおかれました。**(ペリー来航のときなど)

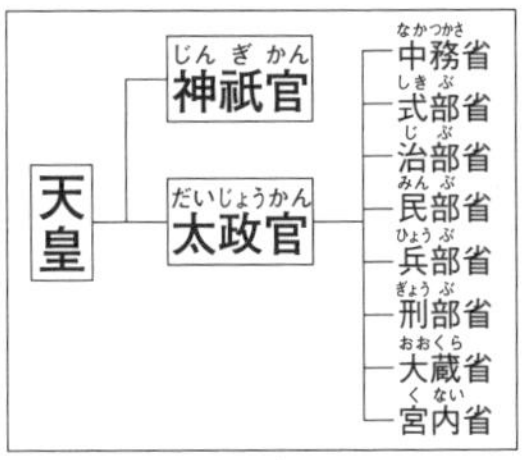

▲律令制

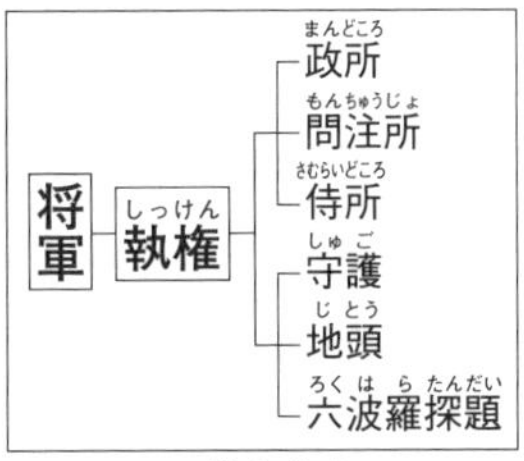

▲鎌倉幕府

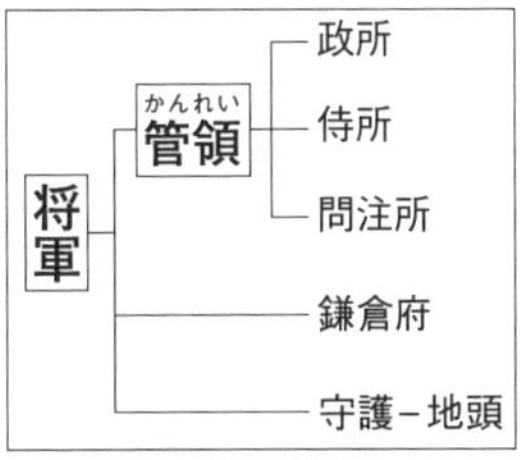

▲室町幕府

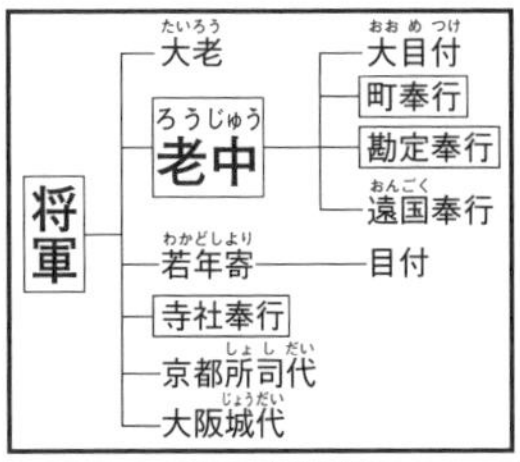

▲江戸幕府

・**三奉行といわれるのが勘定奉行，町奉行，寺社奉行です。**
勘定奉行は今の財務省にあたり，お金の管理をする部署です。
町奉行は都庁＋裁判所といったところ。
寺社奉行は老中の管轄ではなく，将軍の直轄になっていますね。
大目付は大名の監視，目付は旗本・御家人の監視をしました。
私立入試では，こまかいところも出題されることがあります。

・全国支配を確実にするため，大阪の豊臣氏は目ざわりな存在でした。
そこで家康は秀吉の子・豊臣秀頼に寺社の建設をすすめ，財力をへらそうとしました。
さらに，そのようにしてつくらせた寺の鐘に「国家安康　君臣豊楽」と刻まれていたということを理由として攻撃を開始しました。「国・家・安・康」と「家康」の文字を切り離して徳川を呪い，豊臣を君(主君)として繁栄しようとするものだというのです。
すごい口実ですが，理由は何でもよかったのでしょう。

・[⓭1615年]**家康は**【⓮**大阪の陣**】**で**【⓯**豊臣氏**】**を滅ぼしました。**

正確には，1614年の**大阪冬の陣**(大阪城の外堀をうめさせた)と，
1615年の**大阪夏の陣**(豊臣氏を滅ぼした)の２段階に分かれます。

・大阪の陣で因縁のライバルを滅ぼした家康は，

［⑯1615年］【⑰武家諸法度】を制定しました。✎［全国の大名を統制するため］です。

「広い御殿で，ご法度だ」。

このとき，家康はすでに将軍職をしりぞいていたので，２代将軍・徳川秀忠の名で発布されました。
もっとも，実権は家康がにぎっていました。（大御所とよばれました。家康はこの翌年に亡くなります）

大名は勝手に城や船をつくるな，大名家同士の勝手な結婚もダメといった内容です。

城は抵抗の手段となりますし，結婚によって同盟関係を結ばれては困るからです。
違反すれば，国替や改易（取りつぶし，つまり領地などの没収）といった厳しい処分がありました。
武家諸法度は将軍が代わるごとに発布されました。内容がガラッと変わるということはありません。
あらたに将軍となった者が，諸大名に下し与えるという形式が重要なのです。

・また天皇や公家，朝廷を統制するため，禁中並公家諸法度を制定しました。
禁中とは「天皇のおわすところ（住居）」という意味です。
公家や天皇は政治に関与せず，和歌などの文芸にはげむことをすすめています。

・［⑱1635年］【⑲参勤交代】を制度化しました。【⑳3代将軍 徳川家光】のときです。

大名に本国と江戸を１年ごとに往復させ，
妻子は人質として江戸に住まわせるというものです。
殿様は，１年は本国，次の１年は江戸に住む…
ということをくりかえします。
大名と家臣たちの旅費だけでも，大変な出費になりますよね。
しかも，妻子たちの江戸滞在費もかかるのです。

「疲労見事な参勤交代」。

参勤交代をおこなわせた結果，どうなったか？

✎【㉑**大名は出費のため，財力が弱まった。**】
　（**各藩は出費のため，経済的に苦しくなった。**）

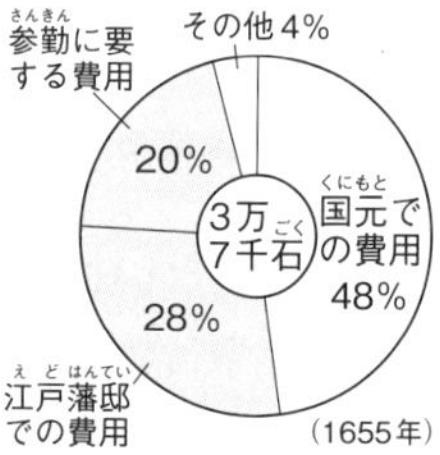

▲大名の出費（佐賀藩）

・一方で，交通が発達し五街道（→**p.94**）を中心に宿場町が栄えました。
また，江戸の町も大名屋敷の消費の恩恵をうけました。

史料 1635年の武家諸法度（３代将軍家光のとき，参勤交代を制度化。部分要約）

一．大名は国元と江戸を交代して居住することを定める。毎年四月に江戸に参勤すべし。
一．新たな城郭の建築は堅く禁止する。濠・石垣の破損のときは奉行所に届け指示を仰ぐこと。
一．大名ならびにその親類縁者は，私に（許可なく）婚姻を結ぶべからざること。
一．五百石積み以上の船，（建造）禁止のこと。

参考 参勤交代を制度化した理由として，「大名に出費をさせ，財力を弱らせるため（大名の財力を弱め，幕府に逆らえなくするため）」というのは適当ではありません。（それでも正解になることもありますが）
そもそも大名たちは命令されて参勤したというより，領国の支配を認めてもらうためや，
みずからの勢力を示すために大行列をなし，すすんで参勤したようです。
そこで，各藩の国力の低下を懸念した幕府は，領民の負担とならないように，
従者（お供）の数をへらすことなど，一定のルールを定めたのです。

3 江戸時代の社会

(1) 江戸時代の人口は**約3000万人**，**百姓**(農民など)が**約85%**，武士が約7％，
町人(商工業者)が約5％，その他は僧侶などです。(かつて「士農工商」といわれた身分です)

・また，これ以外に，**被差別民とされた「えた」「ひにん」**という身分がありました。
死んだ牛馬の解体や革細工，牢屋の番人などの役人の下働き，芸能などの仕事をしていましたが，
これらの人々は住居や職業，服装などが制限されるなど，差別をうけました。
幕末には岡山で，差別的なとりあつかいに対して，えた身分の人々が立ち上がり，
藩に嘆願書を受理させた渋染一揆(1856年)もおこりました。

(2) 自分の土地をもつ百姓を[㉒**本百姓**]，土地をもたない百姓を[㉓**水のみ百姓**]といいます。

水のみ百姓(水呑百姓)は地主から農地を借り，小作料を払う小作農のことです。
村には村方三役とよばれた村役人がおかれ，幕府や藩の命令の下，村の運営にあたりました。

・**村方三役は**[㉔**名主**](関西では**庄屋**)・[㉕**組頭**]・[㉖**百姓代**]**です**。(本百姓から選ばれた)

こんな語句が出てきたら江戸時代だとピンとくるようにしておきましょう。
なお，「みょうしゅ」と読む「名主」は平安時代の荘園の有力農民のことです。(→**p.36**)

(3) 百姓には，5戸を1組とする【㉗**五人組**】の制度がありました。
五人組は，[**年貢納入や犯罪の防止などの**[㉘**連帯責任**]**を負わせるもの。**](論述でも出る)

キリシタンや犯罪者をかくまった場合も同罪とされました。(漢字に注意。連体ではない)

(4) 百姓は年貢として，収穫した米の4割～5割ほどを納めました。
収穫量(石高)の半分(50%)が税の場合は**五公五民**，40%なら**四公六民**といいます。

(5) 百姓は土地の売買を禁止されたり(**田畑永代売買の禁令**)，
土地の分割相続が禁止され(**分地制限令**)，二男や三男は土地をもてませんでした。
分割相続は，農家の零細化(弱小化)につながるからです。(→**p.53**)
また，米以外の作物の栽培が制限されました(**田畑勝手作りの禁令**)。
権力者たちが，これほど百姓の生活や経済活動に干渉したのは，
[㉙**幕府や藩の財政は百姓の税に支えられていたから。**]

史料 百姓の心得(部分要約)(1830年に岩村藩(岐阜県)で示されたもの)

一．早起きをして，朝は草を刈り，昼は田畑の耕作にかかり，晩には縄をない俵を編み，
それぞれの仕事に気を抜かずにはげむこと。
一．百姓は，酒・茶を買って飲まないようにせよ。
一．百姓は雑穀を食べ，米を多く食いつぶさぬようにせよ。

・江戸時代後期の史料には「百姓は死なぬように，生きぬように(百姓は生かさず殺さず)」
「ゴマの油と百姓は，絞れば絞るほど出るものなり」というものもあります。
なお，このようなあつかいに対し，
百姓たちは一揆をおこして抵抗することもありました。
右は，一揆のときに百姓たちが署名した[㉚**傘連判状**]です。
円形に署名したのは，[㉛**一揆の中心人物**(首謀者，指導者)**がわからないようにするため。**]

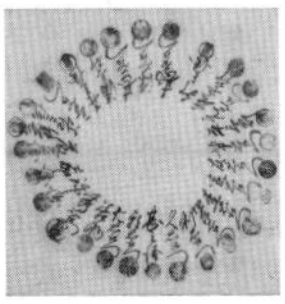
(生駒市教育委員会所蔵・写真提供)

39 「鎖国」への歩み

➡書き込み編 p.33

1 江戸時代初期の貿易

・安土桃山時代の後半から，江戸時代のはじめにかけて【❶朱印船貿易】がおこなわれました。

・幕府から海外渡航の許可証(❷朱印状)を与えられた商人たちが[❸東南アジア]にでかけました。

朱印状には，赤い印章(朱印)が押してありました。

・当時，海外に居住する日本人は約5000人もいて，

タイやベトナムなど東南アジア各地に[❹日本町]をつくりました。

シャム(現在のタイ)の**アユタヤ**を拠点に活躍した[❺山田長政]が知られています。

シャムの外交や国政に深くかかわるなど活躍しました。

・朱印船貿易の輸入品は【❻生糸】・砂糖など。輸出品は【❼銀】などでした。

前述しましたが，日本はこのころ，世界の銀産出量の$\frac{1}{3}$を生産していました。(→p.79)

ヨーロッパ経済にも大きな影響を与えた石見銀山遺跡(島根県)は，世界遺産になっています。

重要 江戸時代初期までの貿易のおさらいをしましょう。(→p.79)

平安末期は日宋貿易。室町時代は勘合貿易。安土桃山時代は南蛮貿易でしたね。

おまけ 1600年，オランダ船リーフデ号が大分に漂着しました。

乗員のウィリアム=アダムズ(イギリス人)は，人柄を家康に気に入られて幕府の外交顧問となり，

神奈川の三浦に土地を与えられ，日本名を三浦按針と名乗りました。

同じく乗員のヤン=ヨーステン(オランダ人)は，のちに貿易に従事しました。

日本名を耶揚子といい，その屋敷が近くにあったことから，八重洲という地名が残っています。

今の東京駅八重洲口のあたりです。

2 キリスト教の禁止と「鎖国」の完成

・家康は，1612年に直轄領，翌1613年には全国に，キリスト教禁止令を出しました。

禁教令ともいいます。1587年の秀吉の**バテレン追放令**と区別しましょう。

はげしいキリシタン狩りがおこなわれ，信仰をすてなかったために国外追放された者や

火あぶりにされた者もいました。なお，信仰のために命を落とした者を殉教者といいます。

・幕府がキリスト教を禁止した理由として，次のようなことがあげられます。(論述にも出ます)

①神の前に人類は平等という考えが，将軍や大名といった封建的支配者の存在と矛盾すること。
②信者が団結して抵抗勢力となることを警戒したこと。
③カトリックの国(イエズス会)による領土的野心を警戒したこと。

イエズス会は布教をすすめるとともに，

日本を植民地にしようとしていると考えたのです。

実際，ラテンアメリカ諸国はそうなりましたね。

・キリシタンかどうかを見分けるために【❽絵踏】をさせました。
ちなみに「踏絵」は踏ませるためのイエスの銅版画などのこと，
「絵踏」はそれらを踏ませる行為をいいます。
記録にある最初の絵踏は，1620年代に長崎でおこなわれました。

・**【❾1637年】，九州で【❿島原・天草一揆】がおこりました。**
リーダーは天草四郎。島原は長崎県，天草は熊本県です。

「**一路みんなで島原へ**」。島原の乱ともいいます。
また，天草四郎時貞とも益田時貞ともよびます。（益田四郎時貞が本名）
当時，15歳くらいの少年でした。
九州はキリシタンが多い地方です。藩主の圧政に耐えかねた4万人近いキリシタンらが蜂起し，
城に立てこもって抵抗を続けましたが，幕府軍12万にかこまれ，ついに陥落しました。
鎮圧後，見せしめのために，城外に1万数千人の首がさらされたと伝えられています。

・［⓫**寺請制度**］は，すべての人をどこかの寺に所属させ，キリシタンでないことを証明させるもの。
人々は［⓬**宗門改帳**］に記録され，出生や死亡，結婚や旅行といった届出をしなければならず，
寺を通して管理されることになりました。寺は幕府支配の一端を担うことになったのです。
しかし，寺は収入が安定することになるので，喜んで協力したそうです。
・現在でも多くの日本人は，仏教徒でないとしても仏式のお葬式を出しますよね。
現代に通じる「葬式仏教」が，このころ始まったといえるでしょう。

・**1635年，日本人の海外渡航と帰国を全面的に禁止しました。**さらに，

【⓭1639年】【⓮ポルトガル船の来航を禁止】。【⓯3代将軍 徳川家光】のときです。

「**広さ比べて他へ行け**」。
1641年，［⓰**平戸**］にあった［⓱**オランダ商館**］を，長崎に移しました。
・これらにより，いわゆる「**鎖国**」**が完成**したといえますが，
完全にシャットアウト，というわけではありません。
多くの一般人にとっては「鎖国」となりましたが，例外もありました。

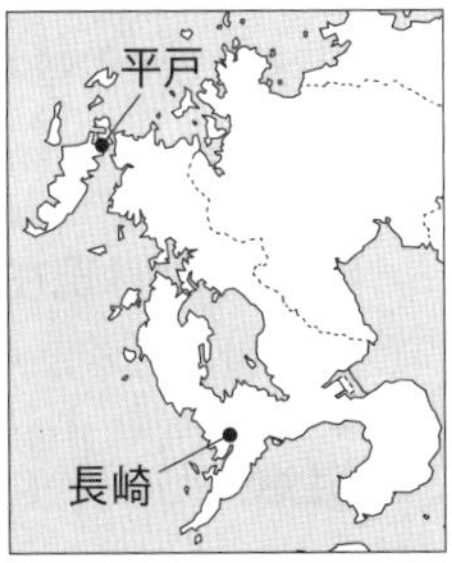

3 「鎖国」の例外（4つの窓口：長崎・対馬・薩摩・松前）

【⓲オランダ】は長崎の［⓳出島］にかぎり通商を認めました。

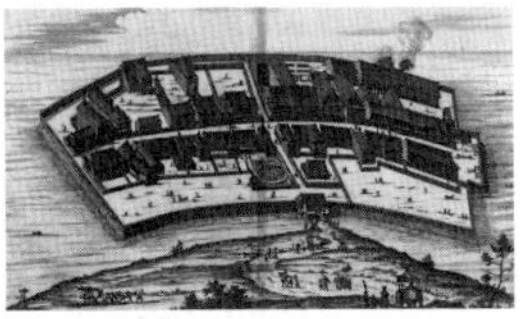

出島の絵は真上からの図やななめからの図もあり，ともによく出ます。
・なぜ，スペインやポルトガルはダメで，オランダはよかったのか？
それは，プロテスタントの国だったため，［⓴**キリスト教の布教をしなかったから。**］
カトリック諸国の領土的野心は警戒しましたが，プロテスタントは違うと考えたのです。
・オランダ船は来航のたびに，
［㉑**オランダ風説書**］とよばれる世界のようすをレポートしたものを幕府に提出しました。
国のトップシークレットとされ，幕府は貴重な海外情報を独占することができました。

・中国の【㉒清】とも貿易がおこなわれていました。

厳密にいえば清の中国統一は1644年なので，江戸時代初期には明と貿易していたことになります。でも，そのことは気にしないでおきましょう。勘合貿易のように皇帝への朝貢形式の貿易ではなく，商人との貿易でしたから，王朝が明から清になったといっても大差はなかったのです。
「江戸時代の中国といえば清」でおさえておきましょう。
また，中国人はキリスト教と関係がないので隔離する必要はなかったのですが，
長崎に唐人屋敷とよばれる中国人居住地区(中国人街)をつくって住まわせました。

・**朝鮮との交流を仲介したのは［㉓対馬藩］の［㉔宗氏］です。**

室町時代から宗氏ですね。秀吉の朝鮮出兵によって断絶していた国交も回復しました。

・**朝鮮からは，将軍の代替わりごとに【㉕朝鮮通信使】が派遣されてきました。**

絵をみてください。帽子の形が特徴的ですね。
約300 ～ 500人の団体が，計12回来日しました。
旅費は幕府が負担し，歓迎しました。
(外交や使節の案内をした，
対馬藩の雨森芳洲が載っている教科書もあります)

・**琉球王国**は，［㉖薩摩藩］(島津氏)**に支配されました。**(1609年～)

薩

また，清の支配もうけており，朝貢をおこなっていました。
琉球は日本と中国の間に位置しており，中継貿易をおこないました。
・琉球から幕府に対して，将軍の代替わりごとに祝いの使節である**慶賀使**，
琉球国王が代替わりするごとに感謝の使節である**謝恩使**が派遣されました。

・**蝦夷地は現在の北海道です。えぞち**と読みます。
13世紀ころから和人(本土の人)が進出し，**江戸時代に南部に［㉗松前藩］がおかれました。**

注意 平安時代に坂上田村麻呂が平定したのは，東北地方の蝦夷(えみし)です。(→**p.34**)

・今でこそ米の生産量1位を新潟と競う北海道ですが，
当時はまだ米の品種改良もすすんでおらず，北海道の気候では稲作ができませんでした。
米のとれない松前藩のおもな収入源は，先住民［㉘アイヌ］(アイヌ民族，アイヌの人々)との交易でした。
しかし，松前藩が悪質な取引をしたので，

【㉙1669年】【㉚シャクシャインの戦い】がおこりました。

「**ヒーローむくわれずシャクシャイン**」。
リーダーのシャクシャインはやぶれ，アイヌはその後，さらにひどいあつかいをうけました。

重要 **幕府が「鎖国」政策をとった理由は？**
【㉛(幕府が)海外との貿易や情報を独占し，また，キリスト教の禁止を徹底するため。】

40 ▶ 江戸時代初期の文化

➡書き込み編 p.34

・**中学校では，元禄文化に含めることもあります。**（ここでは元禄と区別して「初期」とします）

世界遺産の「日光の社寺」，そのメインが【❶日光東照宮（ 栃木県 ）】です。

徳川家光が完成させました。
「見ざる，聞かざる，言わざる」の猿や，眠り猫の彫刻も有名です。
東照宮は徳川家康を神（東照大権現）としてまつり，
西の天皇に対して，東の幕府（将軍）の権威を高めようとしました。

▲東照宮の陽明門

・【❷**風神雷神図屏風**】は，［❸**俵屋宗達**］の代表作です。

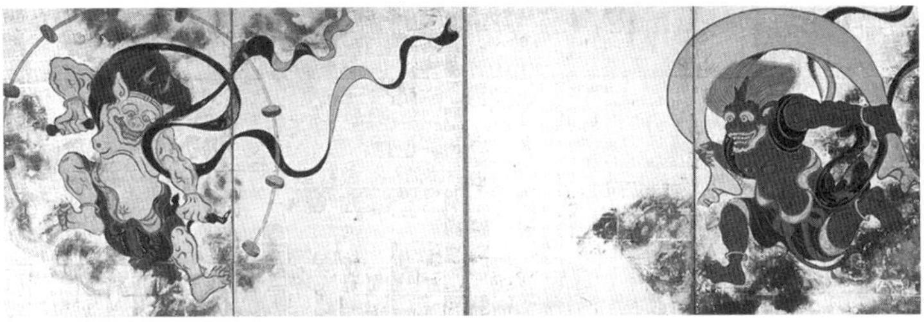

41 ▶ 産業の発達

➡書き込み編 p.34~35

1 農業

幕府や各藩は［❶新田開発］をすすめました。ねらいは，［❷年貢の増収を図るため。］

これによって，秀吉の時代に比べて，全国の耕地面積は約２倍になりました。
・また，新しい農具が発明されました。これは絵もしっかりみておきましょう。

【 ア＝**備中ぐわ** 】**は深く耕すことができる鍬です。**
【 イ＝**千歯こき** 】**は脱穀機。**
［ ウ＝千石どおし ］は，もみと玄米をふるい分けて選別する道具。
［ エ＝唐箕 ］は，風圧でゴミやもみ殻を飛ばす道具です。

［❸**商品作物**］**の栽培もさかんになりました。**

阿波（徳島県）の藍や，最上（山形県）の紅花といったものです。現金収入をもたらしました。
・さらに，今までなかった新しい肥料も使われはじめました。
牛馬糞や人糞といった自給自足の肥料ではなく，お金を出して買うので**金肥**といいます。

・［❹**干鰯**］は「ほしか」と読みます。干した鰯です。魚を畑にまきました。

千葉の九十九里浜でとれたイワシが有名です。
干鰯は，**綿花栽培**に有効な速効性の肥料です。**三河（愛知県）などが木綿の産地として有名です。**
・油かす（油粕）は，菜種や綿実から燃料や食用の油をしぼったあとの残りカスです。

2 都市・交通

(1) **大阪は，各藩の蔵屋敷が並び，「天下の台所」とよばれました。**

蔵屋敷は，各藩が年貢米を換金するために大阪に運んだ米を保管する施設です。

税(年貢)として集めた米を売り，現金に換えるのです。

でも，いっぺんにまとめて売ったら，(米が余って)価格が下がってしまいますよね。

そこで，蔵屋敷に保管しておいて，米相場をみながら，ちょっとずつ売るのです。

・「なぜ，大阪は天下の台所といわれたか？」(論述によく出る)

「食物が集まる」「蔵屋敷が並ぶ」ということより「商業の中心地」を前面に出して

【❺(大阪は，)**各藩の蔵屋敷が並び**，(さまざまな物資が取引される)**商業の中心地だったから。**】

・**江戸は幕府があり「将軍様のお膝元」とよばれた【❻政治】の中心でした。**

江戸の人口は100万人以上で，世界的にも大都市でした。(江戸・大阪・京都をあわせて三都という)

(2) 【❼**五街道**】：江戸を起点とする幹線道路。(**東海道**・**中山道**・奥州街道・甲州街道・日光街道)

中山道は「**なかせんどう**」と読みます。

・東海道と中山道は大事です。地図をみておきましょう。

東海道新幹線のルートが東海道，山の中を通る中山道。

覚えにくいですが…「奥東中日甲」なんてどうですか。

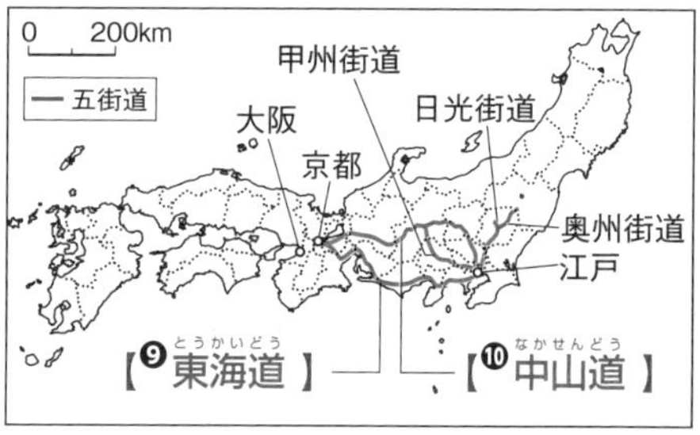

参考 また，各街道には関所が設置されました。

江戸時代以前から関所はありましたが，

目的が違います。以前は大名などが通行料金をとる，

早い話が金もうけのためでしたが，江戸時代の関所は「**入鉄砲に出女**」の取りしまりが目的です。

鉄砲を江戸に入れないためと，人質として江戸にいる大名の妻子が逃げないようにするためです。

(3) [❽**飛脚**]は今でいう郵便業です。

大名飛脚や町飛脚がありました。江戸～大阪間を3日ほどで走ったそうです。

飛脚のおかげで，商人はいち早い米相場の情報をつかむこともできました。

(4) 海上交通です。

樽

・大阪と江戸を結ぶ[**菱垣廻船・樽廻船**]。

前者は荷物が落ちないように，

菱形の手すりがついていました。

後者はおもに，しょう油や酒などの樽を運びました。

・米どころ東北・北陸地方から，

日本海側を関門海峡から瀬戸内海を通って

大阪にいたるのが**西廻り航路**，

太平洋側を通って江戸にいたるのが**東廻り航路**です。

西か東で考えればわかりますね。

蝦夷地(松前)と大阪を結ぶ**北前船**もありました。

3 商業

・**商工業者の同業者組合は【⑭株仲間】です。**

鎌倉・室町時代の座と同じようなものです。(→p.64)
株仲間は，幕府や藩から営業の独占権を与えられた商人で，利益を守るために手を結び，経済界を支配するほど力をもっていました。

・卸売業者を［⑮問屋］といいます。問(問丸)から発達し，その多くが株仲間を結成しました。

なお，卸売りとは「生産者から大量の商品を仕入れ，小売商(一般のお店)に売ること」です。

・［⑯両替商］は今でいう銀行です。

小判や銭貨は金額が決まっていましたが，銀は重さで取引されていました。
この交換を仲介し，預金や貸付，送金業務もおこないました。
たとえば，大阪のA氏が江戸のB氏に100両払うと書いた証書(手形という)を発行し，これを江戸の両替商にもって行けば，現金と交換してくれます。便利だし安全ですね。
手形は会社同士の支払いの手段などとして，現在もおこなわれています。

おまけ 小判1両ってどのくらい？　そば代金をもとに比較すると今の12 ~ 13万円くらいだとか。
ちなみに1両は4000文。かけそば1杯・16文(400 ~ 500円)を小判で支払うと…お釣りが大変！

4 工業

・江戸時代中期には［⑰問屋制家内工業］が発達しました。

問屋商人が，機械と原料を貸し出して内職をさせ，できた製品を買い取るというものです。

おまけ 「鶴の恩返し」という昔話を知っていますか？
決してみないでくださいと言って機を織る娘は，実はおじいさんが助けた鶴だった…
という話ですが，なぜ貧しい老夫婦の家に機織機があったのか？
問屋制家内工業の時代の話だとすれば，つじつまが合いますね。

・江戸時代後期になると［⑱工場制手工業］(マニュファクチュア)へと発展します。

近隣の農村から工場に労働者を集め，絹や綿，酒やしょう油の生産をおこなうものです。
灘(兵庫県)の酒，野田(千葉県)のしょう油などが有名です。

・さらに，明治時代になると，［ **工場制機械工業** ］へと発展します。(富岡製糸場→p.128)

参考 **越後屋**

江戸時代はじめ，**三井高利**が江戸にオープンした呉服屋です。
「**現金掛け値なし**」という新商法で大繁盛し，両替商も兼業しました。
井原西鶴の『日本永代蔵』にも，そのようすが記されています。
明治時代以降は三井財閥に成長し，現在の三越百貨店につながります。

5 江戸時代の鉱山

・金山【⑲佐渡】：新潟県。佐渡相川とも。　銀山【⑳石見】：島根県。**世界遺産**。
銅山【㉑足尾】：栃木県。明治初期に公害。　銅山［㉒別子］：愛媛県。住友財閥の基盤となる。
そのほか，［ 伊豆 ］(静岡県，金)，［ 生野 ］(兵庫県，銀)，［ 釜石 ］(岩手県，鉄)など。

42 ▸ 元禄文化 ——江戸時代前期の文化

➡書き込み編 p.35

・【❶元禄文化】：江戸時代前期［❷5代将軍 徳川綱吉］のころの【❸上方】を中心とする町人文化。

上方とは京都や大阪のこと。「天皇のおわす方」を上とする考え方からそうよばれました。

禄（録や「礻」の禄は×）

(1) 人気作家が登場しました。次の３人は，ジャンルと作品もセットで覚えましょう。

【❹松尾芭蕉】は俳諧を芸術の域にまで高めました。
『奥の細道』は国語でも出てきますね。東北地方を旅したときの紀行句集です。

俳諧は連歌の上の句が独立したもので，17文字からなり，世界最短の詩ともいわれます。
日本語は，七五調で発音するとリズムがよく，とても美しく聞こえます。
童謡や演歌の多くは七五調です。（もしもしカメよ♪を指で数えながら歌ってみましょう）

【❺井原西鶴】は浮世草子とよばれた小説の代表的作家です。

室町時代の御伽草子の流れをくみ(→**p.67**)，武士や庶民の生活を題材にした大人向けの小説です。
浮世とは「今の世の中の」「今どきの」という感じです。はかない人の世というニュアンスも。
代表作『**好色一代男**』は，並はずれた女好きの男が遊びに遊ぶお話，
『**日本永代蔵**』は，ビジネスに成功した商人たちのサクセスストーリーです。

【❻近松門左衛門】は人形浄瑠璃の脚本家です。

人形浄瑠璃とは，三味線と語りにあわせて演じる人形劇です。現在は文楽ともいいます。
黒子とよばれる黒装束の人形使いが演じます。
人形劇といっても，義理と人情に悩む人々の人生模様を描く，大人の芸術です。
代表作『**曾根崎心中**』は，結婚を反対された若い恋人同士がかけ落ちの末，
「せめて，あの世で結ばれましょう」と心中してしまうお話です。大人向けの話でしょう？

・松尾・井原・近松…まとめて「松井の近く」

(2) **東大寺大仏殿**は，戦国時代にふたたび焼失しましたが，綱吉の時代に再建されました。（大仏→**p.29**）
現在あるものです。創建当時よりも小さくなりましたが，それでも世界最大級の木造建築物です。

(3) **歌舞伎**は舞台演劇です。庶民の娯楽として，とても人気がありました。
市川団十郎，坂田藤十郎といった名役者が出ました。（現在に続く歌舞伎界の名門ですね）

(4) 「❼見返り美人図」の作者は【❽菱川師宣】です。

前を歩いている女性がふとふりかえる一瞬を，切り取るように描いたものです。
こういった絵を**浮世絵**といいます。当時は芸術作品というよりも，流行のグラビアといった感じです。
美人画，風景画などいろいろなジャンルがあります。**浮世絵の全盛期は化政文化です。**（→**p.110**）

(5) 屏風や襖に描いた絵を障壁画（装飾画）といいます。
「**燕子花図屏風**」を描いたのが［❾尾形光琳］です。「紅白梅図屏風」もそうです。
燕子花図屏風は，樋口一葉の五千円札にみることができます。

参考 現在の地名は「大阪府」「大阪市」ですが，江戸時代までは「大坂」と書きました。
明治のはじめに表記が変わったのは，「坂」の字が「武“士”の“反”乱」や「土に反る」に通じ，縁起が悪いという理由だったともいわれます。ですから，豊臣秀吉が建てた城は，中学の教科書では「大阪城」と書きますが，高校では「大坂城」と書かなければなりません。
まれに，高校入試問題で「大坂」が使われていることもあります。

おまけ 「くだらない」話です。現在は東京駅を出発する電車を「下り線」といいますね。
上り下りというのは「天皇がおわすところ」を上とする考え方で，天皇が京都に住んでいたころは，京都方面が上でした。戦国武将などが「京に上る」と言いますね。(ドラマなどで)
「上方」を中心とした元禄文化は…の上方も同じ意味で，関西のことです。
天下の台所・大阪から大消費地・江戸へ荷物を運ぶのですが，売れない二級品は運びません。
わざわざ船に載せて下っていかない品物＝下らない品物＝くだらないもの，ということです。
以上，商品流通にまつわる「くだらない話」でした。
京都・大阪が「上方」とよばれたことは覚えておきましょう。

年代暗記表について

⇨書き込み編 *p.60*

・**歴史は「流れをつかむ」ことが大切だといわれます。**
「御成敗式目制定」「六波羅探題設置」「永仁の徳政令」「承久の乱」「元寇」
これを古い順に並べる場合などは，流れをおさえなければなりません。(→**p.49～53**)
でも，流れをつかんで解ける問題ばかりではありません。
世界のできごとと同じころの日本のできごとを選ぶ問題や，
「日韓基本条約」「日ソ共同宣言」「日中共同声明」の並べ替えなどもそうです。(→**p.171**)
こんなとき，「よく年表をみておくこと」と言われたことはありませんか？
確かに，年表が頭に入っていればできますからね。
結局，流れが大事といっても「年表を覚える」ことで「流れをつかむ」ことになっています。

・「でも先生，テストに年代は出ませんよ」という声もよく聞きます。
そうですね。ズバリ何年のできごとか？　という問題はあまり出ません。(たまには出ますけど)
それでも，年代を覚えるのです。かなり苦労します。日本編だけでも早い人で３時間かかります。
それでも，覚えた人は「もっと早く覚えたらよかった」といいます。
「問題にヒントがいっぱいあったよ」ともいいます。
でも，それはちょっと違います。以前から，問題用紙にはヒントがいっぱいあったはずです。
あなたが，今まで気づかなかっただけです。
まだその気になれないなら，年号暗記表だけをみながら，模試でも過去問でも解いてごらん。
「みていいならできて当たり前だ」と思うなら，覚えればみなくてもできるということです。

・そういえば，宿題を出していましたね。(→**p.58**)

ロックが『市民政府二論』を著したころ，日本で著された作品はどれ？ →『源氏物語』『平家物語』『奥の細道』『南総里見八犬伝』

ロックはイギリスで名誉革命を応援した人です。(→**p.114**)
名誉革命は1688年，日本で近いできごとといえば，1687年の生類憐みの令。
犬将軍綱吉，綱吉といえば元禄文化。元禄文化といえば松尾・井原・近松…
答えは『奥の細道』(松尾芭蕉)です。
さあ，「年代暗記表」を丸暗記しましょう。

43 ▸ 江戸三大改革

➡書き込み編 p.36~37

・江戸三大改革とは，
「徳川吉宗・享保の改革」「松平定信・寛政の改革」「水野忠邦・天保の改革」です。
「吉宗享保・松平寛政・水野が天保」「吉宗享保・松平寛政・水野が天保」…
「よし今日，待つか，みて」「よし今日，待つか，みて」…と唱えてみましょう。

・年代はそれぞれ「**色・花・よい**」と覚える。(1716年・1787年・1841年にそれぞれ開始)
改革－人物－年代の３点をセットでテンポよくおさえましょう。

・ここでは，その前後の政治がどうだったのかについても一緒にみていきましょう。

綱吉の時代 ⇨ 正徳の治 ⇨ 享保の改革 ⇨ 田沼時代 ⇨ 寛政の改革 ⇨ 大御所時代 ⇨ 天保の改革

1 犬将軍の政治

・【❶5代将軍 **徳川綱吉**】は犬将軍(犬公方)といわれました。
綱吉の在職期間(1680 ~ 1709年)が【❷**元禄文化**】のころになります。

綱吉のおかげで元禄文化が花開いたのではありませんが，「**綱吉のころが元禄時代**」です。

・**徳川綱吉は**[❸ 1687年]【❹**生類憐みの令**】を出しました。
同じころのできごとは，イギリスの[❺**名誉革命**]です。(1688年)

「**犬でもそんなの拾わない**」。何度か動物愛護の命令を出しましたが，この年のものが本格的です。

史料 生類憐みの令

> 犬ばかりに限らず，惣じて生類人々慈悲の心を本といたし，憐み候儀肝要の事。

・とりわけ犬を大切にさせたのは，綱吉がいぬ年生まれだったためです。
跡継ぎ(息子)ができず悩んでいた綱吉に，僧や母がすすめたからといわれています。
荷車で犬をひかないように注意しろ，犬のケンカはケガをさせぬよう水をかけて止めよ…
とエスカレートしていき，とうとう犬を殺したものを流刑や死刑にするようになりました。
また野良犬を保護する施設をつくり，その費用を江戸の庶民に負担させました。

参考 生類憐みの令は，史上まれにみる悪法といわれています。(しかも，結局跡継ぎは生まれませんでした)
でも，次のような見方もあります。
以前の幕府は，武力を背景に大名をおさえ，
武家諸法度違反を理由に大名家を取りつぶしたりしました。
こういった政治を**武断政治**といいます。
しかし，綱吉のころになると幕府が安定し，反感をまねくようになりました。
大規模な浪人の反乱もおこったのです。
そこで，思想や学問をすすめ，慈悲の心や儒教精神を興隆させようとしたというのです。
こういった政治を**文治政治**といい，生類憐みの令もその一環ということができます。

・綱吉は**湯島聖堂**を建て，朱子学を保護しました。
朱子学は儒教(儒学)の一派で，上下の秩序を重視するものです。(くわしくは→**p.106**)
封建的身分秩序を重視する幕府は，これをさかんにさせようとしたのです。

・幕府は，綱吉の寺社の建立の出費や，
明暦の大火(江戸市街地の55%が焼失した大火事)の復興のため財政難におちいっていました。
このピンチを乗り切るために，幕府は貨幣改鋳をおこないました。
小判は金貨の一種ですが純金ではなく，金の割合が80%ほどでした。そこで，

[❻金]**の含有量をへらした**[❼元禄小判]**を発行しました。**(金の割合を約60%にした)

通貨発行量(小判の枚数)をふやすことで財政難を乗り切ろうとしたのです。
しかし，小判の価値が下がり，インフレになってしまいました。
インフレ(インフレーション)とは，
お金の価値が下がり続けることで，物価が上がり続ける現象です。(公民で出てきます)
そのため庶民生活は苦しくなり，不満が高まりました。

2 正徳の治

・【❽新井白石 】**の政治を「正徳の治」といいます。**(1709 ~ 16年)

6代・7代将軍の家庭教師をした学者さんです。将軍に信頼されて政治をおこない，
綱吉の失敗を何とかしようとしました。

・貨幣の質をもとに戻した正徳小判を発行し，インフレをおさえました。
　また，生類憐みの令を廃止しました。
・朝鮮通信使の待遇を簡素化して，財政支出を削減しました。
・長崎貿易を制限して，金銀の海外流出をふせぎました。

・また，学者として『西洋紀聞』『読史余論』を著しました。
『西洋紀聞』は，密航してきたイタリア人宣教師(シドッチ)から得た西洋の地理などを
記録したものです。貴重な海外情報でしたので，極秘文書あつかいされました。
『読史余論』は，将軍の歴史の教科書として書かれたものです。

3 江戸三大改革(その１)

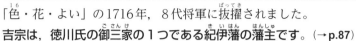

・【⑨享保の改革】は【⑩8代将軍 徳川吉宗】です。(1716～45年)

「色・花・よい」の1716年，８代将軍に抜擢されました。

吉宗は，徳川氏の御三家の１つである紀伊藩の藩主です。(→p.87)

・吉宗は財政再建をおこない，とくに米価の安定に努力したため
「米将軍(米公方)」とよばれました。
時代劇『暴れん坊将軍』のモデルですが，テストで暴れん坊将軍と書いてはダメですよ。(^_^)

・**「倹約令」を出して武芸を奨励し，質素・倹約をすすめました。**

・**吉宗は人々の声を聞くために【⑪目安箱】を設置しました。**

その投書から**町火消**や**小石川養生所**が設置されました。
町火消は消防団，小石川養生所は庶民のための医療機関です。
江戸は火事が多く「火事とケンカは江戸の華」といわれていました。
電気がなく明かりはロウソクや行燈などの直火，家は木造で密集していましたからね。
ちなみに当時は火に水をかけるのではなく，隣の家をこわして，これ以上
火事が広がらないようにするといった消火方法でした。消防署の地図記号は，
このときに使われた道具(さすまた)をデザイン化したものです。

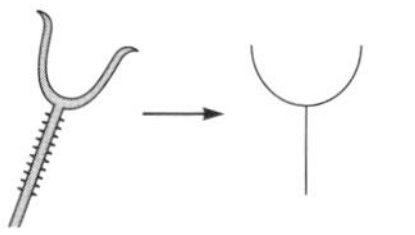

・吉宗は，財政難を乗り切るための政策を実施しました。

・[⑫上げ米の制]**を定め，財政の立て直しを図りました。**(上米の制とも)
全国の大名に対して，参勤交代の江戸滞在期間を半年に短縮するかわりに，
１万石につき米100石(石高の１%)を幕府に納めさせたものです。

・[⑬足高の制]**を定め，人材登用と経費の削減を図りました。**
役職についている間だけ給料を上げ(禄高を足し)，やめたら元に戻すというものです。
当時は，仕事内容に応じて禄高が決められたのではなく，禄高に応じて仕事が決められていました。
これでは能力があっても禄高が少ないと，奉行などの要職に採用することができません。
そこで，その仕事をしている期間だけ，給料を高くしたのです。
基本給にプラスして支払われる，今でいう店長手当といった役職手当のようなものです。

・**検見法を定免法に改め，税収の安定化を図りました。**
検見法とは，「今年は豊作だから多めに」といったように年によって年貢の税率を変える方法です。
定免法は逆に，常に税率を一定にしておくものです。
定免法を採用することにより，毎年同じだけの税収を得られるようにしたのです。

・このような改革により，
年貢収入が江戸時代の最高額を記録し，幕府財政を黒字にするなどの成果をあげました。

・足高の制で大岡忠相を町奉行に採用し，また，

【⑭公事方御定書】(くじかたおさだめがき)という刑罰の法を制定しました。

・「悪いことをすれば罰します」というだけでは，犯罪抑止は期待できません。
そこで，具体的にどういうことをすれば，どのような罰に処されるのかを示したのです。

史料 公事方御定書（部分要約）

> 一．人を殺し，ぬすみをはたらいた者は，引き回しの上，獄門①
> 一．金十両以上のぬすみは，死罪　金十両以下は，入墨・たたき
> 一．主人を殺した者は，二日さらし，一日引き回し，のこぎり引きの上，磔
> 一．親を殺した者は，引き回しの上，磔
>
> ①獄門＝さらし首

・**吉宗は，キリスト教に関係のない，漢訳されたヨーロッパの書物**（漢訳洋書）**の輸入を許可しました。**
これが，【⑮ **蘭学**】の発展へとつながっていきます。（→p.107）

4 田沼時代

・【⑯ **田沼意次**】は［⑰ 1772年］に老中となり，政治をおこないました。

「柔軟な日本をつくる田沼さん」。
これ自体が重要年号ではありませんが，1776年【⑱ アメリカ独立宣言】に近いので要注意。
また『解体新書』が完成した年「メスにぎる，杉田と前野に非難なし」もこのころです。（→p.107）

・田沼意次は【⑲ **株仲間の積極的公認**】をおこないました。

商人たちに独占的な営業権を与えるかわりに，株仲間から税を徴収しました。
・また，商人の財力を利用して，印旛沼・手賀沼（千葉県）の干拓や，
蝦夷地の調査と開拓計画をすすめました。

・**長崎貿易の制限を緩和し，俵物の輸出を奨励して，金銀の輸入を図ろうとしました。**
（俵物とはアワビやフカヒレなど海産物の干物で，中華料理の素材として珍重されました）

・しかし，田沼に権力が集中し，ワイロを贈る風潮が高まったこともあり，
田沼は「ワイロ政治家」と非難されました。

参考 田沼意次は，長い間「おぬしも悪よのう」の悪徳政治家の典型とされてきましたが，
商人という新勢力とのつながりを重視したために，旧勢力が反発したという見方もあります。
また，家柄が高くないにもかかわらず，能力を認められて異例の出世を遂げたため，
ねたみをうけたという面も指摘されています。

・1782～87年【⑳ **天明の大飢饉**】がおこりました。

「人悩みます天明飢饉」。浅間山の噴火の年が，1783年です。
全国的な日照りや長雨が続き，さらに浅間山が噴火，農業に壊滅的な打撃を与えました。
各地で一揆や打ちこわしが多発し，各藩の餓死者は数十万単位と記録されています。
このような中，田沼意次は，10代将軍家治の死にともなって失脚しました。

重要 **農村でおこるのが【㉑ 一揆】**（百姓一揆），**都市でおこるのが【㉒ 打ちこわし】です。**

5 江戸三大改革（その２）

・天明の大飢饉で社会が混乱するという大変な時期に，

【㉓寛政の改革】をおこなったのが，老中の【㉔松平定信】です。（1787 ~ 93年）

「色・花・よい」の「花」で，1789年の【㉕フランス革命】と同じ時期です。（→p.115）

・松平定信は，徳川吉宗の孫です。
とても聡明で，次期将軍の候補とも考えられていましたが，田沼意次によって
養子に出されたため，田沼を個人的に恨んでいたともいわれます。（異説もある）

・福島県の白河藩主となっていた定信は，
天明の大飢饉のときにも，藩内に１人の餓死者も出さなかったといわれます。
その力量を認められ，11代将軍・徳川家斉の老中となりました。

・［ **倹約令** ］**を出して，大名，武士，庶民にまで質素倹約を指示しました。**
さすがは吉宗の孫ですね。みずからも，ぜいたくはしなかったようです。

・［ **旧里帰農令** ］**を出して，土地をすてて都市に流れこんできた農民を田舎に帰らせました。**
税収の基盤となる農村を復興させるためです。旅費や農具代を援助したそうです。

・また，人足寄場とよばれる施設で，仕事の紹介や職業訓練をおこないました。
仕事もないしお金もないという状況から，犯罪に走る人が多かったからです。
犯罪者を処罰するだけではなく，犯罪に走らせないようにする政策をとったのです。

・［㉖囲い米］**は飢饉に備えて大名に米を蓄えさせたものです。**

【㉗旗本・御家人の借金を帳消し】にさせる**棄捐令**を出しました。
６年以上前の借金は帳消し，６年以内のものは低金利にさせました。
いつかも同じような法令がありましたね。覚えていますか？（→p.53）
鎌倉時代の永仁の徳政令と違って，幕府は**札差**（金を貸していた商人）も救済しました。

棄捐

・［ **寛政異学の禁** ］によって【㉘朱子学】を奨励しました。

朱子学と**異**なる**学**問は，幕府の施設で教えることを**禁**止するというものです。
朱子学は儒学（儒教）の一派で，上下の秩序を重視するものです。
封建的身分秩序を重視する幕府はこれを正学とし，役人採用試験の科目にもしました。

・寛政の改革に関して，次のような狂歌が残っています。

史料 寛政の改革を風刺する狂歌

白河の　清きに魚の　住みかねて　もとの濁りの　田沼恋しき

「白河の　清き流れに　魚すまず　にごる田沼の　水ぞ恋しき」などの別バージョンもある。

・白河は白河藩主。松平定信はマジメすぎてやりにくいよ，前の田沼時代の方がよかったなあ，
という意味です。田沼→松平の順をおさえておくこと。

・松平定信の改革は厳しすぎて反感をかい，あまり成果をあげることはできませんでした。

6 大御所時代

・11代将軍徳川家斉の時代を，大御所時代といいます。
政治的には安定していた時期で，【㉙化政文化】が花開きました。

参考 大御所とは，前の将軍のことです。江戸幕府を開いた徳川家康も，こうよばれていました。
家康は，2代目の秀忠に位を譲ったあとも，大御所として政治にかかわっていました。
家斉も，1837年に将軍職をしりぞいたあと，4年後に亡くなるまで実権をにぎっていたのです。
そのため，家斉が将軍であったころも含めて，その治世を「大御所時代」とよびます。

・このころ，ロシアの**ラクスマン**(ラックスマン)が根室へ来航して通商を求める(1792年)，
イギリス船フェートン号が長崎港に乱入して燃料や食料を略奪する(1808年)など，
諸外国が日本に接近してきました。(「異な国来たよラクスマン」「いばればフェートン追い払え」)

・「鎖国」政策を続けようとする幕府は，

[㉚1825年]【㉛異国船打払令】を出しました。(「外国船打ち払い令」とも)

「**永遠(とわ)に来ぬよう打ち払え**」＝大砲を撃ってでも追い払えという，厳しい内容です。

・そのような中で[㉜1837年][㉝モリソン号事件]がおこりました。「**イヤミな役人モリソン帰す**」。
漂流民を届けに来たアメリカ船を，異国船打払令にしたがって追い払ったのです。

・これに関連して蘭学者の[㉞渡辺崋山]と[㉟高野長英]が幕府の「鎖国」政策を批判し，
処罰される[㊱蛮社の獄]がおこりました。2人とも自殺に追いこまれています。
蘭学は南蛮渡来の学問ということで蛮学ともよばれていました。社は結社(グループ)
のことです。蛮社の獄を，のちの安政の大獄と混同しないようにしましょう。(→p.123)

崋
(華ではない)

おまけ 江戸時代に海外に漂流した人は，記録にあるだけでかなりの数にのぼります。そのほとんどは，
幕府が帰国を認めなかったり，帰国できても監視されたりしたといいます。モリソン号の7人も
帰国できず，上海や香港でその後の人生を送ったそうです。「鎖国」がゆらぎ始めた幕末には，
ジョン万次郎のように帰国して通訳や貿易で活躍する人もいたのですが，皮肉なものですね。

・1833年[㊲天保の大飢饉]がおこりました。(1833～39年ころ)

「人はさんざん天保飢饉」。
幕府の対策は十分ではなく，多くの人が餓死し，各地で一揆や打ちこわしが発生しました。

・[㊳1837年]【㊴大塩平八郎の乱】がおこりました。(大塩の乱とも)

「**人はみな，困っているぞと大塩さん**」。
[㊵大阪町奉行所]の元与力で(今でいえば，大阪高等裁判所の元事務官といった感じ)，
儒学の一派・陽明学の学者でもあった大塩は，引退後，洗心洞という塾を開いて
いました。大塩は私財をなげうって，飢饉で苦しむ人々を救おうとしたのですが，
ついにそれも限界となり，反乱をおこしました。場所は**大阪**です。

・大塩平八郎の乱は1日で鎮圧されましたが(大塩は潜伏先で発見され，みずから爆死)，
各地で類似した反乱がおこりました。

7 江戸三大改革(その3)

・大塩平八郎の乱は，幕府の直轄領で元役人がおこした反乱です。
当然，幕府は大ショックをうけました。これをうけて，

【㊶天保の改革】をおこなったのが，老中の【㊷水野忠邦】です。(1841 ～ 43年)

「水野忠邦，人はよい」。「色・花・よい」の1841年。1800年代なので気をつけて。
高級な菓子や衣服を禁止するなど，**ぜいたくを禁止**し倹約を奨励しました。
また，リアルな恋愛小説など，風俗をみだす出版物も禁止しました。

重要 **天保の大飢饉→大塩平八郎の乱→天保の改革**，の流れをおさえましょう。

・**天保の改革の内容としてよく出題されるのが，【㊸株仲間の解散】です。**

水野は特権商人を排除し，物価を引き下げようとしました。
しかし，これは失敗に終わります。
株仲間が経済界をおさえていたので，流通がスムーズにいかず商品が不足し，
あろうことか物価が上がってしまい，かえって混乱させてしまったのです。

重要 **株仲間のポイント，「積極的公認は田沼意次」「解散は水野忠邦」をしっかり区別！**

・**[㊹人返しの法]は農民の江戸への移住を禁止し，出てきた者は強制的に帰すというものです。**
農村を復興させるためです。幕府や藩の財政は農民の税に支えられていましたからね。

・**1842年【㊺薪水給与令】を出しました。**
【㊻アヘン戦争】の結果を聞いて驚いたためです。(㊼異国船打払令を緩和)

清がイギリスに負けたことは，幕府にとって驚きであり，イギリスの脅威を実感しました。(→**p.118**)
そこで，外国船がやって来たら薪や水などを与え，おだやかに帰ってもらおうとしたのです。

・[㊽**上知令**]は，江戸や大阪周辺の大名の領地を，幕府の直轄領にするから差し出せというものです。
当然ながら猛反発がおこり，水野は失脚しました。
結局，水野忠邦の立場だけでなく，幕府の権威も失墜してしまいました。
(知とは地に同じ。上げ知令・上地令・上げ地令とも書きます)

重要 **江戸三大改革だけでなく，その前の綱吉や新井白石，間の田沼もセットで！**
年代順に記述すれば，3つの改革は連続するできごとではありません。
教科書では，離れたところに記載されています。
でも，セットでおさえなければなりません。
なぜなら，**セットでまとめて出題される**からです。
江戸三大改革&その前後の政治(綱吉や田沼など)に関する問題は，
多くの受験生が苦手とするところです。(だから，よく入試に出る)
ということは，ここをおさえれば…(^^v)

■江戸三大改革トレーニング■

それぞれA～Gのどの時期と関連するできごとか？

→ A 徳川綱吉 → B 新井白石 → C 徳川吉宗 → D 田沼意次 → E 松平定信 → F（大御所時代） → G 水野忠邦 →

	どの時代のできごとか？	2回目	1回目	隠す
1	**寛政の改革**・寛政異学の禁（朱子学を重視）（世界では**フランス革命**）			E
2	**天保の改革**			G
3	**享保の改革**			C
4	**生類憐みの令**（財政悪化解消のため金の含有量を落とした元禄小判発行）			A
5	**株仲間の積極的公認**（印旛沼・手賀沼の干拓・蝦夷地の調査と開拓計画）			D
6	**株仲間の解散**・人返しの法・ぜいたく禁止			G
7	**公事方御定書**，目安箱・町火消・小石川養生所の設置			C
8	**化政文化**			F
9	**元禄文化**（世界では**名誉革命**→権利の章典・『市民政府二論』byロック）			A
10	天保の大飢饉→**大塩平八郎の乱**			F
11	天明の大飢饉（世界では**アメリカ独立宣言**）			D
12	**異国船打払令を制定**			F
13	異国船打払令を緩和→**薪水給与令を出した**（世界では**アヘン戦争**）			G
14	モリソン号事件→蛮社の獄（渡辺崋山・高野長英が処罰）			F
15	上知令（江戸・大阪周辺の大名領を直轄領にしようとした）			G
16	棄捐令（旗本・御家人の救済のため，6年以上前の借金を帳消しにさせた）			E
17	上げ米の制（大名に対して1万石につき米100石を上納させた）			C
18	朝鮮通信使の待遇を簡素化し，財政支出の削減をはかった			B
19	足高の制（人材登用と経費削減をはかった）			C
20	長崎貿易を制限し，金銀の海外流出をふせごうとした			B
21	長崎貿易の制限を緩和し，俵物（海産物）の輸出をすすめた			D
22	白河の清きに魚の住みかねて…と批判された			E
23	検見法から定免法に改め，年貢の増収に成功した			C
24	倹約令・旧里帰農令・人足寄場の設置・囲い米			E
25	キリスト教と関係のない漢訳洋書の輸入を許可した			C

44 ▸ 江戸時代の学問

➡書き込み編 p.38

1 【❶朱子学】は儒学の一派で，［❷上下の秩序を重視］するというものです。

・宋の時代に大成され，日本には鎌倉時代に伝来しました。
本来は，君臣(君主と家臣)の分をわきまえ，
臣民としてまもらなければならない道理を説くものでした。(大義名分論といいます)
・差別のない社会と，上下関係のない社会は違います。
親と子が対等ではないように，世の中には尊重されなければならない関係があります。
その秩序がなくなると，世の中はめちゃくちゃになってしまいます。
・ただ，この思想は，身分制を保持しようとする幕府にとっては好都合でした。
綱吉のころから朱子学を奨励し，また**寛政異学の禁**を出して(by 松平定信)
昌平坂学問所(幕府の教育機関)では朱子学以外の学問を教えることを禁止するなど，
手厚く保護されました。

参考 儒学には［ **陽明学** ］という，実践を重んじる学派もありました。
大塩平八郎は陽明学の学者で，大阪に私塾「洗心洞」を開きました。

・【❸儒学】(儒教)は，前6世紀の中国に生まれた【❹孔子】の教えから始まりました。

先祖供養など宗教的な面もありますが，一言でいえば(なかなか一言でいうのはむずかしいのですが)，
人間関係のあり方を示す道徳であり，政治思想です。だから儒教とも儒学ともいいます。
その教えは，孔子の言葉を弟子たちがまとめた『論語』にみることができます。

おまけ 「孔子」とは「孔先生」といった意味で，本名は孔丘といいます。春秋・戦国時代という戦乱の時代を生きた孔子は，どうすれば争いがなくなるかを求め続けました。秩序を保つには，武力でおさえこむという方法もあります。武力による支配です。また，法(もちろん強制力をともないますが)によって取りしまるという方法もあります。「法治主義(法の支配)」といいます。現在の多くの国がそうですね。

孔子は，力や法を前面に出すのではなく，道徳によって国を治めようと考えました。人間関係のあり方を示し，その延長に国家のあるべき姿を描きました。これを「徳治主義」といいます。
国が平和になるには，まずそれぞれの家庭がきちんとしていること，家庭がおさまれば村がおさまり，そうすれば国がおさまると説きました。「修身斉家治国平天下」，身を修め(修身)，家族をととのえ(斉家)，それができてはじめて国家が秩序正しく治められ(治国)，天下は太平となる(平天下)，というものです。そのために親は親として，子は子として，君主は君主として，家臣は家臣として，それぞれの立場をわきまえるべきと説きました。
「それが目上の人に対する態度か！」という言葉を聞いたことがありませんか？　また，なぜ年上だからというだけで尊敬しなければならないのかと不満をもったことがありませんか？
でも，それが秩序なのです。子は親を，生徒は先生を，家臣は王を敬う。そこに秩序が生まれるのです。子が親を親とも思わなくなったら，世の中はめちゃくちゃになります。もちろん親は親として，王は王として，先生は先生として，尊敬される人物でなければなりません。また，常にそうあるよう努力精進しなければなりません。そのため人は学び続けるのです…
というのが，孔子の教えです。

2 【❺蘭学】は，オランダ経由で伝えられた西洋の学問のことです。(蘭はオランダをさします)

(1) [❻徳川吉宗]は，キリスト教に関係のない漢訳洋書の輸入を許可するなど実学を奨励しました。

おまけ 漢訳洋書とは，漢語(中国語)に訳されたヨーロッパの書物のこと。原文の洋書も輸入されていましたが，出島の通詞(通訳)など，ごく一部の人しかみることができませんでした。
杉田玄白は，江戸にやって来た通詞から『ターヘル=アナトミア』をもらったそうです。

(2) 吉宗は，[❼青木昆陽]にオランダ語を学ばせ，サツマイモ栽培の研究をさせました。
飢饉に備えてサツマイモ(甘藷)の栽培を奨励するためです。昆陽は「甘藷先生」とよばれました。

参考 サツマイモ(かんしょ)やジャガイモ(ばれいしょ)，トマトやトウガラシは南アメリカ原産の作物です。南アメリカを征服したヨーロッパ人がもち帰り，それが日本へもたらされました。
今のインドネシアのジャカルタ経由で伝えられたのでジャガタライモとよばれたのがジャガイモ，カンボジア経由だったのでカボチャ，南の瓜と書いて南瓜ともいいます。

(3) 『❽解体新書』は人体解剖書です。訳者は医者の【❾杉田玄白・前野良沢】です。

オランダ語の医学書(原題は『ターヘル=アナトミア』)を翻訳したものです。
「メスにぎる，杉田と前野に非難なし(1774)」。これ自体は重要年号ではありませんが，
田沼意次(1772年に老中)の時代，1776年[❿アメリカ独立宣言]と同じころです。

▲杉田玄白

(4) ドイツ人医師[⓫シーボルト]は，長崎に[⓬鳴滝塾]をつくりました。

ドイツ人ですが，オランダ商館の医師として来日し，日本の医学の発展に寄与しました。
しかし，持ち出し厳禁の日本地図を持ち出そうとしたため，国外追放となりました。
「一番にバレたぞ禁止の日本地図(1828)」。この事件をシーボルト事件といいます。
ちなみにその地図は，伊能忠敬の地図を写したものです。

おまけ シーボルトは，長崎で日本人女性と結婚しています。
娘の楠本イネは，日本ではじめての西洋医学の女性医師になりました。

・医者の[⓭緒方洪庵]は，大阪に適塾(適々斎塾)を開く。のちに幕府の医師となりました。

参考 発明家として知られるのが平賀源内。田沼時代の人で，エレキテルという静電気発生装置が有名。

(5) 蛮社の獄で処罰された２人の蘭学者のうち，

[⓮高野長英]は『戊戌夢物語』，
[⓯渡辺崋山]は『慎機論』を書いて，幕府の「鎖国」政策を批判しました。

崋
(華ではない)

蛮社の獄は覚えていますか？　２人は，モリソン号事件を批判して処罰されたのでしたね。(→p.103)

参考 江戸時代から明治初期にかけての船に関する事件をまとめて，
「かってに入るなフェートン号，とっとと帰れモリソン号，見殺しするなノルマントン(→p.140)」。

3 【⑯国学】は，古典の研究を通して日本古来の思想を探求する学問です。

・国学を大成させ，『⑰古事記伝』を著したのが【⑱本居宣長】です。

仏教や儒教の伝来によって影響をうける以前の，本来の日本人の考えを探求する学問です。

本居宣長は三重の医者で，元禄時代から続く国学研究を大成させました。

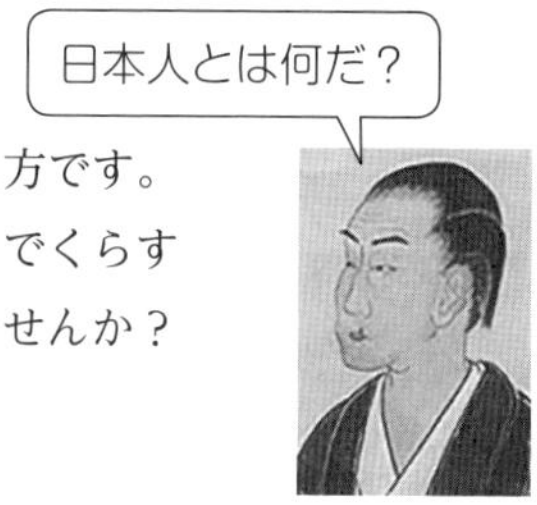

参考 たとえば，極楽や地獄というのは，仏教伝来以前の日本にはなかった考え方です。『古事記』や『日本書紀』に残る神話をみると，死者は黄泉の国(死者の世界)でくらすことになっています。死者が生き返る「黄泉がえり」って聞いたことありませんか？

・国学の発展は，神道の復興につながりました。
お寺が仏様をまつっているのに対し，神社では日本古来の神様をまつっていますね。
国学は神道を復興する理論となり，やがて尊王論へと発展していきます。
一言でいえば，「蘭学や儒学，仏教も外国の考えだ。本来の日本の精神を明らかにするぞ」と探求していくうち「天皇家を尊ぶのが日本の本来のあり方」という発想につながっていったのです。
『古事記』『日本書紀』の神話によれば，天皇は神の子孫ということになっていますからね。
天皇こそが日本の中心であるという考え方は，幕末の尊王攘夷論につながっていきました。

4 教育機関とその他のおもな学問

(1) 【⑲寺子屋】は庶民の教育施設です。(漢字に注意。寺小屋ではない)

武士(藩に属さない浪人)や僧が先生となって，子供たちに，「読み・書き・そろばん」を教えました。
当時，世界的にみて日本の識字率(文字が読める割合)は高く，数学の問題集までありました。
瓦版(かわらばん)とよばれた新聞もあり，庶民の教育レベルの高さがうかがえます。

・また，各藩も藩校を設置し，教育に力を入れました。
中でも**薩長土肥**(薩摩＝鹿児島，長州＝山口，土佐＝高知，肥前＝佐賀)が成長し，幕末の雄藩となりました。

(2) 数学では[⑳関孝和]。**和算**を大成し，円周率も独自に計算。『発微算法』を著しました。

(3) 歴史学では，江戸時代前期に[徳川光圀](家康の孫で水戸藩主。水戸黄門のモデル)が『大日本史』の編纂を始めました。これを通じて水戸学派が形成され幕末の尊王攘夷運動につながっていきます。

(4) **農学**，すなわち農業に関する研究がさかんにおこなわれました。(人口の約8割が百姓でしたから当然ですね)
江戸時代前期には，[宮崎安貞]が『農業全書』を著しました。
諸国をまわって害虫の駆除方法，肥料，農機具の説明などをまとめた本です。
後期には，[大蔵永常]が『広益国産考』『農具便利論』を著しました。

(5) 哲学とも経済学ともいえそうなのが[安藤昌益]の『自然真営道』です。
江戸中期の八戸(青森県)の町医者で，すべての人が農業をすべきだと主張しました。
「万人直耕」といい，身分社会を批判する思想です。

・とてもくわしい地図「大日本沿海輿地全図」をつくったのが【㉑伊能忠敬】です。

江戸後期，化政文化のころです。50歳をすぎてから，自分で歩いて測量しました。

45 ▸ 化政文化 ――江戸時代中～後期の文化

➡書き込み編 p.39

・江戸時代中期から後期にかけての文化を【❶化政文化】といいます。

11代将軍・家斉の時代にあたります。
当時の年号が文化・文政だから化政です。（文文文化とはいいません）
【❷江戸】を中心とする町人文化です。（元禄文化は上方が中心でしたね）

・江戸の庶民の，洒落と通（こった好み）を好む気風を反映した，粋で渋みのある文化とされます。
時代劇の町人は，この時代の江戸の人をイメージしているかもしれません。
「てやんでい，こちとら生まれも育ちも江戸っ子でい」って感じの。

1 文芸

(1) **川柳**は五七五。庶民の文芸で，こっけいを主とし，世相を風刺し皮肉をこめます。
「赤信号 みんなでわたれば 怖くない」byビートたけし…も，川柳の一種です。
「もちろん，赤信号をわたってもいい，という意味ではありませんよ。悪いことだと知っているのに，
大勢でやれば平気だと思ってしまう，弱い気持ちを言い当てたものです。わかりますよね？」…
などと「野暮」なことをわざわざ言わないのが，江戸の庶民の心意気です。
なお，俳句も五七五ですが，俳句には季語が入ります。（国語の知識）

(2) **狂歌**は五七五七七。同じく庶民の文芸で，こっけいを主とし，世相を風刺し皮肉をこめます。
寛政の改革で出てきた「白河の 清きに魚の 住みかねて もとの濁りの 田沼恋しき」などです。
日本語は七五調にするとリズムがよく美しい…と，元禄文化のところでも言いましたね。

(3) 俳諧には，与謝蕪村の『蕪村七部集』（天明期），小林一茶の『おらが春』（化政期）などがあります。

(4) 小説では元禄期の浮世草子に代わる，新ジャンルの小説があらわれました。

【❸十返舎一九】の『❹東海道中膝栗毛』。

膝

江戸っ子の弥次さん喜多さんが東海道を旅する道中の会話を中心とした，コミカルなお話です。
・江戸の庶民は，一生に一度は**伊勢参り**（お伊勢参り）に行ってみたいとあこがれていました。
お伊勢さんとは，三重県の伊勢神宮です。江戸から往復1か月ほどかかったそうです。

・【❺滝沢馬琴】の『❻南総里見八犬伝』は，ＳＦ冒険ファンタジー長編小説です。

時は室町時代，里見家のお姫様が敵（魔物）に追われて命を落とすところから始まります。
そのとき，姫の数珠の玉がぱっと散って，空へと飛んでいきました。
のちにその玉をもって生まれてきた８人の剣士が，運命に導かれて集まってきて…
妖怪と戦い，最後にはボスキャラを倒してハッピーエンド，というお話です。
・こういった，「悪は滅び正義が勝つ」という内容のお話を，勧善懲悪ものといいます。
壮大な世界やテーマを設定し，その中で魅力的なキャラクターを活躍させるという手法は，
現代のロールプレイングゲームやマンガのシナリオにも，大きな影響を与えていると思われます。

・[鶴屋南北]の『 東海道四谷怪談 』は，夫に殺されたお岩さんの幽霊が出てくるお話です。
歌舞伎の舞台では，仏壇がガタンと倒れて，お岩さんの幽霊が「恨めしや」と出てきます。
観客は鳥肌，舞台は大好評だったそうです。この３作品は，今も映画やドラマになっています。

2 【❼浮世絵】：多色刷りの版画

[❽錦絵]は，多色刷りの浮世絵版画のことです。(カラーで大量印刷されました)
当時は芸術作品というわけではなく，今のポスターや風景写真といった感じです。
鈴木春信が，この手法の創始者です。

(1) **美人画の代表的作家は【❾喜多川歌麿】。**

江戸で評判の美人の絵などを描いています。今でいうグラビアですね。

(2) **役者絵は【❿写楽】**(東洲斎写楽)が有名です。写楽はもちろんペンネームですよ。

役者絵は今でいえば，人気俳優やスポーツ選手のブロマイドということになるでしょう。

おまけ 写楽は，わずか1年の間に約140点の役者絵などを残して姿を消しました。
江戸に住んでいた能役者だともいわれますが，その正体は今もって謎のままです。

(3) **風景画の【⓫葛飾北斎】は様々な富士山の絵を描きました。【⓬富嶽三十六景】です。**

風景画の【⓭歌川広重】(安藤広重)**の【⓮東海道五十三次】は東海道の名所の絵です。**

人々は絵をみながら，「おいらも行ってみてえなあ」なんて言っていたのかもしれませんね。
「三十六景」と「五十三次」では「五十三」のほうが広いので広重！…と強引に区別しましょう。

注意 作品名や作者名だけでなく，必ず絵そのものを確認してください。
書き込み編に代表的なものを載せました。教科書や資料集にも必ず載っていると思います。
また，ほかの時代の文化，とくに元禄文化としっかり区別して理解することが大切です。
印刷技術は，試験問題をカラーにする勢いで進歩しています。

▶ 江戸時代後期の北方探検

・蝦夷地(北海道)をはじめ，現在の北方領土や樺太(サハリン)へも探検隊が派遣されました。

(1) [⓯最上徳内]は，幕府の千島列島探検に参加した学者です。(1785年)

(2) [⓰近藤重蔵]は，択捉島に上陸，「日本の領土です」と主張する柱を立てました。(1798年)

(3) **【⓱伊能忠敬】は，蝦夷地をはじめ全国を調査し，とてもくわしい日本地図を作成。**(1800～16年)
(地図の完成は1821年で，忠敬の死後)

(4) [⓲間宮林蔵]は，樺太が島であることを確認しました。(1808年)
樺太とユーラシア大陸の間の[⓳間宮海峡]は，
彼の名をとって名づけられたものです。

・1792年，ロシアの**ラクスマン**が漂流民の大黒屋光太夫を
ともなって北海道の根室に来航し，幕府に通商を求めました。
幕府は「鎖国」を堅持しようと，これを拒否しました。
また1811年，ロシアのゴロウニン(ゴローウニン，ゴローニン)が
国後島で幕府の役人に逮捕されるという事件がおこりました。
このときは，ロシアにつかまっていた商人(高田屋嘉兵衛)と
人質交換をしました。

■間違えやすい絵トレーニング■ （答→p.85）

【　　　　　　　文化】

［作品　　　　　　　　図屏風］

［作者　　　　　　　　　］

江戸初期の文化

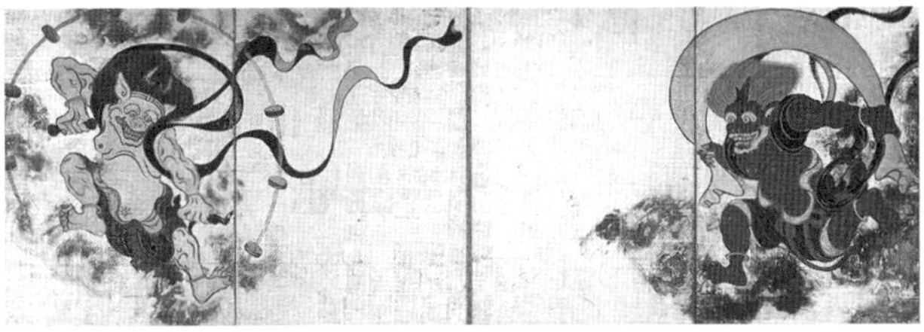

［作品　　　　　　　　図屏風］

［作者　　　　　　　　　］

【　　　　　　　文化】（江戸時代前期）

［作品　　　　　　　　図］

［作者　　　　　　　　　］

［燕子花図屏風］

［作者　　　　　　　　　］

【　　　　　　　文化】（江戸時代中～後期）

［作品　　　　　　　　　］（庄野）

［作者　　　　　　　　　］

［　役者絵　］（市川蝦蔵）

［作者　　　　　　　　　］

［　美人画　］（ポッピンを吹く女）

［作者　　　　　　　　　］

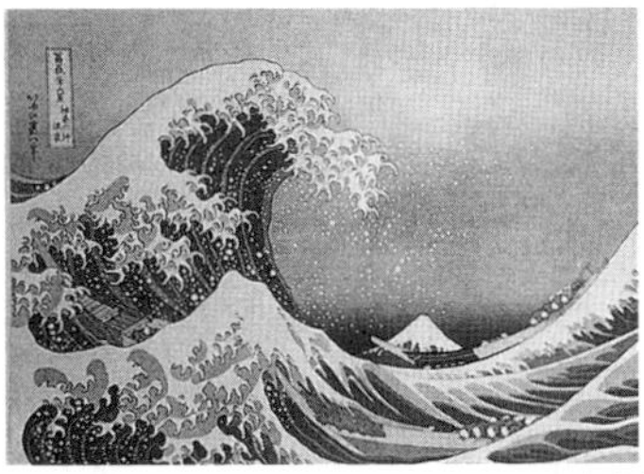

［作品　　　　　　　　　］（神奈川沖浪裏）

［作者　　　　　　　　　］

46 ▶ 西ヨーロッパ近代国家の成立

➡書き込み編 p.40~41

・ここからふたたび外国の話です。ヨーロッパ各国とアメリカの市民革命を中心にみていきましょう。

▶**市民革命とは［ 絶対王政 ］(専制政治)を倒そうとする革命の総称です。**
絶対王政とは，国王が大きな権力をにぎって，思うままに政治をおこなうものです。
市民が中心となって，この絶対王政を倒して近代民主政治を確立することをめざしました。
年代と，どの国の話かということに注意してください。

1 イギリス

・イギリスでは，王を中心に貴族たちが国を治めていました。
しかし，国王の専制政治に貴族が抗議し，

［❶ 1215年 ］【❷ マグナ=カルタ 】(大憲章)**がつくられました。**(マグナカルタ，マグナ・カルタとも)

「人に一言，マグナ=カルタ」。当時の日本は鎌倉時代，承久の乱(1221年)と同じ時代です。(→**p.49**)
貴族たちの特権を王が承認したものであって，市民の権利を守るものではありませんが，
文書によって王権を制限するという点で画期的なものといえます。
マグナ=カルタは，現在のイギリスの憲法の基礎となりました。

参考 イギリスではいくつかの基本的な法を憲法と考えており，マグナ=カルタはその１つです。

・時代はすすんで，絶対王政の全盛期となります。

［❸ 1588年 ］**スペインの無敵艦隊をやぶって制海権(海上支配権)をにぎり，**
［❹ 1600年 ］**東インド会社を設立して，アジアをはじめ海外発展の基礎をつくりました。**
女王［❺ エリザベス１世 ］のころです。

「以後はばきかすエリザベス」＝「以後はばきかす刀狩」と同じ年。(刀狩は豊臣秀吉→**p.83**)
「うわ～，ひろ～東インド会社」＝「うわ～，ひろ～関ヶ原」と同じ年です。(→**p.86**)

・東インド会社は，イギリスのほかオランダ，フランスなども設立した植民地経営の組織。
貿易会社といえば貿易会社ですが，現代人がもつ会社のイメージとは異なりますね。
国から保護をうけ，軍事力も備えていました。

・時は流れて1628年，議会が王(チャールズ１世)の権限を制限しようと「権利の請願」を提出。
学者などが起草した文章で「王でも勝手な命令はするな！」という内容です。
しかし国王はこれを無視したため，

【❻ 1642年 】【❼ ピューリタン革命(清教徒革命) 】**がおこりました。**

「人，無視に怒るピューリタン」。(開始年代は1640年と考える説もあります)
議会派の多くを，新興勢力であったピューリタンたちが占めていたので，こうよばれます。
宗教改革のところで述べましたが，ピューリタンはカルバン派のプロテスタントの人々です。
(→**p.73**)
資本主義を肯定するものでしたね。財力をもった商工業者や地主たちが信奉しました。
彼らは「勝手に税金を上げたりするな！」といった要求をかかげ，議会を応援していました。
ポルトガル船来航禁止(1639年)，オランダ商館の出島移転(1641年)で「鎖国」が完成したころです。

・**1649年，国王を処刑して共和政を始めました。**
共和政とは，君主政(王による政治)に対して，選挙で選ばれた代表者の合議でおこなわれる政治です。

・**しかし，革命のリーダーであった［❽クロムウェル］が独裁体制をとりました。**
彼は，鉄騎隊とよばれた軍を率いて国王軍をやぶるなど活躍した英雄です。
せっかく共和政になったと思ったら，また独裁者が登場してしまったのです。

・**そこで，クロムウェルの死後，国民(議会)は，ふたたび王を立てることにしました。**
クラスで話し合いをするとき，生徒だけの場合よりも，先生が教室にいらっしゃる方がまとまりがあるでしょ。そんな感じでしょうか。

・**ところが，今度はその王が専制政治を始めたのです。**またもや独裁政治です。

これに対して，議会は王を追放して別の王を立てました。【❾1688年】【❿名誉革命】です。

「色やや明らか，議会制」。
武力を用いない流血なしの革命であったため，名誉革命とよばれます。
議会派の人々は独裁に走った王(ジェームズ２世。チャールズ１世の息子)を国外追放して，王の長女夫妻(ウィリアム３世とメアリ２世)をオランダからよび，国王としました。

・**名誉革命の翌年(1689年)，国王に【⓫権利の章典】という文書を認めさせました。**
内容は「王は［⓬議会］の承認なしに法律を変えたりしてはならない」などです。

「権利章典」と書くこともあります。
こうして，王はいるけれども実際の政治は議会(国民の代表)がおこなうという**「(王は)君臨すれども統治せず」という議会制民主主義の基盤ができました。**

・議会制民主主義とは，国民が代表者を選び，その代表者による議会が政治をおこなうものです。
共和政だけでなく，王がいる立憲君主政でもおこなわれます。
現在の日本の政治体制の手本となったのが，イギリスの議会制民主主義です。
(議会制民主制でもかまいません。また，代表民主主義や間接民主主義などというよび方もあります。衆議院議員を代議士というため，代議制とよぶこともあります。すべて同じ意味だと考えてかまいませんよ)

参考 現在のイギリスの正式国名を日本語に直すと，
「グレートブリテン及び北アイルランド連合王国」です。
長い名前ですが，末尾に注目してください。イギリスは現在も王国なのです。
一方，フランスは「フランス共和国」といい，王様はいません。
イギリスの政治体制は立憲君主政，フランスは共和政です。
立憲君主政とは，憲法など法によって君主(王)の権限を定め，
実際の政治は議会(国民の代表)がおこなうというものです。
現在，イギリスには国王(エリザベス２世)がいますが，政治には関与しません。
イギリスとフランスの政治体制の違いを説明させるような問題は，高校入試には出ませんが，
その違いをおさえることで，より理解が深まるでしょう。

2 アメリカ<アメリカ独立革命>

・イギリスの植民地であったアメリカでは(→p.76)，本国からの重税に不満が高まっていました。
議会に代表を送ることもできないのに税金だけはしっかり取られるなんて，納得がいきませんよね。
ボストン茶会事件をきっかけに，人々は「代表なくして課税なし」を合言葉に立ち上がりました。
・1775年，独立革命(独立戦争)が始まり，

> 【⑬ 1776年 】【⑭ 独立宣言 】を発表しました。
> [⑮ イギリス]の植民地であった東部[⑯ 13州]が独立を宣言したのです。

「いーな，なろうぜ独立国」。7月4日は独立記念日。現在，アメリカの祝日となっています。

注意 正確には「アメリカ独立宣言」です。一般に，独立宣言といえばアメリカ独立宣言をさすのですが，テストで答えるときは，確実にそれとわかる(採点者に伝わる)ように書きましょう。

・独立宣言の内容としては，冒頭の

> 「我々は次の真理を自明のものと認める。すべての人は平等につくられ」をおさえましょう。

・

> アメリカの初代大統領は【⑰ ワシントン 】です。

1ドル札の人ですよ

3 啓蒙思想家

・啓蒙は「けいもう」と読みます。(蒙は無知，啓はひらくの意味)
今までになかった考えを説き，人々を古い考えから解き放つ思想のこと。
啓蒙思想家として，以下にあげる3人はとても重要です。公民でも出てきますよ。
誰がどこの国の人かセットでおさえれば，選択肢がしぼれることもあります。

(1)

> 【⑱ ロック(英)】(ジョン=ロック)は，
> 1690年『市民政府二論(統治二論)』を著し，【⑲ 名誉革命 】を理論的に支援しました。

民衆には抵抗権があり，権利を守るために政府を代えることができると説きました。
この考えはアメリカ独立革命など，のちの革命に影響を与えることとなりました。

(2)

> 【⑳ モンテスキュー(仏)】は，
> 1748年『㉑ 法の精神 』を著し，三権分立の必要性を説きました。

三権分立とは，独裁をふせぐために権力を集中させないようにする考え方です。(公民で学びます)

(3)

> 【㉒ ルソー(仏)】は，1762年『㉓ 社会契約論 』を著しました。

社会と契約する…？　説明するのはむずかしいのですが，
「みんなの約束のもとで政治をするという民主主義の思想」としておきましょう。
たとえばクラスで多数決をとるとき，「なぜですの？　私はこの中で一番お金持ちなのですよ」とか，
「オレが一番強いんだぞ」と言って従わないとしたら…理解できませんよね。
でも，昔はそちらが大勢だったのです。そうしたことをやめようというのが社会契約の考え方です。

4 フランス

・絶対王政の時代には，王の権力は神から授かったものであり，
王は地上における神の代理者であるという「王権神授説」が唱えられていました。
フランスではとくにその傾向が強く，聖職者や貴族を第一，第二身分，民衆を第三身分とする
身分別の議会(三部会)はありましたが，わずかな特権階級が富を独占し，
人口の98％を占める第三身分の人々は，重税や不平等といった圧政に苦しんでいました。

・1789年，175年ぶりに三部会が開かれました。しかし，第三身分の人々は三部会を離れ，
「われわれこそがフランスの代表である」として，国民議会を開いて団結します。
そして，ついに7月14日，武器をとって立ち上がりました。

(1)
【㉔1789年】バスティーユ牢獄の襲撃により，フランス革命が勃発。
国民議会は【㉕人権宣言】を発表しました。

「**非難バクハツ，バスティーユ**」(バスチーユとも)。7月14日はフランス革命記念日です。
牢獄といっても，もともとは王に逆らう人を閉じこめたところで，圧政の象徴でした。

注意 正確には「フランス人権宣言」です。一般に，人権宣言といえばフランス人権宣言をさすのですが，
テストで答えるときは，確実にそれとわかる(採点者に伝わる)ように書きましょう。

・人権宣言の内容で，とくに重要な部分は，

「人は生まれながらにして，［㉖自由］かつ［㉗平等］な権利をもつ」

貴族たちの特権を廃止し，さらに王権の停止を宣言。
国王ルイ16世，および妃のマリー＝アントワネットを処刑しました。
こうして革命を達成，共和政を成立させました。

重要「権利の章典」「独立宣言」「人権宣言」は史料問題も出題されます。
区別できるようにしておきましょう。

・**しかし，革命前の状態に戻そうとする動きがおこりました。**
革命をつぶそうと，周辺の国々が干渉してきたのです。
革命が広がって，自分たちの国でおこっては大変ですからね。
しかし，せっかく貴族たちの土地を取り上げたというのに，
フランス人民はがっかりです。

(2)
革命への干渉をしりぞけ，【㉘1804年】人々の支持をうけて皇帝となったのが
軍人【㉙ナポレオン】です。

「**いばれよ皇帝ナポレオン**」。
彼は，人民の権利を守るため，ナポレオン法典とよばれる「民法」を制定しました。
さらに，アルプスを越えてイタリアへ，また，エジプトへも遠征をおこなうなど，
各地で革命戦争をおこなったフランスの英雄です。
しかし，ロシア遠征で大寒波のために大敗，失脚して大西洋の孤島に島流しとなりました。

・この後，革命以前の状態に戻すことが決まり(ウィーン体制)，ふたたび王政が復活しますが，
また革命(1830年の七月革命と1848年の二月革命)がおこり…現在に続く共和政となりました。

5 ふたたびアメリカ

・**アメリカの北部では工業，南部では農業がさかんでした。**

南部では黒人奴隷を労働力とする大農園が発達し，

綿花などをどんどん輸出するために自由貿易を望んでいました。

一方，北部は，工業がさかんとはいっても，

イギリスなどの先進の工業国に比べればまだまだだったので，

輸入される工業製品に税金(関税)をかけ，自国の産業を守る保護貿易を望みました。

また，安い工業製品をつくるためには安い労働力が必要なので，

北部側は，南部の奴隷を解放して北部の工場労働者として雇いたいと考えました。

・整理しておきましょう。(書き込み編にメモしておくといいでしょう)

北部	**工業**(まだ未熟)	**保護貿易**(自由に貿易したら負ける)	**奴隷は解放**
南部	**農業**(大規模な農園)	**自由貿易**(どんどん輸出したい)	**奴隷制を残す**

(1) このように，アメリカ合衆国の南部と北部が政策の違いから対立し，

[㉚**南北戦争**](1861 ~ 65年)がおこりました。

(2) 戦争中の【㉛1863年】【㉜**奴隷解放宣言**】を出したのは【㉝**リンカン大統領**】。

「一番無残な奴隷を解放」。

リンカン大統領(リンカーンとも)は南北どちら側かわかりますよね。奴隷解放ですから北部です。

リンカンは，ゲティスバーグで演説をおこないました。(ゲチスバーグとも)

(ゲティスバーグはペンシルベニア州の地名。1863年に，ここで南北戦争最大の激戦がおこなわれた)

「人民の，人民による，人民のための政治」というフレーズが有名です。

参考 「人民の，人民による，人民のための政治」は，

原文では“government of the people, by the people, for the people”となります。

なお，リンカンが奴隷解放宣言を出したのは，奴隷制が人道に反するからというよりは，

戦争の長期化やアメリカ合衆国の南北分裂をふせぐことが目的でした。

・**南北戦争は，北部の勝利で終わりました。**

第二次世界大戦の倍の62万人の死者が出たといいます。(映画「風と共に去りぬ」参考)

・そのころの日本は，ちょうど開国したころです。(1858年の日米修好通商条約など)

開国直後の貿易相手は，開国させたアメリカではなく，おもにイギリスでした。(→**p.122**)

アメリカは南北戦争で，それどころではなかったのです。

参考 奴隷解放宣言が出されたといっても，奴隷たちがすぐに白人と同じ権利を得られたわけではなく，

黒人差別はその後も続きました。

1960年代の公民権運動と公民権法(選挙権や公共施設での人種差別を禁止)の制定をへて，

2009年，ついにアフリカ系(黒人)で初の大統領が就任しました(バラク=オバマ氏)。

差別の根深さを思えば，人類が月に行ったのと同じくらい画期的な出来事に思えます。

6 ドイツ

・現在のドイツにあたる地域では，長い間，諸侯(日本の大名のようなもの)が各地を治めていましたが，ナポレオン戦争とその後のウィーン体制，その崩壊をへて(くわしくは高校の世界史で)，

[㉞**1871年**]**プロイセン王国を中心とするドイツ帝国に統一されました。**
統一を実現させたのは「鉄血宰相」といわれた[㉟**ビスマルク首相**]です。

「みずからの手柄言わないビスマルク」。日本では廃藩置県がおこなわれた年です。(→**p.127**)

注意 ビスマルクは皇帝ではありませんよ。皇帝ビルヘルム1世を支えたプロイセンの政治家です。
宰相というのは皇帝を補佐する首相のことです。

参考 以下では，本文で取りあげた国のその後の歴史や，あげなかった国について説明します。
かなりこまかく，むずかしいので(出題は難関私立でたまにある程度)，
時間がなければ，後回しでもかまいませんよ。

＜ナポレオン没落後のフランス＞
ナポレオンが没落した1814年，オーストリアのウィーンで会議が開かれ，
ヨーロッパをフランス革命の前の状態に戻すことが決まりました。これを**ウィーン体制**といいます。
フランスでは，革命で処刑されたルイ16世の弟が即位しますが，またも王が人々を弾圧しました。(復古王政)
そこで，**1830年に七月革命**がおこり，民衆の力で王を代えました。(七月王政)
さらに，**1848年に二月革命**で王を退位させ，共和政を樹立しました。(第二共和政)
このとき，成年男子による普通選挙をおこないました。また，ナポレオンの甥が大統領に選ばれたのですが，
1852年には皇帝に即位し(ナポレオン3世)，独裁をおこなって支持を失いました。
1871年には，世界初の社会主義政府(パリ=コミューン)がつくられました。(すぐに鎮圧された)
そして，ついに1875年，**現在に通じる共和政**が確立しました。

＜イギリス＞
1832年の選挙法改正で市民に選挙権が与えられましたが，労働者階級にはありませんでした。
そのため，選挙権拡大を求める**チャーティスト運動**がおこりました。
この運動のあと，次第に選挙法は改正されていきました。

＜ロシア＞
ロシアでは，19世紀になっても絶対王政が続いていました。
寒いロシアは，冬でも凍らない港(不凍港)を求めていました。
冬に港が使えないと，貿易にも戦争にも不利ですからね。
南へ進出しようとする政策を，**南下政策**といいます。このため，**オスマン帝国**(1453年にビザンツ帝国を滅ぼし，現在のトルコにつながるイスラム国家)との間に**1853年～56年，クリミア戦争**がおこりました。
ロシアの南下政策は，のちには日露戦争の一因ともなります。
ロシアの南下を警戒していたイギリスとフランスの援軍により，ロシアはクリミア戦争にやぶれます。
この敗戦により，**農奴解放令**を出して近代化をすすめようとしました。
しかし改革は不十分で，やがてロシア革命につながっていくことになります。(→**p.147**)
なお，クリミア戦争に従軍したイギリス人女性ナイチンゲールは，看護制度の創始者です。

＜イタリア＞
1861年，イタリア半島の小国を統一して，イタリア王国が成立しました。

7 【36 産業革命】

(1) 産業革命は，18世紀中ごろ【37 イギリス】から始まりました。

産業革命とは，機械の発明と利用による生産の画期的な変革のことです。
今まで手作業でコツコツやってきたモノづくりが，機械でガンガンやれるようになりました。
このことが，社会全体を大きく変えていきます。

(2) 機械の動力源は，ワットが改良した［38 蒸気機関］です。

まずは綿織物工業(軽工業)など，繊維工場の機械化がすすみました。

・いち早く産業革命を達成し，多くの工業製品を輸出した**イギリスは「世界の工場」とよばれました。**
産業革命は世界各地に波及し，日本でも日清戦争前後におこりました。(→p.141)

・**産業革命により，工場労働者と，彼らを給料で雇う資本家が登場し，農村から都市に移り住む人が増加。**
そして，工場など生産のための手段(資本＝お金など)をもつ資本家が利潤を目的に，
労働者を雇って製品をつくって売るという経済のしくみ，**【39 資本主義】が成立しました。**

・一方で，資本主義の発達は，貧富の差を拡大させました。このような状況の中で，
経済的不平等を是正しようとする社会主義思想が生まれました。
一言でまとめれば，金持ちも貧乏人もいない平等な世の中をめざす思想です。
ドイツ生まれの［40 マルクス］は，友人のエンゲルスとともに，1848年，
『共産党宣言』を発表，社会主義思想を理論的に確立しました。

▲マルクス

8 欧米諸国のアジア侵略

・侵略して支配するといえば，ムチで叩いて重いものを運ばせるような場面を想像してしまいますが，
そればかりではありません。軍事力が背景にあるのはもちろんですが，
イギリスはインドに対し，綿製品や塩をつくるなという法律を定めました。
インド人の織物生産を禁止し，イギリス製品を買わせるのです。
何しろ世界の工場ですから，どんどんつくって売りつけました。

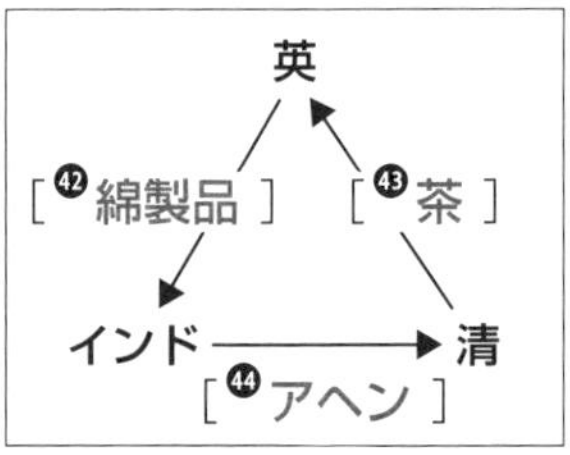

・次に，インドで得た利益でアヘン(麻薬の一種)を仕入れます。
このアヘンを清(中国)に売るのです。
今度は，清で得た利益で中国産の紅茶を買い，イギリス本国へ持ち帰ります。
これをイギリスの［41 三角貿易］といいます。(のちにはインド産の紅茶を多く輸入しました)

・イギリスの綿製品をインドへ，インドのアヘンを中国へというのがポイントです。

・アヘンにより，清の社会は乱れました。アヘン貿易を取りしまろうとしてイギリスとの対立が深まり，

(1) 【45 1840年】【46 アヘン戦争】がおこりました。［47 清］と［48 イギリス］の戦争です。

「一夜(いちや)で知れたアヘン戦争」。勝ったのはイギリスです。この結果，

［49 1842年］［50 南京条約］が結ばれ，イギリスに【51 香港】を割譲させられました。
また，上海や広州など5港を開港させられました。
└→領土の一部を譲りわたすこと

「香港とられて人は死に」。また領事裁判権(治外法権)を認め，関税自主権がないという
不平等な内容であったため，中国の半植民地化がすすみました。(領事裁判権と関税自主権→p.121)

・現在の中華人民共和国は，漢民族が人口の約９割を占める国です。
しかし，漢民族以外の民族が国を建てたこともありました。
たとえば，元はモンゴル人（フビライ=ハン）が建てた王朝です。（→p.51）
・清も，満州人（中国東北部に多い民族。満州族とも）が征服して建国した王朝でした。
欧米列強の侵略をふせぐことができなかった清に対して不満が高まり，
「滅満興漢」（満州人を追い出して漢民族の国をつくろう）をスローガンに，

(2) **【㊾1851年】【㊿太平天国の乱】がおこりました。指導者は［54洪秀全］です。**

「天国よいとこ，人は来い」。
太平天国は南京を首都とし（清の首都は北京），十数年にわたって中国の南部を支配しましたが，
内乱などによって滅びました。
この後，中国はますます衰退し，欧米諸国による侵略がすすみました。

参考 中国の伝統的な風俗というと，男性の弁髪（右の絵の髪型）や
女性のチャイナドレスなどが思い浮かびませんか？
実は元々これらは多数派の漢民族ではなく，
騎馬民族であった満州人のものです。

・今度は**インドの話です。**
インドは，ヒンドゥー教徒（ヒンズー教徒）の多い地域ですが，
1526年，インドに進出したイスラム教徒がムガル帝国を建国しました。
やがて，ヒンドゥー教徒と対立して弱体化すると，進出してきた東インド会社（イギリス）の
支配下となりました。このイギリスの支配に対して，ヒンドゥー教徒とイスラム教徒が団結して

(3) **【55 1857年】【56インド大反乱（シパーヒーの乱）】がおこりました。**

「一発こなごな，シパーヒー」。
シパーヒー（スィパーヒー）とは，東インド会社のインド人傭兵（お金で雇われた兵士）のことです。
シパーヒーの反乱から始まり，やがて民衆全体におよんだので「インド大反乱」とよばれます。
しかし，これを鎮圧したイギリスは［57ムガル帝国］（ムガール帝国）を滅ぼし，以後

第二次世界大戦後の独立まで【58イギリス】がインドを直接支配することになりました。

参考 シパーヒーの乱のあと，イギリスは東インド会社を解散して直接統治に乗り出しました。
1877年には，当時のビクトリア女王を皇帝としてインド帝国を建国します。
イギリス本国と植民地とを合わせて「大英帝国」といいますが，
広大な土地と人口をもつインドは，その要となりました。

おまけ ムガル帝国の遺産として世界的に有名なのが，タージ=マハルです。
タマネギのような形のドームは，イスラム建築の特徴です。写真などで，一度はみたことがあるのではないかと思います。５代皇帝のシャー＝ジャハーンが，若くして亡くなった妃ムムターズ=マハルのために建てたお墓で，世界遺産にも登録されています。

47 ▸ 幕末

➡書き込み編 p.42～43

1 開国

・【❶1853年】【❷ペリー】が［❸浦賀(神奈川県)］に来航しました。

「イヤでござんすペリーさん」。

アメリカは捕鯨船や貿易船のために，日本を太平洋上の寄港地にしようと考えていました。

このときやってきた黒船は４隻，防水のためにタールを塗ってあったので，本当に黒い船でした。

なお，ルートは太平洋経由ではなく，大西洋→インド洋→沖縄に寄ってから来日しました。

・黒船の来航に関して，こんな狂歌があります。

泰平の　眠りをさます　上喜撰　たった四はいで　夜も眠れず

カフェインの多い高級茶の上喜撰と蒸気船とをかけています。

・**結局，幕府は時間かせぎで返事をのばし，ペリーは１年後にまた来ることになりました。**

同時に接近してきたイギリスやロシアとの対応にも追われ，満足に対応できなかったのです。

諸大名や庶民にまで意見を求めたりしましたが，いい案は出ませんでした。

対策として，品川沖に砲台の台場をつくった程度です。今もお台場という地名が残っていますね。

おまけ 幕府の役人とペリーは何語で交渉したのでしょうか？ 当時，日本で学ぶことのできた外国語はオランダ語だけです。日本語→オランダ語→英語→オランダ語→日本語…とリレーしました。ちなみに，幕府は事前にオランダからの情報(オランダ風説書→**p.91**)で，ペリーの来航を知っていました。しかも，戦っても勝てないだろうから開国した方がいいと忠告されていましたが，幕府は何も対策をすることなく，そのときをむかえたのです。

・［❹1854年］再来日した**ペリーと【❺日米和親条約】を結び，**
［❻下田・函館］**を開港しました。**下田港が静岡県，函館港は北海道です。

また，オランダ・イギリス・ロシアとも同様の和親条約を結びました。

頭文字をとって「**アオイロ**」(**アメリカ・オランダ・イギリス・ロシア**)。

史料 日米和親条約(部分要約)

> 二．伊豆下田・松前地箱館①の両港は，日本政府において亜墨利加②船薪水・食料・石炭欠乏の品を日本人にて調え補給候に限り，渡来の儀許し候。
>
> 九．日本政府，外国人へ今回亜墨利加人へ許されていないことを許したる節は，同様に亜墨利加人にも許すこととする。
>
> ①現在の函館　②アメリカのこと(亜米利加)

・【❼1858年】【❽日米修好通商条約】**を結び，**
【❾新潟・兵庫・神奈川・長崎・函館】**を開港しました。**
【❿アメリカ総領事ハリス】**と，**【⓫大老井伊直弼】**です。**

「**いやー怖いわハリスさん**」。

開港地は頭文字をとって「**新兵器かな長いハコ**」。(兵庫の港＝神戸港，神奈川の港＝横浜港と答えてもよい)

大老とは老中より格上の臨時職です。井伊直弼は，反対派をおしきって条約を結びました。

・日米修好通商条約は，

> 【⑫**領事裁判権（治外法権）**】を認め，
> 【⑬**関税自主権**】（関税の自主権）がないという不平等な条約でした。

・領事裁判権とは，[**犯罪をおかした外国人を，領事が本国の法律で裁く権利**]です。
（**治外法権とは，外国人が滞在国の法律の適用をうけない権利**。領事裁判権はその一種）
公正な裁判は期待できませんね。明治時代に，ノルマントン号事件で悔しい思いをします。（→**p.140**）

参考 関税とは，輸入品にかける税金です。
主として自国の産業の保護のためにかけられます。
たとえば，日本でネギが100円で売られていたとしましょう。
ここに外国産のネギが50円で輸入されると，日本の農家が困ります。
日本の方が生産にかかる費用が高いからです。
そこで外国産のネギに50円の関税をかけると，関税の50円と元値50円で100円となり，
国内産の商品と変わらない価格にすることができます。
関税の調節は，自国の産業と生産者，つまり国民の生活を守ることにつながるのです。

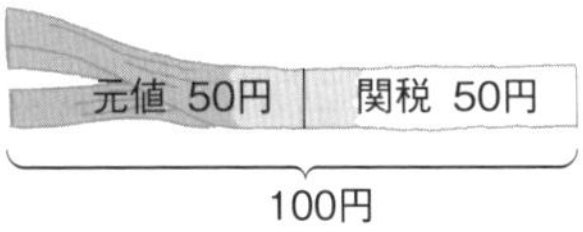

注意 **関税の自主権がないとは，まったく関税をかけられないということではありません。**
自由に（日本の都合に合わせて）税率を決定することができないということです。
また，「関税の自主権を認め」「領事裁判権がない」などとしないように注意！

史料 日米修好通商条約（部分要約）

> 三．下田①・箱館の両港以外に次の場所を開くべし。神奈川・長崎・新潟・兵庫
> 四．すべて国地に輸入輸出の品々，別冊の通り，日本役所へ運上②納むべし
> 六．日本人に対し法を犯せる亜墨利加人は，亜墨利加コンシュル裁断所③にて吟味の上，亜墨利加の法度を以て罰すべし
>
> ①神奈川の開港により閉鎖　②運上＝関税　③コンシュル裁断所＝領事裁判所

・また，オランダ・イギリス・フランス・ロシアとも同様の修好通商条約を結びました。
安政の五か国条約といいます。（**アメリカ・オランダ・イギリス・フランス・ロシアの頭文字で「アオイフロ」**）。

・外国人犯罪者を裁くことも関税を決めることもできないなんて，
対等な独立国とみていなかったということですね。
明治政府はこの不平等条約の改正に苦労することになります。そのことは，またあとで。

重要 **しっかり区別しましょう。**

日米和親条約（1854年）	**日米修好通商条約**（1858年）
【 ペリー 】と阿部正弘（老中）	【 アメリカ総領事 ハリス 】と【 大老 井伊直弼 】
【 下田（静岡県） 】【 函館（北海道） 】開港	【 新潟・兵庫・神奈川・長崎・函館 】開港
食料や燃料を補給する	**領事裁判権を認める・関税自主権がない**
同時に[米・蘭・英・露]と結ぶ 頭文字で**アオイロ**	同時に[米・蘭・英・仏・露]と結ぶ 頭文字で**アオイフロ**

2 開国直後の貿易

(1) 日本を開国させたのはアメリカですが，アメリカとの貿易はさかんではありませんでした。
アメリカは南北戦争のころですから，余裕がなかったのです。(→p.116)
当時，輸出入額の約85％は【⓮**イギリス**】で，貿易はほとんど[⓯**横浜港**]でおこなわれました。

(2) **輸出品の8割は【⓰生糸】。輸入品の7割は[⓱毛織物]と[⓲綿織物]でした。**

原料を輸出して製品を輸入するという，発展途上国タイプの貿易でした。
明治時代になり，工業化がすすむと，貿易品が変化していきます。(→p.141)

参考 このころ，条約の批准(たがいに確認し合うこと)のために，勝海舟ら幕府の役人がアメリカへわたりました。咸臨丸は，日本ではじめて太平洋をわたった船です。
一行は1か月ほど滞在して，国会や工場，学校や博物館などを見学しました。
これに同行していた福沢諭吉は，ホテルでわらじをぬぐべきかどうか迷ったり，レディーファーストの風習といった文化の違いにおどろいたそうです。
また，初代大統領の子孫が今どうしているかと聞いても，誰も知らなかったので，「家」を重視する日本との社会の違いを実感したと，ふりかえっています。

・**外国との貿易が始まると，輸出がふえて[⓳品不足]がおこり，物価が[⓴上昇]しました。**
いろいろなものの値段が上がり，中でも米価が10倍となるなど庶民の生活を圧迫しました。
想像できますか，コンビニでおにぎりが1個1200円になったとしたら…
また，金の海外流出が物価の高騰に拍車をかけました。
金がたりなくなったため，金の含有量をへらした小判を発行したからです。
徳川綱吉のところで述べた，貨幣の価値が下がると物価が上がるという話と同じですね。(→p.99)

参考 なぜ金が流出したのかというと，日本と海外での金と銀の交換レートが違ったからです。
日本では金1に対して銀5で交換されていたのですが，海外では金1に対して銀15でした。
そこで，銀を日本にもちこみ，金と交換します。(その金をふたたび銀に交換する場合もあります)
試験問題では，何倍の利益になったかと問うものもありますが，落ち着いて考えてください。
海外から銀15を日本にもちこむと金3と交換できます。外国では金1としか交換できない分量の銀が，日本では金3に。つまり日本にもちこむだけで，もうけが3倍にふえたのです。
これを金銀比価問題といいます。

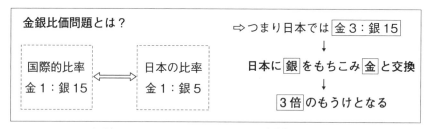

金銀比価問題とは？

国際的比率 金1：銀15 ⇔ 日本の比率 金1：銀5

⇨つまり日本では 金3：銀15
↓
日本に 銀 をもちこみ 金 と交換
↓
3倍 のもうけとなる

・物価の高騰などによって庶民の不満が高まり，各地で[㉑**世直し一揆**]がおこりました。
一揆の中でも，幕末期におこった政治批判がこめられたものをそうよびます。

(3) 1867年，**江戸時代最後の年に[㉒ええじゃないか]という騒動がおこりました。**
伊勢神宮などのお札が天から降ってきたといって，口々に「ええじゃないか，ええじゃないか」とさけびながら乱舞しました。物価の高騰などの社会不安のなかで，神にもすがる思いと，民衆のストレスが合わさっておこった，世直し一揆の変形といえるでしょう。

3 倒幕運動の展開

(1) 開国後の経済混乱などから「条約を結んだのは失敗だ！」と，井伊大老への反発が高まり，
【㉓尊王攘夷運動】が盛り上がりました。
「天皇を中心とする国家体制をつくろうとする尊王論」と，
「外国勢力を追い出そうとする攘夷論」が合わさったものです。このような動きに対し，

攘

[㉔井伊直弼] は尊王攘夷派の人々を弾圧しました。[㉕1859年]【㉖安政の大獄】です。

「井伊に逆らう人は獄」。1858年から翌1859年にかけておこなわれましたが，
[㉗吉田松陰](長州藩)や橋本左内(越前藩)らを処刑した年が1859年です。
死刑以外にも100人あまりが謹慎や流罪とされた，非常に厳しいものでした。
吉田松陰は長州の松下村塾で，伊藤博文や高杉晋作らを教えた先生です。
松下村塾は「明治日本の産業革命遺産」の1つとして，世界遺産に登録されています。
安政の大獄と蛮社の獄を混同しないように。(→p.103)

・安政の大獄に怒った尊王攘夷派は，大老の暗殺を計画します。

1860年，井伊直弼は【㉘桜田門外の変】で水戸浪士らによって暗殺されました。

桜田門は江戸城の門の1つです。江戸城に入ろうとする大老の行列を，門の手前でおそいました。
ご存知とは思いますが，江戸城は現在の皇居です。今は桜田門の前に警視庁があります。

・江戸城の手前で最高権力者が首をとられるという事件は，幕府の権威を地に落とすものでした。
幕府は朝廷を利用して権威の回復をめざそうと，孝明天皇の妹(和宮)と14代将軍・徳川家茂を
結婚させます。「**公武合体策**」とよばれるものです。(公は朝廷・武は武家政権)

(2) **このころ，実力で外国を打ち払おうとする動き(攘夷)が高まりました。**

・1862年【㉙薩摩藩(鹿児島県)】の武士が[㉚生麦事件]をおこしました。
1863年，その報復から[㉛薩英戦争]がおこります。

薩

生麦村(神奈川県横浜市)で，大名行列の前を横切ったイギリス人を無礼討ちにした事件です。
薩英戦争は，いわば鹿児島県vsイギリスの戦争です。さすがに勝てませんでした。
「いや無残，麦の仕返しサツマイモ」。
やぶれた薩摩藩は「欧米は強い，攘夷は無理だ」と思い知ることとなりました。

・1863年【㉜長州藩(山口県)】は関門海峡を通る外国船を砲撃しました。
1864年，その報復から，四国艦隊下関砲撃事件(下関戦争)がおこります。

四国とはアメリカ・イギリス・フランス・オランダです。「下関，やられていても人は無視」。
山口県vs 4か国の戦いです。下関の砲台を占領されるなど，こちらも完敗しました。

・薩摩と長州は，藩政改革に成功した**雄藩**(一歩リードした強い藩)です。
のちには幕府を倒す大勢力となり，明治新政府の要職を占める人材を多く輩出することになります。
しかし，その雄藩の力をもってしても，攘夷は失敗に終わったのです。

参考 このころ，京都では，**尊王攘夷派の志士が新撰組などによって弾圧されました。**
新撰組は京都守護職（幕府の役職）配下の浪士で，幕府を守るために反幕府勢力を取りしまったのです。
幕府を倒そうとする，今でいえば政府転覆をもくろむテロリストを制圧する「対テロ特殊部隊」といったところかな。
池田屋事件は，1864年の夏，尊王攘夷派の志士たちが京都の街に火を放ち，天皇を長州へ連れ去ろうと
しているという情報をつかんだ新撰組が，会合場所の池田屋を急襲し，志士たちを制圧した事件です。
新撰組の局長（隊長）であった近藤勇は，現在の東京都調布市の豪農の家に生まれました。
剣術の達人で，幕府に忠誠をつくしたのですが，戊辰戦争のさなかに捕らえられ，処刑されました。
時代の流れに乗るよりも自分の道を貫こうとした彼らの生き方は，
今も小説やドラマなどで多くの人の共感をよび続けています。

・一方，**長州藩**の**高杉晋作**は，**奇兵隊**を結成しました。
正規の兵ではなく百姓なども参加した軍で，のちの戊辰戦争では新政府軍の主力として活躍します。
従来の身分制度がくずれているのがわかりますね。

・高杉晋作は，安政の大獄で処刑された吉田松陰の弟子です。奇兵隊を率いて藩の主導権を奪い，
倒幕をめざしましたが，結核にかかって，幕府が滅びるのを見ないまま29歳（数え年）で亡くなりました。
辞世の句は，「おもしろき こともなき世を おもしろく」です。

4 薩長の方針転換

・**攘夷に失敗し，外国の力を実感した薩摩と長州は，その方針を転換しました。**
外国を追い出すのは不可能，それなら幕府を倒して新政府をつくろうと考えたのです。
薩摩と長州はもともと仲が悪かったのですが，

> ［㉝1866年］【㉞薩長同盟】**を結び，倒幕のために協力することを約束しました。**
> **薩摩側の代表は**【㉟西郷隆盛・大久保利通】，**長州側は木戸孝允**（元の名前は桂小五郎）**です。**
> **両藩を仲介したのは**【㊱坂本龍馬（土佐藩）】。**土佐は現在の高知県です。**

「**一夜，ムムっと薩長同盟**」。
坂本龍馬（竜馬とも）は海援隊（海運と貿易のための商社）を組織したビジネスマンで，
朝廷中心の大名会議による統一国家構想をいだき，幕末という時代を駆け抜けた人物です。
日本ではじめて新婚旅行に出かけたり，ブーツをはいてピストルを携帯していたなど，
いろいろなエピソードにも事欠かない人です。しかし，志なかばで，京都で暗殺されました。

5 幕府の滅亡

・前述したように，薩摩と長州は二大雄藩です。それが手を結んだのですから，幕府は大ピンチです。
そこでいったん政権を天皇（朝廷）に返し，徳川氏を中心とする連合政権をつくろうと，

> 【㊲1867年】【㊳大政奉還】をおこなったのが【㊴15代将軍 徳川慶喜】です。

「**一夜むなしい大政奉還**」。大政奉還を表明した場所は，**京都の二条城**です。（10月14日）

・慶喜は，天皇中心の新たな政治体制に移行しても，徳川氏の勢力を維持しようと考えたのですが，

> **すぐに朝廷は**【㊵王政復古の大号令】**を発しました。**

「王の政治が復活したぞ（天皇がふたたび政治をおこなうぞ）」という宣言です。（12月9日）
つまり，新政府に徳川氏は入れない，という断固とした意思表明です。
このときの朝廷の中心人物は，**岩倉具視**です。のちの新政府でも活躍しました。

・こうしてついに，江戸幕府は滅亡しました。

・王政復古の大号令により，大政奉還で勢力を保とうとした幕府側(もう旧幕府ですね)は，
当てがはずれてしまいました。「どうしてくれるんだ！」と，

旧幕府軍と，薩長を中心とする新政府軍の戦い【㊶戊辰戦争】がおこりました。

大政奉還の翌年の1868年正月，京都で［㊷**鳥羽・伏見の戦い**］が始まりました。
数こそ優勢であった旧幕府軍でしたが，新式銃などを装備した新政府軍にやぶれました。

・同年３月，江戸への新政府軍の総攻撃を目前に，**西郷隆盛**と幕臣の［㊸**勝海舟**］が会談をおこない，
４月，江戸城が新政府軍に明けわたされて，大都市・江戸は戦火をまぬがれました。(**江戸城無血開城**)
江戸開城を不服とする旧幕臣の有志は，徳川氏の菩提寺である上野の寛永寺に立てこもり，
新政府軍に抵抗しますが，わずか１日で鎮圧されました。

・なおも抵抗を続ける旧幕府軍は，同年の夏にかけ，北陸～東北地方を転戦します。
［㊹**会津の戦い**］(福島県会津若松市)はとくにはげしく，女性や少年も参加しました。
会津藩主は京都守護職という幕府の要職につき，新撰組などを配下として倒幕派の取りしまりに
あたっていました。会津はそのため，旧幕府派の中心勢力とみられていたのです。
会津藩への追討命令に対して，東北の各藩は同盟を結んで抵抗し，各地ではげしい戦闘がくりひろ
げられました。15歳くらいの少年からなる**白虎隊**が，集団で自刃したという話などもあります。

・ついに1869年５月，函館の［㊺**五稜郭の戦い**］で新政府に降伏し，戊辰戦争は終結しました。

重要 **1869年は明治２年です。**
戊辰戦争の終結は，五箇条の御誓文(→p.126)**よりも後になります。**

参考 右の五稜郭の写真をみてください。きれいな星形をしていますね。
突き出た先に砲台をおいて，広い角度を砲撃するためです。
大砲を用いる近代戦争を想定した城だったのです。
五稜郭に立てこもったのは，幕臣の榎本武揚です。
オランダへの留学経験があり，函館に蝦夷島政府を樹立しました。
降伏後は犯罪者として収監されますが，やがて許され，明治政府に仕えて活躍しました。

おまけ 当時は「箱館」と書きましたが，大阪と同じく(→p.97)，明治時代に「函館」となりました。
入試問題は高校の先生が作成することが多いので，たまに「大坂」や「箱館」となっていますが，
今は，あまり気にしなくてもかまいませんよ。(以前は違っていた，くらいでいい)

■幕末トレーニング■(むずかしい問題ですが，書き込み編を参考に，流れを確認しましょう)　(答→p.126)

①次のア～クを年代順に並べ替えなさい［　→　→　→　→　→　→　→　］

ア：薩長同盟　イ：鳥羽・伏見の戦い　ウ：会津の戦い　エ：王政復古の大号令
オ：大政奉還　カ：江戸城無血開城　キ：五稜郭の戦い　ク：五箇条の御誓文

②次のア～ケを年代順に並べ替えなさい［　→　→　→　→　→　→　→　→　］

ア：大政奉還　イ：王政復古の大号令　ウ：生麦事件　エ：安政の大獄　オ：戊辰戦争
カ：薩長同盟　キ：日米修好通商条約　ク：薩英戦争　ケ：桜田門外の変

12章 明治時代

48 ▸ 明治維新

➡書き込み編 p.44~45

1 国家体制の整備

・**大政奉還(1867年)の翌年,**

> 1868年【❶五箇条の御誓文】**を発布し,新政府の基本方針を示しました。**

「五か条~」と書いてもかまいませんが,「5ヶ条~」はやめましょう。

明治天皇▶

・**明治天皇が神に誓うという形式で発布されました。**

天皇の祖先は神とされていました。

その「神に誓ったもの」で,国民との間でかわされたものではありませんでした。

史料 五箇条の御誓文

一.広ク会議ヲ興シ,万機公論ニ決スヘシ
一.上下心ヲ一ニシテ,盛ニ経綸①ヲ行フヘシ
一.官武一途庶民ニ至ル迄各其志ヲ遂ケ,人心ヲシテ倦マサラシメン事②ヲ要ス
一.旧来ノ陋習③ヲ破リ,天地ノ公道ニ基クヘシ
一.智識ヲ世界ニ求メ,大ニ皇基ヲ振起スヘシ
我国未曾有ノ変革ヲ為ントシ,朕④躬ヲ以テ衆ニ先ンシ,天地神明ニ誓ヒ,
大ニ斯国是ヲ定メ,万民保全ノ道ヲ立ントス。衆亦此旨趣ニ基キ協心努力セヨ

①経綸=国家を治めととのえること ②飽きさせないこと(倦む=飽きる) ③陋習=悪い慣習 ④朕=明治天皇の自称

「広ク会議ヲ興シ,万機公論ニ決スヘシ」が出てきたらピンときてください。

・その翌日,**国民に対して[❷五榜の掲示]とよばれる5枚の立て札を示しました。**

・「一揆をするな」「外国人に暴行するな」といったものです。

とりあえず正式な法の制定まで,民衆に禁止事項を示したものです。

「キリスト教の禁止」といった江戸幕府の禁令も継承していました。

史料 五榜の掲示(部分要約)

第一札	定	人たるもの五倫①を正しくすること
第二札	定	徒党を組んで一揆をおこしたり,田地から逃散することを堅く禁ず
第三札	定	切支丹邪宗門の儀は堅く禁ず。不審者あらば役所に申し出ること(ご褒美を下される)
第四札	覚	外国人を殺害・暴行してはならない。条約を結んだからには心得違いをしないこと
第五札	覚	国外逃亡をはかってはならない

①五倫=君臣・父子・夫婦・長幼・友人の間で守るべき道

注意 新政府は,

「五箇条の御誓文を発布し,一揆をおこすことや外国人に危害を加えることを禁止した。」

入試などでみかける間違いの選択肢です。五箇条の御誓文と五榜の掲示を混同しないように注意。

幕末トレーニングの答 ① ア→オ→エ→イ→ク→カ→ウ→キ ② キ→エ→ケ→ウ→ク→カ→ア→イ→オ(→p.125)

・【❸1869年】【❹版籍奉還】をおこない，各藩の土地と人民を朝廷に返上させました。

「人はムクれる版籍奉還」。(漢字に注意。藩籍ではない)
公地公民みたいですね。天皇中心の国家とするためです。(公地公民→p.26)
薩摩や長州といった雄藩が率先しておこなったこと，
また，戊辰戦争が終結したこともあって，300ほどもあった藩の奉還が実現しました。
藩主(大名)は知藩事に任ぜられて政治をおこなうなど，江戸時代とあまり変わりませんでした。

・【❺1871年】【❻廃藩置県】をおこないました。

「これからは，藩とイワナイ，県という」。
知藩事を解任し，政府から[❼県令](あるいは**府知事**)という役人を派遣しました。
東京の新政府の命令を，元大名を経由することなく届け，統一的な政策をおこなうためです。

・**廃藩置県によって，中央集権体制が確立しました。**(中央政府＝明治新政府に権力が集中するようになった)

・知藩事(元大名)は東京に住むこととされました。そのまま地元にいると影響力がありますからね。
処分されたわけではありません。華族として厚遇されました。

参考 江戸時代の日本は藩が集まった，いわば連邦国家のようなものでした。
日本が1つの国としてまとまらなければ，欧米列強(強大な国々)に対抗することはできません。
攘夷に失敗した薩長の出身者が多くを占めていた新政府は，このことをよく知っていたのです。

・1871年，[**解放令**(身分解放令)]を出しました。
従来の身分制度(いわゆる士農工商)をなくし，武士は「士族」，百姓や町人は「平民」とされました。
また「えた」「ひにん」とされていた人々も平民とされましたが，差別は続きました。
大名や公家は「華族」とされ，貴族院議員になることができるなどの特権が与えられました。

・身分制度をなくす(かつての身分から解放する)政策ですが，**完全に平等ではなかったのです。**
以前は四民平等(四民＝士農工商)をめざす政策とされていましたが，近年では，支配的階級であった武士に次ぐ，百姓(農)と町人(商工)の間に身分差はなかったと考えられることから，士農工商や四民平等の表記はあまり見られなくなりました。

・【❽1873年】【❾地租改正】をおこなって，新たな税制を定めました。
土地所有者に[❿地券]を発行し[⓫地価の3%を金納](現金で納め)させました。

「イヤな3%地租改正」。
実際の耕作者ではなく，土地の所有者に土地の権利書を発行し，
土地所有者の責任において，毎年一定額の税を現金で納めさせることとしました。

・江戸時代は米が税でしたよね。豊作ならばたくさん税が集まりますが，不作ならば少なくなります。
地租改正のねらいは，【⓬(豊作・不作にかかわらず)政府の収入を安定させること。】

・農民には負担が大きく，**地租改正反対一揆がおこり**，1877年に[⓭2.5%]**に引き下げられました。**
このできごとは「**竹槍でドンと突き出す二分五厘**」といわれました。(書き込み編にメモしておきましょう)
竹槍は農民一揆の象徴で，2分5厘は2.5%のことです。

・また，円・銭・厘の貨幣の単位を定めました。
今は銭と厘は流通していませんが，為替相場などでみられます。(1円35銭の円高などといいますね)

2 国内成長への道

・【⑭ 富国強兵・殖産興業】と，セットでよばれることがありますが，それぞれ
「富国強兵」は，近代軍隊を創設し，欧米列強に対抗できる強い国にしようとする政策，
「殖産興業」は，近代産業を興し，産業を発展させようとする政策のことです。
どちらも漢字で書けるようにしましょう。

・殖産興業の一環として，政府は各地に手本(模範)となる官営工場を設立しました。
官営の官は政府の役人，つまり国が経営するという意味です。
その１つで，フランスの技術を導入してつくられたのが，

1872年設立の【⑮ 富岡製糸場】です。【⑯ 群馬県】につくられました。(**世界遺産に登録**)

ほかにも，各地で鉱山の開発がすすめられたり，鉄道や銀行などがつくられました。

・**【⑰ 1873年】【⑱ 徴兵令】を定め［⑲ 満20歳］以上の男子に［⑳ 兵役］義務を課しました。**

「人はナミダで兵役へ」。
近代的軍隊を創設するためのものです。
ただ，戸主(一家の主)や長男(家の跡継ぎ)，役人，高額の代理人料を払う者などは免除されました。
実際に兵隊になったのは農家の二男以下の若者が多く，
働き手をとられた不満から，各地で「徴兵令反対一揆」がおこりました。

・**政府は蝦夷地を北海道と改称し，開発をすすめるため【㉑ 開拓使】を設置しました。**
士族(元武士)などを【㉒ 屯田兵】として派遣，開拓と防備にあたらせました。

開拓使は役所です。遣唐使みたいな名前ですが，人ではありません。人は屯田兵です。

・なお，北海道の先住民であるアイヌの人々は，和人(本土の日本人)との同化がすすめられました。
1899年には「**北海道旧土人保護法**」が定められました。
保護法という名前ですが，土人とは野蛮人と同じような意味で，内容も差別的でした。
1997年に，アイヌ固有の文化を守るための「**アイヌ文化振興法**」が制定されました。2019年には「**アイヌ施策推進法**」により，アイヌが初めて「先住民族」であると法律に明記されました。

3 新しい文化

・**【㉓ 文明開化】とは，欧米の制度や文化を取り入れた社会の近代化の動きをいいます。**

服装や生活スタイルが洋風化したことです。見た目でわかる変化です。(漢字に注意。開花ではない)

おまけ 「ザンギリ頭をたたいてみれば，文明開化の音がする」などといわれました。
ザンギリ頭とは，チョンマゲを切った髪型です。
チョンマゲって，セットするのに結構時間がかかったそうです。
頭を剃って，油をつけて…ゆったりした時代ならそれもいいでしょうが，
太陽暦を採用するなど，時間をきっちり定めるようになるとこれは手間ですよね。
それに，欧米人からみるとてても奇妙で，文明人らしくみえない…
ということで，1871年，髪型を自由にして断髪を推奨する法令が出されました。

・1871年，［ **郵便制度** ］が整備されました。**前島密**は，１円切手の肖像になっています。

おまけ 郵便制度とともに，電信(電報や電話)も整備されました。これらができて間もないころ，電線に耳をすませば話し声が聞こえるとか，弁当箱をつるせば相手に届くと思った人もいたそうです。今聞けば笑い話ですが，当時の人々の想像をこえる，画期的な変化だったということですよね。

・**【㉔1872年】【㉕学制】公布，［㉖満６歳］以上のすべての男女が小学校へ通うことを定める。**

「**人は何より学校へ**」。

しかし，経済的な負担や働き手をとられることから反対する親も多く(当時は学費がかかった)，明治初期のころは，小学校に通ったのは国民全体の［㉗ $\frac{1}{3}$ ］ほどでした。

おまけ 「勉強なんかするな！」なんて言われたことありますか？(^^)
当時は，子どもが勉強していたら親に怒られました。子どもでも働かなければならなかったのですね。それでも，次第に教育の必要性が理解されていき，明治時代の後半になると義務教育が無料になったこともあって，就学率は高まっていきました。

・1872年［㉘新橋(東京)］と［㉙横浜］**の間に鉄道が開通しました。**

参考 当時は電車がまだなく，鉄道は蒸気機関車です。蒸気船に対して，陸蒸気などといわれました。
新橋～横浜間を53分で走ったというから，当時としてはかなり速い乗り物でした。
しかし，料金はとても高かったそうです。

・銀座にガス灯が設置され，洋服の着用や牛肉を食べる習慣も広まるなど，都市部では生活の洋風化がすすみました。
(一方，農村部などでは江戸時代とあまり変わらなかったそうです)

・また1873年，キリスト教を禁止した「五榜の掲示」の高札を下ろしました。
外国からの圧力もあり，対外交渉に支障があると考えたからです。

おまけ フライパンなどの調理器具がなかったころ，肉を焼くのに鋤という農具の鉄の部分を使ったことから，鋤で焼く…「すき焼き」という名前が生まれたという説もあります。

・新しい思想が紹介されました。

福沢諭吉です。
輸吉や輪吉ではありません

・**【㉚福沢諭吉】は『学問のすすめ』**をはじめ，多くの著書を残しました。

『学問ノススメ』『学問のすゝめ』と書いてもOK。
冒頭の「**天は人の上に人をつくらず，人の下に人をつくらず**」は有名です。
また慶應義塾を創設しました。今では幼稚舎から大学院までありますね。

・［㉛中江兆民］はルソーの『社会契約論』を翻訳し，**東洋のルソーといわれました。**

4 明治初期の外交〈1〉

▲岩倉具視

・1858年，幕府は日米修好通商条約と同時に，
同様の条約をオランダ・イギリス・フランス・ロシアとも結びました。(→p.121)
前述のように「領事裁判権を認める」「関税自主権がない」といった不平等なもので，
この改正が明治政府の宿題として残されていました。

(1) 1871年，**不平等条約の改正交渉のため【㉜岩倉使節団】が欧米に派遣されました。**

岩倉具視は公家出身の政治家で，昔の五百円札の肖像になりました。
右に使節団の写真を載せました。よくみておいてください。
この写真を使った出題もみられます。(写真中央が岩倉具視です)
同行したのは，伊藤博文，大久保利通といった政府の中心人物です。

・行ってすぐに「はい改正」ということにはならず，
改正に向けての予備交渉をおこないました。
日本は二流，いや三流の国とみられていたので，まったく相手にされなかったのです。
しかし，岩倉使節団はムダではありませんでした。同行した多くの留学生が，学校・裁判所・刑務所・病院などの施設や制度の調査をおこない，日本の近代化にその知識を役立てました。
出発当時満6歳だった[㉝津田梅子]は，帰国後，津田塾大学の前身となる学校を設立しました。

(2) 1871年，**はじめての対等な国際条約である[㉞日清修好条規]を結びました。**

▲津田梅子

欧米には不利な条約を結ばされた日本ですが，
「清とは対等な条約」，のちに「朝鮮とは日本側に有利な条約」を結びます。
当時の日本の国際的な地位(ポジション)がみえてきますね。

5 征韓論と明治政府の分裂

・当時の政府は，薩摩藩や長州藩など一部の藩の出身者が要職を占めていました。
これを[㉟**藩閥政治**]といいます。

閥

当然，他藩の出身者はおもしろくありませんよね。
しかも収入は少なく，廃刀令(刀を差してはならない)などで武士の特権を失ったこともあり，
士族の不満が高まっていました。

・**士族の不満の高まりを背景に，国内では【㊱征韓論】が盛り上がりました。**
不平士族の代表は【㊲西郷隆盛・板垣退助】です。

征韓論とは，[**鎖国中の朝鮮を武力によって開国させ，経済的な要求をしようとする主張。**]
西郷と板垣は岩倉使節団が派遣されていた時期に政府をあずかる，いわば留守番役でした。(留守政府)

・**ところが，欧米視察から【㊳岩倉具視・大久保利通】らが帰国すると，形勢は逆転しました。**
「対外進出よりも，国内体制の確立を優先させるべきだ」ということになり，
西郷と板垣は政府を去ることとなりました。

大久保「としみち」って書けるかい？
大久保「りつう」と唱えて覚えている受験生もいるようじゃ

じゃあ，ワシは「ぐっしー」じゃな

・政府を去った**板垣退助**は，1874年【㊴**民撰議院設立の建白書**】を提出しました。

「板垣退助，銃はなし」。(民撰議院設立建白書とも)
武力ではなく，言論によって政府に働きかけたものです。
民撰議院とは，民衆から選ばれた議院のこと。**つまり，国会を開くことを求めたのです。**
このときにはまだ，不平士族たちが政治参加を求める運動にすぎませんでした。
しかし，やがて農民たちの地租軽減運動などと結びつき，条約改正問題もからんで，
全国民的な「自由民権運動」へと発展していきました。

注意 民選議院と書いても間違いではありませんが，民撰議員はだめです。

撰　撰

・政府を去った**西郷隆盛**は，【㊵1877年】【㊶**西南戦争**】をおこしました。

「いやな名，残した西郷さん」。
西郷は故郷の鹿児島で不平士族たちにおされて，新政府に対して武力蜂起しました。
しかし，新政府軍に追いつめられ，7か月あまりにおよぶはげしい戦闘の末，やぶれました。
明治政府の功労者だった人が，最後には反逆者となってしまったのです。(西郷は自殺しました)

・このころ，佐賀や山口など各地で反乱がおこっていましたが，
西南戦争は，**最大にして最後の不平士族の反乱**となりました。

6 明治初期の外交〈2〉

・明治時代のはじめは，どこからどこまでが日本の領土なのか，決まっているようで決まっておらず，
新政府はきちんとした国境を定める必要がありました。

(1) まず，琉球の帰属について。
琉球王国は，江戸時代には，薩摩藩に事実上支配されながら，清にも朝貢していました。
廃藩置県で琉球を鹿児島県に編入し，翌年には琉球藩としましたが，
琉球国王は日本への併合を望まず，
また，名目上の宗主国(朝貢先)である清も，この措置に強く抗議しました。
・1871年，台湾に漂着した琉球の漁民が先住民に殺害される事件がおこると，
政府は台湾出兵をおこない，「責任を取れ」と清国にせまって賠償金を支払わせました(1874年)。
「あやまれ」といってあやまらせた(賠償金を払わせた)ことは，
清に琉球が日本領であると認めさせたようなものです。
そして1879年，軍事力を背景に琉球藩を廃止して，沖縄県をおきました。
「1871年の廃藩置県で，琉球が沖縄県になったのではありません」
ということだけは，理解しておきましょう。

・この後も清と交渉がもたれ，沖縄本島は日本，石垣島などは清，という分割案も出されましたが，
結局，沖縄は政治や文化に独自の方法や側面を残したまま，日本に帰属することとなりました。

・また，「小笠原諸島は日本領だ」と宣言し，反対されなかったため，日本領となりました。
江戸時代にアメリカ人が住んでいたこともあり，ペリーが上陸して領有を宣言しましたが，
江戸幕府が日本人を移住させて開拓をすすめるなど，根回ししていたためです。

⑵ 次は朝鮮についてです。

・1875年，朝鮮半島の江華島付近で，測量をおこなうなど挑発的な行動をとっていた日本の軍艦が砲撃をうけ，反撃して砲台を破壊するという［㊷**江華島事件**］がおこりました。

・**江華島事件の翌1876年，日本は［㊸日朝修好条規］という不平等条約を押しつけました。**

征韓論はやぶれたのですが，結局，明治政府は，軍事力を背景に朝鮮を開国させたのです。

⑶ ロシアとの国境については少し複雑なので，下の図をみてください。

江戸時代末期から第二次世界大戦後までの，日本とロシア(ソビエト連邦)との国境線の変化です。

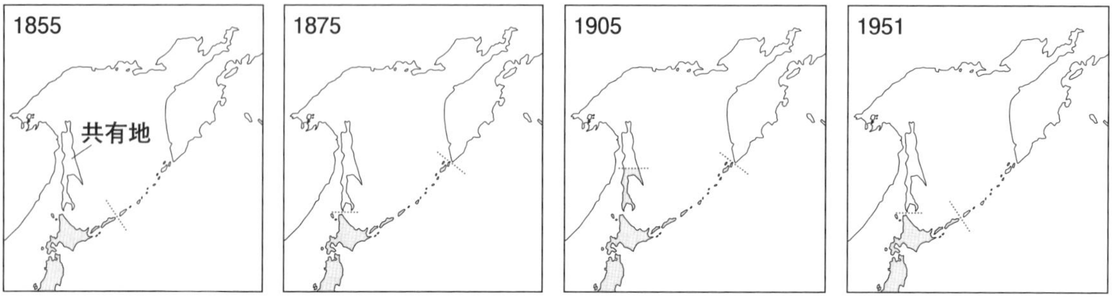

・時代を追ってみていきましょう。まず，

1855年の国境を決めたのは，**日露和親条約**です。日米和親条約の翌年に結ばれました。

・**1875年［㊹樺太・千島交換条約］を結びました。**

「**イヤな交換，千島と樺太**」。(別にイヤではなかったのですが)

「千島・樺太交換条約」と，逆にして書くこともあります。

千島を日本，樺太(サハリン)をロシア領と定めました。

・**1905年，ポーツマス条約で北緯50度以南の樺太を割譲されました。**(→p.138)

・**1951年，サンフランシスコ平和条約で，図のいちばん右のように決まりました。**(→p.170)

これが現在の日本とロシアの国境です。

なお，サンフランシスコ講和会議でソ連は調印を拒否しましたので，

連合国との間での取り決めです。そのため，北方領土問題が未解決のまま残されました。

・また，南樺太の帰属も，現在まで正式には決まっていません。

地図帳で世界全図をみると，樺太の半分は白色になっていると思います。(→地図帳)

ただ，実際にはロシアが統治しています。

参考 ロシアの政治体制の変化について，簡単にまとめておきましょう。

日露和親条約や日露戦争のころは，皇帝が治めていました。つまり，**ロシア帝国**(帝政ロシア)

↓

第一次世界大戦中，革命で社会主義政権が樹立され，1922年から**ソビエト社会主義共和国連邦**

↓

戦後の東西冷戦の時期をへて，1991年にソ連が解体しました。今は，**ロシア連邦**

49 ▸ 立憲国家の成立

➡書き込み編 p.45〜46

1 国会開設への道

・【❶自由民権運動】は，藩閥政府への反対運動として始まりました。
不平士族の政治参加要求から出発し，やがて，農民たちの地租軽減運動などと結びつき，
さらには条約改正問題もからんで，全国民的な運動へ発展しました。(→p.131)

・民撰議院設立の建白書を提出し，

【❷立志社】を地元の［❸高知県］(土佐)で設立したのは［❹板垣退助］・植木枝盛です。

これが大阪で愛国社という全国的組織に発展し，さらに

国会開設を請願する【❺国会期成同盟】が結成されました。

「国会を開け！」と要求する同盟です。
そのころ，薩摩出身の政府の長官が，同じく薩摩出身の商人(五代友厚)に開拓使の施設を格安
(約1500万円を38万円の無利息30年ローン…ほとんどタダですね)で売ろうとしたことが問題となりました。
開拓使官有物払下げ事件といいます。政府は事件への批判をかわすため，

［❻1881年］10年後に国会を開くという「国会開設の勅諭」を出しました。

「一発ハイと国会開設」。1881年を1年目と数えて10年後＝1890年に開くとしました。

参考 詔勅や詔とは，天皇の命令やそれを伝える文書のことです。教育勅語の勅や，大仏造立の詔など。

・国会は多数決で議決します。ということは，あらかじめグループをつくっておけば有利ですね。

【❼板垣退助】が【❽自由党】，【❾大隈重信】が【❿立憲改進党】を結成。

政党は，政治についての考え方や政治方針(政策)が同じ人々によって組織される団体です。
「板垣自由党，大隈立憲改進党」「板垣自由党，大隈立憲改進党」と唱えて区別しましょう。
(「板垣自由党，大隈立憲改新党」…あれ，違いますよ。立憲改進党です)

隈

・自由党は**フランス流**の急進的な考えをもち，比較的貧しい人たちが支持したのに対して，
立憲改進党は**イギリス流**の穏健な改革をめざし，インテリ層(知識人)が支持しました。

参考 自由党と立憲改進党は，敵対するものではありません。大隈が総理大臣になった際，板垣は大臣として協力しました。大隈内閣は日本初の政党内閣です。(はじめての本格的政党内閣は原敬→p.148)

・自由民権運動は，政府への批判です。
そのため，数々の言論弾圧をうけました。
警官が演説を中断しようとして，もみあっている右の絵が有名です。

・国会開設まで10年。しかしその間にも県令(県に派遣された役人)は
圧政をおこない，各地で衝突(激化事件)がおきました。
1884年［⓫秩父事件］(埼玉県)は，「いっぱい走れ困民党」。
急進派自由党員(旧自由党員)と農民らが，困民党を結成して蜂起したものです。
同じころ福島や群馬，栃木などでも人々が蜂起しましたが，いずれも鎮圧されました。

・このような激化事件がおこったのはどの時期か選べ，という問題もあります。
国会開設の勅諭が出された1881年から1890年の国会開設までの間ということをおさえましょう。

2 大日本帝国憲法と帝国議会

(1) **1885年【⑫伊藤博文】が初代内閣総理大臣となりました。**

「一番はいつもの伊藤が総理だよ」。(このとき伊藤は44歳で，歴代首相の最年少記録)

・日本が欧米の国々と肩を並べるためには，政治制度を整える必要がありました。
憲法の制定もその1つです。
国のあり方を決める憲法がないということは，おくれている証拠だとみられたのです。
このことは，不平等条約の改正交渉にも影響しました。

伊藤博文は【⑬プロイセン(ドイツ)憲法】を模範に憲法草案を作成しました。

ドイツの憲法を手本としたのは，【⑭君主権が強かったから。】
君主権が強いということは，天皇を中心とする国家を形成するのに都合がいいからです。
フランスの憲法などを手本にしては，天皇の存在意義がなくなりますからね。

・草案は，**枢密院**で審議されました。
そして，枢密院は天皇の相談にこたえる最高機関で，内閣の方針を左右するほどの力がありました。

大日本帝国憲法は【⑮1889年2月11日】，天皇が国民に与えるという形で発布されました。

「**いち早く，つくるよ憲法とりいそぎ**」。
明治憲法とよぶこともありますが，テストでは「大日本帝国憲法」と正式名称で答えましょう。

・**天皇が下し与えるという形の憲法を「欽定憲法」といいます。**

・日本はアジア初の立憲国家となりましたが(アジア最初の憲法は1876年のオスマン帝国憲法ですが，すぐに停止)
憲法制定は，日本が立憲国家となったことを，欧米にアピールするねらいがあったといわれます。
天皇の大権を認める一方，人権の保障は徹底されず，
「**臣民(国民)の権利は法律の範囲内でしか認められない**」というものでした。

・なお，憲法が発布されたときの首相は伊藤博文ではなく，第2代首相の［⑯黒田清隆］です。
・ドイツ人医師のベルツは，憲法発布当時のようすを，「人々は憲法の意味を理解せず，中には発布を勘違いしてハッピがもらえると喜んでいる人もいる」と書き残しています。(『ベルツの日記』)

史料 大日本帝国憲法

第1条	大日本帝国ハ万世一系ノ天皇之ヲ統治ス
第3条	天皇ハ神聖ニシテ侵スヘカラス
第4条	天皇ハ国ノ元首ニシテ統治権ヲ総攬シ此ノ憲法ノ条規ニ依リ之ヲ行フ
第5条	天皇ハ帝国議会ノ協賛ヲ以テ立法権ヲ行フ
第8条	天皇ハ公共ノ安全ヲ保持シ又ハ其ノ災厄ヲ避クル為緊急ノ必要ニ由リ帝国議会閉会ノ場合ニ於テ法律ニ代ルヘキ勅令ヲ発ス
第11条	天皇ハ陸海軍ヲ統帥ス
第20条	日本臣民ハ法律ノ定ムル所ニ従ヒ兵役ノ義務ヲ有ス
第29条	日本臣民ハ法律ノ範囲内ニ於テ言論著作印行集会及結社ノ自由ヲ有ス

(2) 1890年，政府は，教育の基本方針を示すため【⑰ 教育勅語 】を発布しました。

[⑱ 忠君愛国] を理念に，全国の学校で徹底されました。正式名称は「教育ニ関スル勅語」です。
天皇に忠誠を誓い，国を愛する人材の育成を教育の目標としました。
第1回帝国議会開催の直前です。「勅語の直後に帝国議会」。発布の時期をおさえましょう。

(3) [⑲ 1890年] **第1回帝国議会**が開催されました。
帝国議会は，[⑳ 衆議院] と [㉑ 貴族院] からなる二院制です。

「1つはくれよ，議会の議席」。
帝国議会とは，今でいう国会のことです。（現在は衆議院と参議院があります）

・1890年に衆議院議員選挙がおこなわれました。
貴族院は，天皇が任命した議員などで構成され，選挙はありませんでした。

衆議院の選挙権は，直接国税【㉒ 15円以上を納める満25歳以上の男子 】に与えられました。

条件を満たした人は，人口のわずか1.1％にすぎませんでした。
相当の高額納税者でなければ，選挙に参加することができなかったのです。
「学級委員を決めますので，女子生徒と年収○千万円以下の家庭の男子は出て行ってください」
などと言われるようなものですね。

・以後，選挙権の拡大を求める運動がおこなわれ，徐々に選挙法が改正されていきました。
この選挙法の改正については，よく出題されます。歴史だけでなく，公民でもあります。
選挙権の推移のポイントをおさえましょう。（⇨書き込み編 *p.55*）

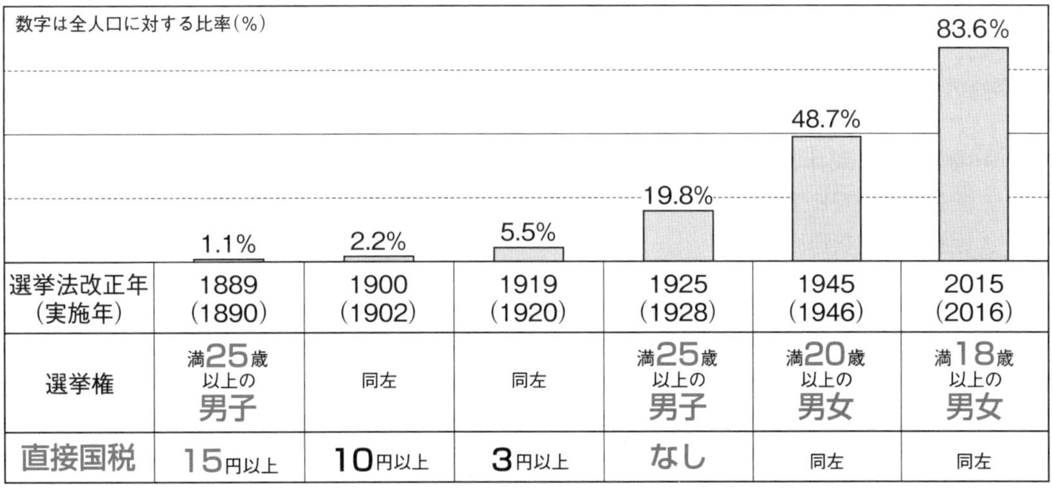

選挙法改正年（実施年）	1889（1890）	1900（1902）	1919（1920）	1925（1928）	1945（1946）	2015（2016）
選挙権	満25歳以上の男子	同左	同左	満25歳以上の男子	満20歳以上の男女	満18歳以上の男女
直接国税	15円以上	10円以上	3円以上	なし	同左	同左

参考 現代の感覚では，まず話し合いをして，リーダーやルールを決めますよね。
ところが，立憲国家をつくるにあたって明治政府がとったのは，民主的な手順ではなかったのです。
今とは違う。だからこそ，試験でねらわれるのです。

①1885年：内閣制度ができました。（リーダーが決まる） **首相**
↓
②1889年：大日本帝国憲法が発布されました。（ルールを決めた） **憲法**
↓
③1890年：第1回帝国議会が開催されました。（話し合いをする） **議会**

民主的な手順ではないのだ

50 ▶ 日清・日露戦争と国際関係の変化

➡書き込み編 p.46〜47

1 日清戦争

日清戦争は，朝鮮の支配をめぐる日本と清の戦いです。
右は日清戦争前の情勢を風刺した絵です。
チョンマゲの侍とメガネの中国人が釣りをしています。
両者がねらっている魚は，朝鮮を表しています。

・清(中国)は以前から朝鮮を属国と考えていました。
一方，日本は朝鮮を開国させて不平等条約を結ばせるなど，
経済的支配を強めていました。
また，朝鮮国内では親日派と親清派が対立し，クーデターがおこるなど揺れていました。

・そのような情勢のもと，

> [❶ 1894年]【❷ 甲午農民戦争(東学の乱)】が[❸ 朝鮮]でおこりました。

東学(キリスト教〈西学〉に対抗しようとする朝鮮の民間信仰)の信徒がかかわっていたことから
東学の乱(東学党の乱)ともよばれる，農民たちの反乱です。

・この鎮圧のために派遣された日清両軍が衝突，**1894年，日清戦争が始まりました。**
「一躍，清を打ちやぶる」。
兵の数では圧倒的に不利でしたが，近代化した戦力によって**日本が勝利しました。**

・
> 日清戦争の講和条約は1895年【❹ 下関条約 】です。
> 日本側の全権代表は[❺ 伊藤博文]，清は李鴻章(リーホンチャン)です。

条約の内容は，とても大事です。また，日露戦争などと混同しないようにしましょう。

> ①清は【❻ 遼東半島＝リアオトン半島(地図のB)】と【❼ 台湾(地図のE)】を日本に譲る。
> ②賠償金として2億両(テール)を払う。(当時の日本円で約3億1000万円＝莫大な金額！)(地図→書き込み編 p.46)
> ③朝鮮の独立を認める。

③は，朝鮮は独立国であり，清のものではないぞという確認です。
つまり，清の属国ではないから，日本のやることに文句を言うなよと念を押したのです。

・もう一度，上の釣りの絵をみてください。橋の上でようすをみている，ひげの男がロシアです。
ロシアもまた植民地拡大をねらう西欧列強と同様，アジアへの進出をねらっていました。
そこで，下関条約の内容が発表されると，

> 日本に対して，遼東半島の返還を求める【❽ 三国干渉 】がおこりました。
> 三国とは[❾ 仏(フランス)・独(ドイツ)・露(ロシア)]です。

日本は領土を広げて「**太ろうとするな**」。(フ(仏)・ト(独)・ロ(露)うとするな)
日本に干渉を拒否する力は残っておらず，やむなく要求をのむことにしました。

これにより，日本国内ではロシアに対する国民感情が悪化しました。

・なお，イギリスが三国干渉に参加しなかったのは，日本がロシアの進出を阻止すれば，
中国におけるイギリスの権益の保護につながると考えたからです。
この後，日本はイギリスと同盟を結び，ロシアと戦うことになります。

・**日清戦争の賠償金の一部で，福岡県に【⑩八幡製鉄所】を建設しました。**

1901年に操業を開始，日本の近代工業の礎となりました。
「日清戦争の賠償金で八幡製鉄所」。これは最低限の知識です。覚えておいてください。
「**賠償金の大部分は軍備拡張費に使われた**」ということも，おさえておきましょう。

・**[⑪1899年]清**(中国)**で[⑫義和団事件]がおこりました。**

「**いっぱい窮屈，清から出てけ**」。
義和団は「**扶清滅洋**」をスローガンに，外国人排斥運動を展開しました。
清を扶け，西洋人を追い出せという意味です。

・義和団とは，弥勒仏を信仰し，拳術や棒術などの武術の修練もおこなう宗教団体です。
心身の鍛錬と仏教の修行が一体化しているところは，少林寺拳法と似ているかもしれません。

・翌1900年，義和団が北京のドイツ公使館などを包囲したため，
８か国が軍隊を出動させて鎮圧する事態へと発展しました。(北清事変とよびます)
出兵した英米仏独などの欧米列強と日本は，賠償金の支払いと，
公使館を守るためという理由で，軍の駐留を認めさせました。(北京議定書といいます)

・義和団の蜂起は，外国の軍隊が駐留する口実を与えることになり，
ますます列強による中国侵略がすすむこととなりました。

・なお，鎮圧にあたって日本軍が活躍したのですが，賠償金の分配はたったの８％ほどでした。
それでも，会議で欧米列強と同等のあつかいをうけたことに政府関係者たちは喜んだそうです。
まだまだ，不平等条約と二流国あつかいにコンプレックスをもっていたのですね。

・このころ，台頭した日本とロシアが満州や韓国に進出し，両国の対立が深まりました。また，
イギリスはロシアの南下政策を警戒し，日本がそれを阻止することを望んでいました。

対ロシア警戒で一致した日本とイギリスは，[⑬1902年]【⑭日英同盟】を結びました。

「**日暮れに握手，日英同盟**」。日清と日露の間であることを，おさえておきましょう。

・右の絵は，日露戦争直前の風刺画です。
ロシアに対して，イギリスが日本をけしかけているようすを
描いています。「ほら，行けよ」って感じですね。
横でみているのはアメリカで，勝敗の行方をながめています。

・日英同盟でますますロシアとの対立が深刻化し，
そして…

2 日露戦争

・【⓯1904年】日露戦争が始まりました。

「行くわよロシア」。

おもに戦場となったのは，中国東北部でした。日本でもロシアでもありません。

1年におよぶ激戦で戦力を消耗した日本は，戦争終結の機会をうかがっていました。

・一方，ロシアでは戦争を続ける帝政(皇帝の政治)に反対する革命騒ぎがおこったこともあって，当時最強といわれたバルチック艦隊を投入して，早期に決着をつけようとしました。

日本にとって日本海は，戦場に物資を輸送するための重要な地点です。

ロシアはここをおさえることで逆転をねらったのですが，日本の連合艦隊がこれを撃破し，**日本の勝利が確実なものとなりました。**

・日露戦争の講和条約は1905年【⓰ポーツマス条約】です。

日本側の全権代表は**小村寿太郎**，ロシア側はウィッテです。

アメリカのセオドア=ローズベルト大統領が仲介しました。

彼はこの功績により，ノーベル平和賞をうけました。ポーツマスはアメリカの都市の名前です。

ローズベルトはルーズベルトとも書きます。第二次世界大戦のときのアメリカ大統領フランクリン=ローズベルトも同じ名字ですので(親戚です)，名前も覚えて区別できればなおよし。

おまけ セオドアの愛称をテディといいます。セオドア=ローズベルト大統領が狩りに出たとき，小熊を撃たずに助けたというお話から，ぬいぐるみの小熊をテディベアとよぶようになったそうですよ。

・ポーツマス条約の内容も大切です。日清戦争時の下関条約と混同しないよう注意しましょう。

①**ロシア帝国は，日本の韓国に対する優位権を認める。**

日本は韓国の政治，経済，軍事上の権利をにぎり，**統監府**(韓国統監府)をおいて保護国としました。

②**旅順と大連をふくむ遼東半島を借りる権利を日本に譲る。**

旅順と大連は中国(清)の港です。ロシアが清から借りていたものを，日本に又貸ししたのです。

③**南満州鉄道の利権を日本に譲る。**

④**北緯【⓱50度】以南の【⓲樺太(サハリン)(地図のA)】を日本に割譲する。**

⑤オホーツク海やベーリング海沿岸での**日本の漁業権**を認める。(地図→書き込み編 *p.46*)

地理では「樺太の中央部が北緯50度の目印」となります。

・しかし，**賠償金は取れず**，講和に反対する［⓳日比谷焼き打ち事件］がおこりました。

勝利といっても圧勝したわけではなかったので，妥協せざるを得なかったのです。

日露戦争は，戦死者8.5万人(日清戦争の約6倍)，軍事費は国家予算の6年分といった，**多大な犠牲と出費の上での勝利でした。**(小村寿太郎も，のちに苦難の交渉であったとふりかえっています)

国民は勝利を信じて重税にも耐えてきましたが，賠償金が取れないとわかると，講和条約締結反対の声が高まり，政府系の新聞社などをおそう暴動がおこったのです。

・三国干渉以来，ロシアに対する反感もあり，
日露戦争について，世論はおおむね戦争を支持していました。
しかし，反戦の立場の人たちもいました。

日露反戦は，詩人の【⑳ 与謝野晶子 】，社会主義者の幸徳秋水，キリスト教徒の内村鑑三。

▲与謝野晶子

与謝野晶子の「君死にたまふことなかれ」の詩は有名です。
「君」とは戦争に行った晶子の弟のことで，死なないでほしいとよびかける内容です。
（幸いにも無事に帰ったそうです）

・幸徳秋水は『平民新聞』の編集長で，のちに大逆事件で処刑されます。（→p.142）
むずかしい問題では，幸徳秋水も内村鑑三も出題されます。区別して覚えましょう。

3 韓国との関係

・**ポーツマス条約で優位権を得た日本は，［㉑ 統監府 ］を設置して韓国を保護国としました。**

初代統監【㉒ 伊藤博文 】が韓国の運動家［㉓ 安重根 ］に暗殺されると（1909年，満州のハルビン駅で）
【㉔ 1910年 】【㉕ 韓国併合 】で日本の植民地とし［㉖ 朝鮮総督府］を設置しました。

「**ひどく異例な韓国併合**」。これ以降，日本による支配は，1945年の終戦まで続きました。
「**統監府**（韓国統監府）」と「**朝鮮総督府**」をしっかり区別しましょう。
朝鮮は，1897年に国号を大韓帝国と改称していました。だから「朝鮮併合」ではなく「韓国併合」なのです。そして，併合と同時に「朝鮮」に戻してしまいました。
また，首都の**漢城**（ソウル）も**京城**に変更されました。（漢城→京城）

参考 韓国併合に批判的な詩人，石川啄木(→p.144)の「地図の上　朝鮮国に黒々と　墨を塗りつつ　秋風を聴く」が載っている教科書もあります。

4 中国の動き

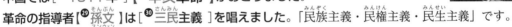

・**中国では［㉗ 1911年 ］【㉘ 辛亥革命 】がおこりました。**
革命の指導者【㉙ 孫文 】は［㉚ 三民主義 ］を唱えました。「民族主義・民権主義・民生主義」です。

「**いちいちうるさい孫文さん**」。漢民族による国家建設の始まりです。
（なお孫文自身はこのとき海外亡命中で，1905年に東京で中国同盟会を結成するなど，漢民族国家建設の機会をうかがっていました）

・革命によって満州族の清は滅亡し，

（**辛亥革命の翌年の**）1912年**【㉛ 中華民国 】が成立しました。首都は［㉜ 南京 ］です。**

孫文は，臨時大総統となりました。（亡命先から帰国）

・しかし，まもなく資金難などから北部の軍閥と妥協し，

［㉝ 袁世凱 ］が大総統となり，専制政治をおこないました。（注意。大統領ではありませんよ！）

中華民国はまだまだ未完成で，北部まで含めた統一を成し遂げたのは1928年，蔣介石のときです。

参考 軍閥とは，清の末期～中華民国のころに中国各地に勢力をもっていた私的な軍事集団。

5 不平等条約の改正

・日米修好通商条約など５か国(米蘭英仏露)と結んだ条約は不平等なものでした。(→p.121)
条約改正は，明治政府の発足当初からの課題だったのです。

(1) 1871年，岩倉具視を団長とする【㉞岩倉使節団】が派遣されましたが，
相手にされずに終わったのでしたね(→p.130)。日本はまだまだ二流，三流国あつかいだったのです。

・そこで，井上馨外務卿(外務大臣)は，日本が文明国であることを認めてもらおうとしました。
[㉟欧化政策]とよばれます。
[㊱鹿鳴館]に**欧米各国の公使を招待して，舞踏会を開きました。**
もちろん，豪華な洋風の建物を建ててダンスパーティーをやったところで，
それだけで文明国だと認められるはずもありません。
国内からの批判もあって，失敗しました。
右はその風刺画です。洋服を着た日本人，鏡に映る姿は…サルですね。

(2) 和歌山沖でイギリスの貨物船が沈没したとき，

日本人25名が見殺しにされる【㊲ノルマントン号事件】がおこりました。(1886年)

「見殺しされたらいややろう」。
しかし，領事裁判の結果，イギリス人船長は，
禁固３か月という軽い罪ですまされ，賠償金もとれませんでした。
領事裁判とは，領事，つまり外交官がおこなう裁判です。(→p.121)
イギリス人がイギリス人を裁くのですから公平さは期待できません。
国民は領事裁判権撤廃の必要性を思い知らされることとなりました。
ただ，話がまとまりそうになると，ほかの国が反対する…といった
具合で，交渉は難航しました。

・やがて，日本にとって好機が訪れました。
ロシアのアジア進出に危機感をもったイギリスが，日本に好意的な姿勢をみせてきたのです。
のちに日英同盟を結ぶ仲です。**イギリスが改正に同意**し，他国もこれに同調しました。
こうして，ついに，

(3) **日清戦争開戦の直前の【㊳1894年】【㊴領事裁判権撤廃】が実現しました。**
【㊵陸奥宗光外相】のときです。

いやー苦心，むちゃむちゃ違い

日清戦争の開戦直前というのが，問題を解くポイントとなることがあります。

・さらに，日清・日露と対外戦争の勝利などをうけて，

(4) **【㊶1911年】【㊷関税自主権回復】が実現しました。**
【㊸小村寿太郎外相】のときです。(アメリカとの交渉に成功)

寿って
イイ感じ

ついに不平等条約を清算することができました。1911－1858＝53年…半世紀以上の道のりでした。
関税自主権は「関税の自主権」とも。なお領事裁判権は，治外法権の一種です。(→p.121)

重要 不平等条約の改正

岩倉使節団→鹿鳴館で舞踏会→ノルマントン号事件→領事裁判権撤廃(治外法権撤廃)→関税自主権回復

51 ▸ 近代産業の発展

➡書き込み編 p.48

1 **日本の産業革命は［❶日清戦争 ］のころから始まりました。**

石油化学や機械工業ではなく，まずは繊維を中心とする軽工業の分野から始まりました。

(1) **日清戦争で得た賠償金の一部で【❷八幡製鉄所（ 福岡県 ）】を設立しました。**

1901年に操業を開始し，**重工業もさかんになっていきました。**

・戦前の日本の貿易品(輸出入品)とくれば，とにかく生糸や綿織物などの繊維，
漢字で書くと糸偏のものばかりです。当時は「糸を売って軍艦を買う」といわれました。

重要 生糸は，勘合・南蛮・朱印船貿易では**輸入品**，幕末には**輸出品**。
勘合貿易では，明銭のほかに生糸。南蛮貿易や朱印船貿易でも輸入されました。
幕末の貿易では，輸出品の８割が生糸。輸入品の７割が毛織物と綿織物でした。

参考 **生糸**：蚕(ガの幼虫)の繭からとれる糸(絹糸)。製糸工場でつくられます。
綿糸：綿花(植物)からつくられる糸。紡績工場でつくられます。

▶日本の工業力が高まるにつれて，輸出入品に変化があらわれました。

次のようなグラフなどをみて「工業の発達のようすを答えよ」という論述がよく出ます。

輸入品

1885年(0.3億円)	綿糸 17.7%	砂糖 15.9	綿織物 9.8	毛織物 9.1	機械類 6.6	石油 5.7	鉄類3.6	その他 31.6

1899年(2.2億円)	綿花 28.2%	砂糖 8.0	機械類 6.2	鉄類 5.4	綿織物4.2	毛織物4.1	石油3.7	その他 40.2

輸出品

1885年(0.4億円)	生糸 35.1%	緑茶 18.0	水産物 6.9	石炭 5.3	銅 5.0	その他 29.7

1899年(2.1億円)	生糸 29.1%	綿糸 13.3	絹織物 8.1	石炭 7.1	銅 5.4	その他 37.0

(『日本貿易精覧』より)

①明治のはじめ，富岡製糸場が操業を始めたばかりのころは(1870 ～ 80年代)，

［❸(工場で加工された製品である)綿糸を輸入。］つまり，**発展途上国型の貿易**です。

②産業革命が進展すると(1880年代後半～)，

［❹輸入した(原料の)綿花を加工して，
(製品の)綿糸を輸出できるようになった。］
(原料を加工して製品を輸出する，工業国型の貿易に)

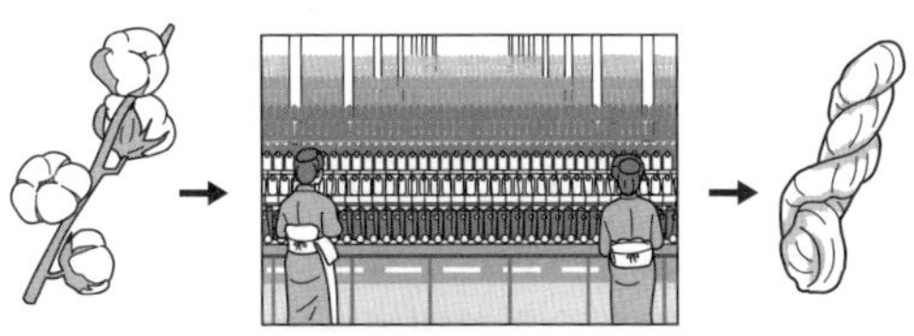

③**第一次世界大戦後**(1919年～)，
工業生産額が農業生産額を上回り，日本はアジアで初の工業国となりました。

▲渋沢栄一

(2) 1882年，日本の中央銀行となる［❺日本銀行 ］が設立されました。
また，数々の会社・学校・経済団体の設立に尽力した**渋沢栄一**が活躍しました。
渋沢栄一は日本資本主義の父ともいわれています。

(3) このころ，三井・三菱・住友・安田などの［❻財閥 ］が形成されました。
親会社を頂点に，いくつもの子会社や孫会社が連携した超巨大な企業グループです。

参考 **資本主義と社会主義**

「資本」とは，モノをつくる上で必要な工場や機械，原材料，あるいは，元手となる資金です。
お金と考えてもいいでしょう。

「資本家」とは，資本をもっている人です。会社や土地などの生産手段を所有している人や，株を買うことで会社などに出資している人(株主といいます)のことです。
むずかしければ，お金持ちと考えてもいいでしょう。

「資本主義」とは，資本家が資本をもとに利潤(もうけ)を得る経済のしくみです。

お金をもっている人が，会社をつくってもうけることです。お金は銀行などから借りることもできます。また，資本主義経済では，**私有財産制と経済活動の自由が原則**で，会社と会社の競争がおこなわれます。私有財産制とは，社長が自分の工場をもつなど，個人が財産を所有することが認められることです。日本も資本主義経済です。

「社会主義」とは，生産手段を公の社会のものとし，計画通りに生産をおこなう経済のしくみです。

一般に，社会主義は革命によって達成されます。社会主義革命によって，資本家階級の財産を公有にしてしまうのです(**私有財産制の否定**)。ロシア革命がいちばんわかりやすい例でしょうか。

そして，**計画経済**をおこなうことで企業間の競争をなくし，
倒産も失業もない社会を実現させようというものです。
そうすることで，「金持ちも貧乏人もいない，平等な社会をめざす」のです。
ドイツ生まれの思想家で経済学者の**マルクス**が，社会主義の理論を確立しました。

2 公害・労働問題と社会運動の展開

・**産業の発展の一方で，公害問題・労働問題がおこり，[⑦社会主義]の運動もさかんになりました。**
会社がもうかっても，そこで働く労働者の生活は豊かにならず，
資本家だけが経済発展の恩恵をうけていたのです。

・1886年には，甲府(山梨県)の製糸工場で，はじめてのストライキがおこりました。
(ストライキとは，労働条件の改善などを要求し，団結して労働を停止することです)

(1) **近代日本ではじめての公害問題**である，

> **足尾銅山鉱毒事件(⑧栃木県・渡良瀬川流域)がおこりました。**
> 【⑨田中正造】は衆議院議員をやめて天皇に直訴するなど(1901年)，解決に力をつくしました。

(2) 1901年，幸徳秋水，片山潜らによって**初の社会主義政党[⑩社会民主党]が結成されました。**
しかし，その2日後に禁止となりました。

・社会主義は，資本家にとってはとても嫌なものでした。
社長が平社員に，地主がただの農民になる世の中をめざしているようなものですから，当然ですね。

・**政府は社会主義思想を厳しく取りしまりました。**

(3)
> **1910年，幸徳秋水ら社会主義者を弾圧する[⑪大逆事件]がおこりました。**(だいぎゃくではない)

幸徳らは，天皇暗殺を計画したとして死刑になりました。無実の罪で犯人に仕立てられたのです。
以後，社会主義運動は不振となり，冬の時代といわれました。

鞜

・**女性の地位向上を求める運動もさかんになりました。**くわしくは後述します。(→p.153)

(4)
> 1911年【⑫青鞜社】を結成した【⑬平塚らいてう】(らいちょう)**らの女性運動です。**

雑誌『青鞜』の創刊号で「**元始，女性は実に太陽であった**」と宣言しました。

52 ▸ 近代教育の発展

➡書き込み編 p.48

- 文明開化のところでも述べましたが，教育に関する歴史をまとめておきましょう。
- **1872年【❶学制】を公布し，満6歳以上の男女が小学校へ通うことを定めました。**

「**人は何より学校へ**」。
しかし授業料は有償で，経済的な負担や働き手をとられることから反対する親も多く，明治初期の就学率は30%ほどでした。

- 1879年，[教育令]が出されました。当初はアメリカの制度を参考にした自由主義的で地方自治的なものでしたが，のちに改正され，教育の中央集権化が図られました。
- 1886年，[学校令]。**義務教育は4年間**，帝国大学以下の学校体系が確立しました。
- **1890年，政府は，教育の基本方針を示すため【❷教育勅語】を発布しました。**

[❸忠君愛国]，つまり，天皇に忠誠を誓い，国を愛する人材の育成を教育の目標としました。
正式には「教育ニ関スル勅語」といい，勅語＝天皇(明治天皇)の言葉という形で発布されました。
「勅語の直後に帝国議会」。第1回帝国議会(1890年)の直前に発布されたのでしたね。(→p.135)

- 1900年，**義務教育が無償化されました。**
- 1903年，[国定教科書制度]が始まります。小学校の教科書が文部省の著作物に統一されました。
- 1907年，**義務教育を小学校の**[❹**6年間**]に。このころになると，就学率は100%に近づきました。

(以下は戦後のことです)

- 1947年，**教育基本法**を制定(→p.162)。教育勅語を廃止し，新しい教育のあり方を示すものでした。小中学校を義務教育とし，期間は**9年間(＝6・3制)**となりました。

参考 **おもな大学の創設**

慶應義塾大学：**福沢諭吉**	東京専門学校→早稲田大学：**大隈重信**
津田塾大学：**津田梅子**	東京美術学校→東京芸術大学：**岡倉天心**
同志社大学：**新島襄**	

これ以外にも，あなたが受験する学校(私立)の沿革について調べておきましょう。面接代わりに出題されるかもしれませんよ。

53 ▸ 明治時代の文化

➡書き込み編 p.49

1 文学

- [坪内逍遙]の『小説神髄』は小説論。事実や心情をリアルに書く写実主義を提唱しました。
- [二葉亭四迷]の代表作は『浮雲』です。
言文一致体といって，堅苦しい文語体に代わって，話し言葉である口語体を取り入れた作品です。
(二葉亭四迷という変わったペンネームは，小説家になりたいと打ち明けたとき，反対したお父さんに，「くたばっちめぇ(くたばってしまえ＝死んでしまえ)」とののしられたところから付けたといわれます)
- [❶森鷗外]の『舞姫』は，日本人留学生とドイツ人ダンサーの恋愛と別れを描いた作品です。

・【❷樋口一葉】は，『たけくらべ』『にごりえ』を書きました。

樋口一葉は漢字で書けるようにしましょう。五千円札の肖像画の人です*。

＊2024年ごろ，津田梅子に変更予定。

・『たけくらべ』は，相手を意識すればするほど，かえって冷たい態度をとってしまう思春期の淡い恋を描いた作品です。
『にごりえ』は遊女のはかない恋の物語で，ともに明治の社会を写実的(リアル)に描いたものです。なお，一葉はこのほかにいくつかの作品を残し，25歳の若さで他界しました。

・［ 島崎藤村 ］の『若菜集』は詩集。『破戒』は部落差別をテーマとした問題作です。

・【❸与謝野晶子】は詩人。『みだれ髪』は情熱的な歌集です。

夫とともに『明星』という詩歌雑誌を発行しました。反戦詩「**君死にたまふことなかれ**」は有名。ところで，何の戦争に反対だったか覚えていますか？　確認しておきましょう。(→**p.139**)

・［❹石川啄木］**は詩人。『一握の砂』は社会主義の影響をうけた作品**です。
「はたらけど　はたらけど　猶わが生活楽にならざり　ぢっと手を見る」は有名です。

啄

・【❺夏目漱石】は『**吾輩は猫である**』『**坊っちゃん**』『**こころ**』など。

『**吾輩は猫である**』は，ネコが飼い主である「先生」やその家族を観察して語るという作品で，笑いの要素の中に，明治時代の知識人や急速に近代化した社会への批判がこめられています。人間ってバカだニャンといった感じでしょうか。
『**坊っちゃん**』は松山の中学校の教師となった主人公が(当時の中学校は現在の高校にあたります)，生徒の態度や田舎の慣習に正義感を爆発させる話。舞台となった松山の道後温泉は地理でも出ます。

・［❻正岡子規］は俳人。俳句雑誌『ホトトギス』で，俳句の革新運動をすすめました。
「柿くへば　鐘が鳴るなり　法隆寺」などの作品があります。

2 自然科学

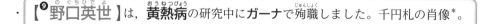

・［❼北里柴三郎］は**破傷風**の研究をおこない，菌の培養に成功。
血清療法で，第１回ノーベル賞候補となっています。(漢字に注意。紫三郎ではありません)
さらに，**ペスト菌**も発見しました。また，**伝染病研究所**・北里研究所を設立しました。

・［❽志賀潔］は，**赤痢菌**を発見しました。

・【❾野口英世】は，**黄熱病**の研究中に**ガーナ**で殉職しました。千円札の肖像*。

＊2024年ごろ，北里柴三郎に変更予定。

・［ 鈴木梅太郎 ］はビタミンB_1の抽出に成功，［ 長岡半太郎 ］は物理学の分野で活躍しました。

3 美術・音楽・その他

・［ 黒田清輝 ］は西洋画の発展に貢献。代表作は「読書」「湖畔」。
［ 横山大観 ］は日本画で，代表作は「無我」。
このほかにも，教科書や資料集にある作品に目を通しておきましょう。(たまに出題されます)

・[❿滝廉太郎]は「荒城の月」の作曲家です。作詞は土井晩翠。荒城のモデルは，
滝が幼少期をすごした大分県の岡城といわれます。廃藩置県で荒廃し，高い石垣だけが残る山城です。

・[⓫中江兆民]はルソーの『社会契約論』を翻訳し，[⓬東洋のルソー]といわれました。

・【⓭福沢諭吉】は『学問のすすめ』『西洋事情』『文明論之概略』などの著作があります。

『学問のすすめ』の冒頭「天は人の上に人をつくらず，人の下に人をつくらず」は有名です。
『学問ノススメ』『学問のすゝめ』と書いてもかまいません。文明開化のところでも出てきましたね。
また25歳で慶應義塾を創設。一万円札の肖像*は，58歳のときのものだそうです。(数え年)

＊2024年ごろ，渋沢栄一に変更予定。

とくに，お札の肖像になった人物はよく出ます。必ず漢字で書けるようにしましょう。

おまけ 以前は，聖徳太子(一万円・五千円)・伊藤博文(千円)・岩倉具視(五百円)・板垣退助(百円)など多くが政治家でした。ヒゲがある方が偽造されにくいということもあったようです。
最近は，福沢諭吉・新渡戸稲造・樋口一葉・夏目漱石・野口英世といった文化人が多いですよね。
周辺諸国に対する配慮なのか(昔の千円札・伊藤博文は韓国では不人気でしたからね)，
あるいは，政治家より文化面で貢献した人の方が尊敬される時代になったのかもしれませんね。
ところで，次のお札は，日本がほこる文化，マンガやアニメのキャラクターはどうでしょうか。
たとえば一万円がドラえもん，五千円はサザエさん，千円は鉄腕アトムなど手塚治虫のキャラクター，五百円玉は数種類，クレヨンしんちゃん，ガンダム，ちびまる子ちゃん，ポケモンなど…
君たちが将来，国政にかかわるようになったときには，ぜひ考えてみてくださいね。(^^v)

4 明治時代の外国人

・明治政府は近代化をすすめるため，多くの外国人の学者や技術者を日本に招きました。
いわゆる「お雇い外国人」です。

・[⓮クラーク]**は札幌農学校を創設しました。**(アメリカ人・教育者)

「Boys, be ambitious! (少年よ，大志をいだけ)」という言葉は有名です。

・[⓯モース]**は，【⓰大森貝塚】(東京都)の発見者です。**(アメリカ人・動物学者で考古学者)

汽車の窓から，貝殻が積もっている地層をみつけたそうです。
ところで，貝塚は何時代のものだったでしょう？(→p.13)

・【⓱フェノロサ】(アメリカ人・哲学者で美術家)**は**[⓲岡倉天心]**と日本美術の復興に尽力。**

当時，文明開化の風潮や，政府が神道の国教化をすすめたことで(神道→p.108)，
新しい文化をありがたがり，古いものはこわしてしまえという雰囲気になっていたのです。
奈良県の興福寺の五重塔(世界遺産)でさえ，こわして燃料にしようという話があったくらいです。
・岡倉天心は美術家で，東京美術学校(今の東京芸術大学)の設立に関わりました。

参考 ナウマン(ドイツ人・地質学者)はナウマン象の発見者ですが，それ以上に，
東日本と西日本とを分ける地帯「**フォッサマグナ**」を指摘したことで知られます。
フォッサマグナの西縁は，新潟県の糸魚川と静岡を結ぶ，糸魚川－静岡構造線。(東縁については諸説あり)

13章 大正時代

54 ▸ 第一次世界大戦

➡書き込み編 p.50

1 資本主義が発展した（工業がさかんになって大量の製品が生産されるようになった）国々は，
市場や原料を獲得するため，さかんに海外に進出するようになりました。

・**資本主義国が軍事力を背景に植民地を獲得しようとすることを，［❶帝国主義 ］といいます。**

第一次世界大戦の前，帝国主義の列強は植民地をめぐって対立していました。
同盟を結び，グループをつくってにらみ合っていたのです。
第一次世界大戦は，帝国主義列強による植民地争奪の「団体戦」といえます。

・**【❷ドイツ 】を中心とする［❸オーストリア ］・［❹イタリア ］の三国同盟と，**
［❺ロシア ］・［❻フランス ］・［❼イギリス ］の三国協商が対立していました。

「ドイツのド→同盟のド」。同盟と協商を区別しましょう。

・**日本は【❽日英同盟 】の関係で，三国協商側になります。**
イタリアは開戦後，三国同盟を脱退して三国協商側につきます。

・ドイツとイギリスの植民地政策について。
「ドイツの３Ｂ政策」は，ベルリン・ビザンティウム（イスタンブール）・バグダッドを結ぶライン，
「イギリスの３Ｃ政策」はカイロ・カルカッタ・ケープタウンを結ぶライン。
これらにそって進出し，勢力の拡大と維持を図ろうとするものです。
植民地は飛び飛びよりも，つながっていた方が都合がいいですからね。
地図帳でアフリカにおけるイギリス植民地をみると，だいたい「タテ」につながっています。

2 **第一次世界大戦**

・**【❾1914年 】オーストリア皇太子暗殺byセルビア人青年＝【❿サラエボ事件 】がおこる。**

「幾年（いくとし）も続いた大戦第一次」。
この事件をきっかけにオーストリアがセルビアに宣戦布告すると，
ドイツがオーストリア側について参戦，
さらに，ロシア・フランス・イギリスがドイツに宣戦布告し，
「第一次世界大戦」が始まりました。

・戦場はヨーロッパ全域に広がり，
とくにドイツとフランスの国境付近は激戦地となりました。

・「第一次世界大戦は，一発の銃声から始まった」といわれます。
［⓫バルカン半島 ］は「ヨーロッパの火薬庫」とよばれていました。
さまざまな民族がくらし，複雑な関係が続いていた地域だったので，
皇太子暗殺を引き金に，世界大戦に発展してしまったのです。
バルカン半島は，ギリシャとその北側を含む地域です。

・大隈重信内閣は，アジアでの日本の地位を高めるいい機会だと考え，

【⑫日英同盟】を口実に参戦し，中国の[⑬ドイツ領]（⑭山東半島の青島）を占領しました。

ドイツ本国が戦争で大変な状況でしたからね。日本にはチャンスだったのです。

・第一次世界大戦中のできごとは，よく出題されます。

大隈内閣は，

1915年，中国に【⑮二十一箇条の要求】をつきつけました。（二十一か条要求とも）

「得意のゴリ押し二十一」。

ドイツのもっていた山東半島の権益や，南満州鉄道の利権などを日本に譲ることを要求，

その大部分を中国（袁世凱）に認めさせました。

注意 このときの中国の正式な国号（国名）は「中華民国」です。中華人民共和国ではありません。

史料 二十一箇条の要求（部分要約）

一．支那国政府ハ，独逸国カ山東省ニ有スル一切ノ権利利益ヲ日本国政府ニ譲与スル

一．支那国政府ハ，南満州及ヒ内蒙古ニ於ケル日本国ノ優位ナル地位ヲ承認シ，
旅順・大連ノ租借ノ期限，南満州鉄道ノ利権ノ期限ヲ九十九ヶ年延長スル

参考 「支那」というよび方は，「秦」に由来します（英語のChinaもそう）。
しかし，現在では差別的な意味合いを含むため，ふつう，使用をさけます。

特異な経済
レーニンです

・**【⑯1917年】社会主義をめざす【⑰ロシア革命】がおこり，帝政を滅ぼして[⑱レーニン]を指導者とする社会主義政権を樹立。**

・**各国は革命を止めさせようと[⑲1918年]【⑳シベリア出兵】をおこないました。**

日本は7万もの大軍を派遣しましたが，革命は成功，そののち，ソ連が誕生しました。

「行くのイヤだわシベリアへ」。

多大な軍事費と3000人以上の戦死者を出し，何の成果もなく引きあげたのです。

・ソ連（ソビエト社会主義共和国連邦。ソビエト連邦ともいう）の成立は[㉑1922年]です。

ロシア革命は大戦中，ソ連の成立は大戦後です。ひっかけ問題に注意。（ソビエトとはロシア語で「会議」）

・**1918年，シベリア出兵を見こんだ米の買い占めから，日本で【㉒米騒動】がおこりました。**

まず，米の値上がりに怒った[㉓富山県]**魚津の主婦**が，

買い占めをしている米屋を取りかこみました。

このことが[㉔越中女房一揆]として新聞で報道されると，騒動は全国的な広がりをみせ，

各地で**暴動**がおこり，軍隊まで出動する事態となりました。

参加者は70万人をこえ，約2万5000人が検挙されて，50日ほどでしずまりました。

・米騒動は，なぜおこったのか？　論述で出ます。

【㉕原因 シベリア出兵を見越した商人たちが米を買い占めたから。】

（商人たちによる，シベリア出兵を見こんだ米の買い占めが行われたから。）

米を買い占めたのは軍隊ではありませんよ，商人たちです。
値上がりする前に買い占めておいて，値上がりしたときに売れば大もうけですからね。
買い占めによって，米価が1914年と比べて２倍近くに跳ね上がりました。

・米騒動の混乱をうけて内閣（軍出身の寺内正毅）が退陣，

国民に人気のあった立憲政友会の【㉖原敬】が内閣総理大臣となりました。

初の本格的政党内閣の誕生です。

・今は，選挙で勝って国会で多数を占めた政党の議員の中から内閣総理大臣が選出されますが，
当時は，国民に人気があって国会の多数派を占める政党でも，首相を出すことはできませんでした。
前総理の推薦や，元総理らからなる元老たちが決めていたのです。
しかし，米騒動のあとですから，国民に人気があった原敬が選ばれました。

参考 原敬内閣が初の本格的政党内閣といわれるのは，原敬自身が衆議院議員であり，
陸海軍大臣と外務大臣以外の大臣を，立憲政友会の会員から任命したためです。
なお，初の政党内閣は大隈重信内閣ですが，大隈は国会議員ではありませんでした。

重要 第一次世界大戦中のできごとはよく出題されますので，もう一度まとめておきましょう。

二十一箇条の要求 → **ロシア革命** → **シベリア出兵** → **米騒動** → **原敬**

頭文字で「21ロシ米原」と唱えて覚えましょう。

・さて，いよいよ第一次世界大戦が終戦をむかえます。
ドイツ軍は，一定の水域に入った船は国籍を問わず潜水艦（Uボート）で攻撃しました。
直接戦争をしていなくても，敵国に物資を運ぶなら，戦争に協力しているとみなしたのです。
これに対し，戦争をしていないのに攻撃されたと怒って，
アメリカがドイツに対して宣戦布告しました。（1917年）
これが決定打となり，1918年，［㉗ドイツ］**が降伏**，５年近くにもおよぶ長期戦が終わりました。

・第一次世界大戦には，戦車・飛行機・潜水艦・毒ガスといった大量殺戮兵器が登場しました。
国家の生産力をかけた総力戦となり，死者約1000万人を出しました。

・なお，敗戦国ドイツでは帝政（皇帝による政治）が倒れ，

ドイツは，1919年【㉘ワイマール憲法】を制定して，共和国となりました。

近代憲法で初の社会権を認める・20歳以上の男女に普通選挙権を与える
という画期的なものでした。（社会権とは人間らしく生きる権利のこと…公民で出ます）

・ドイツの敗戦をうけて，

【㉙1919年】【㉚ベルサイユ条約】が結ばれました。［㉛パリ講和会議］です。

「行く行くパリのベルサイユ」。（ヴェルサイユ条約とも）
ちなみにベルサイユ宮殿は，フランス絶対王政の時代にルイ14世が建てたものです。

・ベルサイユ条約によって
敗戦国ドイツは，軍備の制限と，莫大な賠償金の支払いを課せられました。これを
ベルサイユ体制といい，「ドイツの封じ込めと抑圧をねらったもの」です。

・ベルサイユ体制下のドイツではインフレがすすんで，通貨の価値が1兆分の1に下がりました。
想像できますか？　100円のパンを買うのに，100兆円もっていかなければならないのです。
ドイツは不満をつのらせ，やがてヒトラーの台頭(→**p.155**)，第二次世界大戦へとつながります。

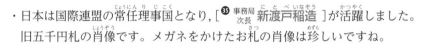

> 1920年【㉜**国際連盟**】が設立されました。国際連盟の設立と，［㉝**民族自決**］の理念
> (各民族が他民族の支配をうけないという理念)を提唱したのが［㉞アメリカ大統領**ウィルソン**］です。

国際連盟の本部は，スイスのジュネーブにおかれました。

・民族自決の自決とは，自分たちで決めるということ。
といっても，ヨーロッパだけの話です。アジアなどでは植民地支配が続きました。
・**「国際連盟は第一次世界大戦後」「国際連合は第二次世界大戦後」**。
しっかり区別しましょう。どちらも世界平和をめざす組織です。
テストでは，「連盟」や「国連」ではなく正式名称で書きましょう。

・**日本は国際連盟の常任理事国となり，**［㉟事務局次長**新渡戸稲造**］**が活躍しました。**
旧五千円札の肖像です。メガネをかけたお札の肖像は珍しいですね。

・しかし，国際連盟の戦争をふせぐ力は弱いものでした。理由は，論述でも出ます。
［**アメリカ，ドイツ，ソ連など主要国の足並みがそろわず，**
また，多数決ではなく全会一致が原則で，武力制裁を加えることもできなかったため。］
結局，ヒトラーを止められず，第二次世界大戦がおこりました。

・おもな国では，イギリスとフランスがずっと加盟(1920年～1946年)
アメリカ･･･ずっと非加盟(国際的負担をきらう議会が反対)
日本･･････最初から加盟，途中で脱退(1920～33年)
イタリア･･･最初から加盟，途中で脱退(1920～37年)
ドイツ･････おくれて加盟，途中で脱退(1926～33年)
ソ連･･････おくれて加盟，途中で除名(1934～39年)

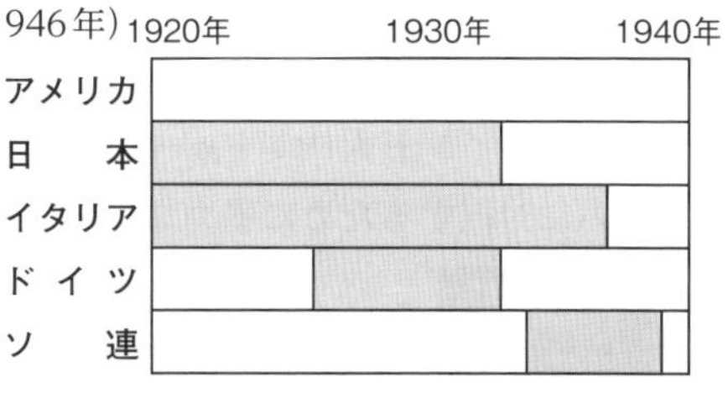

・国際連盟の成立は1920年。「遠くにおうぞ次の大戦」(成立年代とともに，弱点についても理解しましょう)

・第一次世界大戦中は，ヨーロッパ諸国が戦争にあけくれる一方，
日本は大戦景気とよばれる好景気となりました。理由は，
［㊱**日本では，ヨーロッパ諸国への軍事物資の輸出がふえ，また**
(ヨーロッパ諸国からの輸入が減少した)**アジアへの輸出ものびたため。**］

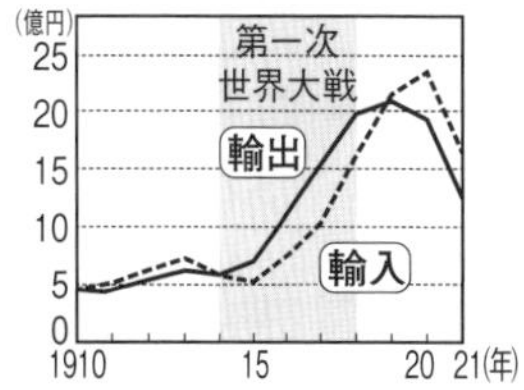

・大戦景気で急成長した企業や商人が［㊲**成金**］です。
歩が金に成る将棋用語から来ています。
また，三井・三菱・住友・安田などの大企業が大きな利益を上げ，
［㊳**財閥**］(→**p.141**)として経済界への支配を強めました。

55 ▸ 第一次世界大戦後の世界

➡書き込み編 p.51

1 アジア各国の独立運動

・ヨーロッパでの民族自決の考え方に影響をうけて，他民族の支配から脱しようと

ベルサイユ条約の[❶1919年]，**朝鮮で【❷三・一独立運動】**がおこりました。

3月1日におこったので，三・一。

・ところで，朝鮮はどこの国から独立しようとしたのでしょうか？　混乱していませんね？
[❸日本]**からの独立を求める運動です**。結局，軍によって鎮圧されました。

・朝鮮は，1910年の韓国併合により日本の植民地になっています。(→**p.139**)
のちには，朝鮮人を日本人と同化させる皇民化政策をとり，
創氏改名(名前を日本風に変える)や，日本語の学習を強制しました。
定期テストで出ることがあります。

同じく[❹1919年]，**中国で【❺五・四運動】**がおこりました。

5月4日におこったので，五・四。
北京の学生らがおこした抗日(反日)運動です。パリ講和会議(ベルサイユ条約の会議)で，
二十一箇条の要求の撤廃が拒否されたことなどに怒った数千人の学生がデモをくりひろげました。

・三・一独立運動と五・四運動は，「1919年のできごと」としてセットでおさえましょう。

・**インドでは【❻ガンディー】**が[❼イギリス]への抵抗運動をおこないました。

「ガンジー」とも書きます。
インドを植民地支配していたイギリスに対する抵抗運動です。
ガンディーは暴力に対して暴力で報復することはせず，
すべてのインド人(ヒンドゥー教徒にもイスラム教徒にも)に非暴力的な非協力による抵抗を訴えました。
暴力に対抗するために暴力を用いないことが真の勇気であると説いた「**非暴力・不服従**」運動です。

暴力に対して暴力を用いれば，
ふたたび暴力がくりかえされます

おまけ 『ガンジー』は映画になっています。本人かと思うくらいよく似た俳優が演じており，
1983年のアカデミー賞に輝きました。高校に入ったら，ぜひご覧ください。いい作品です。
「いい作品」といいましたが，
「さまざまなことを学ぶことで，素晴らしいことに出会う機会がふえる」と思います。
学ぶこと，知ることで，今まで気づかなかったことに気づくことになるからです。
時代背景などを知らずに映画を観るのは，
夏休みにオーストラリアへ泳ぎに行くようなものですからね。

2 軍縮への動き

・第一次世界大戦のあと,

1921年[❽ワシントン会議]が開かれました。(1921年11月～22年2月)

ちょっとむずかしいのですが,試験に出ないこともないです。
調子を上げてきた日本の軍事力を制限し,海外進出をおさえようとした会議です。

・この会議で結ばれた,
　①「四か国条約」で,日英同盟を廃止させました。
　　(日本はアメリカとの協調をはかり,国際的孤立をさけるためこれに同意)
　②「九か国条約」で,中国の独立を保全し,日本の進出を阻止しようとしました。
　③「海軍軍縮条約」で,主力艦の保有を制限することを決めました。

・日本は二十一箇条の要求で認めさせた山東省の権益を中国に返還するなど,
日本にとって厳しい内容でしたが,おかげで,
太平洋アジア地域における列強との協調体制(ワシントン体制)ができました。

・1928年,「不戦条約(パリ不戦条約)」が結ばれました。日本も調印しました。
のちに63か国が調印したのですが…守られませんでした。
守られていたら,第二次世界大戦はなかったはずですよね。

・1930年[❾ロンドン海軍軍縮条約]が結ばれました。

日本の補助艦の保有率を欧米に比べて少なくする,
つまり「日本はあまり軍艦をもつな」という不利な条件でした。(英:米:日=10:10:7)

・日本では,軍部が調印に大反対しました。統帥権干犯問題といいます。
軍部は,天皇の大権(軍の全権を天皇がもつ=統帥権)を侵害したとして内閣を非難。
浜口雄幸首相が右翼青年に狙撃されて負傷し(翌年死去),内閣総辞職に追いこまれました。

・なお,軍部が主導権をもつようになると,日本はこれを脱退し,
世界中が軍備拡張競争となっていきました。

・「一躍,清を打ちやぶる」「行くわよロシア」「幾年(いくとし)も続いた大戦第一次」。

日清,日露,第一次世界大戦の始まった年は,「下1ケタが4で10年おき」です。

節目となる年代です。絶対に覚えましょう。

超重要　戦争と条約

1894年	日清戦争	1895年　下関条約
1904年	日露戦争	1905年　ポーツマス条約
1914年	第一次世界大戦	1919年　ベルサイユ条約
1939年	第二次世界大戦	1951年　サンフランシスコ平和条約

(1951年には,同時に日米安全保障条約)

56 ▸ 大正デモクラシー

➡書き込み編 p.51

1 【❶大正デモクラシー】**とは，大正時代にさかんになった民主主義の実現を求める動きのこと。**

デモクラシーとは「民主主義」のことです。
日清戦争・日露戦争に勝利し，不平等条約も改正した日本では，
「そろそろ自分たちも政治に参加させてくれ」という雰囲気が高まりました。

参考 大正時代は【❷1912 ～ 1926年】。覚えておけば，ほかの問題にも使えます。

(1) **大正デモクラシーの理論的支柱となったのは【❸吉野作造】の【❹民本主義】です。**

政治は一部の人々のためではなく，国民の意思にもとづくべきだというものです。
天皇の主権を認めつつも「民主的」に国民の政治参加を認めることを説きました。
(民主主義というと，天皇主権ではなく国民主権ということになるので，あえて民本主義といいました)

参考 美濃部達吉は，天皇機関説(天皇を，内閣や国会と同じような国家機関と考える学説)を唱えました。
しかし，やがて天皇を神とあがめる風潮が高まると，迫害されて貴族院議員の地位を追われました。

(2) 1912年，[❺**藩閥政治**]**への批判から，第一次護憲運動がおこりました。**

「藩閥政治」とは，薩摩や長州など一部の藩の関係者が政治の中心となるものです。(藩閥政治→**p.130**)
(このころは，桂太郎〔長州出身〕と西園寺公望〔公家で，伊藤博文のあとの立憲政友会総裁〕が交互に首相になり「桂園時代」とよばれる)
これに対して，立憲国民党の犬養毅，立憲政友会の尾崎行雄らが，「憲政擁護」「閥族打破」を
スローガンに「第一次護憲運動」を展開。長州出身の[❻**桂太郎内閣**]を退陣させました。

参考 護憲運動とは，本来は，国民の政治参加を認めている憲法の約束を護れという運動をさしますが，
ここでは，藩閥政治(軍部も含めて)に対する反発運動という側面が強い。

1918年，米騒動の後，国民に人気のあった【❼原敬】が首相になりました。
原敬は[❽政党 **立憲政友会**]の総裁で，**初の本格的政党内閣の誕生です。**

(3) 1924年，**第二次護憲運動**がおこり，衆議院で多数派を占める政党が内閣を組織する慣習ができました。
「**憲政の常道**」といいます(加藤高明～犬養毅)。現在では，国民に人気のある政党(衆議院で多数派を占める政党)が政権を担当することは当たり前ですが，当時は画期的でした。

・ **【❾1925年】【❿普通選挙法】が制定されました。**
セットで【⓫治安維持法】が制定されたことをおさえておきましょう。

「**1925年に25歳以上**」。憲政会の[⓬**加藤高明首相**]のときです。

普通選挙法で**【⓭満25歳】以上のすべての【⓮男子】に選挙権が与えられました。**

普通選挙を認めると同時に，社会主義者の弾圧のための法を制定しました。
「アメとムチ」という言葉があります。アメはうれしいこと，ムチは厳しいことの意味です。
嫌なことを，良いことで中和させる効果がありますね。
・ソ連成立の影響や，納税額による選挙権の制限が撤廃されたことで，
社会主義運動が台頭することを警戒したからです。貧しい人々も選挙権をもちますからね。(台頭→**p.30**)
治安維持法は，国家体制に反対する者を取りしまる法律として，人々の自由を弾圧しました。

2 社会運動の高まり

・大正デモクラシーの風潮の中，さまざまな社会運動が盛り上がりをみせました。

参考 社会運動と社会主義運動は字も似ていますが，イコールではありません。
労働者の待遇改善運動などは社会主義運動と結びつくことも多いのですが，
「差別をなくせ」というのと「みんな平等にしよう」というのは，同じとはいえません。
「イジメをするな」と「みんな仲良くしろ」も似ていますが，イコールではないでしょう？

・女性(婦人)解放，つまり参政権を求めるなど「**女性の地位向上をめざす運動**」もその1つです。

(1) 1911年【⑮青鞜社】**が結成されました。**
【⑯平塚らいてう】(らいちょう)**らが中心となり，雑誌『青鞜』を発行しました。**

創刊号で「**元始，女性は実に太陽であった**(しかし今は月のように男性の陰になっている)」と宣言。
らいてうは「らいちょう」とも書きます。もちろんペンネームです。(本名は平塚明)
1920年，市川房枝らとともに「新婦人協会」を結成しました。

(2) 1920年[⑰**第1回**メーデー]が開催されました。
戦時中を除き，毎年5月1日に開催されている「労働者の祭典」です。
労働者の待遇改善を要求して集会を開き，デモ行進などをおこないます。

(3) 1922年，西光万吉らのよびかけで，**部落解放をめざす**[⑱全国水平社]**が結成されました。**

被差別部落といって，江戸時代から「**差別をうけてきた人々の地位向上をめざすもの**」です。
解放令が出されて四民平等となったとはいえ，差別はなくなってはいませんでした。(→p.127)
「人の世に熱あれ，人間に光あれ」は，この運動を象徴する標語です。

参考 部落とは本来，集落・地域や地区という意味ですが，
単に「部落」といって被差別部落をさす場合もあります。

57 ▸ 大正〜昭和初期の文化

➡書き込み編 p.51

・[武者小路実篤]は『その妹』『友情』『人間万歳』などを著しました。
雑誌『白樺』で活躍した作家を白樺派といいます。

・[志賀直哉]は『暗夜行路』『城の崎にて』などで知られる白樺派の作家です。

・[芥川龍之介]は国語で出てきますね。『羅生門』『鼻』『河童』などの作品があります。

・[川端康成]の『伊豆の踊子』は何度も映画化されています。『雪国』も有名です。
1968年，ノーベル文学賞を受賞しました。

・【❶小林多喜二】の『**蟹工船**』は，苛酷な条件のもとで働く労働者たちの姿を描いたものです。
社会主義の影響を強くうけた作品を【❷プロレタリア**文学**】**といいます。**

・**1925年**[❸ラジオ**放送**]**が始まりました。**
ラジオ体操や野球の甲子園大会もこのころから。蓄音機(レコード)など，音による情報伝達手段も
登場し，多くの人に音楽や情報をもたらすことができる**大衆文化**が生まれました。

14章 昭和時代（戦前期）

58 ▶ 世界恐慌とファシズムの台頭

➡書き込み編 p.52

・大正時代後期の日本は，大戦景気(第一次世界大戦による好景気)の反動から，
恐慌におちいっていました。そこへ追い打ちをかけるように，

> [❶1923年]9月1日，[❷関東大震災]が発生しました。(大正12年)

「**ひどく踏みつけられた大震災**」。

・このとき，朝鮮人に対する虐殺事件がおこりました。(同様に中国人が殺害される事件も)
彼らが放火や強盗，井戸に毒をまぜるといったデマ(流言)が流れたためです。
社会全体に朝鮮人への差別意識があったため，このような事態になったと考えられています。
また，どさくさにまぎれて社会主義者たちが連行され，そのまま虐殺されました。

・震災恐慌に加え銀行が連鎖倒産する金融恐慌がおこり，日本経済はすっかり弱ってしまいました。
さらに…

> **【❸1929年 】ニューヨーク**(のウォール街)**での株価大暴落から【❹世界恐慌 】がおこりました。**

「**人，国，苦しむ世界恐慌**」。1929年10月24日は，「暗黒の木曜日」といわれます。
世界中が不況(不景気)におちいり，多くの会社が倒産して，街には失業者があふれました。

▶これに対して，

> **アメリカは【❺ニューディール政策 】をおこないました。**(「ニューディール」とも)
> **【❻フランクリン=ローズベルト 】**(ルーズベルト)**大統領がおこなった景気回復策です。**

テネシー川総合開発(TVA)や，農作物の政府買い上げをおこないました。
簡単に言えば，政府が「ダムをつくるぞ」と言い出したのです。

・この不景気にダム？ と思うかもしれませんが，
「公共事業」といい，政府が景気回復のために実施するものです。
不景気でなくてもおこなわれますが，とくに不景気のときには多めに実施されます。
公民で出てくるので，しくみは理解してください。

・ダムをつくることになれば，建築会社やセメント業者，鉄骨業者やトラック業者…など，
不景気で仕事がなくて困っていた会社に仕事が舞いこみます。また，失業者も減ります。
仕事をすれば労働者は賃金(給料)を得ます。「よし，給料が入ったから…」と買い物をします。
するとお店がもうかります。さらに，仕入先や生産者ももうかります。
さらにさらに，もうかったので自動車を買いかえます。すると自動車メーカーがもうかり，
下請けの部品メーカーも，タイヤやガラス関連も…と，どんどん波及していきます。

おまけ フランクリン=ローズベルトは，ポーツマス条約のセオドア=ローズベルトの親戚です。
テストで同じ名前が出てきても，混乱しないようにね。

・**イギリス・フランスは【❼ブロック経済】をおこないました。**(ブロック経済政策とも)

ブロック経済とは,

【❽ 植民地との関係を密接にして貿易を拡大する一方,
他国からの貿易品に高い関税をかけてしめ出す政策。】

(**他国からの貿易品に高い関税をかけてしめ出し,
植民地などとのつながりを強化(して貿易を拡大)しようとする政策。**)

バレーボールのブロックみたいなので,ブロック経済です。

・なお

ソ連は[❾社会主義経済]だったので,影響をうけませんでした。

社会主義とは,生産手段(土地や工場など)を公有(国有)にし,
人間の平等を実現しようとする考え方。(→**p.142**)

また,計画通りに生産をおこなうことで,
競争もなく,失業や倒産のない社会の実現をめざします。
よって,社会主義の国には景気の変動がありません。

スターリンが[**五か年計画**]をすすめました。

スターリンは,レーニンの後継者です。

鉱工業生産指数(年平均,1929年=100)

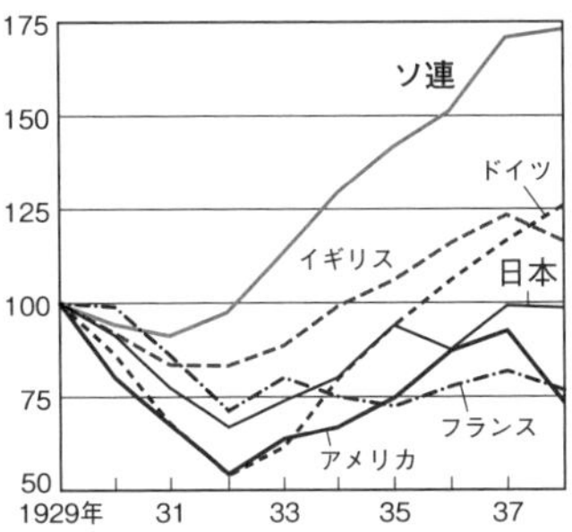

▶**しかし,ドイツ・イタリア・日本は対応におくれ,恐慌におちいってしまいました。**

日本は,[**アメリカ向けの生糸の輸出が激減する**]など,とくに農村が打撃をうけました。

そんな中,民主主義を否定し,個人の人権より民族や国家を優先する考え方が台頭しました。

独裁政治による,反民主主義的な超国家主義を【❿ファシズム】といいます。

独裁をおこない,対外侵略をすすめて不景気を打破しようとしました。

・**イタリアの[⓫ファシスト党]は[⓬ムッソリーニ],
ドイツの【⓭ナチス】は【⓮ヒトラー】に率いられました。**

ナチスは**ナチ党**ということもあります。
ドイツは第一次世界大戦での敗戦後,
ワイマール憲法を制定して共和国となっていました。

・しかし,前述のように,ベルサイユ体制でドイツは経済的にも軍事的にも
封じこめられており,国民の不満が高まっていました。(→**p.149**)
その不満を背景に支持を集めたのがヒトラーです。
演説がうまく,ドイツ民族の優秀性を強調したので,人々は熱狂しました。

・ヒトラーが政権をにぎると,ドイツはベルサイユ条約を破棄して再軍備を始め,
1933年に国際連盟を脱退しました。(同年,日本も脱退しました)
「さっさと脱退,日本とドイツ」。

▲ヒトラー
腕章はナチスの
シンボル鉤十字
(ハーケンクロイツ)

59 ▸ 軍部の台頭と大陸での戦争

➡書き込み編 p.52

・不景気に苦しむ日本では，「満蒙は生命線(満州は日本の生命線)」をスローガンに，
軍部が中心となり，大陸での勢力をのばすことで事態を打開しようとする動きがおこりました。

・【❶1931年】奉天郊外での【❷柳条湖事件】から【❸満州事変】がおこりました。

「**戦イヤだよ柳条湖**」。

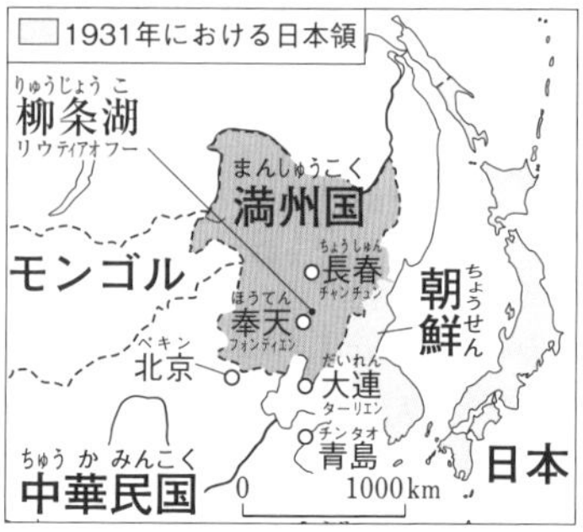

・柳条湖事件は，日本軍が中国東北部で南満州鉄道を爆破した事件です。
これを中国軍のしわざとして，戦争を始めました。
中国東北部の日本軍を「関東軍」といいます。
この事件をきっかけに満州を占領し，翌年「満州国を建国」しました。
・これを日中十五年戦争の始まりということもあります。
・軍部は，清朝最後の皇帝であった溥儀を
満州国の執政(のちに皇帝)に擁立しました。
(擁立：もり立てて高い地位につかせること)
前述しましたが，清は漢民族国家ではなく満州人(女真族)が建てた王朝です。(→p.119)
満州族のために国家建設を支援したというのが日本の言い分です。
しかし実際には，皇帝といっても溥儀は「日本の操り人形」のようなものでした。
こういうのを，傀儡政権といいます。(傀儡とは操り人形という意味。映画『ラストエンペラー』参考)
・これに対して，列強諸国は国際連盟を通じて，
満州国に，イギリス人のリットン卿を団長とする[❹**リットン調査団**]を派遣しました。
リットンは「**満州国は日本の植民地である**」**と報告**，これをうけて国際連盟は
42票対1票の圧倒的多数で，日本軍の撤退と満州国の承認の取り消しを勧告しました。
・しかし，日本はこれを受け入れず，[❺1933年]**国際連盟を「さっさと脱退」**し，
国際的孤立の道をすすむこととなりました。

・【❻1932年】海軍の青年将校らが首相官邸をおそう【❼五・一五事件】がおこり，
【❽犬養毅首相】が暗殺されました。

「**戦になるぞ，五・一五**」。
犬養はデモクラシーの人，つまり話し合いで政治をおこなおうとする首相でした。
しかし，襲撃した将校は「問答無用」と射殺，
原敬内閣で始まった政党政治が終わりました。

話せばわかる
(犬養の最期の言葉)

・犬養毅の暗殺は，デモクラシーの時代から軍部の時代への転換点です。さらに，

【❾1936年】陸軍の青年将校らが東京を占拠する【❿二・二六事件】がおこりました。

「**ひどく寒いぞ二・二六**」。(1936年2月26日の東京は，雪で真っ白でした)
軍部主導による政治をめざす陸軍の青年将校ら約1400名の反乱により，
首相は一命を取りとめたものの大臣らが殺害され，一時，東京の中心部が占拠されました。
事件は4日で鎮圧されましたが，軍の派閥が政治を動かすようになりました。
・陸軍・海軍の区別が必要な場合は，陸軍によるクーデターで「二・二陸」とおさえよう。

・大陸で勢力をのばした日本軍は，中国軍と一触即発の緊迫した状況にありました。

【⓫1937年】北京郊外での【⓬盧溝橋事件】から，【⓭日中戦争】が始まりました。

「戦ながびく盧溝橋」。ついに日本と中国の全面戦争となりました。

おまけ 北京郊外の盧溝橋付近で数発の銃声が聞こえ，日本軍が兵士の数を数えてみると
１人足りなかったことから，攻撃を開始したというエピソードがあります。
行方不明だと思われた兵士はトイレに行っていただけ，という笑い話のようなオチがあります。
でも，笑えませんね。
いつ戦闘が始まってもおかしくないほど日中間の緊張が高まっていたということです。
攻撃の口実にするための陰謀説などもあるのですが，真相は不明です。

・**中国では**
[⓮共産党]（中国共産党）（**指導者**[⓯毛沢東]）**と**，
[⓰国民党]（中国国民党）（**指導者**[⓱蔣介石]）**が対立していました。**

蔣

しかし，日本との戦争が始まると「中国人同士が争っている場合じゃない」ということで，
国民党と共産党は協力して「抗日民族統一戦線」を結成，日本に抵抗しました。
蔣介石は孫文の死後，国民党を率いた政治家です。

・軍部が政権をにぎった日本では，国家を挙げて戦争に取り組むため，

【⓲1938年】【⓳国家総動員法】**を制定しました。**

「戦はみんなで総動員」。政府が物資や施設などを統制できるようにするものです。

・1940年，**政党を解散統合し，**[⓴大政翼賛会]**を結成させました。**

国会議員は，すべて大政翼賛会員です。反対意見を言ってはいけません。
軍部に言われるままに，何でも賛成の決議をします。**国会は形だけのものとなりました。**

・5～10戸ごとに**隣組**をつくらせました。一般家庭も戦争に協力させるためです。
防空演習や配給，戦地に出征する兵士や戦死者の送迎などをおこなわせました。

・労働者の権利を主張する労働組合は解散させられ，**大日本産業報国会**に統合されました。
やはり，戦争への協力をうながすためです。（漢字に注意。国に報いると書いて報国）

・小学校も**国民学校**と改称され，軍国主義教育が徹底されることとなりました。

・ヨーロッパの，ファシズムが台頭した国のようすをみておきましょう。
・1936年，イタリアが[㉑エチオピア]を併合。
・1938年ドイツは[㉒オーストリア]を併合，チェコスロバキアを解体し勢力を拡大しました。
また，翌年には**独ソ不可侵条約**を結びました。

（日本とドイツは，1936年に「ソ連などの共産党勢力を防ごう」という防共協定を結んでいました。
独ソ不可侵条約の成立時，日本は満州西部でソ連と戦闘中だったので，ドイツとソ連が手を組んだことにショックを
うけた平沼騏一郎内閣は，自信をなくして総辞職しました…と高校で習うので，独ソ不可侵条約も気にとめておこう）

・しかし，1941年にドイツは条約をやぶってソ連と戦争を始めることになります。

60 ▶ 第二次世界大戦

➡書き込み編 p.53

・【❶1939年】【❷ドイツ】の【❸ポーランド侵攻】から第二次世界大戦が始まりました。

「世界にふたたび戦来る」。
ドイツは，ソ連と独ソ不可侵条約を結ぶと，隣のポーランドに侵攻，
これをきっかけに，イギリスとフランスが宣戦，第二次世界大戦が始まりました。

・**ドイツの指導者はナチスを率いたヒトラーです。**
ポーランドを征服した**ドイツは，フランスをやぶってパリを占領しました。**

・**これを機に日本軍は，**［❹北部フランス領インドシナ］**へ進駐しました。**
本国フランスがやぶれていますからね。
フランス領インドシナとは，現在のベトナム・ラオス・カンボジアです。(下の地図の**F**)

1940年9月【❺日独伊三国同盟】**を結びました。**

「特使を送って三国同盟」。3国のヨーロッパ・アジアでの指導的な地位を確認するものです。
これにより，日本とアメリカの対立が決定的になりました。

1941年4月【❻日ソ中立条約】**を結びました。**

後ろ(北方)からソ連に攻められないようにするためです。そして，
さらに南へ軍をすすめ，［❼南部フランス領インドシナ］**へ進駐しました。**

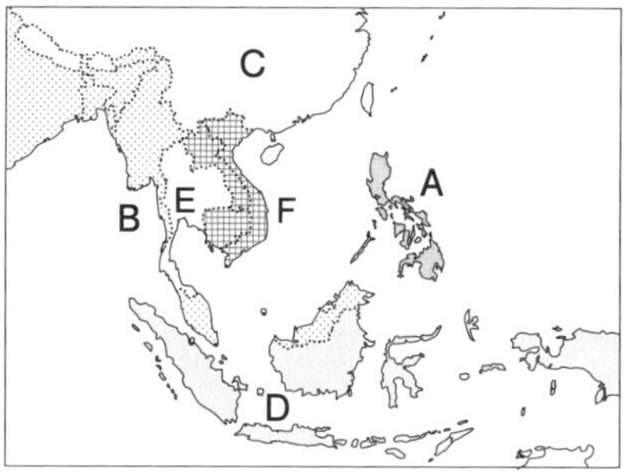

・これに怒ったアメリカは，日本への石油や鉄類の輸出を禁止し，アメリカにある日本人の資産を凍結するなどの経済制裁をおこないました。
・イギリス，中国，オランダもこれに同調，
日本の資源輸送路を海上封鎖しました。
資源のとぼしい日本にとって致命的です。
軍部は，国民に危機を訴えるために，これを
［❽ABCD包囲陣(網)］とよびました。

・右上の地図で，当時の東南アジアのようすをまとめて確認しましょう。
A＝アメリカ，フィリピンを植民地にしていました。
B＝イギリス，マレーシア〜インドを植民地にしていました。(イギリス本土をブリテン島とよびます)
C＝チャイナ，中国です。
D＝オランダ，インドネシアを植民地にしていました。(オランダはネーデルラント，ダッチという)
E＝タイは独立を保持しました。
F＝フランスの植民地で日本軍が進駐したインドシナです。

・一方，ヨーロッパでは，ドイツがソ連と戦争(独ソ戦)を開始しました。(1941年6月)

・1941年8月，米英は**大西洋憲章**を発表しました。
アメリカ大統領ローズベルトとイギリス首相チャーチルが大西洋上で会談して出したもので，
戦争の拡大に対処し，「自由主義を守ろう・反ファシズム」を基本理念とする共同宣言です。

・日本は戦争を回避するための交渉を続けましたが，
これが決裂すると，

1941
行くよ一気に真珠湾

東条英機首相（陸軍軍人）▲

【❾ **1941年** 】12月8日，アメリカ海軍基地のある**ハワイで【❿ 真珠湾攻撃 】**，
同時にマレー半島のイギリス軍も攻撃，【⓫ 太平洋戦争 】が始まりました。

ちょっと整理　戦争の呼称

第二次世界大戦
（枢軸国vs連合国）

- **太平洋地域での戦争（日本vs連合国）**
  - **日中戦争**
- **ヨーロッパでの戦争（独などvs連合国）**

「**第二次世界大戦**」とはヨーロッパでの戦争と，アジア・太平洋地域での戦争，
つまり日独伊（枢軸国）と，米英など（連合国）が世界各地で戦った
1939年から1945年までの戦争をまとめた名称です。

・「**太平洋戦争**」とは，第二次世界大戦という戦争の中の，
太平洋地域を中心とする日本vs米英など連合国との戦争をいいます。
ただ，このよび方は戦後，アメリカなど連合国側がそうよんだもので，
当時の日本では「**大東亜戦争**」とよびました。亜はアジア（亜細亜）です。

・また日本の戦争目的は［⓬ **大東亜共栄圏** ］の建設，つまり欧米列強に植民地支配
されている東アジア・東南アジアの国々を解放し，ともに繁栄するためとしました。

・これと同時に日本は1937年から中国とも戦っていましたので，これらアジア地域で
の戦いを含めて「アジア・太平洋戦争」というべきだという意見もあります。

・1942年6月，ミッドウェー海戦での敗北を転機に，戦況は悪化していきました。
なお，「**配給**」「**勤労動員**」「**学徒出陣**」「**学童集団疎開**」「集団自決」「本土決戦」「一億玉砕」
といった語句が出てきたら，太平洋戦争の時期です。（玉砕とは玉が砕けるようにいさぎよく死ぬこと）

・1943年2月，ソ連軍がスターリングラードでドイツ軍を破ったことで，連合国側の勝利がみえてきました。

・1943年9月，連合国の総攻撃によって**イタリアが降伏**しました。

・1943年11月，**カイロ会談**が開催され，米・英・中国によって，対日本の戦争方針や，
台湾や朝鮮など日本の獲得地の返還を要求する「**カイロ宣言**」を発表しました。

・1944年7月，［⓭ **サイパン島** ］**が玉砕し，アメリカ軍に占領されました。**
サイパンには飛行場がありました。以後，**アメリカ軍による本土空襲の拠点**となり，
ここを飛び立ったB 29爆撃機が日本をおそいました。

参考　はじめは軍需工場や港湾などの破壊を目的としていたのですが，
やがて一般市民に対する無差別爆撃へとエスカレートしていきました。
とくに木造家屋の密集する都市部は焼夷弾に弱く，東京をはじめ，各地に壊滅的な打撃を与えました。

・1945年2月，【⓮ **ヤルタ会談** 】が開催されました。
ヤルタは黒海に面したソ連（現ウクライナ）の都市です。
アメリカ（ローズベルト）・イギリス（チャーチル）・ソ連（スターリン）は，
もはや敗戦は時間の問題となったドイツの戦後処理や，
ソ連の対日参戦（日本に対してソ連が参戦する）をきめた「ヤルタ協定」を結びました。
そのかわり，ソ連には南樺太など日本の利権を継承させるという秘密協定です。
対日戦争の犠牲をへらしたいと思ったアメリカが，ソ連に働きかけたのです。
1945年8月，ソ連は日ソ中立条約を一方的に破棄して攻撃，北方領土などを占領しました。

・**1945年4月，沖縄本島に米軍が上陸し，地上戦が始まりました。**
日本で唯一陸上での戦闘がおこなわれ，「ひめゆり部隊」など多くの犠牲者が出ました。
またこのころ，日本海軍がほこった巨大戦艦「大和」も，壮絶な戦闘の末，撃沈されました。

・1945年4月，ソ連軍がベルリンに突入，5月になってついに**ドイツが降伏**しました。
なお，ヒトラーは降伏に先立ち自殺しました。これをうけて，

1945年7月【⑮**ポツダム会談**】**が開催されました。**

「ひどくしごかれるぞ，ポツダム宣言」。
ポツダムはドイツのベルリン郊外の都市です。敗戦国ドイツに乗りこんだ，
アメリカ(トルーマン)・**イギリス**(チャーチル〈途中でアトリー〉)・**ソ連**(スターリン)**が会談し，**
[⑯**米・英・中**]**の名において，日本の無条件降伏を要求する「ポツダム宣言」を発表。**
なお，この時点ではソ連は日本と戦っていませんでしたので，
日本と戦っているアメリカ・イギリス・中国の名で出されています。たまに出題されます。

・しかし，日本政府はポツダム宣言を黙殺(無視)したため，アメリカは

【⑰**1945年**】[⑱**8月6日**]**に広島，**[⑲**8月9日**]**には長崎に原子爆弾を投下しました。**

アメリカは，戦争の早期終結をめざすとともに，
戦後に予想されるソ連との覇権争いで優位に立とうとしていました。
原爆という強力な兵器の存在を示し，ソ連を牽制する意図があったのです。
広島と長崎を選んだのは，まだ空襲によって破壊していない町だったからで，
ウラン型とプルトニウム型，それぞれの原爆の破壊力をはかるためだったともいわれています。
しかし，原爆の使用は許されないことです。絶対に。
原爆投下から5年以内に，広島で20万人以上，長崎で14万人以上が命を落とし，
現在も後遺症に苦しむ人がいます。

・また[⑳**8月8日**]**にはソ連が「日ソ中立条約を破棄」して参戦してきました。**
ソ連軍の満州への侵攻によって日本軍は壊滅し，混乱の中で多くの人が命を落としたほか，
幼い子どもを残したまま，日本に帰国せざるを得なかった人などもいました。
このとき中国に残された日本人の子どもを中国残留孤児(中国残留日本人孤児)といい，
1981年から肉親捜しがおこなわれましたが，身元が判明した人はわずかでした。
また，60万人以上の軍人・民間人が，ソ連軍によって満州からシベリアなどに連行されて
強制労働に従事させられ，約6万人という多数の死者が出ました。

・ついに【㉑**ポツダム宣言**】**受諾，日本は無条件降伏しました。**(8月14日)

翌15日，天皇みずからの声で終戦を知らせるラジオ放送がおこなわれました。
天皇の声を玉音といい，この終戦を知らせるラジオ放送を玉音放送といいます。

・**終戦記念日は**【㉒**1945年8月15日**】。(受験以前の常識です！ ずっと覚えておきましょう)

ちなみに，1945年は昭和20年です。

15章 戦後の日本と世界

61 ▸ 占領と民主化

➡書き込み編 p.54

・【❶ GHQ 】(連合国軍最高司令官総司令部)が日本を占領しました。
最高司令官は【❷ マッカーサー 】です。(総司令部＝General Headquarters)

神奈川の厚木基地に降り立つマッカーサー。敗戦を象徴する写真の1つです。

・マッカーサーは，軍国主義を排し日本を民主化する「日本改造」に着手しました。
①女性(婦人)解放，②労働組合の結成，③教育の自由主義化，
④圧政的諸制度の撤廃，⑤経済の民主化の5つです。まとめて五大改革指令といいます。
なお，GHQが直接おこなったのではなく，日本政府を通じて実施させました。(間接統治)

1 改革の内容

・【❸ 財閥解体 】をおこない，日本経済を支配していた財閥を解体しました。

GHQは，武器などを生産し戦争に協力的だった財閥を軍国主義の根本であると考え，
これを解体することで民主化をすすめようとしました。

・財閥(企業)にとって大量の物資を消費する戦争はビジネスになります。
下品な言い方をすれば，戦争はもうかるビジネスなのです。

・また，自由な競争を確保するため**独占禁止法**を制定しました。

・【❹ 農地改革 】をおこないました。

[[❺ 地主]の土地を強制的に買い上げて[❻ 小作人]に安く売り，[❼ 自作農]をふやす政策。]

・地主から土地を借りて高額の小作料を払うのが小作人です。
これを自立させ，地主の支配から解放することで民主化をすすめようとしました。
「地主の土地を取り上げて小作人にただで与えた」ではありません。論述では気をつけて。

・[選挙法改正]により，【❽ 満20歳 】以上のすべての【❾ 男女 】に選挙権。

女性の国会議員も誕生しました。**選挙権の推移**は必ずおさえましょう。(⇨書き込み編 p.55)

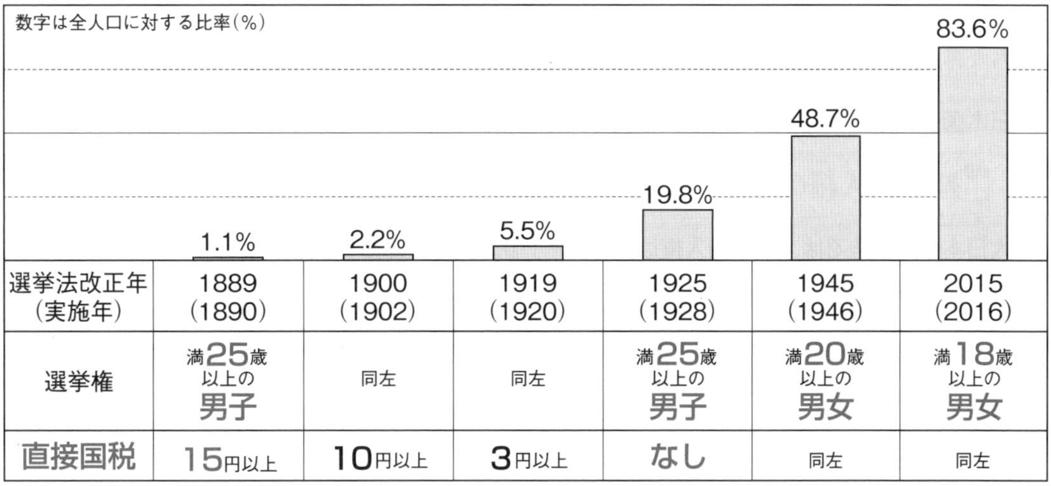

選挙法改正年(実施年)	1889(1890)	1900(1902)	1919(1920)	1925(1928)	1945(1946)	2015(2016)
選挙権	満25歳以上の男子	同左	同左	満25歳以上の男子	満20歳以上の男女	満18歳以上の男女
直接国税	15円以上	10円以上	3円以上	なし	同左	同左

・以下，その他の改革についてです。

・**治安維持法を廃止しました**。人々の自由を抑制してきた法律でしたね。(→**p.152**)

・**大政翼賛会をなくして，「政党政治」が復活しました**。
すべてに賛成するのが大政翼賛会でしたね。これがなくなり，政治活動が自由になりました。

・**天皇が人間宣言をおこないました**。現人神として天皇を神格化し崇拝する風潮を改めました。

・労働の民主化をすすめるため，
労働組合法・労働関係調整法・労働基準法の，いわゆる「労働三法」を制定しました。
資本家に都合のいい社会でなく，労働者が幸せにくらせる社会を築くためです。
戦前は労働組合をつくることも制限されていて，労働者の保護も不完全なものでした。
１人で社長に文句を言えばクビにされかねませんが，労働者が集まって組合をつくれば，
社長と対等に交渉することができるようになります。(公民でくわしく習います)

・[⑩**教育基本法**]**を制定しました**。
教育の目的は，「平和で民主的な国家及び社会の形成者」を育成することとされました。
また軍国主義教育を改めることとし，**教育勅語を廃止**しました。
学校教育法を制定し，小学校６年・中学校３年・高校３年・大学４年の学校制度がつくられ，
義務教育期間を[⑪**9年**]としました。また，男女共学となりました。

・[⑫**民法**]**を改正し，男女平等を原則としました**。
それまでは，長男を優遇するなど，封建的家族制度を肯定するものでした。
明治時代に制定された民法を旧民法，それに対して新民法ということもあります。

2 日本国憲法

・マッカーサーの原案を，**枢密院・帝国議会**で審議，修正をくりかえし，
手続きとしては大日本帝国憲法を改正したものとして「日本国憲法」が完成しました。

・日本国憲法は[⑬**1946年11月3日**]**に公布**，６か月間の公示期間をへて
[⑭**1947年5月3日**]**に施行されました**。(「せこう」ではなく「しこう」)

すぐには施行せず，半年の移行期間がとられました。
なお，11月３日は「文化の日」，５月３日は「憲法記念日」となっています。
ちなみに大日本帝国憲法が発布された(1889年) ２月11日は「建国記念の日」です。

・**日本国憲法の三大基本原則です**。公民でくわしく学習します。絶対に覚えておきましょう。

【⑮**基本的人権の尊重**】【⑯**国民主権**】【⑰**平和主義**】です。

大日本帝国憲法では，基本的人権は[⑱**法律**]**の範囲内で認められました**。
つまり法律をつくれば制限することができるというものでした。

・また[⑲**天皇**]が最高権力者で，国民は天皇の臣民とされていました。

・平和主義とは**戦争放棄**のことで，憲法第９条に明記されました。
以前は軍隊があり，臣民には兵役の義務が課されていました。

3 その他<第二次世界大戦に関連して>

・1946年5月，日本の戦争責任者(戦争犯罪者)を裁く，
[⑳**極東国際軍事裁判**]，いわゆる東京裁判が開かれました。
1948年11月，東条英機らA級戦犯7人に絞首刑，16人に終身禁固などの判決が下され，
その他のB・C級戦犯(捕虜虐待など)1000人近くが死刑とされました。

おまけ ただ，この裁判は公平さに欠けるものであるともいわれます。それまでの国際法にはなかった「平和に対する罪」を新しく規定して適用するなど，勝った国が負けた国を一方的に裁くものでした。日本の侵略を違法とするなら，イギリスやアメリカの行為も同罪であり，原爆の使用はナチス=ドイツの大量虐殺に近いものであるとの意見もありましたが，少数にとどまりました。
また，昭和天皇は責任を追及されませんでした。日本占領をスムーズにすすめるため，政治的な判断がなされたのです。

・ナチスに追われ，家族と天井裏でかくれていたときのことを記した
[㉑アンネ=フランク]は，オランダに住んでいた**ユダヤ人**です。
『アンネの日記』は映画化もされています。
彼女は発見されて強制収容所に送られ，15歳で生涯を閉じました。

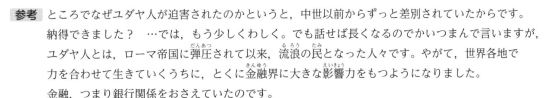

・[㉒杉原千畝]は，リトアニア(バルト三国の1つ)で，
ナチスに迫害されたユダヤ人のヨーロッパ脱出を助けた外交官です。
6000人以上の命を救ったといわれています。

・ユダヤ人迫害に関して，アウシュビッツ強制収容所(ポーランド)は，
[**戦争の悲惨さを伝える**]ものとして世界遺産になっています。
美しい景色や建造物ばかりが世界遺産ではありません。
こういったものを「負の遺産」といいます。同じく世界遺産である「原爆ドーム」もそうです。

参考 ところでなぜユダヤ人が迫害されたのかというと，中世以前からずっと差別されていたからです。
納得できました？ …では，もう少しくわしく。でも話せば長くなるのでかいつまんで言いますが，
ユダヤ人とは，ローマ帝国に弾圧されて以来，流浪の民となった人々です。やがて，世界各地で
力を合わせて生きていくうちに，とくに金融界に大きな影響力をもつようになりました。
金融，つまり銀行関係をおさえていたのです。
一方，ドイツはベルサイユ条約で多額の賠償金を課せられ，超インフレに苦しんでいました。
銀行家，資産家のユダヤ人と，不満が高まったドイツ国民。
ナチスは，ユダヤ人を「敵」として弾圧することでドイツ国民をまとめていったといえます。

・右の絵は**ピカソ**の「**ゲルニカ**」です。
1937年，ナチスがスペインの都市ゲルニカを
空爆したことへの怒りを表した作品です。

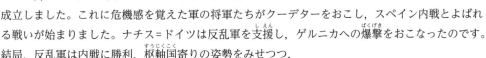

おまけ パブロ=ピカソは1881年，スペインで生まれました。
1936年，スペインに反ファシズムの民主的な政権が成立しました。これに危機感を覚えた軍の将軍たちがクーデターをおこし，スペイン内戦とよばれる戦いが始まりました。ナチス=ドイツは反乱軍を支援し，ゲルニカへの爆撃をおこなったのです。
結局，反乱軍は内戦に勝利，枢軸国寄りの姿勢をみせつつ，
第二次世界大戦には最後まで参戦せず，中立の立場を保ちました。

大日本帝国憲法と日本国憲法 (公民でさらにくわしく学習します)

⇨書き込み編p.55

	大日本帝国憲法	日本国憲法
成立	[❶1889年2月11日]発布	[❷1946年11月3日]公布 [❸1947年5月3日]施行
性格	[❹欽定憲法] 天皇が下し与える形式で発布	[民定憲法] 国民によって制定される形式で制定
主権	[❺天皇主権]	【❻国民主権】
人権	【❼法律】の範囲内での保障 (法律をつくれば制限することができた)	永久不可侵の権利 公共の福祉に反しない限り尊重 (他人の権利を侵害しない限り尊重)
戦争	天皇が軍の[❽統帥権]をもつ 臣民には[❾兵役]の義務	**平和主義**(戦争放棄)=[❿第9条]
天皇	[⓫元首]であり[神聖不可侵]	日本国および国民統合の【⓬象徴】 (天皇に政治的な権能は一切ありません)
議会	【⓭衆議院】と【⓮貴族院】 天皇の協賛機関 **天皇の立法権を補佐する** 貴族院は選挙なし(天皇による任命など)	【⓯衆議院】と【⓰参議院】 国会は国の唯一の立法機関 国会は国権の最高機関 ▶主権者である国民によって選挙された国会議員で構成される
内閣	天皇の輔弼機関 **天皇の行政権を補佐する**	議院内閣制 ▶国会の信任によって成立し国会に対して連帯責任を負う
裁判	**天皇の名において裁判がおこなわれる**	国民の権利を守るためにおこなわれる
地方自治	規定なし(**中央集権**だから)	憲法で保障される
改正	天皇が議会にかける	①各議院(衆参)の総議員の$\frac{2}{3}$以上の賛成で国会が発議 ②国民投票で過半数の賛成で承認される

62 ▸ 戦後の国際社会

➡書き込み編 p.56〜57

1 【❶国際連合】

・これについても公民でくわしく学習します。
今あるのは「国際連合」です。
第一次世界大戦の後につくられたのは「国際連盟」です。
当たり前のように区別してください。

▲国際連合の旗

・**国際連合は，世界の平和を守るための組織です。**
発足当時は51か国でしたが，現在の加盟国数は193か国です。(2020年現在)
本部は［❷ニューヨーク］におかれています。

・**国連の中心機関は【❸安全保障理事会】です。**

ニュースや新聞などでは，略して「安保理」ともいいますが，
受験生はきちんと「安全保障理事会」でおさえましょう。

・**国際連合の安全保障理事会の常任理事国は【❹米・英・仏・ソ・中】。**

国連の中核になる国々です。核兵器を保有しています。
現在，ソ連はロシアになっていますので，アメリカ・イギリス・フランス・ロシア・中国。
頭文字をとって「アイちゃんフロの中」と覚える。「アフロ注意」でも可。

・**この5つの常任理事国は【❺拒否権】をもっています。**
たとえすべての国が賛成しても，
常任理事国の1国でも反対すれば「なかったことになる」のです。
「わがままだ」「ずるい」と言っても始まりません。
大国の反対意見を無視することは，現実的ではないからです。
・拒否権はもともと，
5大国の一致によって世界平和を維持するというねらいで考え出されたものです。
しかし，米ソの対立がはげしくなると，両国が相手より優位に立つために拒否権を発動し，
安全保障理事会の機能が麻痺する事態もおこるようになりましたけどね。
なお，1960年代には，5大国のすべてが核保有国となっています。

・国際連盟は多数決ではなく，全会一致で決めないといけませんでした。
加盟国すべてが賛成しないと動けず，動いたとしても貿易をしないなどの経済制裁だけで，
武力制裁を加えることはできませんでした。
結局，ドイツ(ヒトラー)を止めることができず，第二次世界大戦をふせげませんでした。
その反省から多数決制を採用，国連軍を派遣して武力制裁もできるようにしました。

15章 戦後の日本と世界

2 冷戦

・ [❻米ソの二大超大国を軸に，直接戦火を交えず，経済や軍事面で対立しあっていた状態。]

実弾が飛び交う「熱戦」に対して「**冷戦**(冷たい戦争)」です。
「鉄のカーテンがある」と表現されたこともありました。

・核兵器開発だけでなく，宇宙開発競争などもその一例です。
人類初の有人宇宙飛行を成功させたソ連に対して，
アメリカはアポロ11号で人類を月へと送りました。
また，同じ経済体制の国をふやして勢力を拡大しようと，
競って発展途上国の支援をしました。

・アメリカとソ連は，経済体制が違います。
社会主義と資本主義については前述しましたが，「あれ？」という人は確認を。(→**p.142**)

西側の【❼資本主義】陣営は，【❽米】(アメリカ)を中心とする西欧諸国です。

西側・東側といいますが，地理的な意味での東西ではありません。
強いていえば，戦後，分裂した東ドイツと西ドイツを境に東西ということです。
日本は極東に位置するといわれますが，それはヨーロッパからみて東の端ということですからね。
冷戦に関していえば[❾日本]も西側・資本主義側になります。

・自由主義陣営とよぶこともありますが，テストでは資本主義陣営と答える方がいいでしょう。
また，資本主義経済を，自由経済や自由主義経済ということもあります。

西側諸国の軍事同盟を【❿北大西洋条約機構(NATO)】といいます。

NATOは「ナトー」と発音します。**日本は加盟していません。**

・もし，同盟国への攻撃があれば，自国への攻撃とみなして共同で戦います。
たとえばフランスが攻撃をうけた場合，イギリスやアメリカも一緒に反撃をおこないます。
こうすることで自国の安全を守るのです。これを「集団的自衛権」といいます。

・ **東側の【⓫社会主義】陣営は，【⓬ソ連】を中心とする東欧諸国などです。**

指導者が決めた通りの計画経済をおこなうのが，社会主義経済の体制です。

東側諸国もNATOに対抗する軍事同盟として【⓭ワルシャワ条約機構】をつくりました。

こちらは，1991年に解散しました。(この年，ソ連が解体しました)

・米ソは核兵器を保有して対峙していました。
もしミサイルを発射すれば，飛んでくるまでの時間で確実に反撃します。
次は，そのような緊迫した状況の下での世界の話です。

◇ドイツ

・ドイツは第二次世界大戦に負け，米英仏ソによって分割占領されました。
1949年，東西に分裂し，「西ドイツは資本主義の国」（ドイツ連邦共和国）
「東ドイツは社会主義の国」（ドイツ民主共和国）となりました。

1961年には，冷戦の象徴といわれる【⓮ベルリンの壁】が建設されました。

しかし，社会主義陣営そのものが崩壊すると，
1989年に壁は撤去され，1990年，東西ドイツは統一しました。

◇中国

・第二次世界大戦後，内戦がおこりました。
いや，おこったというより再開したのです。
戦時中は「抗日民族統一戦線」を結んで協力していた，

［⓯国民党］（中国国民党）と［⓰共産党］（中国共産党）**がふたたび対立を始めました。**

1949年【⓱台湾】に逃れたのは，［⓲蔣介石（チャンチェシー）］が率いる国民党政府（国民政府）です。

1949年，**中華人民共和国**を建国したのは，**共産党**の【⓳毛沢東（マオツォトン）】です。

「行くよ苦難の毛沢東」。
台湾は資本主義，中華人民共和国は社会主義と，
それぞれ違う経済体制をとり，異なる政府が存在する別の国のようですが，
中華人民共和国政府は台湾を国土の一部であると主張しており，
国際社会での認識も，ほぼそのようになっています。
国連は，台湾に国歌も国旗もあることを認識しつつも，国家としての加盟を認めていません。
オリンピック委員会は，チャイニーズタイペイという名称で，中国と別枠での参加を認めています。

・現在，日本は中華人民共和国政府を，中国唯一の正式な政府として承認しています。
しかし，台湾とも（国ではないので国交とはいいませんが），友好的な関係が続いています。

15章 戦後の日本と世界

◇朝鮮半島

・朝鮮半島の国の変遷を，再度まとめておきましょう。

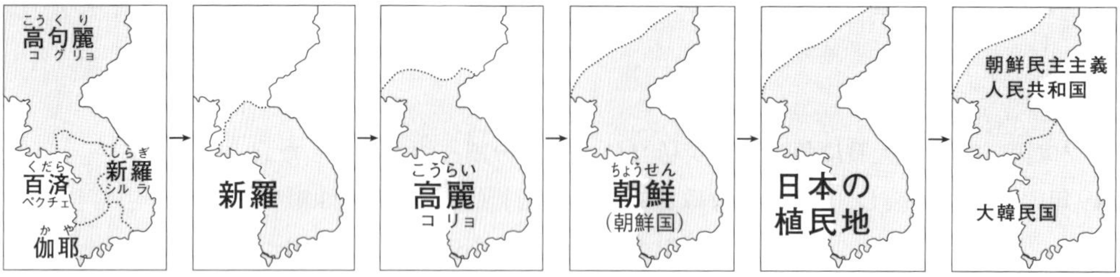

古墳時代　676年ころ　936年～　1392年～　1910～45年　現在

注意　朝鮮民主主義人民共和国は「北朝鮮」ともよばれますが，朝鮮とはいいません。
現在の国名として「朝鮮」と書いてはダメですよ。

・日本の植民地だった朝鮮半島は，日本の敗戦によって植民地支配から脱しましたが，
[⑳ **北緯38度線**]を境に北をソ連，南をアメリカに占領されました。

> 1948年，**北に[㉑ ソ連]の援助で朝鮮民主主義人民共和国**，
> **南に[㉒ 米]の支援で大韓民国が建国されました。**

> **そして[㉓ 1950年]朝鮮戦争がおこりました。**

「**隣で戦争，ひどくこまる**」(ことはなかったけど)。

・中国義勇軍が北朝鮮を，アメリカを中心とする国連軍が韓国を支援するなど長期化し，
1953年に休戦協定が結ばれました。現在も休戦中で，国交は回復していません。
軍事境界線の位置する[㉔ **板門店**]などで，南北会談が続けられています。
板門店は，何かの店ではありませんよ，地名です。
注意してください。朝鮮戦争によって，分裂したのではありません。
すでに分かれていた2つの国が戦ったのです。

・なお，朝鮮戦争やベトナム戦争などは，「米ソの代理戦争」といわれています。

・朝鮮戦争が始まると，

> **日本はアメリカ軍からの物資の注文がふえ[㉕ 特需景気]とよばれる好景気になりました。**

敗戦で落ちこんでいた日本経済は，隣の戦争によって立ち直るきっかけをつかみ，
これを機に日本は**高度経済成長**とよばれる発展を遂げました。
図らずも戦争のおかげで豊かになれたのです。
こういった産業構造となっていることも，世界から戦争がなくならない理由のひとつです。

・
> **朝鮮戦争が始まると，GHQは，1950年[㉖ 警察予備隊]を創設させました。**

在日アメリカ軍が朝鮮半島に出動することとなり，代わって日本の治安を守るためです。
朝鮮戦争のおこった年に警察予備隊，セットでおさえましょう。
1950年「警察予備隊」→1952年「保安隊」→1954年「**自衛隊**」となりました。

◇ベトナム

・**ベトナムは【㉗フランス】から独立を宣言しました。**（1945年）

第二次世界大戦中，インドシナ半島は日本が支配していましたが，フランスの植民地でした。
独立を宣言すると，独立を認めようとしないフランスとの戦争となりました。（インドシナ戦争）

・フランスが撤退（てったい）したあと，「北ベトナムの社会主義政権」と，「南ベトナムの資本主義政権」に分かれて戦いが続きました。（ベトナムの北部は，社会主義政権の中国と国境を接しています）

・**1965年［㉘アメリカ］が軍事介入（かいにゅう）し，いわゆる【㉙ベトナム戦争】が始まりました。**

アメリカは，社会主義勢力の拡大を阻止（そし）しようと軍事介入したのです。
ドロ沼の戦闘の結果，1973年，アメリカ軍が撤退，1975年，北ベトナムの勝利で戦争が終結しました。
翌1976年には南北ベトナムは統一され，［㉚**ベトナム社会主義共和国**］となりました。

・ちなみに，ベトナム戦争は数多くのアメリカ映画の題材になっています。
また，ベトナム戦争を止めたのはマスメディア，つまりテレビの力だといわれます。
悲惨（ひさん）な戦場の映像がアメリカのお茶の間に流れ，反戦運動が盛り上がったのです。

◇キューバ

・キューバは1902年以降，アメリカの保護国となりましたが，
1959年に革命，1961年には軍事政権のカストロ議長が，社会主義を宣言しました。
1962年，キューバにソ連製ミサイルの配備計画がもち上がると，
「核戦争突入か？！」という緊迫（きんぱく）した事態がおこりました。これが［㉛**キューバ危機（きき）**］です。
キューバの位置はわかりますか？　アメリカのすぐ近くです。
アメリカは怒（おこ）って海上を封鎖（ふうさ），米ソ全面核戦争かという緊急（きんきゅう）事態に発展します。
結局，首脳会談（しゅのうかいだん）（米・ケネディ／ソ・フルシチョフ）でミサイル計画は白紙撤回（はくしてっかい）となりました。
以後，両国は核兵器削減（さくげん）の道をさぐることとなりました。

◇アジア・アフリカ

・**【㉜1955年】アジア＝アフリカ会議が【㉝インドネシアのバンドン】で開催（かいさい）。**

「行くぜGOGOバンドンへ」。（行＝1，G＝9，O＝5，G＝5）

・AA会議，バンドン会議ともよびますが「アジア＝アフリカ会議」（アジア・アフリカ会議）でおさえよう。
前年の周恩来（しゅうおんらい／チョウエンライ）（中華人民共和国首相）とネルー（インド首相）の平和五原則をベースに，
アジア・アフリカの国々が植民地支配に反対し平和をめざす「平和十原則」を発表しました。
これにより独立の気運（きうん）が高まり，各地で独立が達成されました。

・**とくに【㉞1960年】はアフリカで17か国が独立し，【㉟アフリカの年】といわれます。**

「なんとか独立一苦労（1960）」。
このときに独立した国々が加盟し，国連加盟国数がふえました。関連問題が出ることもあります。

・多くの国が独立したアジア・アフリカ・ラテンアメリカ諸国は，
［㊱**第三世界**］（**第三勢力**）とよばれました。
資本主義・社会主義のどちらでもない勢力という意味です。

15章　戦後の日本と世界

3 日本の国際社会への復帰

・中華人民共和国が成立し，東アジアに社会主義勢力が拡大することを警戒したアメリカは，日本との講和を急ぎました。日本を西側資本主義陣営の拠点とするためです。

・48か国との間で(社会主義のソ連などは除く。中国・インド・ビルマ(現ミャンマー)などは欠席)

・**【(37) 1951年 】【(38) サンフランシスコ平和条約 】が結ばれました。**
日本全権は【(39) 吉田茂 】首相です。

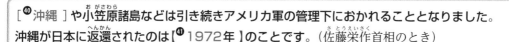

「**インク濃い字で，安保もね**」。日米安全保障条約とセットでおさえましょう。
これにより翌年，日本は独立を回復しました。

・サンフランシスコ平和条約により，
日本は台湾や千島列島の領有権を放棄しました。

［(40) 沖縄 ］や小笠原諸島などは引き続きアメリカ軍の管理下におかれることとなりました。
沖縄が日本に返還されたのは【(41) 1972年 】のことです。(佐藤栄作首相のとき)

「**人，苦難に耐えて復帰する**」。
日本の独立回復(1952年)から，20年もおくれての復帰です。
お金はドルから円に，車もアメリカ式の右側通行から左側通行になったので，
一部では混乱もみられたそうです。
また，復帰前には，沖縄の高校球児が甲子園の土をもって帰ろうとしても，
外国あつかいでしたので(検疫によって)もち帰ることができなかったという話もありました。

サンフランシスコ平和条約と同時に【(42) 日米安全保障条約 】を結びました。

「**インク濃い字で，安保もね**」。
サンフランシスコ平和条約とセットでおさえましょう。
日本が他国の侵略をうけるなど，大ピンチのときに日本を守るという条約です。
引き続き米軍が駐留し，日本は基地などの土地の提供や，軍の費用の一部を負担します。

参考 ちなみに，アメリカ軍およびその家族の特権も決められていました。
罪をおかしても，日本側に身柄の引き渡しがされないことがあるという地位協定などです。
領事裁判権みたいですね。日本の警察権がおよばないこともありました。
現在でも，アメリカの海兵隊員による事件はおこっています。
最近では身柄が引き渡されるようになりましたが，それでも米軍の協力の範囲内でのことです。

4 その他の講和

・サンフランシスコ平和条約は，すべての国との全面講和ではありませんでした。
ソ連や中国との講和はまだでしたね。

・インドやビルマ(現ミャンマー)とも，個別に平和条約を結びました。
また，韓国は日本と交戦していなかったので(日本の植民地でした)，会議によばれていません。

・【㊸1956年】【㊹日ソ共同宣言】を発表，国交を回復しました。(鳩山一郎首相のとき)
ソ連との講和によって【㊺国際連合加盟】が認められました。

「恨み解くころ，国連加盟」。
ソ連は国際連合の安全保障理事会の常任理事国の1つですからね。
なお，現在もロシアとの間には北方領土問題が残されており，まだ平和条約は結ばれていません。

・【㊻1965年】【㊼日韓基本条約】を結び，国交を回復しました。(佐藤栄作首相のとき)

「行くか老後は韓国へ」。
大韓民国を「朝鮮にある唯一の合法的な政府」と認め，国交を回復しました。
(北朝鮮〈朝鮮民主主義人民共和国〉は国連加盟国ですが，2020年現在，日本は国家として承認していません)

・次は中国との講和です。
中国本土には，共産党の中華人民共和国が成立し，
台湾には，中華民国の流れをくむ国民党(国民政府)がありました。
まず，日本は国民政府(台湾)と講和したのですが(1952年の日華平和条約。日中共同声明で失効)，
本土の中華人民共和国政府がこれを認めなかったため，複雑な状況になっていました。
(なお中華人民共和国，中華民国とも，サンフランシスコ講和会議にはよばれていません)
そこで，日本は中華人民共和国を唯一の政府として，

【㊽1972年】【㊾日中共同声明】で国交を正常化しました。[㊿田中角栄首相]のときです。

「ビッグなニュースで声が明るい」。(声が明るい＝声明)
ちなみに，田中角栄首相はこのあと，ロッキード事件(アメリカの飛行機会社からワイロをうけとった)で逮捕されましたが，中国との国交を回復させた功績は高く評価されています。
この声明で，日本は中国に対する加害責任を認めて反省の意を表明し，
中国は日本に対する戦争の賠償を放棄することが決まりました。
また，台湾とは(国交とはいいませんが)，友好的な交流がおこなわれています。

【51 1978年】【52 日中平和友好条約】を結びました。[53 福田赳夫首相]のときです。

「平和の使者はビッグなパンダ」。(正しくは…パンダの初来日は日中共同声明のときなのですが(^_^;))

・これらの条約関係はとても大事なので，年代も含めてきちんとおさえましょう。
並べ替え問題や年表問題を解くには，歴史の流れをつかもうとするより，
まず年代を覚えることから始めてみましょう。その方が覚えやすく，確実だと思います。

63 ▸ 戦後の日本経済

➡書き込み編 p.58

1 朝鮮戦争の特需を契機に，日本は復興し，どんどん豊かになっていきました。(→p.168)

・1955年ころからの，日本経済の急成長を【❶**高度経済成長**】といいます。

新しい家電製品が普及するなど，豊かになりました。(映画『ALWAYS 三丁目の夕日』のころ)

1960年代【❷**三種の神器**】とよばれた**白黒テレビ・冷蔵庫・洗濯機**が，
1970年代［❸**3C**］とよばれた**カラーテレビ・カー・クーラー**が普及しました。

頭文字をとって3C。テストではカーは自動車，クーラーはエアコンとされることもあります。
(なお，三種の神器とは，本来は，日本の神話で皇位継承の象徴とされる宝物のことです)

・1960年に［❹**所得倍増計画**］を打ち出したのが［❺**池田勇人内閣**］です。
10年で国民総生産を倍にするという政策です。
貿易を拡大させ，各地で公共事業(道路やダムの建設)を積極的にすすめました。

・また1960年代に［❻**エネルギー革命**］がおこりました。
エネルギー源が石炭から石油になり，日本各地の炭鉱が閉鎖されました。

・［❼**1964年**］［❽**東海道新幹線**］**が開通し**［❾**東京オリンピック**］**が開催されました。**

「**一苦労したよオリンピック**」。
首都高速道路もできました。戦後，どん底だった日本経済は復興を遂げ，
アジアではじめてのオリンピックを開催するまでになったのです。

・1968年には**国民総生産**(❿**GNP**)が，資本主義国の中でアメリカに次いで2位になりました。
GNPとは国民による1年間の最終生産物の合計額(材料費などを引く)のこと。
1年間に生産したモノなどの合計金額で，国の経済力や豊かさの目安となるものです。
なお，最近は海外生産などがさかんになったため，
国内における生産額の合計を示す**GDP**(**国内総生産**)が使われるようになっています。
むずかしいかもしれませんが，ともに，国の経済力や豊かさを示す目安となるものです。

・1970年には大阪で万国博覧会が開催されました。(2025年，ふたたび大阪・関西万博開催予定)

・高度経済成長の一方で，地方では過疎，都会では過密といった問題がおこりました。
また，経済発展を優先させたことで，深刻な公害問題がおこりました。

・**四大公害病は，必ず覚えましょう。**

公害病	発生地	原因物質
⓫ **水俣病**	⓬ **熊本県・鹿児島県**(八代海沿岸)	メチル水銀(有機水銀)
⓭ **新潟水俣病**	⓮ **新潟県**(阿賀野川流域)	メチル水銀(有機水銀)
⓯ **イタイイタイ病**	⓰ **富山県**(神通川流域)	カドミウム
⓱ **四日市ぜんそく**	⓲ **三重県**(四日市市)	亜硫酸ガス

快適で便利な生活を求め，環境保護を後回しにしてしまったのですね。

・これらの深刻な状況をうけて，

1967年【⑲**公害対策基本法**】**が制定されました。**

国や企業などに公害防止の責任があることを明記したものです。

高度経済成長・公害発生・公害対策基本法をセットでおさえておきましょう。

・（のちに公害対策基本法を廃止し）1993年【⑳**環境基本法**】が制定されました。

公害だけでなく，地球規模にまで視野を広げた環境保全をおこなうこととなりました。

・1971年，公害の防止や環境保護政策をおこなう［㉑**環境庁**］がおかれました。
2001年，［㉒**環境省**］へと昇格しました。（省になると大臣がおかれ，予算面などで有利になります）

参考　1948年，イギリス統治の終了を機に［㉓**ユダヤ人**］が［㉔**イスラエル（国）**］を建国しました。
パレスチナとよばれる地域です。場所を確認しましょう。聖地エルサレムがあります。（→**p.70**）
さかのぼること2000年，ユダヤ人はローマ帝国時代に弾圧をうけ流浪の民となりました。
20世紀，ナチス＝ドイツの迫害などから逃れた人々が入植しました。
しかし，周辺のアラブ諸国（㉕**イスラム教**），エジプトやシリアなどは大反対です。
「イスラエルの独立は認めないぞ」と［㉖**第一次中東戦争**］が勃発しました。
結局，欧米各国がイスラエル国を承認，多くのイスラム教徒が難民となりました。

・パレスチナをめぐるイスラエルとアラブ諸国との対立は，［㉗**中東問題**］の中心。
パレスチナ問題ともいいます。くりかえします。
パレスチナは**ユダヤ教・キリスト教・イスラム教の聖地**［㉘**エルサレム**］**がある重要地です。**

・イスラエルに対して，周辺のアラブ諸国はなかなか勝てませんでした。
欧米諸国が経済界に人脈をもつユダヤ人を支援していたからです。そこで，

1973年［㉙**第四次中東戦争**］**のとき，アラブ諸国を中心とする**
【㉚**OPEC（石油輸出国機構）**】**が，イスラエル支援国に対し，石油の値上げを断行。**

これを石油戦略といいます。

2 石油戦略の発動は，ミサイルよりも有効で，先進国のダメージは大きく，世界経済は混乱しました。

・【㉛**1973年**】**の**【㉜**石油危機**】**（石油ショック，オイル＝ショック）です。**（第一次石油危機）

このとき，日本では「トイレットペーパーがなくなる！」と大騒ぎになりました。
大阪のおばちゃんたちの噂話が発端ともいわれています。「なんでやねん？」という話ですが，
パニックになった人々がトイレットペーパーを買い求め，各地で行列ができました。
「**ナミダが出るぜ，紙がない…（T-T）**」。**1973年・OPEC・石油危機をセットでおさえましょう。**

参考　イスラム教徒のパレスチナ難民たちは，1964年にはパレスチナ解放機構（PLO）を結成して
ゲリラ戦を展開するなど，イスラエルとはげしく対立しました。1993年に暫定自治協定が結ばれ，
イスラム教徒の自治が開始されましたが（暫定とは，仮に定めるという意味），
対立は現在も続いています。

3 1973年の石油危機によって高度経済成長が終わりましたが，
日本は省エネ製品などの分野で成長を続けました。
しかしアメリカとの【❸❸貿易摩擦】がおこり，円高政策がとられ輸出産業が不振となり，
これをうけて日本銀行が金融緩和政策をおこない…むずかしいですね。(くわしくは公民で)
・結論だけ言うと，円高によって海外旅行がブームとなり，企業の海外進出もすすみました。
また「金あまり」から，不動産(土地やビルなど)や株を買い占めるようになりました。

4 買う人が多くなれば，価格は上がります。
さらに，今買えばもっと高くなって，もっと儲って…ということがくりかえされて，
まるで，泡がふくらむように，どんどん不動産や株価が値上がりしていき，

1980年代後半，日本は【㉞バブル経済】とよばれる状態になりました。

泡，アワ，あわ，中身がないのにふくらんでいくシャボン玉のように。それがバブルです。
しかし，長続きせず，1990年代はじめには崩壊しました。

おまけ 平成生まれの君たちはバブルを知らないでしょうが，とても楽しい，うかれた時代でした。
物価も高くなりましたが，給料も高くなっていました。テレビでは「1日で100万円使い切るぞー」
という番組をやっていました。1か月1万円で生活，といった企画が出るのとは対極の時代ですね。

・バブル崩壊後は，低成長のため景気回復の実感がもてない，厳しい時期が続いています。

・2013～20年，安倍晋三内閣は，デフレ(デフレーション…くわしくは公民で)からの脱却をかかげ，
アベノミクスとよばれる経済政策を実施。(→**p.178**)

64 ▸ 軍縮と冷戦の終結

➡書き込み編 *p.59*

1 軍縮のあゆみ

・冷戦を背景に，米ソはより強力な核兵器の開発をめざして，実験をくりかえしていました。
1954年，アメリカが太平洋中西部のビキニ環礁で水爆実験を実施，
このとき，日本のマグロ漁船[❶第五福竜丸]が放射能を含む「死の灰」をあびて23名が被曝，
うち1名がそのために亡くなるという事件がおこりました。
これをうけて翌1955年，**第1回原水爆禁止世界大会が広島で開催されました。**
世界に原水爆の禁止や基地の反対を訴えるもので，今も毎年開かれています。
大会といっても優勝とか金メダルが決まるものではありませんよ。

おまけ「核抑止力」という考え方があります。
相手より強力な核兵器をもつことで，戦争をふせぐことができるというものです。
米ソは戦争をしませんでしたので，核によって平和が実現したということもできます。
核兵器が平和をもたらした…？
でも，なんだかどこかが根本的に違うような気もします。
皮肉をこめて「恐怖の下の平和」「核の傘」などといわれることもあります。
SF映画の傑作『猿の惑星』シリーズでは，文明をもった猿たちが，
神として核兵器をおがんでいます。人類への皮肉がこめられているように思えました。

・1962年，前述のキューバ危機を契機に，米ソが歩み寄りをみせるようになりました。(→p.169)
「あわや核戦争か!?」という危機を経験しましたからね。

・1963年，**米英ソは，部分的核実験停止条約を結びました。**
しかし，核保有国のフランスと中国は不参加で，地下実験は可という中途半端な約束でした。
・1968年，**核拡散防止条約(❷NPT)が結ばれました。**
これ以上，核兵器保有国をふやさないためのものです。「核不拡散条約」ともいいます。
現在，世界のほとんどの国が加盟しています。
・1970年代には，米ソのさらなる歩み寄りがみられ，「デタント」といわれる緊張緩和がすすみました。
・1987年，**米ソは，中距離核戦力全廃条約(❸INF全廃条約)を結びました。**

参考 これらは難関私立で出ますが，「ほとんどの国」か「米ソ間」の条約かに注目しましょう。
先ほどのNPT(核拡散防止条約)は世界のほとんどの国が加盟していますね。
INF，つまり中距離核戦力を所有していない国までもが全廃というのも変ですね。
INF全廃条約は，米ソの条約だとおさえておけば，ある程度は選択肢がしぼれます。
なお，「1993年，米ソは戦略兵器削減条約(STARTⅡ)を結んだ」という選択肢は間違いです。
1991年にソ連は解体していますので，米ロ(アメリカとロシア)間の条約です。

・1996年，**包括的核実験禁止条約(❹CTBT)が結ばれました。**
地下実験も含めて，すべての爆発をともなう核実験を禁止するというものです。
しかし2020年現在，条約は発効していません。(有効なものとして拘束力をもつにいたっていません)
核開発に成功したインドとパキスタン，また北朝鮮などが批准していないからです。
・1997年，対人地雷全面禁止条約。2008年，クラスター爆弾禁止条約が結ばれました。

おまけ 対人地雷は，人を殺すためというより，大ケガをおわせることを目的とした兵器です。
兵士になることも，ほかの仕事もできず，介護が必要な人がふえれば，相手の国力をそぐことになるからです。兵士だけでなく民間人や子どもたちも犠牲になっています。現在も1億をこえる数の地雷がそのままにされており，被害者はあとを絶ちません。地雷は未来を奪う，とても残酷な兵器です。なお，クラスター爆弾は，空中でばらけて広範囲に被害を与える兵器です。
難関私立で出題を見かけたので，一応。

・2017年，「**核兵器禁止条約**」が国連で採択され，2021年1月に発効しました。

・ちなみに日本では，1967年に【❺**非核三原則**】を[❻**佐藤栄作首相**]**が表明しました。**

「**もたず・つくらず・もちこませず**」を日本の核兵器に対する基本方針としました。
なお，佐藤首相はノーベル平和賞を受賞しました。

2 冷戦の終結とソ連の解体

・二大超大国の1つであったソ連ですが，その社会主義体制はやがて内部崩壊していきました。
もちろん，複合的な要因がからんでくるのですが，
簡単にいうと，「がんばってもがんばらなくても平等なら…」ということになり，
経済が停滞してしまったのです。もちろんノルマはありましたが，やる気が出てきません。
みんな平等の成績なら，がんばって勉強しようとは思いませんよね。それと同じです。

・そこで経済を立て直すため，
1986年から，**ソ連の[❼ゴルバチョフ]が[❽ペレストロイカ]**(ロシア語で「改革」)**をすすめました。**
しかし，のちに失敗に終わりました。

・1989年【❾マルタ会談】で，アメリカとソ連は冷戦の終結を宣言しました。

ブッシュ(父)とゴルバチョフによる会談です。マルタはEUに加盟する地中海の島国。

1989年，冷戦の象徴[❿ベルリンの壁]が取りこわされ，
1990年【⓫東西ドイツ統一】が実現しました。

・1991年，**バルト三国**(エストニア・ラトビア・リトアニア)がソ連から分離独立，ついに，

1991年【⓬ソ連解体】となりました。

「悔いが残るぜソ連邦」
現在はロシア連邦を中心とする**CIS**(独立国家共同体)という，
ゆるやかな結びつきになりました。核兵器の管理をしないといけませんからね。

65 ▸ 現代の日本と世界

➡書き込み編 p.59

・1955年，自由党と日本民主党が合同し，**自由民主党**が結党されました。
以後，衆議院で多数派を占めて政権を担当し，野党の社会党と対立する体制ができました。
1955年からのことなので，これを[❶55年体制]といいます。
(与党は政権を担当する党，野党は政権を担当しない党のことです…公民でくわしく)
その後，1993年の政権交代(細川護熙内閣，日本新党などの連立政権)で，55年体制は終結しました。

・1960年，岸信介首相は[❷日米新安全保障条約]に調印，日米安全保障条約が改定されました。
(新安保，また1951年の条約と区別して60年安保などともいいます)
新たに日本が在日米軍に経済協力をすることや，アメリカの日本防衛義務などが約束され，
以来，10年ごとに自動的に延長されて現在にいたっています。

・これには，アメリカの戦争に日本がまきこまれる恐れがあるとして，
反対運動がおこりました。
国会を取りかこむデモ隊や，東京大学などで立てこもった学生と
警察の機動隊が衝突するなど，各地で安保闘争がくりひろげられました。
のちのベトナム戦争では，米軍の爆撃機が沖縄を飛び立っていきました。
アメリカの戦争に日本が協力することになったのです。

・1975年[❸第1回サミット(先進国首脳会議)]が開催されました。(主要議題は石油危機)

サミットは頂点という意味で，世界のトップ国が経済や貿易について話し合います。
1975年の第1回サミットは，米英仏日独(当時の西ドイツ)伊の6か国，
翌年にはカナダが加わった7か国でおこなわれました。
並べ替え問題では，石油危機→第1回サミットの順をおさえましょう。
当初は「先進国首脳会議」といいましたが，ロシアとEUが参加し，
現在は「主要国首脳会議」といいます。(1997年以降)
2014年，ロシアがウクライナ領のクリミア半島を編入したことで除外され，7か国に。
ロシアのサミット復帰は未定です(2020年現在)。なお，2016年は伊勢志摩サミットが開催。

・1989年，昭和64年が[❹平成元年]となった年，【❺消費税(3%)】が導入されました。

少子高齢化にともなう社会保障費支出(医療費や年金など)の増加に対応するのが目的です。
なお，消費税率は1997年に**5%**，2014年に**8%**となり，2019年に**10%**になりました。

・1990年，イラクのフセイン大統領が隣国クウェートに侵攻しました。これに対して，
国連の決議により，1991年1月，アメリカを中心とする多国籍軍が軍事介入し[❻湾岸戦争]が勃発。
結局，イラク軍はクウェートから撤退しました。
・このとき日本に対してアメリカなどから「Show the flag(国旗をみせろ)」，
つまり「(金を出すだけでなく)自衛隊を派遣しろ」といわれたのですが，
憲法第9条(平和主義)を理由に，派遣は見送られました。
自衛隊派遣以外の，日本独自の国際貢献の方法はないのか，
いや，それでは国際社会が納得しないのではないか，といった議論が高まり，

1992年[❼PKO協力法](**国連平和維持活動協力法**，国際平和協力法)**が成立しました。**

PKOとは，国連の平和維持活動のことです。
これに協力するために自衛隊を海外に派遣することが可能となりました。
・自衛隊は発足以来，軍事力か自衛力か，違憲か合憲か，その存在自体が議論されています。
政府の見解は，自衛隊は自衛力であり戦力にはあたらないということです。
自衛隊は自衛のためのものなのに，海外で活動するのはおかしい，などの反対もありましたが，
同年，自衛隊は[❽カンボジア]へ派遣されました。はじめての海外派遣です。

・このときのおもな任務は選挙監視です。選挙の結果次第で生活が左右されるので，応援も必死です。
不利になれば投票箱をもって逃げたり，投票所を爆破したりすることもあります。
「死者が100人程度のおだやかな選挙となりました」というニュースを聞いたこともあります。
自衛隊は，公正な選挙を確保するための活動をおこないました。
・以降，自衛隊は，イラク復興支援や大地震の被災地など，世界各地に派遣されています。

・**1993年，西ヨーロッパの12か国からなる**【❾EU】(ヨーロッパ連合)**が発足しました。**

日本やアメリカに対抗する経済圏をつくるためです。
現在の加盟国数は27か国となっています。(2020年にイギリスが離脱して27か国になりました)

・2001年[❿アメリカ同時多発テロ]**がおこりました。**

当時のブッシュ大統領は「正義の戦い」であることを強調し，テロ組織(アルカイダ)の
指導者(ウサマ=ビン=ラディン)が潜伏しているとされたアフガニスタンを攻撃しました。

おまけ 日本は正義のために戦うアメリカに協力すべきであるという意見もあります。しかし，アメリカのいう正義が本当の正義なのか，日本は日本のやり方で貢献できないのかという意見もあります。
また，世界一の経済大国の言う自由と平等を，脅威に感じる国もあります。
たとえるなら，ヘビー級のボクサーが女子中学生に「自由に対等にボクシングの試合をしようぜ」とせまるような感じかな。
でも，アメリカとの同盟関係も大事なものです。国民の生命と財産に責任をもたなければならない政治家が，理想だけを求めることはできないのも現実です。むずかしいですね。

・ブッシュ大統領の父も大統領でした。(パパブッシュ→クリントン→ブッシュ→オバマ→トランプ→バイデン)
パパブッシュは，1991年の**湾岸戦争**でイラクのフセイン大統領を倒せませんでした。
息子のブッシュ大統領は，「イラクは大量破壊兵器を保持している」として攻撃を開始，
2003年[⓫**イラク戦争**]がおこりました。
アメリカはフセイン大統領を逮捕し「人道に対する罪」で死刑にしました。(2006年)
ところが，戦争の原因となった大量破壊兵器は発見されませんでした。

おまけ 報道は重要です。情報操作(プロパガンダ)によって人々を扇動することだってできるからです。
太平洋戦争のとき，日本の軍部も都合の悪い情報は国民にふせていました。
クーデターをおこした反乱勢力がテレビ局などを占拠するのも，情報を重視するからです。
第一次世界大戦のころから，動く映像で戦争が記録されるようになり，
1991年の湾岸戦争あたりからは，カラー映像で生中継されるようになりました。
マスメディアは世論を左右し，戦争をおこしたり止めたりすることさえできるのです。
情報をうけとる側も，何が真実で正義なのか，映像や証言が信用できるものなのか，
注意しなければなりません。…と教科書的なことを書いてみましたが，「平和が一番」という
キャンペーンを盛り上げ，「平和のために戦おう」という方向へ，世論が誘導されたらどうでしょう。
「平和のためなら…」う～ん，自分自身が冷静に判断できるかどうか心配になります。

・2009年，民主党の鳩山由紀夫内閣が成立，政権交代が実現しました。

・2011年3月11日，**東日本大震災**がおこりました。(マグニチュード9.0の大地震と「想定外」の大津波)
福島第一原子力発電所は核融合炉が融解(メルトダウン)するなど，
放射能問題は未解決のままです。なお，2012年，**復興庁**が創設されています。

・2012年末，ふたたび政権交代がおこり，自由民主党の安倍晋三内閣(第2次)が成立しました。
デフレからの脱却をめざし，**アベノミクス**とよばれる政策を実施。
(①金融緩和，②財政政策，③成長戦略は「3本の矢」とよばれる)

安倍内閣は2014年，憲法第9条の解釈を変更し[⓬**集団的自衛権**]の行使容認を閣議決定。

日本と密接な関係にある他国が大ピンチで，これによって日本もあぶないと判断された場合，
日本が直接攻撃されていなくても，共同で防衛措置をとれる(武力を行使できる)，というものです。
(これに対して，憲法第9条は，集団的自衛権の行使を認めるという内容には
解釈できず，この閣議決定そのものが憲法違反であるという憲法学者らの意見も強い)

・2015年には，集団的自衛権を根拠に，各種の[⓭**安全保障関連法**]が成立。(廃止を求める運動が続いた)

・2020年　**東京オリンピック・パラリンピック**(新型コロナウイルス感染症流行のため2021年に延期)

・2022年　**ロシア**が**ウクライナ**に侵攻。(2023年5月現在，戦争は続いています)

おまけ 人類の誕生から東京オリンピックまで，いろいろなことがありましたね。
そして，これからもいろいろなことがあるでしょう。リニア新幹線の開通ももうすぐですしね。
もち運びできる電話や，撮影した動画を世界に発信できる機器…は，もうありますね。
じゃあ，無限でクリーンなエネルギーが開発されたり，PYN48グループができたりして(^^)
日本は天然資源の少ない国です。石油も鉄鉱石も輸入にたよっています。
日本の唯一の資源は人材です。これを読んでいる人が，
ノーベル賞を受賞したり，人類を救う発明(地球温暖化防止装置など)をしたら，素敵です。

・**最後にあなたの入学年と志望校名を入れましょう**。(今すぐでなくてもいいですよ)

◇あとがき◇

最近では，図表や資料を読み解く力を試す問題や，論述式の問題が多くなってきています。
苦手に思う人が多いところです。都道府県別のデータ（たとえば第一次産業従事者の割合・スキー場の数・輸送用機器の出荷額など）から何県かを判断する問題といったものや，絵や写真をみて，当時の社会のようすを論じるといったもの。判断力や，論理的考察力が試される問題です。

しかし，よく考えてみれば「**知らなければできないのですよ**」。
判断し，考察するためには，その材料となる知識がなければならないのです。
よく「社会がわからない～」という人がいますが，正確に言うと「知らない」のです。
社会科という科目には天才はいません。ひらめいて答えが出るものではないのです。
試験問題の大部分は「知っている」か「知らない」かが試されます。
社会科は暗記科目です。勉強したということは覚えたということなのです。

でも簡単に覚えられるものではありません。がんばっても１回で覚えるのはムリでしょう。
定期テストと違って，入試は範囲(はんい)が広い（すべてが範囲）ですからね。

こんな方法はどうでしょう。

１回目　解説編を読みながら，書き込み編に書き入れていく。（約16時間で可能です）
よく読んで十分理解してから，書き入れていくようにしましょう。（もう終わったかな）

２回目　書き入れたら，間違いがないか，もう一度最初から確かめましょう。
（友だちと交換(こうかん)して確認しあえたら，なおいいのですが…）

３回目　**かざりわく**と**太字**の部分に注目しつつ，もう一度，解説編を読む。
（２回目なら，その部分だけ読んでも，話が通じるようになっていると思います）

４回目　書き込み編（*p.6*～*p.59*）を，１ページ１分のペースで読む。（約50分）
（時間を指定したのは，テンポよくやるためです）

５回目　書き込み編（*p.6*～*p.59*）を，１ページ30秒のペースで読む。（約25分）
（続けてやるよりも，４回目から２日～３日あける。その方が記憶しやすくなる）

６回目　同上。できれば，次のページに何が書いてあるか予想しながら。

ここまでくれば，書き込み編のどこに何が書いてあるか，探し出せるようになっていませんか？
承久(じょうきゅう)の乱は，左右どちらのページに書いてありましたか？
御成敗式目(ごせいばいしきもく)は，それより前のできごとですか？　後のできごとですか？
フビライ＝ハンは，左右どちらのページにありましたか？
あれっ？ となった人は，５～６回目をくりかえしてみましょう。

どこにそれが書いてあるのかがわかれば，半分以上覚えたといえます。
知らない町の道だって，何度か通っているうちに覚えられるものです。

何度も何度もくりかえしてください。

まとめて天皇

仁徳天皇	大仙古墳in大阪府堺市(面積最大の古墳)
雄略天皇	ワカタケル大王…稲荷山古墳(埼玉)・江田船山古墳(熊本)出土の鉄剣・鉄刀に名 478年，南朝(宋)に使者派遣・宋書倭国伝では倭王「武」
推古天皇	女性・蘇我馬子が擁立・593年，摂政に**聖徳太子**を起用
天智天皇	**中大兄皇子**・645年，**大化の改新** with **中臣鎌足** 663年，**白村江の戦い**→敗戦by唐&新羅軍→近江大津宮遷都→即位
天武天皇	**大海人皇子**(天智の弟) 天智死後の皇位争い＝672年,**壬申の乱** vs 大友皇子(天智の子) 
持統天皇	女性・天武の妻・694年，**藤原京**遷都 「春過ぎて 夏来にけらし 白妙の 衣ほすてふ 天の香具(久)山」
元明天皇	女性・710年，平城京遷都
聖武天皇	**奈良時代＝天平文化** 国ごとに**国分寺**・**国分尼寺**・**東大寺大仏**・宝物in**正倉院** 
桓武天皇	784年，長岡京→794年，**平安京**遷都 797年，**坂上田村麻呂**を征夷大将軍に任ずる 
後三条天皇	摂関政治にピリオド・藤原氏を外戚としない天皇
白河上皇	後三条天皇の子・1086年，はじめて**院政**をおこなう 
後白河天皇	兄弟げんか＋武士団→1156年，保元の乱(&1159年，平治の乱) └→両方勝ったのは平清盛
後鳥羽上皇	鎌倉幕府打倒に失敗＝1221年，**承久の乱** vs 2代執権 北条義時 └→隠岐に配流(乱後)六波羅探題を設置in京都
後醍醐天皇	鎌倉幕府打倒に失敗→隠岐に配流→脱出→**鎌倉幕府滅亡** 1334年～**建武の新政**→失敗(足利尊氏の裏切り)→**吉野に南朝** 

参考 現在(令和)の天皇は第126代

まとめて将軍

鎌倉幕府(1192 ～ 1333年)

【初代将軍 源頼朝 】：1185年，全国に[守護]，荘園・公領ごとに[地頭]設置
1192年，征夷大将軍

〈 執権 〉

【2代執権 北条義時 】：1221年【 承久の乱 】vs【 後鳥羽上皇 】

【3代執権 北条泰時 】：1232年【 御成敗式目 】制定　※初の武家法

【8代執権 北条時宗 】：1274年，1281年【 元寇 】vs[フビライ＝ハン]

室町幕府(1338 ～ 1573年)

【初代将軍 足利尊氏 】：元は鎌倉幕府の御家人，後醍醐天皇に協力(建武の新政)
天皇と対立→1338年，北朝から征夷大将軍に

【3代将軍 足利義満 】：1392年【 南北朝合一 】・1404年【 勘合貿易 】開始・**金閣**

【8代将軍 足利義政 】：1467年【 応仁の乱 】・**銀閣**

【15代将軍 足利義昭 】：1573年【 織田信長 】により追放＝室町幕府滅亡

江戸幕府(1603 ～ 1867年)

【初代将軍 徳川家康 】：1600年【 関ヶ原の戦い 】vs【 石田三成 】
1615年【 武家諸法度 】：大名統制(2代秀忠の名で)

【3代将軍 徳川家光 】：1635年【 参勤交代 】制度化
1637年，島原・天草一揆　1639年，「鎖国」強化

【5代将軍 徳川綱吉 】：1687年【 生類憐みの令 】・元禄文化

【8代将軍 徳川吉宗 】：1716年【 享保の改革 】～45年(目安箱・公事方御定書)

(11代将軍 徳川家斉)：1787年～1841年(大御所時代)(異国船打払令・大塩平八郎の乱)

【15代将軍 徳川慶喜 】：1867年【 大政奉還 】

■まとめて貿易■

日宋貿易 by【 平清盛 】(▶ 神戸港＝大輪田泊)
(平安後期)　輸入品＝【 宋銭 】・陶磁器…　輸出品＝金・硫黄・刀剣…
・安全を願って[厳島神社]in[広島県]

勘合貿易 by【3代将軍 足利義満 】＝[日明貿易](▶勘合で**倭寇と区別**・朝貢形式)
(室町時代)　輸入品＝【 明銭 】・**生糸**…　輸出品＝刀剣・銅・硫黄…

日朝貿易：[対馬]の[宗氏]が中心(室町～江戸)
輸入品＝[木綿]…
輸出品＝銅・硫黄…

南蛮貿易：【 スペイン 】・【 ポルトガル 】→**長崎・平戸・堺**へ来航
(安土桃山)　輸入品＝[生糸]・[鉄砲]・[火薬]・絹織物・香料…
輸出品＝【 銀 】・刀剣・海産物・漆器…

朱印船貿易：渡航許可(朱印状)を与えられ[東南アジア]に出かける
(～江戸初期)　↑ 秀吉や家康らから　↓ タイの[アユタヤ]などに[日本町]形成
輸入品＝【 生糸 】・絹織物・綿織物・砂糖・薬…
輸出品＝【 銀 】・銅・硫黄…

「鎖国」完成(1639年[**ポルトガル船**]来航禁止。1641年，平戸のオランダ商館を長崎へ移転)
例外…【 オランダ 】in[出島]・[**中国**(清)]
[朝鮮]：**対馬藩**が仲介　[アイヌ]：**松前藩**(米⇔鮭や毛皮)
[琉球]：**薩摩藩**が支配…清と中継貿易

長崎貿易：幕府(長崎奉行)の管轄
輸入品＝【 生糸 】・絹織物・毛織物・綿織物…
輸出品＝【 銀 】・銅・金・海産物…
・貿易を制限し金銀の流出をふせぐby[新井白石]
・海産物を輸出し金銀の流入を図るby[田沼意次]

開国直後の貿易
輸出入額トップ(85％)は【 イギリス 】　おもに[横浜港]で
輸出品＝【 生糸 】80％　輸入品＝[**毛織物**]と[**綿織物**]が70％
[金銀比価問題]で貨幣の質を落とす&**輸出増で**[品不足]→**物価が**[上昇]
・庶民の不満が高まる…伊勢神宮のお札が降ってきた～と大騒ぎ(1867)＝[ええじゃないか]

参考 [金銀比価問題とは]
国際的比率 金1：銀15 ↔ 日本の比率 金1：銀5
▶つまり日本は[金3：銀15]
↓
日本に[銀]を持ちこみ[金]と交換
↓
[3倍]のもうけ

明治以降の貿易
▶基本的に戦前の貿易品とくれば，綿織物・生糸・化繊・絹織物など"糸偏"のつくもの
☆日本の工業力upにつれて輸出入品に変化☆

①1870～80年代:**明治維新→殖産興業**(1872年[**富岡製糸場**(群馬県)]操業開始)
▶**輸出品は**【 生糸 】，**輸入品は**【 綿糸(工場で加工された製品) 】＝**発展途上国型の貿易**

②1880年代後半～：**産業革命**(製糸業中心)→**工業国型の貿易へとシフト**
▶【 輸入した(原料の)綿花を加工して，(製品の)綿糸を輸出できるようになった。】

日本の輸出品（1913ころ）　6.3億円

生糸	綿糸	絹織物	綿織物	銅	その他
29.8％	11.3	6.2	5.3	4.5	42.9

日本の輸入品（1913ころ）　7.3億円

綿花	鉄類	機械類	米	砂糖	その他
32.0％	7.8	7.0	6.7	5.0	41.5

(『日本貿易精覧』)

③[第一次世界大戦後(1919)～]：**農業生産＜工業生産**(農業国から工業国へ)

現在の貿易

日本の輸出品（2019）　76.9兆円

機械類・精密機械	自動車	自動車部品	鉄鋼	その他
39.7％	15.6	4.7	4.0	36.0

日本の輸入品（2019）　78.6兆円

機械類・精密機械	石油	液化ガス	衣類	医薬品	その他
27.7％	12.1	6.2	4.1	3.9	46.0

日本の輸出先（2019）　76.9兆円

アメリカ	中国	韓国	台湾	香港	その他
19.8％	19.1	6.6	6.1	4.8	43.6

日本の輸入先（2019）　78.6兆円

中国	アメリカ	オーストラリア	韓国	サウジアラビア	台湾	アラブ首長国連邦	その他
23.5％	11.0	6.3	4.1	3.8	3.7	3.6	44.0

(『日本国勢図会』)

▶日本は【 **貿易黒字** 】＝総輸入額＜総輸出額…が長く続いていた
▶輸出入相手国：【 中国 】がアメリカを抜いて1位に(輸出入の合計)

■まとめて外交・条約■

[1854年] 【 日米和親条約 】:【 下田・函館 】開港(再来日したペリーと)

【 1858年 】【 日米修好通商条約 】:[大老 井伊直弼・総領事 ハリス]
▶[新潟・兵庫・神奈川・長崎・函館]開港
▶領事裁判権(治外法権)を認める&関税自主権がない…不平等

1871年 [日清修好条規]:はじめての対等条約

[1875年] [樺太・千島交換条約]…ロシアと国境画定

1875年 [江華島事件]
↓
1876年 [日朝修好条規]:不平等条約を押しつける

1886年 [ノルマントン号事件]…領事裁判権が壁

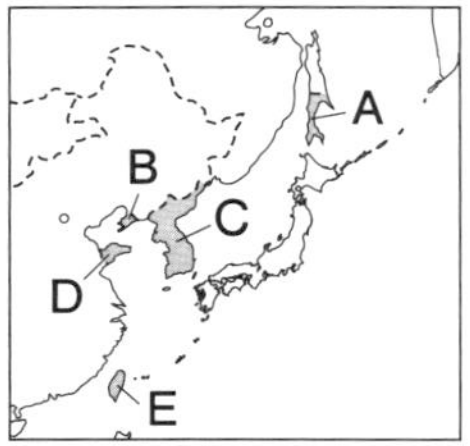

[1894年] 領事裁判権撤廃 by[陸奥宗光外相](日清戦争開戦直前)

【 1894年 】 日清戦争 ←甲午農民戦争=東学党の乱in朝鮮…日本と清が軍事介入
↓
[1895年] 【 下関条約 】…日本全権[伊藤博文・陸奥宗光]⇔清は李鴻章
[朝鮮]の独立を認める(中国のものじゃないと確認)・賠償金2億両を払う
[遼東半島(地図のB)]・[台湾(地図のE)]・澎湖諸島を日本に割譲
→▶しかし[三国干渉]by[ロシア・ドイツ・フランス]

[1902年] 【 日英同盟 】:ロシアに対する警戒で一致

【 1904年 】 日露戦争 …日本海海戦など日本の勝利
↓
[1905年] 【 ポーツマス条約 】:日本全権は小村寿太郎⇔露はウィッテ
▶[セオドア=ローズベルト米大統領]の仲介
[韓国]における日本の優位を認める
[北緯50度]以南の[樺太(サハリン)(地図のA)]を日本に割譲
[旅順・大連](地図のBの先端)の租借権を日本に割譲
[南満州鉄道]の利権を日本に割譲
漁業権を獲得するが賠償金は取れなかった→[日比谷焼き打ち事件]

【 1910年 】 韓国併合 :[朝鮮総督府]設置～1945(終戦まで植民地支配)

【 1911年 】 関税自主権回復 by[小村寿太郎外相]

【 1914年 】 第一次世界大戦 ←[サラエボ事件](オーストリア皇太子暗殺inバルカン半島)
1914年 日本は[ドイツ領]の[山東半島(地図のD)]を占領
1915年 【 二十一箇条の要求 】…中華民国に認めさせる
1917年 【 ロシア革命 】
1918年 【 シベリア出兵 】→【 米騒動 】→【 原敬首相 】

【 1919年 】【 ベルサイユ条約 】(パリ講和会議)
▶[三・一独立運動(朝鮮)]・[五・四運動(中国)]

1921年～ [ワシントン会議]…四か国条約:太平洋地域で仲良く(日英同盟廃棄)
九か国条約:中国の独立保全(日本の進出阻止)

1930年 [ロンドン海軍軍縮条約]:日本に不利な内容

【 1931年 】[柳条湖事件]→【 満州事変 】→1933年[国際連盟]脱退

【 1937年 】[盧溝橋事件]→【 日中戦争 】

【 1939年 】 第二次世界大戦 ←[ドイツのポーランド侵攻]
1940年 【 日独伊三国同盟 】←日本軍[北部フランス領インドシナ]へ進駐
1941年 [日ソ中立条約]… →さらに南部へ進駐→ABCD包囲陣
【 1941年 】 太平洋戦争 ←真珠湾攻撃(▶同時にマレー半島のイギリス軍も攻撃)
【 1945年 】【 ポツダム宣言 】受諾=無条件降伏

【 1951年 】【 サンフランシスコ平和条約 】:[全権 吉田茂](翌年 独立を回復)
&
【 日米安全保障条約 】
↓
[1972年]沖縄返還

【 1956年 】【 日ソ共同宣言 】→[国際連合加盟]が認められる

【 1965年 】【 日韓基本条約 】(北朝鮮との国交はなし)

【 1972年 】【 日中共同声明 】(田中角栄首相)

【 1978年 】【 日中平和友好条約 】(福田赳夫首相)

■まとめて中国■

殷	B.C.16世紀ころ～B.C.11世紀ころ 古代文明：[黄河中流域]…【 甲骨文字 】米 豹 虎 羊 牛 魚 車
周	B.C.11世紀ころ～B.C.256年 後半は[春秋・戦国時代]…[儒教]の[孔子]
秦	 B.C.221年～B.C.206年 【 始皇帝 】が中国統一・貨幣やものさしの統一 【 万里の長城修築 】…北方騎馬民族に備える・墓は[兵馬俑]で有名
漢	B.C.202年～A.D.220年(A.D. 8年に新ができるまで前漢, A.D.25年に光武帝が新を倒し後漢) 朝鮮半島に[楽浪郡]などをおく 57年【 漢委奴国王 】の金印…[福岡県・志賀島]で発見 【 シルクロード 】は【 ローマ帝国 】へ絹を運ぶ道
三国	呉・蜀・【 魏 】▶239年『 魏志倭人伝 』に邪馬台国の卑弥呼の使者の記述
(晋)	(この後しばらく混乱が続く…五胡十六国とよばれる)
南北朝	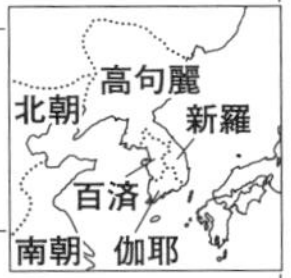 南朝＝宋・北朝＝北魏 宋へ[ワカタケル大王]など倭の五王が朝貢 北魏の均田制→隋・唐→日本の班田制へ
隋	589年～618年　…北魏の流れをくむ 607年，遣隋使に小野妹子を派遣by聖徳太子 対等外交をめざし国書に「日出づるところの天子～」→煬帝は無礼な！と怒った [運河]建設＆[高句麗]遠征失敗→内乱→滅亡
唐	618年～907年　･･･都は【 長安 】 飛鳥時代：630年～遣唐使派遣 奈良時代：754年【 鑑真 】来日→【 唐招提寺 】 平安初期：【 空海(真言宗)・最澄(天台宗) 】留学 平安中期：【 894年 】：遣唐使停止by[菅原道真]この頃【 国風文化 】
五代十国	(分裂や統合など混乱期)
宋	960年～1279年 平安後期：日宋貿易by【 平清盛 】(兵庫の港(神戸港)＝大輪田泊) 輸入品＝[宋銭] 鎌倉時代[栄西(臨済宗)][重源(大仏修理)]留学 [朱子学]・水墨画の大成，火薬・羅針盤の実用化

モンゴル帝国建国by[チンギス＝ハン]

元	 1271年～1368年　…モンゴル人の征服王朝 【 フビライ＝ハン(孫) 】が国名を元とする・都は[大都(北京)] 1274年[文永の役]・1281年[弘安の役]…元寇vs【8代執権 北条時宗 】 イタリア人商人【 マルコ＝ポーロ 】が仕える…『 東方見聞録 』
明	1368年～1644年　…漢民族国家(モンゴル人を追い払う) 【 勘合貿易 】by 3代将軍 足利義満[1404年～]…輸入品＝【 明銭 】・生糸 水墨画の[雪舟]留学(東山文化) 1592年[文禄の役]・1597年[慶長の役]by秀吉…明の征服がねらい
清	1644年～1912年　…[満州人(女真人)]の征服王朝 「鎖国」の例外…[長崎]に[唐人屋敷] 1840年 アヘン戦争vsイギリス→1842年[南京条約]…[香港]割譲 1851年【 太平天国の乱 】by[洪秀全]…「滅満興漢」 1871年[日清修好条規]：対等な条約 1894年 日清戦争→下関条約：[遼東半島(三国干渉)][台湾]を割譲 1899年[義和団事件]：外国を追い出せ「扶清滅洋」→逆に列強の進出の口実に 1911年【 辛亥革命 】by【 孫文 】(三民主義)→[袁世凱]臨時大総統
中華民国	1912年　…首都は【 南京 】(1928年，北部まで統一by蒋介石) 1915年【 二十一箇条の要求 】←[第一次世界大戦中](大隈内閣→袁世凱政府) 1919年【 五・四運動 】：日本の支配に対する抵抗 1931年【 柳条湖事件 】→満州事変(満州国皇帝に清朝最後の皇帝溥儀を擁立) 1937年【 盧溝橋事件 】→日中戦争　→国民党と共産党が協力(抗日民族統一戦線)
中華人民共和国	1949年　建国by【 毛沢東 】　(…蒋介石(国民党)の中華民国政府は台湾へ) 1972年【 日中共同声明 】(田中角栄首相) 1978年【 日中平和友好条約 】(福田赳夫首相) 1970年代後半～改革開放(社会主義を修正) 農業…人民公社を改め生産責任制(→万元戸(富裕層)出現) 工業…国営工場を改め工場請負制・個人や自治体による郷鎮企業 外国企業誘致で経済特区を設置 1997年[香港]返還←[イギリス]から 1999年[マカオ]返還←[ポルトガル]から 2008年【 北京オリンピック 】(夏)開催 2022年[北京オリンピック](冬)開催予定 日本の最大の【 貿易 】相手先・[GDP]世界2位 

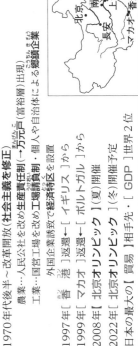

まとめて朝鮮半島

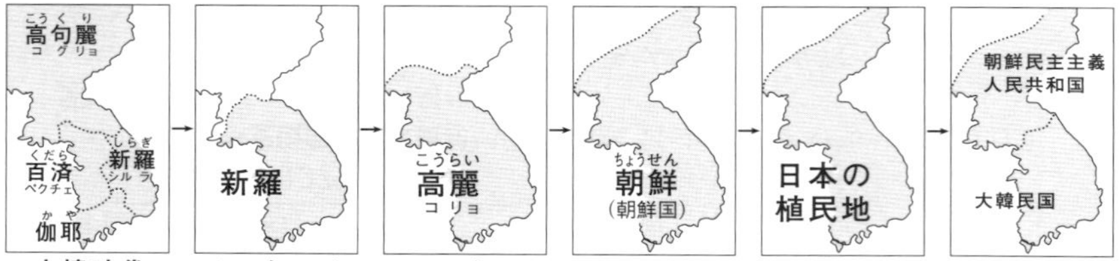

古墳時代 → 676年ころ → 936年～ → 1392年～ → 1910～45年 → 現在

●【北 高句麗 】【東 新羅 】・【西 百済 】・伽耶(加羅，任那)
▶古墳時代：【 渡来人 】来日→漢字・儒教・須恵器・織物技術などを伝え朝廷に仕える

●【 新羅 】が半島を統一(676年～)
▶[663年]【 白村江の戦い 】by[中大兄皇子]：百済の救援
↓ [唐&新羅]連合軍に惨敗　↘(戦後，天智天皇となり国内整備)

●【 高麗 】が半島を統一(936年～)　▶[元]に服属し日本に襲来(元寇)

●【 朝鮮 】建国by【 李成桂 】【 1392年 】…南北朝合一by足利義満と同じ年
▶安土桃山：1592年・1597年【 朝鮮出兵 】by【 豊臣秀吉 】(明の征服をねらう)
▶江戸時代：【 朝鮮通信使 】来日…対馬の宗氏が仲介
▶明治時代：　1875年[江華島事件]→1876年 日朝修好条規…朝鮮側に不平等な条約
【 1894年 】【 甲午農民戦争(東学の乱) 】→日清戦争
1905年[統監府]設置(初代統監＝伊藤博文←1909年，暗殺by安重根)

● 植民地 【 1910年 】【 韓国併合 】→[朝鮮総督府]設置
【 1919年 】【 三・一独立運動 】：[日本]から独立だ～！←武力で鎮圧

● 戦　後 【 1945年 】…日本による支配の終了
北側を ソ 連 軍 が占領…(社会主義)→1948年 朝鮮民主主義人民共和国
――――[北緯38度線]――――
南側をアメリカ軍が占領…(資本主義)→1948年 大韓民国
【 1950年 】：朝鮮戦争(→日本に特需景気をもたらす)
【 1965年 】：【 日韓基本条約 】：韓国と国交回復
※北朝鮮とは国交がない

まとめて戦乱

663年	白村江の戦い	百済救済のためby中大兄皇子→唐&新羅に惨敗
672年	壬申の乱	天智天皇の死後の皇位争い　大海人皇子vs大友皇子
935年	平将門の乱	in関東(将門はみずからを新皇と称す)
939年	藤原純友の乱	in瀬戸内海
1051年	前九年合戦	in東北
1083年	後三年合戦	in東北(源義家が活躍)
1156年	保元の乱	後白河天皇の兄弟げんか＋武士団
1159年	平治の乱	勝 平清盛vs負 源義朝(源頼朝の父)
1185年	壇ノ浦の戦い	平氏滅亡(→全国に守護・荘園&公領ごとに地頭設置by頼朝)
1221年	承久の乱	後鳥羽上皇vs 2代執権 北条義時(with北条政子)
1274年	文永の役	蒙古襲来＝元寇・フビライvs 8代執権 北条時宗
1281年	弘安の役	
1428年	正長の土一揆	日本初の土一揆・近江の馬借の徳政令要求から
1467年	応仁の乱	8代将軍 足利義政の後継争い→以後は下剋上の風潮(戦国時代へ)
1485年	山城の国一揆	守護を追い出して8年間自治in京都府
1488年	加賀の一向一揆	浄土真宗の信者が守護を滅ぼし1世紀自治in石川県
1560年	桶狭間の戦い	織田信長vs今川義元
1575年	長篠の戦い	織田信長・鉄砲隊vs武田氏
1582年	本能寺の変	織田信長vs明智光秀
1592年	文禄の役	朝鮮出兵by豊臣秀吉
1597年	慶長の役	
1600年	関ヶ原の戦い	東 徳川家康vs西 石田三成
1615年	大阪の陣	豊臣氏滅亡(直後に武家諸法度)(1614年，冬の陣→1615年，夏の陣)
1637年	島原・天草一揆	キリシタンなどの反乱(天草四郎)
1837年	大塩平八郎の乱	大阪町奉行所の元与力(天保の飢饉のあと)
1868年	戊辰戦争	旧幕府軍vs新政府(鳥羽伏見の戦い～翌69年，五稜郭の戦い)

■まとめて組織図■

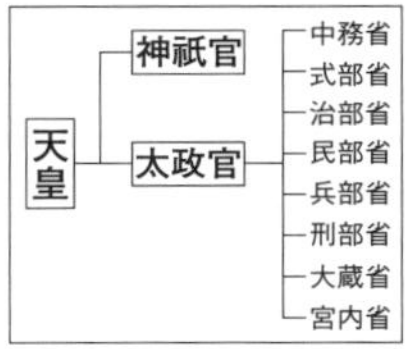

律令制

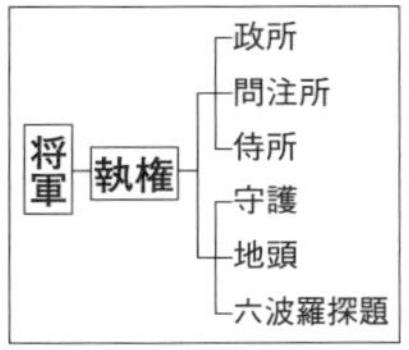

[鎌倉幕府]

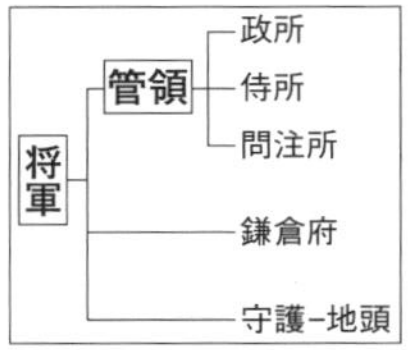

[室町幕府]

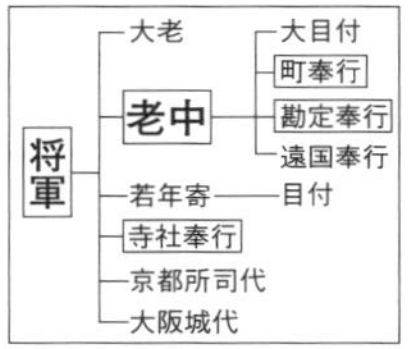

[江戸幕府]

▶鎌倉幕府

【 守護 】	**国ごと**におかれ**警察**の仕事をする
【 地頭 】	**荘園・公領ごと**におかれ**税の徴収**をする

（1185年，平氏滅亡（壇ノ浦の戦い）のあと設置）

【 執権 】	**将軍の補佐**…北条氏が世襲
[政所]	一般政務など（読みはまんどころ ）
[侍所]	御家人の統率，軍事や警察の統括
[問注所]	裁判を担当
【 六波羅探題 】	**朝廷や西国の監視**…承久の乱の後に京都に設置

▶室町幕府

【 管領 】	**将軍の補佐**（読みはかんれい ）…有力守護大名（細川・斯波・畠山氏）が歴任
[鎌倉府]	前の幕府所在地におく・東国の統率

▶江戸幕府

【 老中 】	**将軍の補佐**（大老は臨時の役職）		
[町奉行]	**老中**の直轄	江戸の町の行政・警察・裁判（大阪には大阪町奉行 京都にも京都町奉行）	三奉行
[勘定奉行]	**老中**の直轄	幕府の財政・直轄領の行政	三奉行
[寺社奉行]	**将軍**の直轄	全国の寺院や神社の管理	三奉行
[大目付]	大名の監視		
[目付]	旗本や御家人の監視		
[京都所司代]	朝廷や西国の監視・畿内の統率		

■文化区分トレーニング■ 左右の語句はそれぞれ関連しています。セットでおさえましょう。

記入例▶旧石器→縄文→弥生→古墳→飛鳥→天平→平安初期→国風→鎌倉→北山→東山→桃山→江戸初期→元禄→化政

語句		隠す
葛飾北斎		化政
菱川師宣		元禄
狩野永徳（障壁画）		桃山
写楽		化政
俵屋宗達		江初
歌川（安藤）広重		化政
雪舟		東山
尾形光琳		元禄
喜多川歌麿		化政

語句		隠す
富嶽三十六景		化政
見返り美人図		元禄
唐獅子図屛風		桃山
浮世絵（役者絵）		化政
風神雷神図屛風		江初
東海道五十三次		化政
水墨画		東山
燕子花図屛風・紅白梅図屛風		元禄
浮世絵（美人画）		化政

近松門左衛門		元禄
鴨長明		鎌倉
十返舎一九		化政
松尾芭蕉		元禄
紀貫之		国風
吉田兼好（兼好法師）		鎌倉
滝沢馬琴		化政
井原西鶴		元禄
藤原定家		鎌倉

人形浄瑠璃		元禄
方丈記		鎌倉
東海道中膝栗毛		化政
奥の細道（俳諧）		元禄
古今和歌集・土佐日記		国風
徒然草		鎌倉
南総里見八犬伝		化政
浮世草子		元禄
新古今和歌集		鎌倉

観阿弥・世阿弥		北山
運慶・快慶		鎌倉
出雲の阿国		桃山
聖武天皇		天平
聖徳太子		飛鳥
藤原頼通		国風
鑑真		天平
千利休		桃山
琵琶法師		鎌倉
足利義満		北山
足利義政		東山
奥州藤原氏		国風

能		北山
東大寺南大門金剛力士像		鎌倉
歌舞伎踊り		桃山
正倉院		天平
法隆寺		飛鳥
平等院鳳凰堂		国風
唐招提寺		天平
茶の湯		桃山
平家物語		鎌倉
鹿苑寺（金閣）		北山
慈照寺（銀閣）		東山
中尊寺金色堂		国風

用語一覧（旧石器～江戸時代）

時代区分	主要事項
旧石器時代	岩宿遺跡・相沢忠洋・野尻湖遺跡・ナウマン象
縄文時代	狩猟・採集生活・骨角器・大森貝塚・土偶・三内丸山遺跡
弥生時代	稲作・石包丁・高床倉庫・青銅器・銅鐸 板付遺跡，吉野ヶ里遺跡，環濠集落，登呂遺跡，唐古・鍵遺跡 漢委奴国王／邪馬台国・卑弥呼・魏志倭人伝・親魏倭王
古墳時代	前方後円墳・埴輪／渡来人・須恵器・漢字・儒教・仏教伝来 ワカタケル大王・倭の五王・大和政権（ヤマト王権）・氏姓制度・稲荷山古墳・江田船山古墳
飛鳥時代	聖徳太子・推古天皇・蘇我馬子・遣隋使・小野妹子・煬帝 冠位十二階・憲法十七条・法隆寺・四天王寺 大化の改新・中大兄皇子・中臣鎌足・蘇我蝦夷・蘇我入鹿・白村江の戦い／天智天皇 壬申の乱・大海人皇子・天武天皇／持統天皇・藤原京／富本銭・大宝律令・和同開珎鋳造
奈良時代	平城京・元明天皇・三世一身法 聖武天皇・墾田永年私財法・国分寺・国分尼寺・東大寺大仏・行基・鎮護国家の仏教 天平文化・遣唐使・正倉院・鑑真・唐招提寺・万葉集・古事記・日本書紀・風土記
平安時代	桓武天皇・坂上田村麻呂 密教・空海〔真言宗〕高野山金剛峯寺・最澄〔天台宗〕比叡山延暦寺 摂関政治・藤原道長・藤原頼通／尾張国郡司百姓等解文 遣唐使の停（廃）止・菅原道真／ 国風文化・大和絵・寝殿造・十二単 竹取物語・紫式部『源氏物語』・清少納言『枕草子』・紀貫之『古今和歌集』『土佐日記』 末法思想・浄土信仰・平等院鳳凰堂 平将門の乱・藤原純友の乱／前九年合戦・後三年合戦 白河上皇・院政／中尊寺金色堂・奥州藤原氏 保元の乱・平治の乱・平清盛・日宋貿易・大輪田泊／壇ノ浦の戦い，守護・地頭の設置
鎌倉時代	初代将軍 源頼朝／執権政治 2代執権 北条義時・北条政子・承久の乱・後鳥羽上皇・六波羅探題 3代執権 北条泰時・御成敗式目（貞永式目） 8代執権 北条時宗・フビライ＝ハン・文永の役・弘安の役／永仁の徳政令 マルコ＝ポーロ『東方見聞録（世界の記述）』 『平家物語』〔琵琶法師〕・鴨長明『方丈記』・吉田兼好『徒然草』・藤原定家『新古今和歌集』 蒙古襲来絵巻／東大寺南大門・金剛力士像・運慶・快慶／阿氏河荘の農民の訴え 法然〔浄土宗〕・親鸞〔浄土真宗〕・一遍〔時宗〕・日蓮〔日蓮宗〕・栄西〔臨済宗〕・道元〔曹洞宗〕

時代区分	主要事項
建武の新政	建武の新政・後醍醐天皇・足利尊氏・楠木正成・新田義貞・二条河原落書
室町時代	初代将軍足利尊氏／3代将軍足利義満・南北朝合一・勘合貿易・倭寇／朝鮮建国・李成桂／琉球王国建国 北山文化・金閣(鹿苑寺)・能(能楽)・観阿弥・世阿弥・狂言／座／土倉・酒屋／惣・寄合
	正長の土一揆・応仁の乱・山城の国一揆・加賀の一向一揆／下剋上／分国法 東山文化・8代将軍足利義政・銀閣・書院造(慈照寺) 茶の湯・生け花・連歌・御伽草子・水墨画・雪舟〔水墨画〕 鉄砲伝来／ザビエル
安土桃山	織田信長，桶狭間の戦い，今川義元，15代将軍足利義昭，長篠の戦い，安土城，楽市・楽座， 本能寺の変，明智光秀 豊臣秀吉，太閤検地，大阪城，バテレン追放令，刀狩令， 朝鮮出兵，文禄の役，慶長の役，李舜臣，李参平 南蛮貿易／天正遣欧少年使節 姫路城・千利休〔茶の湯〕・狩野永徳「唐獅子図屏風」・出雲の阿国〔歌舞伎踊り〕 徳川家康・関ヶ原の戦い・石田三成
江戸時代	初代将軍徳川家康・大阪の陣・武家諸法度・禁中並公家諸法度 3代将軍徳川家光・参勤交代・五人組・日光東照宮・俵屋宗達「風神雷神図屏風」 朱印船貿易，絵踏，島原・天草一揆，天草四郎，出島，朝鮮通信使，シャクシャインの戦い
	5代将軍徳川綱吉・生類憐みの令 元禄文化・松尾芭蕉『奥の細道』・井原西鶴〔浮世草子〕『日本永代蔵』 近松門左衛門〔人形浄瑠璃の脚本家〕『曾根崎心中』・ 浮世絵・菱川師宣「見返り美人図」・尾形光琳「燕子花図屏風」「紅白梅図屏風」・歌舞伎 新井白石・正徳の治
	享保の改革・8代将軍徳川吉宗・目安箱・町火消・上米の制・足高の制・公事方御定書・青木昆陽 田沼意次・株仲間の積極的公認・天明の大飢饉／ 前野良沢・杉田玄白『解体新書』 寛政の改革・松平定信・棄捐令・囲い米・寛政異学の禁・朱子学
	化政文化・川柳・狂歌・十返舎一九『東海道中膝栗毛』・滝沢馬琴『南総里見八犬伝』 喜多川歌麿〔美人画〕・写楽〔役者絵〕・葛飾北斎「富嶽三十六景」・ 歌川(安藤)広重「東海道五十三次」 異国船打払令・モリソン号事件・渡辺崋山・高野長英・蛮社の獄／伊能忠敬 天保の大飢饉・大塩平八郎の乱／ 天保の改革・水野忠邦・株仲間解散・アヘン戦争・薪水給与令・上知令 ペリー・井伊直弼・ハリス・西郷隆盛・大久保利通・坂本龍馬・薩長同盟・ 大政奉還・15代将軍徳川慶喜

さくいん

あ

い

う

え

お

か

き

く

け

こ

さ

し

す・せ

そ

た

ち

つ・て

と

な

に

ぬ〜の

は

ひ

著者紹介

●中村充博（なかむら みつひろ）
奈良県で塾講師をしています。

社会科は暗記科目です。ひらめいて答えが出ることはありません。
「なんにも知らないけどできた」…そんなことはないですよね。
でも，覚えるのは大変ですよね。社会科は範囲が広いですから。
「こんなのムリ～」「絶対ムリ～」と言う人も多いです。
それは，１回で覚えようとするからではないでしょうか。何度もくりかえして，やっと覚えられるものです。できない理由を考えるより，できる方法を考えよう。
本の長所は自分のペースですすめられること。
欠点は，自分で始めなければ何も変わらないこと。
さあ，君の学力補完計画を遂行（すいこう）しましょう。

□ 編集協力 ㈱カルチャー・プロ
□ 本文デザイン ㈱ウエイド 土屋裕子
□ DTP ㈱ユニックス
□ 図版作成 ㈱ユニックス
□ 写真提供 相沢忠洋記念館 アフロ（坂本 照 首藤光一 月岡陽一 東阪航空サービス 山梨勝弘 12か月 Alamy ALBUM AP Bridgeman Images picture alliance Super Stock UPI） 天草四郎ミュージアム 安養院 生駒市教育委員会 一乗寺 伊能忠敬記念館 学校法人北里研究所/北里柴三郎記念室 歓喜光寺 岐阜県文化財保護センター 灸まん美術館 京都外国語大学付属図書館 京都北区/等持院 京都大学附属図書館 玉泉寺ハリス記念館 宮内庁 宮内庁三の丸尚蔵館 宮内庁正倉院事務所 建仁寺 国営吉野ヶ里歴史公園 国立国会図書館 芝山町立芝山古墳・はにわ博物館 島根県立古代出雲歴史博物館 東京都立大学図書情報センター 清浄光寺 勝林寺 神護寺 長興寺 津田塾大学津田梅子資料室 東寺 東北歴史博物館 新潟県長岡市教育委員会 新潟県立歴史博物館 日本銀行貨幣博物館 日本大学文理学部 根津美術館 姫路市 深谷市 福島県立博物館 藤田美術館 満願寺 水無瀬神宮 本居宣長記念館 横浜市中央図書館 龍安寺 六波羅蜜寺 早稲田大学図書館 DNP（徳川美術館所蔵 ©徳川美術館イメージアーカイブ Kobe City Museum TNM Image Archives） PIXTA（gandhi hide88 ikeda_a）
©Prof saxx 2007 https://w.wiki/3TMY[許諾:creativecommons.org/licenses/by-sa/3.0/deed.ja]
□ イラスト ふるはしひろみ 林 拓海 ㈲デザインスタジオエキス.

シグマベスト
高校入試
実力メキメキ合格ノート
中学歴史

編　者 中村充博
発行者 益井英郎
印刷所 株式会社加藤文明社
発行所 株式会社文英堂
〒601-8121 京都市南区上鳥羽大物町28
〒162-0832 東京都新宿区岩戸町17
(代表)03-3269-4231

●落丁・乱丁はおとりかえします。

高校入試

\実力メキメキ/

合格ノート

中学歴史

書き込み編

文英堂

ΣBEST シグマベスト

高校入試 \実力メキメキ/

合格ノート 中学歴史 書き込み編

書き込み編の特長と使い方

❶ 空らんに答えを書いて覚える

単元ごとにはっきりと分かれている**整理ノート**です。定期テストや模擬試験の前などに，試験範囲の空らんを，自分で書いて完成させましょう。

自分で書いてみると，しっかり覚えることができます。

空らんの答えは，**解説編**にすべてのっています。❶，❷などの番号で対照させることができます。

空らんの答え以外にも，自分用のメモとして，気になることを書いておくことができます。

❷ 自分専用のまとめノートにする

この**書き込み編**は，**解説編**を整理したまとめとなります。

赤色フィルターで消える色のペンで書いておけば，定期テストや模擬試験，入試のときには，自分専用のノートとして直前チェックに役立つはずです。

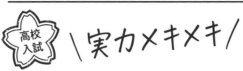

もくじ ▶書き込み編

◇学習を始める前に◇

❶ 略記号等について

B.C.	紀元前	A.D.	紀元後	遷都	都を遷すこと
米	アメリカ	独	ドイツ	露	ロシア帝国
英	イギリス	伊	イタリア	ソ	ソ連(ソビエト連邦)
仏	フランス	蘭	オランダ	ロ	ロシア連邦

❷ 世紀とは？ ⇨解説編 p.4

世紀とは[❶　　　　**年**]をひとまとめにした表現

キリストが生まれたとされる年を元年とする(つまり１年)

← 紀元前 | 紀元後 →

B.C. | A.D.

300～201	200～101	100～1年	1年～100	101～200	201～300	…	1801～1900	1901～2000	2001～2100
3世紀	2世紀	1世紀	1世紀	2世紀	3世紀	…	19世紀	20世紀	21世紀

1世紀＝[　1　**年**]～[❷　　　　**年**]までの100年間

2世紀＝[❸　　　　**年**]～[❹　　　　**年**]までの100年間

3世紀＝[❺　　　　**年**]～[❻　　　　**年**]までの100年間

～中略～

19世紀＝[❼　　　　**年**]～[❽　　　　**年**]までの100年間

20世紀＝[❾　　　　**年**]～[❿　　　　**年**]までの100年間

21世紀＝[⓫　　　　**年**]～[⓬　　　　**年**]までの100年間

❸ 時代区分 ⇨解説編 p.5

⓭							⓮			⓯	⓰			
⓱ 時代	⓲ 時代	⓳ 時代	⓴ 時代	㉑ 時代	㉒ 時代	㉓ 時代	㉔ 時代	㉕ 時代	㉖ 時代	㉗ 時代	㉘ 時代	㉙ 時代	㉚ 時代	平成・令和

※古墳時代と飛鳥時代は明確に区分しにくい

※室町時代の後半は戦国時代となる

❹ 各時代のおもなできごと(ここには書き入れず，ノートなどに書いて何度もくりかえしましょう)⇨解説編p.6

飛鳥時代	代表的人物は**冠位十二階**・**十七条の憲法**・＿＿＿＿**派遣**・**法隆寺**の＿＿＿＿。 645年，＿＿＿＿**皇子**＝＿＿＿＿**天皇**と**中臣鎌足**が＿＿＿＿**氏**を倒し，＿＿＿＿を始める。 672年，＿＿＿＿**の乱**に勝利した＿＿＿＿**皇子**＝＿＿＿＿**天皇**が改革， 妻の＿＿＿＿**天皇**は**藤原京**を造営。701年，＿＿＿＿を制定。
奈良時代	＿＿＿＿**年**，**平城京**。代表的人物は**東大寺大仏**・**正倉院**の＿＿＿＿**天皇**。 この時代の文化を＿＿＿＿**文化**という。 口分田が不足したため，743年，＿＿＿＿**法**が出され，＿＿＿＿が発生した。
平安時代	＿＿＿＿**年**，**平安京**。都を遷したのは＿＿＿＿**天皇**。 894年，**遣唐使が停止**される。 中期には＿＿＿＿**氏**が権力をにぎり，＿＿＿＿**政治**をおこなう。このころ，＿＿＿＿**文化**が花開く。 末期になると＿＿＿＿が政権をにぎり，＿＿＿＿**貿易**をおこなった。
鎌倉時代	＿＿＿＿**年**，征夷大将軍に任ぜられ，鎌倉幕府初代将軍になったのが＿＿＿＿。 まもなく＿＿＿＿**氏**が幕府の実権をにぎった。これを＿＿＿＿**政治**という。 1221年，＿＿＿＿**の乱**に勝利し，＿＿＿＿(1232)を制定するなど武家政権を確立。 しかし＿＿＿＿(＝モンゴル軍の襲来)をきっかけに幕府は衰退。
建武の新政～南北朝時代	鎌倉幕府滅亡後，＿＿＿＿**天皇**が＿＿＿＿をおこなう。 しかし，すぐに＿＿＿＿と対立して，奈良の吉野に朝廷(**南朝**)を開く。 京都の**北朝**(室町幕府)との対立(＿＿＿＿**時代**)は，1392年まで続く。
室町時代	＿＿＿＿**年**，北朝の天皇から征夷大将軍に任ぜられた＿＿＿＿が，幕府を開く。 **金閣**で知られる＿＿＿＿は＿＿＿＿**合一**を実現，また＿＿＿＿**貿易**をおこなう。 このころの文化を＿＿＿＿**文化**という。 **銀閣**で知られる＿＿＿＿の後継者争いから1467年，＿＿＿＿**の乱**がおこる。 このころの文化を＿＿＿＿**文化**という。 ＿＿＿＿**年**，＿＿＿＿が将軍の＿＿＿＿を追放，室町幕府を滅ぼす。
安土桃山時代	**安土城**，**楽市・楽座**で知られる＿＿＿＿が，＿＿＿＿**の変**で暗殺されると， ＿＿＿＿が天下を統一し，**太閤検地**，**刀狩**，**朝鮮出兵**をおこなう。 このころスペイン・ポルトガルと＿＿＿＿**貿易**がおこなわれた。
江戸時代	1600年，＿＿＿＿**の戦い**に勝利し，＿＿＿＿**年**，江戸幕府を開いたのが＿＿＿＿。 ＿＿＿＿で豊臣氏を滅ぼし，大名を統制するため＿＿＿＿を制定。 「鎖国」が完成するまで，＿＿＿＿**貿易**がおこなわれる。 ＿＿＿＿は＿＿＿＿を制度化し，幕藩体制を確立。 **生類憐みの令**を出し犬将軍といわれた＿＿＿＿のころの文化を＿＿＿＿**文化**という。 ＿＿＿＿が＿＿＿＿**の改革**をおこない，ワイロ政治家といわれた＿＿＿＿をへて， ＿＿＿＿が＿＿＿＿**の改革**をおこなう。 江戸時代の後半の文化を＿＿＿＿**文化**という。 ＿＿＿＿が＿＿＿＿**の改革**をおこなう。 1853年，＿＿＿＿が浦賀(神奈川県)に来航し，幕末の動乱期となる。 ＿＿＿＿**年**，＿＿＿＿をおこなった最後の将軍が＿＿＿＿。

1章 原始～古代の世界

1 ▸ 人類の誕生

➡解説編 p.7

人類の誕生：約700万～600万年前in［❶　　　　　　大陸］

猿人	約700万年前	【❷　　　　　　　】など：打製石器の使用
原人	約200万年前	［❸　　　　原人］［❹　　　　原人］など ：打製石器・言語・火の使用
旧人	約60万年前	ネアンデルタール人 など ：火の使用の一般化・石器もこまかくなる・埋葬の風習
新人	約３万年前	【❺　　　　　　人】など(現在の人類の祖先) ：石器技術の発達・骨角器や弓矢の考案 洞穴美術｛スペインの［❻　　　　］ 　　　　　フランスの［❼　　　　］

・**旧石器時代**：打製石器を使用

・**新石器時代**：磨製石器・土器を使用(日本では縄文時代に相当)

ラスコーの壁画▶

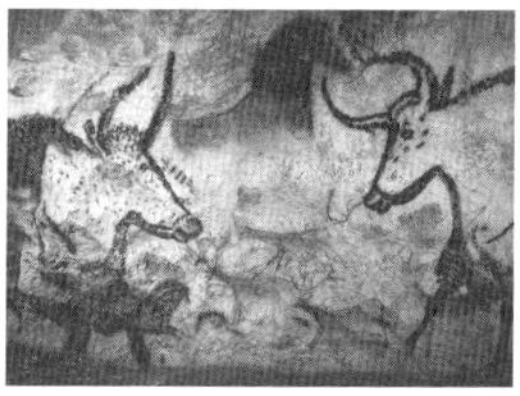

2 ▸ 世界の古代文明

➡解説編 p.8～11

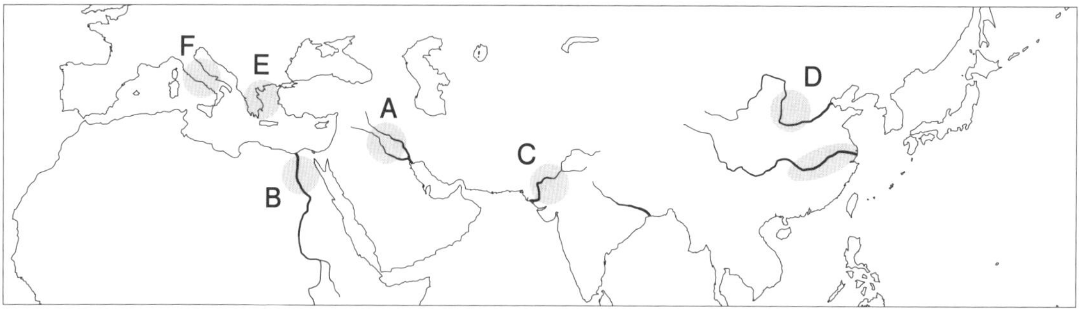

【A　　　　　　　文明】

【❶　　　　　川・　　　　　　川】にはさまれた地域＝現在の［❷　　　　　　］

【❸　　　　　文字】→「目には目を，歯には歯を」＝［❹　　　　　　法典］

［❺　　　進法］・七曜制・太陰暦

・**オリエント**＝「太陽の昇る土地」。エジプトやメソポタミアのこと

【B　　　　　文明】：【❻　　　　川】流域

【❼　　　　文字】を使用（ヒエログリフという絵文字）

［❽　　　　暦］・ピラミッド（クフ王のものが最大）・スフィンクス・ミイラ

【C　　　　　文明】：インダス川流域

［❾　　　　文字］（象形文字）・［❿　　　　　　　遺跡］inパキスタン

［⓫　　　　人］が侵入→先住民を支配→【⓬　　　　　　制度】（身分制度）

【D　　　文明】：黄河中・下流域（黄河流域は畑作が中心）	♪殷→周→秦→漢→三国→（晋）→南北朝→隋→唐→（五代十国）→宋→元→明→清→中華民国→中華人民共和国♪
【⓭　　　】：【⓮　　　文字】・青銅器	
［周］：後半は戦乱の時代（⓯　　　　　時代）・【⓰　　　　】の儒学（儒教）	
【⓱　　　】：中国統一by【⓲　　　　】（B.C.221年） 【⓳　　　　　　】修築。墓に兵馬俑	
【⓴　　　】：【㉑　　　　　　】で【㉒　　　　帝国】と交易 朝鮮半島に進出・『後漢書』東夷伝に金印（「漢委奴国王」）（→p.9）	

［Eギリシャ文明］

(1) B.C. 8世紀ころ　［㉓　　　　　］（都市国家）：アテネ，スパルタなど

オリンピアの祭典・パルテノン神殿（エンタシスの柱→*p.11*）

フェニキア人の表音文字→ギリシャ文字→［㉔　　　　　　］

B.C. 5世紀，アテネで成人男子による民主政治

(2) B.C. 4世紀　マケドニア王［㉕　　　　　　　大王］の東方遠征

ギリシャ・エジプト・イランにまたがる大帝国を建設（アレクサンドロス帝国）

↓

ギリシャとオリエントの文化が融合した［㉖　　　　　　］が広まる

└インドにも影響＝ガンダーラ美術

［Fローマ文明］（→*p.26*）

(1) B.C. 1世紀　　地中海世界を統一する。共和政→帝政（ギリシャ文明を継承・発展）

(2) B.C. 1～1世紀　帝政ローマの全盛期（皇帝による政治＝帝政）

ローマ字の完成・**コロッセオ**（円形闘技場）の建設など

2章 日本の原始時代

3 ▶旧石器時代 ―― ？〜1万年前ころ

➡解説編 p.12

(1) [❶　　　　**時代**]（氷期）でユーラシア大陸と陸続き

(2) 【❷　　　　**遺跡**（　　　**県**）】：はじめて打製石器発見（相沢忠洋）

[金取　遺跡（ 岩手 県）]：打製石器発見

[港川　遺跡（ 沖縄 県）]：人骨発見

(3) 【❸　　　　**遺跡**（　　　**県**）】：ナウマン象

4 ▶縄文時代 ―― 1万年前ころ〜 B.C. 4世紀ころ

➡解説編 p.13

(1) 1万年前ころ 氷期が終わる→海面上昇→日本列島形成

(2) **狩猟・採集生活**：磨製石器・弓矢・骨や角でつくった[❶　　　　]を使用

・身分の差はほとんどなかった

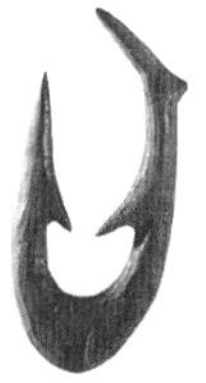

(3) **縄文土器**：厚くてもろい・黒っぽい色

(4) 【❷　　　　**住居**】

(5) 【❸　　　　】：まじない用・女性の形が多い

・抜歯や屈葬の習慣

(6) 【❹　　　　】：ゴミ捨て場

▶[❺　　　　**貝塚**（　　　　）]：明治初期，モースが発掘（→*p.49*）

(7) 【❻　　　　**遺跡**（　　　**県**）】

・ヒスイなどの交易（新潟産のヒスイが全国各地で発見）

5 ▶弥生時代 ――B.C. 4世紀ころ～A.D. 3世紀ころ

➡解説編 p.14～17

1 弥生時代の生活

(1) 【❶　　　　　】が伝わる→定住(竪穴住居)→ムラの形成→さらにクニへ

(2) 【❷　　　　　】で穂首刈り

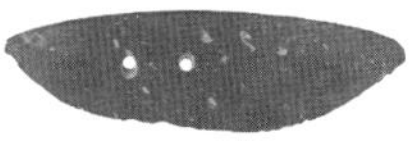

↓

収穫したら【❸　　　　　**倉庫**】へ

(3) **弥生土器**：薄くて丈夫・赤っぽい色

(4) **青銅器**：銅剣・銅矛・銅鏡・【❹　　　　　】

青銅器は儀式用・権威の象徴。貧富の差が生まれる
鉄器は実用品(武器や農具)
} 使い分け

(5) **おもな遺跡**

[❺　　　　**遺跡**(　　　　**県**)]＝最古の水田跡

[❻　　　　**遺跡**(　　　　**県**)]・[　唐古・鍵遺跡(奈良県)　]

【❼　　　　　　**遺跡**(　　　　**県**)】

▶[❽　　　　]に備えた[❾　　　　**集落**]・[❿　　　　　　]もある

2 歴史書にあらわれた日本

(1)『漢書』地理志：楽浪郡の向こうに倭人が住んでいる・[⓫　　　**余国**]に分かれている
└朝鮮半島におかれた漢の支配地

(2)『後漢書』東夷伝：倭国の使者に[⓬　　　　**年**]【⓭　　　　　　】の金印by光武帝

↓

【⓮　　　　**県**・　　　　**島**】で発見

(3) 【⓯　　　　　　　】：[⓰　　　　**年**]【⓱　　　　　】の女王【⓲　　　　　】が使者

[⓳　　　　　　]の金印・大量の銅鏡を与えられる

このころ中国は三国時代(魏・呉・蜀)

～この後，150年間ほど記録なし～

北海道では7世紀ころまで「続縄文文化」
南西諸島では10世紀ころまで「貝塚文化」

3章 古墳時代

6 ▶古墳の出現と国家の形成

➡解説編 p.18～19

【❶　　　　　　　　】(形は→　　)：日本独自の形(畿内中心・全国にも)

面積世界最大は[❷　　　　　古墳(　　　　　市)](仁徳天皇の墓か)

巨大古墳の出現✎[強大な権力をもった支配者が出現した]ことを示す

古墳の周囲には【❸　　　　　　】：円筒や人・家・馬などの形

馬具や武具，鏡などの副葬品(当時のようすを知る手がかり)

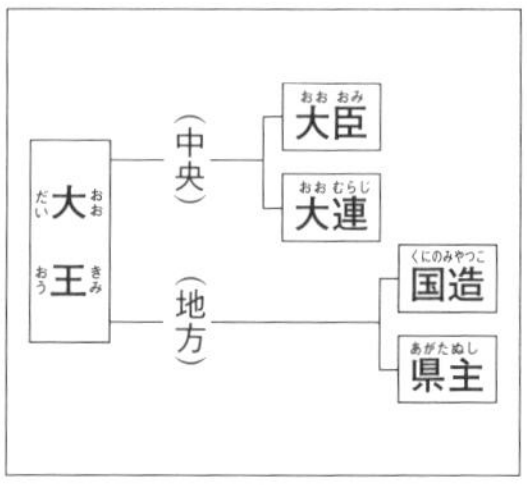

▲大和政権の支配図

▶国家の形成

【❹　　　　　　　】(ヤマト王権)：大和地方の豪族連合政権

5世紀ころには[❺　　　～　　　地方南部]を支配(▶北には蝦夷)

大和政権の王は【❻　　　　】とよばれた(のちに[❼　　　]とよばれるようになる)

[❽　　　　制度]：豪族は氏とよばれる集団を形成・姓を与えられ，朝廷に仕える

7 ▶東アジアと日本のようす

➡解説編 p.20～21

北朝(北魏)	均田制(班田収授法の手本)
南朝(❶　　)	478年，倭王の[❷　　　]が使者を送る ‖　(『宋書』倭国伝) 【❸　　　　大王】(雄略天皇) ✎[中国皇帝の権威をかりて，周辺諸国に対して優位に立とうとした] [❹　　　古墳(　　　県)]出土の鉄剣， [江田船山古墳(熊本 県)]出土の鉄刀に名

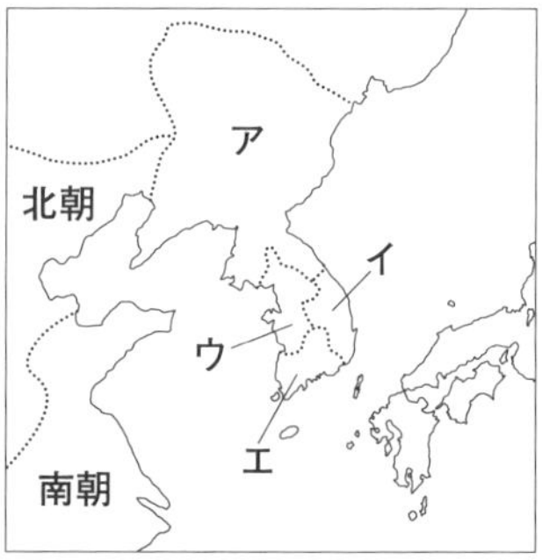

▲5世紀ころの東アジア

▶【❺　　　】：589年，中国を統一

ア	391年，倭軍が進出し交戦。「好太王碑文」に記録。隋とも交戦
イ	562年，伽耶を滅ぼす → **のちに朝鮮半島を統一**
ウ	【❻　　　年】日本に仏教を伝える(日本とは友好関係) →受け入れ賛成派[❼　　　氏]vs反対派[❽　　　氏]
エ	＝**加羅**＝**任那**ともいう。鉄資源が豊富。大和政権ともつながり

▶【❾　　　　】from朝鮮半島：機織・漢字・[❿　　　　]・暦・儒教・仏教などを伝える

4章 飛鳥時代

8 ▶聖徳太子の政治

➡解説編 p.22〜23

【❶　　　　　　　　（厩戸皇子）】

593年【❷　　　　　天皇】（おば）の【❸　　　　　】となる。有力豪族の［❹　　　　　　］と協力

603年【❺　　　　　　　　　　】を制定✎【❻　　　　　　　　　　　　　　　　　　　　】

604年【❼　　　　　　　　　　】を制定：朝廷に仕える［❽　　　　　］としての心得を説く

607年【❾　　　　　　　】＝【❿　　　　　　　】を派遣

（国書に「日出づるところの天子〜」＝**対等外交をめざす**）→煬帝は「無礼な」と怒った

9 ▶飛鳥文化

➡解説編 p.23

▶**飛鳥文化**✎［ 最初の仏教文化 ］

四天王寺・【❶　　　　　　**寺**】建立 by **聖徳太子**

‖

現存する**世界最古の木造建築（世界遺産）**

遠く**ギリシャ**や**インド**・中国の影響もみられる（渡来人の子孫も活躍）

（▶聖徳太子の死後は【❷　　　　　**氏**】が天皇をしのぐ力をもつようになった
聖徳太子の息子（次期天皇の有力候補）も蘇我氏に滅ぼされる）

10 ▶大化の改新

➡解説編 p.24〜25

1【❶　　　　**年**】【❷　　　　　　　　　　　】が始まる

【❸　　　　　　　　　　】&【❹　　　　　　　　　　】vs【❺ ㊫ **蘇我**　　　　・㊬　　　　】

▶［❻　　　　　］を中心とする中央集権国家をめざす

公地公民・中央集権体制・班田制・新税制が柱→701年【❼　　　　　　　　　　】制定で結実

初の年号［❽　　　　　］・［❾　　　　　**宮**］に遷都

2【❿　　　　**年**】【⓫　　　　　**の戦い**】：［⓬　　　　］&［⓭　　　　］と戦争（百済救援失敗）

↓

惨敗（大宰府に［⓮　　　　　　］，各地に山城を築く）

↓

［⓯　　　　　**宮**］（近江＝滋賀県）に遷都・初の全国的戸籍の作成

※**中大兄皇子**→【⓰　　　　　**天皇**】

※**中臣氏**→［⓱　　　　　**氏**］の祖

3 天智天皇以後の政治

【⑱　　年】【⑲　　の乱】：皇位継承争い

【⑳　　皇子】(天智の弟)vs大友皇子(天智の子)
‖　　　　　　　　└敗死
勝って【㉑　　天皇】となる(戦いに勝った天武は改革をすすめる)

天武の妻［㉒　　天皇］(694年［㉓　　京］造営in奈良県橿原市)
このころ最初の貨幣＝［㉔　　］鋳造・天皇の地位の確立・国号を日本に

11 ▸ 律令国家の成立と地方の支配

➡解説編 p.26~29

1 律令国家の成立

【❶　　年】【❷　　】制定＝政治システムの確立
(［❸　　］＝刑罰法，［❹　　］＝行政法)

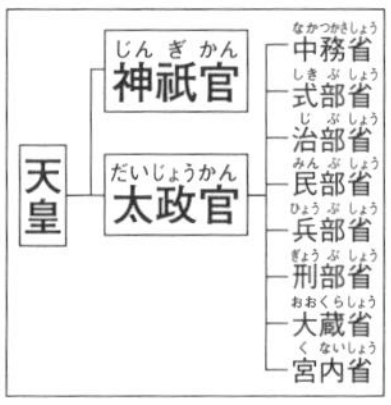

私有地・私有民を廃止→【❺　　】

中央政府：［❻　官　省］の行政組織

地方支配：全国を【❼　・　・　】に分ける
【❽　　】：都から貴族を派遣
【❾　　】：現地の有力者を任命(その下，約50戸ごとに【❿　　】)
九州に【⓫　　】in福岡県太宰府市

2 律令による税制

［⓬　年］ごとに戸籍作成→【⓭　歳】以上の【⓮　　】に【⓯　　】＝【⓰　　法】
(計帳は毎年作成→調・庸を集めるための台帳)

⓱	収穫した稲の約［⓲　%］を［⓳　　］に納める	【⓴　　】に課税

㉑	地方の【㉒　　】を［㉓　　］に納める	［㉗　　］ 村ごとに当番が都へ運ぶ (途中の費用は村で負担)	男性のみ
㉔	［㉕　　］を［㉖　　］に納める		

庸：本来は都で労働→代わりに布

㉘	［㉙　　］のもとで［㉚　日］以下の労働	男性のみ
㉛	［㉜　　］の警備1年間	
㉝	【㉞　　】の警備【㉟　年間】	

参考 ［㊱　　年］【㊲　　】鋳造

5章 奈良時代

12 ▸ 平城京と聖武天皇の政治

➡解説編 p.30～31

【❶　　　年】【❷　　　　】遷都←モデルは唐の都＝【❸　　　　】by 元明天皇

荷札に使われた
［　　　］
（→解説編 p.29）

中心人物＝【❹　　　天皇】

1 土地制度の変化

農民の生活は苦しい→土地をすてて逃げ出す→口分田が不足（しかし人はただでは働かない）

［❺　　　年］［❻　　　　法］：未開地を開墾＝3世代私有可（荒れ地を開墾＝本人のみ私有可）

↓

効果が少ない（時期が来たら返さなければならないなど）

【❼　　　年】【❽　　　　法】：**開墾地の永久私有を認める**

▶公地公民の原則を崩す＝私有地の承認→【❾　　　】発生

2 仏教の保護

国ごとに【❿　　　寺】と【⓫　　　寺】

【⓭　　　年】**東大寺に大仏**←僧【⓮　　　】の協力

聖武天皇が仏教を大切にした理由
✎【⓬　　　　　　　　】

13 ▸ 天平文化

➡解説編 p.31～33

【❶　　　**文化**】✎［ 国際的な文化 ］（中国も［❷　　　　］で西方と交流）

【❸　　　　】派遣：政治や文化を学ぶ（［❹　　　年］～【❺　　　年】）

興福寺阿修羅像▶

聖武天皇の宝物 in 東大寺の【❻　　　　】（校倉造）

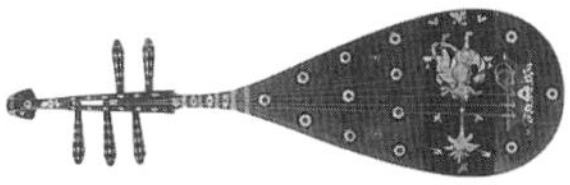

鳥毛立女屏風▶

【❼　　　】来日→【❽　　　寺】建立

『❾　　　　』：天皇から農民や［❿　　　　］の歌など約4500首←【⓫文字　　　　】

大伴家持・柿本人麻呂・山上憶良の「貧窮問答歌」など

『⓬　　　　』：現存する最古の歴史書 by 太安万侶・稗田阿礼

『⓭　　　　』：国の正式な歴史書（神話や国の成り立ちを説明するもの）

『⓮　　　　』：国ごとに地名や産物・伝説などがまとめられた地誌（地方レポート）

重要

（［⑮　　　年］［⑯　　　　京］（京都府南部）遷都 by［⑰　　　　天皇］
↑
［⑱　　　　　　　　　　　　］
しかし，洪水などですぐに再遷都）

6章 平安時代

14 ▸ 平安時代・前期 ──京の都と社会のようす

➡解説編 p.34～37

1 桓武天皇の政治

【❶　　　年】平安京 by【❷　　　　　天皇】

仏教勢力の政治介入をさけるためだよ

国司の不正監視など→律令政治の再建をめざす

［❸　　　　　　］の【❹　　　　　　　　】を蝦夷征討に派遣（vs 阿弖流為）
└朝廷に従わない東北地方の人々

多賀城（宮城県）→胆沢城（岩手県）→志波城（岩手県）

2 新しい仏教

［❺　　　教］：個人の幸福を祈願する→貴族に流行
（遣唐使とともに留学した2人が伝える）

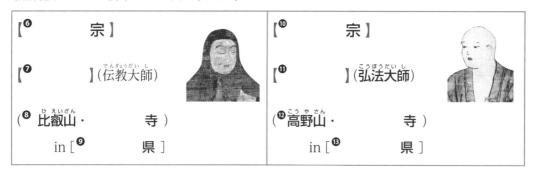

【❻　　　　宗】 【❼　　　　】（伝教大師） （❽ 比叡山・　　　　寺） in［❾　　　　県］ 	【❿　　　　宗】 【⓫　　　　】（弘法大師） （⓬ 高野山・　　　　寺） in［⓭　　　　県］ 

3 土地支配の変化

有力者は【⓮　　　　】を広げる
↓
その土地をさらなる有力者に［⓯　　　　］
↓
［⓰　　　　］の［⓱　　　　］をうける
↓
その下で［⓲　　　　］となって実質支配
↓
［⓳　　　の権］・［⓴　　　の権］を得る

（［荘園領主］
［保護］↓↑［⓯　　　　］
［⓲　　　　］）

▶地方政治は［㉑　　　　］にまかせきり→不正行為や混乱も

国司の藤原元命の横暴：［㉒　　　　国郡司百姓等解文］（988年）（→国司を解任される）

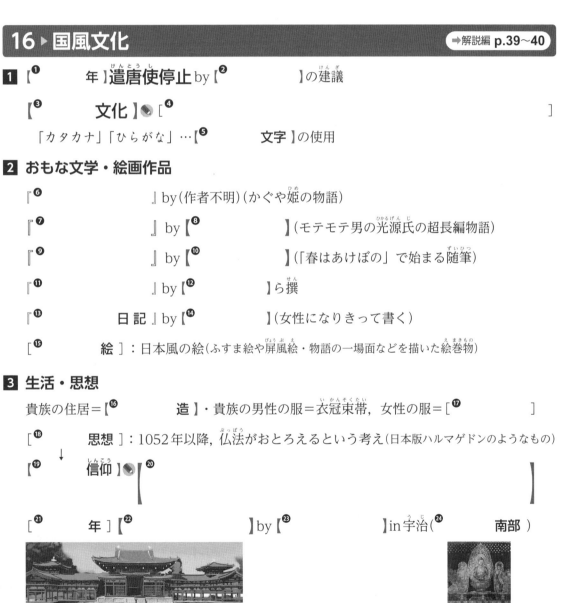

15 ▶ 平安時代・中期 ――貴族たちの政治 ➡解説編 p.38

この世をば　わが世とぞ思う　望月の
かけたることも　なしと思えば

【❶　　　　氏】の【❷　　　　政治】

✎【❸　　　　】

全盛期は
- 【❹ ㊫藤原　　　　】（［❻　　　　年］摂政）
- 【❺ ㊒藤原　　　　】（［❼　　　　年］平等院鳳凰堂）

16 ▶ 国風文化 ➡解説編 p.39〜40

1

【❶　　　　年】遣唐使停止 by【❷　　　　】の建議

【❸　　　　文化】✎［❹　　　　］

「カタカナ」「ひらがな」…【❺　　　　文字】の使用

2 おもな文学・絵画作品

『❻　　　　』by（作者不明）（かぐや姫の物語）

『❼　　　　』by【❽　　　　】（モテモテ男の光源氏の超長編物語）

『❾　　　　』by【❿　　　　】（「春はあけぼの」で始まる随筆）

『⓫　　　　』by【⓬　　　　】ら撰

『⓭　　　　日記』by【⓮　　　　】（女性になりきって書く）

［⓯　　　　絵］：日本風の絵（ふすま絵や屏風絵・物語の一場面などを描いた絵巻物）

3 生活・思想

貴族の住居＝【⓰　　　　造】・貴族の男性の服＝衣冠束帯，女性の服＝［⓱　　　　］

［⓲　　　　思想］：1052年以降，仏法がおとろえるという考え（日本版ハルマゲドンのようなもの）

↓

【⓳　　　　信仰】✎【⓴　　　　】

［㉑　　　　年］【㉒　　　　】by【㉓　　　　】in 宇治（㉔　　　　南部）

1124年【㉕　　　　】by【㉖　　　　氏】in［㉗　　　　（　　　　県）］

17 ▸ 平安時代・後期 ——武士の成長と院政

➡解説編 p.41~44

1 武士の成長

[❶　　　　天皇]の流れをくむ平氏
[❷　　　　天皇]の流れをくむ源氏　※武士団のリーダー＝棟梁

2 武士の反乱

▶反乱をおこしたのが武士なら，鎮圧したのも武士(朝廷は無力)

【❸　　　年】【❹　　　　　　の乱】in 関東(みずから[❺　　　　　]と称する)

[❻　　　年]【❼　　　　　　の乱】in 瀬戸内海(元・朝廷の役人。海賊と組み大宰府襲撃)

1051年　[❽　　　　　合戦]in 東北(陸奥の安倍氏を滅ぼす by 頼義＆義家 with 清原氏)
&
1083年　[❾　　　　　合戦]in 東北(清原氏の内紛を[❿　　　　　]が鎮圧)
清原清衡(奥州藤原氏の祖)を助ける
→以後，源氏は東国に基盤

3 院政の始まり

[⓫　　　　天皇]即位＝藤原氏を外戚としない(藤原氏の支配が弱い)
↓息子
【⓬　　　年】【⓭　　　　上皇】が【⓮　　　　】を始める
‖
[⓯　　　　　　　　　　　　　　　　　　　　　　　]

藤原氏(摂関家)に代わって父(上皇)が幼少の天皇の後見につく
→藤原氏は政治の世界から後退

・[⓰　　　　　]＝引退した天皇→さらに出家すると[⓱　　　　　]
・[⓲　　　　　](南都〈興福寺〉・北嶺〈延暦寺〉＝山法師)の強訴に上皇も悩む

そのころ　1096年[⓳ 第1回　　　　遠征]

4 武士の中央進出

朝廷の権力争いに武士が用いられ，政治の表舞台に

【⓴　　　年】【㉑　　　　の乱】：後白河天皇の兄弟ゲンカ
[㉒　　　年]【㉓　　　　の乱】：保元の乱の勝者が対立
→【㉔　　　　　　】が勝ち抜く
↓
頼朝と義経の父[㉕　　　　　　]が敗死(頼朝は伊豆へ流刑)

18 ▶ 平安時代・末期 ——武士による政治の始まり

➡解説編 p.45~46

1 平氏政権

【❶　　　　　　　　】：娘を天皇と結婚させ外祖父として実権(まるで第二の藤原氏)

【❷　　　　　　　】となる(武士で最初)1167年

【❸　　　　貿易】で財力：【❹　　　　の港(　　　　港)】(=［❺　　　　　　　　］)を整備

(輸入品は【❻　　　　　】など ⇔ 輸出品は金・硫黄・刀剣など)

【❼　　　　　神社(　　　　　県)】：清盛が厚く保護(**世界遺産**)

(娘を后にして外戚として実権→藤原氏と同じ手法=武士らしくない)

「平氏にあらずんば人にあらず」by 平時忠

しかし…おごれる者も久しからず，ただ春の夜の夢のごとし(『平家物語』)

2 源平の争乱

(1)　1180年　~ 源氏の挙兵

【❽　　　　年】［❾　　　　　　　　　の戦い(　　　　　県)］で平氏滅亡
↓
活躍したのが［❿　　　　　　　　　］(しかし兄・頼朝にうとまれる)

(2) 争乱後 {【⓫　　　　　　　】：国ごとにおく・警察の仕事 / 【⓬　　　　　　　】：荘園＆公領ごとにおく・税の徴収} by **源頼朝**
↓
義経追捕の名目
(全国支配への第一歩でもある)

▶［⓭　　　　　　　氏］も頼朝に滅ぼされる

7章 鎌倉時代

19 ▸ 鎌倉幕府の成立

➡解説編 p.48～49

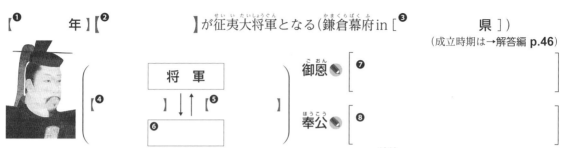

【❶　　　年】【❷　　　　　】が征夷大将軍となる（鎌倉幕府in［❸　　　　県］）

（成立時期は→解答編 p.46）

将軍

【❹　　】↓↑【❺　　　】

❻

御恩 ［❼　　　　　　　］

奉公 ［❽　　　　　　　］

封建制度：土地を仲立ちとする主従関係

▶源氏の時代は３代（頼朝・頼家・実朝）で終わる（４代～は，天皇の息子などを形だけの将軍にむかえる）

↓

【❾　　　　政治】by【❿　　　　氏】←頼朝の妻［⓫　　　　　　］の父（北条時政）が初代

鎌倉幕府のしくみ▶

将軍 ─ 執権 ┬ 政所
　　　　　　├ 問注所
　　　　　　├ 侍所
　　　　　　├ 守護
　　　　　　├ 地頭
　　　　　　└ 六波羅探題

20 ▸ 幕府権力の確立

➡解説編 p.49～51

1 【❶　　　年】【❷　　　　　の乱】

源氏が滅んだ、今がチャンスだ！

【❸　　　　　上皇】vs［❹ 2代執権　　　　　　］

&

【❺　　　　　】（尼将軍）

頼朝様の御恩を思い出せ

幕府側の勝利（上皇は［❻　　　　（島根県）］に島流し）

↓

【❼　　　　　　　】設置in［❽　　　　］

【❾　　　　　　　　　　ため】→幕府の勢力が全国におよぶ

2 【❿　　　年】【⓫　　　　　（貞永式目）】by【⓬ 3代執権　　　　　　】

↑

初の武家法（公家には適用せず） 【⓭ 御家人の　　　　　　　】

［⓮　　　　］や地頭の職務などを定める

3 **武士の生活**

・ふだんは領地にある簡素な屋敷（武家造）に住み，
　農民を指導して農業をおこなっていた。

・馬や弓矢のけいこなど武芸にはげんでいた。
　（ぜいたくや派手な生活をしていたわけじゃないのだ）

武士の家（「一遍上人絵伝」）▶

21 ▸ モンゴルの襲来と幕府の衰退 ➡解説編 p.51～54

1 そのころのアジア

[❶ ]が[❷ 帝国]を建国

↓

孫の【❸  】が中国を支配→【❹ 】の建国

↓

都は[❺](北京)

(このころ【❻ 】(❼ 人商人)が元に来る
『❽ 』(世界の記述)で「黄金の国ジパング」の記述 )

2 蒙古襲来→[❾ へ] with [❿ 軍]

【⓫ 】{1274年[⓬ の役] / 1281年[⓭ の役]} [⓮] vs【⓯ 8代執権 】

・2度ともなんとか撃退
・幕府に不満 [⓰]
・博多湾に[⓱]を建設・警備役などの負担
・貨幣経済の発達による出費の増大・**分割相続**による所領の細分化で弱体化
・御家人救済のため【⓲ 年】【⓳ 】を出すがかえって混乱
「もう借金できない～」

3 元寇のころ～[⓴]とよばれる人々が活動(社会秩序が混乱)畿内中心

幕府や領主に反抗する地頭や名主なども(奇抜で異様な服装)

4 鎌倉幕府の滅亡

【㉑ 天皇】の幕府打倒計画→失敗([㉒]へ流される)

↓

しかし天皇の息子らのよびかけで各地の武士が集結

(**悪党**出身の[㉓]
鎌倉を攻略した[㉔]
六波羅探題を攻略した【㉕ 】らが活躍)

▲南北朝時代の武者像

【㉖ 年】鎌倉幕府滅亡

22 ▸ 鎌倉文化

➡解説編 p.55~56

▶鎌倉文化 [❶　　　　　　　　　　]

1 おもな文学・絵画作品

・軍記物『❷　　　　　　　　』：【❸　　　　　　　　】が語る(平氏の繁栄と没落の物語)

「祇園精舎の鐘の声，諸行無常の響きあり…」

・随　筆『❹　　　　　　』by 鴨長明

・随　筆『❺　　　　　　』by 吉田兼好「徒然なるままに日暮らし…」

・和歌集『❻　　　　**和歌集**』by【❼　　　　　　】・西行ら

・絵巻物『蒙古襲来絵詞』

▶**元軍の集団戦法**
&
火薬を使った兵器[❽　　　　　]に苦しむ

御家人の**竹崎季長**が描かせる

2 建築・彫刻

・東大寺大仏殿：源平の戦いで焼失→再建 by 重源

・【❾**東大寺**　　　　　】&【❿　　　　　　　】by【⓫　　　　・　　　　】ら

23 ▸ 鎌倉時代の産業と人々の生活

➡解説編 p.56

・農業：【❶　　　　　　】と草木灰の普及・西日本では【❷　　　　　　】も始まる

▲市のようす(「一遍上人絵伝」)

・商業：【❸　　　　　】が開かれ【❹　　　**銭**】が流通

・手工業：専門の職人があらわれ鉄製農具も普及

・農民のくらし：【❺　　　　】と[❻　　　　　　]の二重支配に苦しむ

非道なおこないで訴えられた地頭もいた(阿氏河荘の農民の訴え)

24 ▶ 鎌倉時代の仏教

➡解説編 p.57～58

▶わかりやすく，おこないやすい→庶民に広まる

1 [❶　　　宗]：他力本願の宗派

❷　　　宗	❸	ひたすら[❹　　　]＝「南無阿弥陀仏」
❺　　　宗	❻	法然の弟子。「悪人正機説」 別名【❼　　　宗】，室町時代に蓮如が活躍
❽　　　宗	❾	各地で【❿　　　】（盆踊りの原型）

⓫　　　宗	日蓮	[⓬　　　経]が根本・「南無妙法蓮華経（題目）」を唱える

2 [⓭　　　宗]：自力救済の宗派（座禅によりみずから悟りを開く）

⓮　　　宗	⓯	京都や鎌倉の武士に広まる・宋から[⓰　　　]を伝える
⓱　　　宗	⓲	地方武士に広まる

▲踊念仏（「一遍上人絵伝」）

8章 室町時代

25 ▸ 室町時代の始まり

➡解説編 p.60～61

武士による政治を復活させるぞ

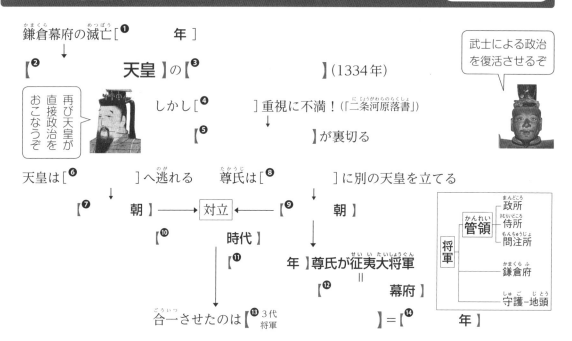

鎌倉幕府の滅亡［❶　　　　年］
↓
【❷　　　　天皇】の【❸　　　　　　】(1334年)

再び天皇が直接政治をおこなうぞ

しかし［❹　　　　］重視に不満！(「二条河原落書」)
↓
【❺　　　　　　】が裏切る

天皇は［❻　　　　］へ逃れる　尊氏は［❽　　　　］に別の天皇を立てる
↓　　　　　　　　　　　　　　↓
【❼　　朝】──→ 対立 ←──【❾　　朝】

【❿　　　　時代】
【⓫　　　　年】尊氏が征夷大将軍
‖
【⓬　　　　幕府】

合一させたのは【⓭ 3代将軍　　　　　】＝【⓮　　　　年】

- 将軍
  - 管領
    - 政所
    - 侍所
    - 問注所
  - 鎌倉府
  - 守護－地頭

26 ▸ 室町時代の国際関係

➡解説編 p.61～62

1 【❶　　　　貿易】【❷ 3代将軍　　　　　】(［❸　　　　］との貿易。1404年～)

【❹　　　　　　　　　　】に勘合を使用

(輸入品は【❺　　　　】［❻　　　　］など⇔輸出品は刀剣など)

博多(大内氏)・堺(細川氏)の守護や商人らが活躍

2 諸外国などとの関係

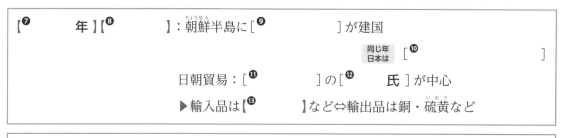

【❼　　　　年】【❽　　　　】：朝鮮半島に［❾　　　　　　］が建国

同じ年日本は［❿　　　　　　　　　　］

日朝貿易：［⓫　　　　　］の［⓬　　　　氏］が中心

▶輸入品は【⓭　　　　】など⇔輸出品は銅・硫黄など

【⓮　　　　年】【⓯　　　　王国】：尚氏が沖縄島を統一。都は［⓰　　　　　］・中継貿易

［⓱　　　　　　］：独自の擦文文化が発展。十三湊（青森県）の安藤氏（安東氏）が交易で繁栄

▶このころ，各地で守護が一国全体の支配権をにぎって［⓲　　　　大名］へ成長

27 ▸ 戦国時代の幕開け

➡解説編 p.63

1 【❶　　　　年】【❷　　　　　　の乱】

【❸ 8代将軍　　　　　　　　】の後継者問題＋有力守護大名の対立(細川氏vs山名氏)
11年も続く➞京都の町は大損害をうける

乱後【❹　　　　　　　】の風潮が広まる ✎【❺　　　　　　　　　　　】

2 守護大名は戦国大名へと成長・独自に【❻　　　　　　】を制定し支配を強化

「信玄家法(甲州法度之次第)」：甲斐国(武田氏)・「今川仮名目録」：駿河国(今川氏)
「朝倉孝景条々」：越前国(朝倉氏)など

城下町：府内(大分県・大友氏)・山口(大内氏)・一乗谷(福井県・朝倉氏)
小田原(神奈川県・北条氏)など

港　町：【❼　　　　】(大阪府)・【❽　　　　】(福岡県)・神戸(兵庫県)・直江津(新潟県)など

28 ▸ 民衆の成長

➡解説編 p.64~65

1 産業の発達と自治

(1) 農業の発達：関東でも二毛作・草木灰・牛糞・水車の利用

(2) 商工業の発達

①**商工業者の同業者組合**＝【❶　　　　】

②金融業：[❷　　　　・　　　　](高利貸し) ▶【❸　　　　銭】の利用

③運送業：陸上は【❹　　　　　】・水上は[❺　　　　(**問丸**)]

④手工業：職人が増加・定期市も月6回に

(3) 農村の自治：**農民の自治組織**＝【❻　　　　(　　　　)】

↑村のきまりは[❼　　　　　]で決定

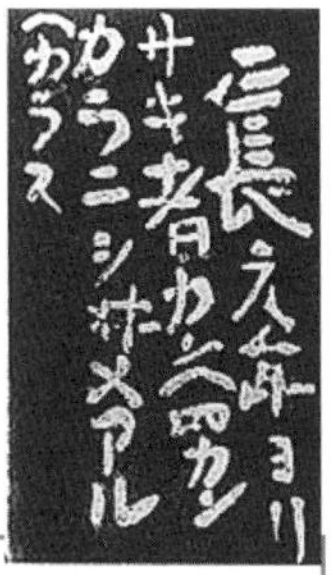

2 土一揆

❽　　　　年	❾　　　　　一揆	[❿　　　　](滋賀県)の[⓫　　　　]が徳政令要求
1467年	応仁の乱	上述
⓬　　　　年	⓭　　　　　一揆	山城国(⓮　　　　南部)の国人(地元の武士)が応仁の乱が終わっても撤兵しない守護大名(畠山氏)を追い出して[⓯　　年間]自治
⓰　　　　年	⓱　　　　　一揆	加賀(⓲　　　　県)の一向宗(⓳　　　　宗)信者が守護大名を滅ぼし[⓴　　年間]自治

29 ▶ 室町時代の文化

➡解説編 p.66〜67

1 【❶　　　　文化】✎［❸　　　　　　　　］
　　　　　‖
【❷ 3代将軍 足利　　　　】のころ

▶代表的建築は金閣(きんかく)(❹　　　　寺)

・猿楽(さるがく)・田楽(でんがく)から【❺　　　(　　　)】by【❻　　　・　　　】

その幕間(まくあい)に演じられた喜劇：［❼　　　　］

2 【❽　　　　文化】▶元(げん)や明(みん)の影響(えいきょう)・禅宗(ぜんしゅう)の影響
　　　　　‖
【❾ 8代将軍 足利　　　　】のころ

▲書院造

▶代表的建築は銀閣(ぎんかく)(❿　　　　寺)

【⓫　　　　造】＝和風(わふう)建築のもと

(和風といえば茶(ちゃ)の湯(ゆ)・生(い)け花(ばな)もこのころ)

［⓬　　　　］の庭園：龍安寺(りょうあんじ)など(砂と岩で川をイメージ)

【⓭　　　　】by【⓮　　　　】：墨(すみ)の濃淡(のうたん)で描く

▲龍安寺の石庭

▲雪舟の水墨画

3 **庶民(しょみん)・地方の文化**

［⓯　　　　　］：「一寸法師(いっすんぼうし)」「浦島太郎(うらしまたろう)」「ものぐさ太郎」など

［⓰　　　　］：和歌から発展(和歌をつないでいく。宗祇(そうぎ)ら)

各地で祭り・盆踊(ぼんおど)り：京都で祇園祭(ぎおんまつり)←京都では【⓱　　　　】が自治

・［⓲　　　　の乱］から避難(ひなん)する公家(くげ)などにより，
　京都の文化が各地に広まった

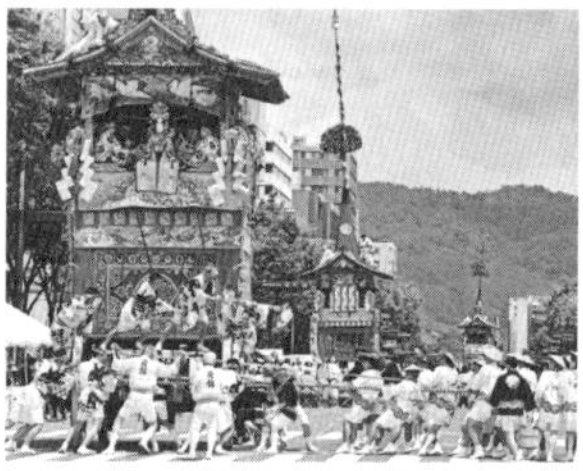

▲現代の祇園祭

まとめて天皇 ⇨解説編p.67

仁徳天皇	大仙古墳in大阪府堺市(面積最大の古墳)
雄略天皇	ワカタケル大王。478年，宋(南朝)に使者。『宋書』倭国伝で倭王「武」
天皇	女性天皇。蘇我馬子が擁立。593年，摂政に**聖徳太子**を起用
天皇	**中大兄皇子**。645年，大化の改新with中臣鎌足 663年，白村江の戦い→敗戦by唐&新羅軍→近江大津宮遷都→即位
天皇	**大海人皇子**(天智の弟) 天智天皇死後の皇位継承争い＝672年，**壬申の乱**vs大友皇子(天智の子)
天皇	女性天皇。天武の妻。694年，藤原京遷都 「春過ぎて 夏来にけらし 白妙の 衣ほすてふ 天の香具(久)山」(百人一首)
元明天皇	女性天皇。710年，平城京遷都
天皇	**奈良時代＝天平文化** **東大寺大仏**・国分寺・国分尼寺。宝物は**正倉院**
天皇	784年，長岡京→794年，**平安京**遷都 797年，坂上田村麻呂を征夷大将軍に任ずる
後三条天皇	摂関政治にピリオド。藤原氏を外戚としない天皇
上皇	後三条天皇の子。1086年，はじめて**院政**をおこなう
後白河天皇	兄弟げんかから1156年，保元の乱(→1159年，平治の乱)。のちに法皇 └両方勝ったのは平清盛
上皇	鎌倉幕府打倒計画＝1221年，**承久の乱**(vs 2代執権 北条義時)→隠岐に配流 └乱のあと，幕府は六波羅探題設置in京都
天皇	1334年～**建武の新政**→失敗→吉野に南朝

※現在の天皇は第126代

9章 ヨーロッパ世界の成立と展開

30 ▶ 古代～中世のヨーロッパとイスラム教の成立 ➡解説編 p.68～70

1 【❶　　　　帝国】(→p.7)

(1) B.C. 6世紀ころ[❷　　　　**半島**]の都市国家ローマで共和政

(2) B.C. 1世紀後半　地中海世界を統一

B.C. 1～2世紀　帝政ローマ(皇帝による政治＝帝政)全盛期

(3) **キリスト教成立**→大弾圧→313年，公認→392年，ローマ帝国の[❸　　　　]となる

(4) 【❹　　　**年**】【❺　　　　**人**】の大移動の波にのまれて衰退

(5) [❻　　　**年**]分裂
- **西ローマ帝国**(中心はローマ)………… [❼　　　**年**]滅亡
- **東ローマ帝国**(中心は現イスタンブール)… [❽　　　**年**]滅亡 byオスマン帝国

2 西ヨーロッパ世界の成立

(1) 481年[❾　　　　**王国**]建国by[❿　　　　**人**]

→ローマのキリスト教会と結んで勢力拡大

(2) 843年　分裂　→【⓫　　　・　　　・　　　】の元となる

3 西ヨーロッパの封建社会

(1) [⓬　　　**年**]**西ローマ帝国滅亡**＝巨大国家の消滅

↓

自給自足の「こぢんまりとした」まとまりとなる

国王・諸侯・騎士・教会が領主として農民を支配(封建社会)

(2) 【⓭　　　　】の権威が高まる(ローマの教会＝カトリック)

(キリスト教は人々の心のよりどころだから〈皇帝が破門されたことも〉)

4 イスラム世界(イスラーム世界)

(1) 【⓮　　　**年**】ころ**イスラム教の成立**by【⓯　　　　】

そのころ日本では [⓰　　　　]の時代

▶神は[⓱　　　　]・聖典[⓲　　　　]・聖地【⓳　　　　】in[⓴　　　　]

(2) 8世紀，**イスラム帝国**が成立 byムハンマドの後継者・首都[㉑　　　　]

東西文化の融合。天文学・医学・数学の発達。交易による発展

31 ▸ 十字軍の遠征

➡解説編 p.70～71

1 遠征の開始

東の[❶　　　　帝国]（東ローマ帝国）vs【❷　　　　勢力 】(❸　　　　朝)

↓

西の[❹ ローマ　　　　]に救援派兵の要請 Help!

↓

【❺　　　　教徒 】から聖地【❻　　　　】を取り戻せ！

↓

【❼　　　年 】【❽ 第１回　　　　遠征 】

（以降，1270年の第７回まで）

そのころ日本では

1086年 [❾　　　上皇] が [❿　　　　] 開始

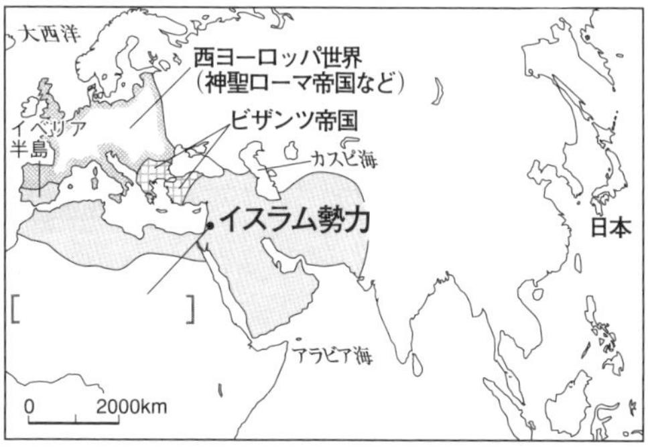

▲11世紀ころのヨーロッパとイスラム勢力

2 遠征の結果

(1) [⓫　　　・　　　]の没落（出費による）&[⓬　　　]の権威の失墜（なかなか勝てないため）

⇕

[⓭　　　]の力が強まる（軍事的指導者）→中世封建社会にまとまりが生まれる

(2) [⓮　　　　　]の浸透（交易などにより物資の移動もさかんになる）

↓

【⓯　　　　　】**の諸都市が発展**（交易の中継地として）

▶キリスト教中心の価値観からの解放「人間はもっと自由に生きられる！」

↓

それを**ルネサンス**といいます

32 ▸ ルネサンス

➡解説編 p.72

【❶　　　　　　　】：自然や人間をありのままにとらえようとする人間中心の文化

14世紀，**イタリア**から始まる（ギリシャやローマの文化の復興）

1 おもな人物・作品

【❷　　　　　　　　】（伊）：「モナ＝リザ」「最後の晩餐」

【❸　　　　　　　】（伊）：「ダビデ像」「最後の審判」

【❹　　　　　　　　】（伊）：地動説

それでも地球は動いている

[❺　　　　　　　] (英)：『ロミオとジュリエット』

2 三大発明：【❻　　　　】・【❼　　　　】・【❽　　　　】中国（宋）の発明品を改良

33 ▸ 宗教改革

➡解説編 p.73~74

【❶ 　　　　　　】：キリスト教の改革運動

▶【❷ 　　　　　　】の堕落に対する反対運動→【❸ 　　　　　　】が生まれる

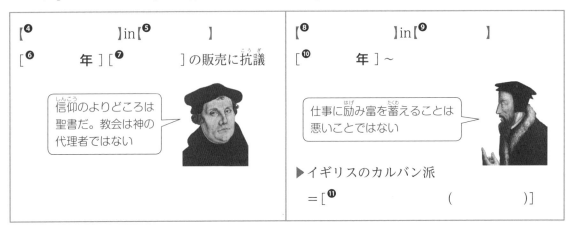

【❹ 　　　　　　】in【❺ 　　　　】

［❻ 　　　年 ］［❼ 　　　　］の販売に抗議

信仰のよりどころは聖書だ。教会は神の代理者ではない

【❽ 　　　　　　】in【❾ 　　　　】

［❿ 　　　年 ］～

仕事に励み富を蓄えることは悪いことではない

▶イギリスのカルバン派

＝［⓫ 　　　　　　（　　　　　）］

▶これに対してカトリック派の巻き返し：【⓬ 　　　　　　　】結成→海外布教へ

ザビエル来日の目的：✎【⓭ 　　　　　　　　　　　　　　　　】

参考 キリスト教の三大宗派

⑴ ローマ帝国東西分裂（395年）
→キリスト教の教会も分裂

東の【⓮ 　　　　　　】：コンスタンティノープル中心

西の【⓯ 　　　　　　】：ローマ中心

↓

16世紀の宗教改革で【⓰ 　　　　　　】が分離：北欧や北米に広まる

⑵ 現在のヨーロッパにおける民族と宗教の分布

あ	系民族	カトリック系
い	系民族	プロテスタント系
う	系民族	正教会系キリスト教

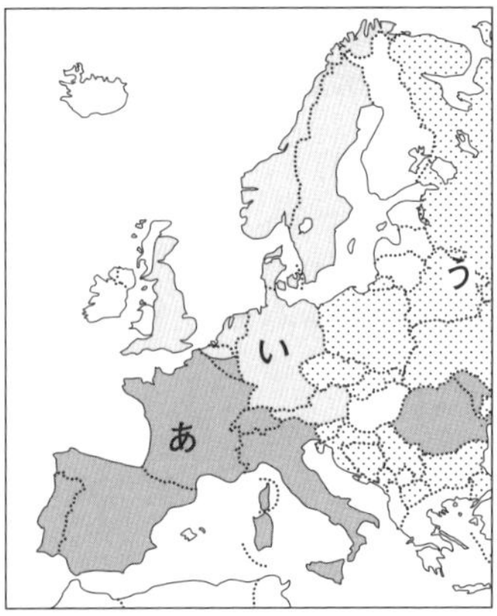

34 ▸ 大航海時代

➡解説編 p.75~77

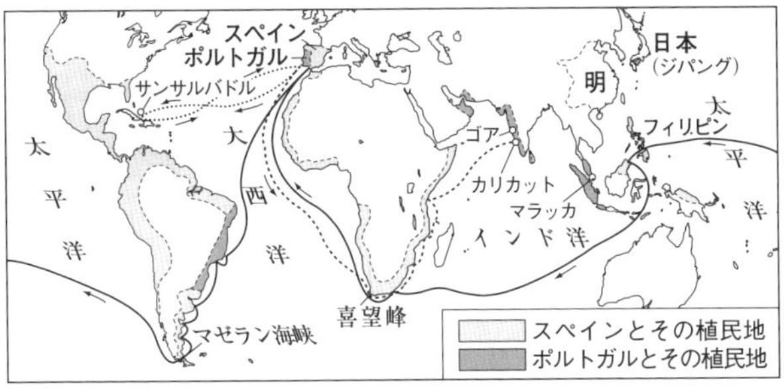

◀大航海時代の地図

……………… [❶]

- - - - - - - [❷]

―――――― [❸]

1 背景

(1) 【❹ 】の『❺ (世界の記述)』→東方への関心が高まる

(2) アジア産の [❻] を求める←敵対する [❼ **勢力圏**] **を通らずに**

2 おもな探検家

【❽  】: **西インド諸島**に到達(【❾ **年** 】)・イタリア人

・スペイン(イサベル女王)の支援(サンタ=マリア号)

【❿  】: 【⓫ **航路** 】**を開く**(1498年)・ポルトガル人

[⓬ (**大陸南端**)] 経由

↓

[⓭] に到達

【⓮  】: **世界一周**(1522年)・ポルトガル人

・スペインの支援(本人はフィリピンで殺害された)

3 各国の動向

【⓯ 】
- アジア貿易・拠点は [⓰] (1999年, 中国へ返還)
- 【⓱ 】を支配(現在の公用語はポルトガル語)

【⓲ 】
- メキシコの[⓳ **帝国**] を滅ぼす(1521年)
- **ペルー周辺の**【⓴ **帝国** 】を滅ぼす(1533年)
- [㉑] を支配(現在もキリスト教が多い)

[㉒]
- スペインの無敵艦隊をやぶり制海権をにぎる(1588年)
- [㉓] に**東インド会社**をおく(1600年)
- **アメリカ東部**…【㉔ **年** 】に東部13州が独立を宣言

[㉕] …カナダ南東部(ケベック州はとくにフランス系住民が多い。公用語は英語と仏語)

[㉖] …スペインから独立し,インドネシアに東インド会社をおく

10章 安土桃山時代

35 ▸ ヨーロッパ人の来航

➡解説編 p.78～79

[❶　　年] 鉄砲伝来 by【❷　　人】in【❸　　島】

【❹　　年】キリスト教伝来 by【❺　　（　　人）】in【❻　　】

【❼　　貿易】：[❽　　人・　　人] との貿易

▶輸入品は**鉄砲・火薬・生糸**など ⇔ 輸出品は【❾　　】・刀剣など

[❿　　]（長崎県）・長崎・[⓫　　]（大阪府）の港に来航

・【⓬　　】は勘合貿易や南蛮貿易で栄えた港町

会合衆とよばれた36人の豪商による自治都市（→のち信長が支配）

・鉄砲の国産化：[⓭　　]（大阪府）・[⓮　　]（滋賀県）で大量生産へ

36 ▸ 信長と秀吉

➡解説編 p.80～83

【❶　　】：[❷　　国]（愛知県）出身

[❸　　年]【❹　　の戦い】vs [❺　　]

このころから [❻　　] の印章を使用

1570年～ [❼　　寺] と抗争

‖

（[❽　　一揆] の本拠地）→1580年，降伏させる

1571年　【❾　　寺】の焼き打ち

【❿　　年】【⓫ 15代将軍 足利　　】を追放＝**室町幕府を滅ぼす**

[⓬　　年]【⓭　　の戦い】vs【⓮　　氏】の騎馬軍団（武田勝頼）

（**鉄砲隊**＝[⓯　　] の活躍）

1576年　【⓰　　城】in 近江国（⓱　　県）（琵琶湖の湖畔）

1568年～　各地の [⓲　　] を廃止

1577年～【⓳　　】：商業振興策＝特権商人を廃止

【⓴　　年】【㉑　　の変】で暗殺 by【㉒　　】

【㉓　　　　】：尾張国出身（山崎の戦いで明智光秀をやぶる→信長の後継者に）

1582年～【㉔　　　　】：全国的な土地調査

［㉕　　　　**制**］**消滅**・［㉖　　　　］（収穫量）に応じて年貢

1583年　【㉗　　　　**城**】築城（石山本願寺の跡地に）

1585年　【㉘　　　　】→翌年【㉙　　　　】となる

1587年　［㉚　　　　］：宣教師の追放（貿易は可としたので不徹底）

【㉛　　　　**年**】【㉜　　　　**令**】：太閤検地とともに【㉝　　　　】の政策

【㉞　　　　】

1590年　**全国平定**：関東（小田原）の［㉟　　　　**氏**］・東北の［㊱　　　　**氏**］降伏

1592年　［㊲　　　　**の役**］
1597年　［㊳　　　　**の役**］
}【㊴　　　　】vs【㊵　　　　】（亀甲船）

→1598年，撤兵（←秀吉の死）

朝鮮の技術者［㊶　　　　］を連行→［㊷　　　　**焼**］（**佐賀県**）の基礎

37▶桃山文化

➡解説編 p.84

▶南蛮貿易の影響をうけた新興大名や豪商による［❶　　　　**な文化**］

【❷　　　　**城**（　　　　**県**）】：五層七階の天守閣（**世界遺産**）

［❸　　　　］：【❹　　　　】が大成（堺の商人）

「❺　　　　**図屏風**」by［❻　　　　］

【❼　　　　**踊り**】by【❽　　　　】

琉球から三味線が伝わる

・［**天正遣欧少年使節**］の派遣by九州のキリシタン大名（**大友宗麟**・**大村純忠**・**有馬晴信**）

：宣教師バリニャーノのすすめによる。４少年がローマ教皇に謁見（1582～90年）

11章 江戸時代

38 ▶ 幕府の成立と支配の確立

➡解説編 p.86~89

1 幕府の成立

【❶　　　　　　】：三河国(愛知県)出身

[❷　　　年]【❸　　　　の戦い 】vs【❹　　　　　】

【❺　　　年 】征夷大将軍となり江戸に幕府を開く

2 徳川氏の支配の確立

▶直轄領 (❻　　　　)は400万石：旗本と御家人の領地をあわせて，全国の [❼約　　　　]

▶[❽　　　　体制]：江戸幕府と各地の大名(藩)が，全国の土地と人民を支配する体制

【❾　　　　　】=徳川一族の大名。御三家など ｝重要地や江戸の近くに配置
【❿　　　大名 】=古くからの家臣の大名 ｝重要地や江戸の近くに配置
【⓫　　　大名 】=関ヶ原の戦いのころに家臣になった大名：江戸から遠くに配置

(御三家：[⓬　　　・　　　・　　　])

[⓭　　　年]【⓮　　　の陣 】：【⓯　　　氏 】を滅ぼす

[⓰　　　年]【⓱　　　　　　】：大名統制(違反したら罰則)

[⓲　　　年]【⓳　　　　　　】：大名は1年ごとに江戸と本国を往復

↑

【⓴ 3代将軍 徳川　　　　】のときに制度化

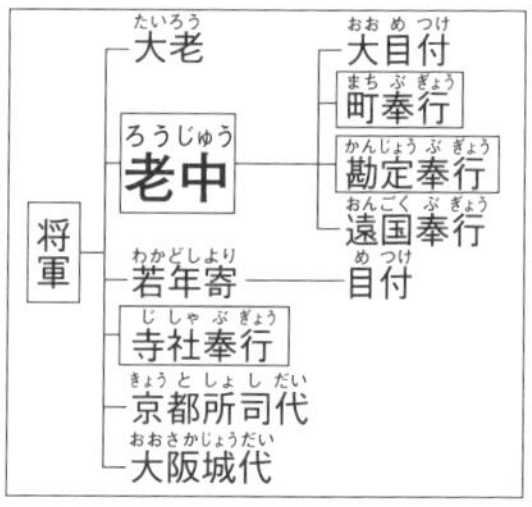

✎【㉑　　　　　　　　　　　　　　　　】

3 江戸時代の社会

(1) 人口約3000万人…百姓約85%・武士約7%・町人約5%・被差別身分の「えた・ひにん」など

(2) 農地をもつ [㉒　　　百姓] ⇔ 農地をもたない [㉓　　　百姓]

↓

村方三役(村役人)：[㉔　　　　] (関西では庄屋)・[㉕　　　　]・[㉖　　　　]

(3) 【㉗　　　　　】：年貢納入や犯罪防止の [㉘　　　責任] を負わせる

(4) おもな年貢は収穫した米。収穫量(石高)の4割～5割(五公五民・四公六民という)

(5) 百姓は土地の売買や，土地の分割相続の禁止。米以外の作物の栽培を制限

✎ [㉙　　　　　　　　　　　　　　　　　　　]

厳しい支配に対して各地で百姓一揆がおこる

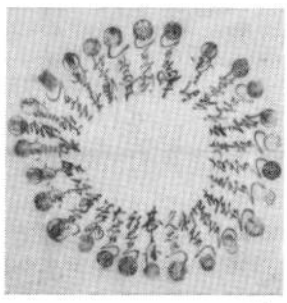

右は [㉚　　　　　] ：円形に署名された理由 ✎ [㉛　　　　　　　　　　]

39 ▸「鎖国」への歩み

➡解説編 p.90～92

1 江戸時代初期の貿易

【❶　　　　貿易】：秀吉の時代から。家康らが許可状（❷　　　　）を与える

［❸　　　　］にでかける。シャム（現在のタイ）などに［❹　　　　］

（アユタヤ〈タイ〉の［❺　　　　］など）

▶輸入品＝【❻　　　　】・砂糖など ⇔ 輸出品＝【❼　　　　】など

2 キリスト教の禁止と「鎖国」の完成

1612年　キリスト教禁止令（まず幕領のみ。翌年，全国に）

【❽　　　　】もこのころから（踏絵はモノ・絵踏は踏ませる行為）

1635年　日本人の海外渡航と帰国の全面禁止

【❾　　年】【❿　　　　一揆】（島原の乱）by **天草四郎**（益田時貞）

［⓫　　　　制度］：寺がキリシタンでないことを証明。［⓬　　　　］を管理

【⓭　　年】【⓮　　　　船の来航を禁止】

1641年　［⓰　　　　］の［⓱　　　　商館］を移転（→長崎へ）

} 【⓯ 3代将軍 徳川　　　　】のとき「鎖国」の完成

3「鎖国」の例外（4つの窓口：長崎・対馬・薩摩・松前）

⓲	［⓳　　　　］（長崎）に来航 ✎［⓴　　　　］ ［㉑　　　　］を提出（世界のようすをレポート）
㉒　　　　（中国）	長崎に唐人屋敷（中国人居住地区）

朝鮮	［㉓　　　　藩］の［㉔　　　　氏］が仲介 将軍の代替わりごとに【㉕　　　　】を派遣
琉球王国	［㉖　　　　藩］（島津氏）が支配（1609～）⇔清にも朝貢：**中継貿易** 将軍の代替わりごとに慶賀使，国王の代替わりごとに謝恩使
蝦夷地	［㉗　　　　藩］が［㉘　　　　］と交易。【㉙　　　　年】【㉚　　　　の戦い】

重要 幕府が「鎖国」政策をとった理由

✎【㉛（幕府が）

】

40 ▶ 江戸時代初期の文化

➡解説編 p.93

【❶　　　　　　　（　　　県）】：家康をまつる by **家光**（**世界遺産**）

【❷　　　　　　　**図屏風**】by［❸　　　　　　］

41 ▶ 産業の発達

➡解説編 p.93~95

1 農業

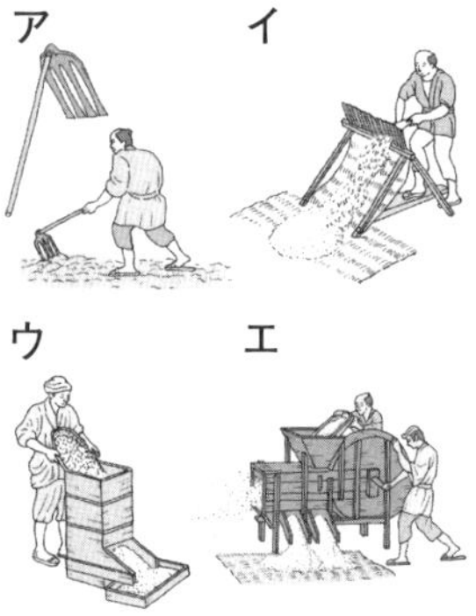

［❶　　　　　　　］：干拓など→✎［❷　　　　　　　　　　　　］

新しい農具：【ア＝　　　　　　】・【イ＝　　　　　　】

［ウ＝千石どおし］・［エ＝　唐箕　　］

［❸　　　　　　　］の生産：阿波の藍（徳島県）・最上の紅花（山形県）

新しい肥料：［❹　　　　　］・油かす（金で買うので金肥という）

→綿花栽培の肥料（三河木綿など）

2 都市・交通

(1) **大阪は「天下の台所」**…✎【❺　　　　　　　　　　　　　　　　　　　　　　　　】

江戸は「将軍様のお膝元」…【❻　　　　】**の中心地**（人口100万人以上）三都＝江戸・大阪・京都

(2) 【❼　　　　　**道**】：江戸を基点とする幹線道路（**東海道**・**中山道**・**奥州街道**・**甲州街道**・**日光街道**）

(3) ［❽　　　　　］：今でいう郵便業（大名飛脚・町飛脚）

(4) ［**菱垣廻船**・**樽廻船**］：海上運送（大阪⇔江戸）

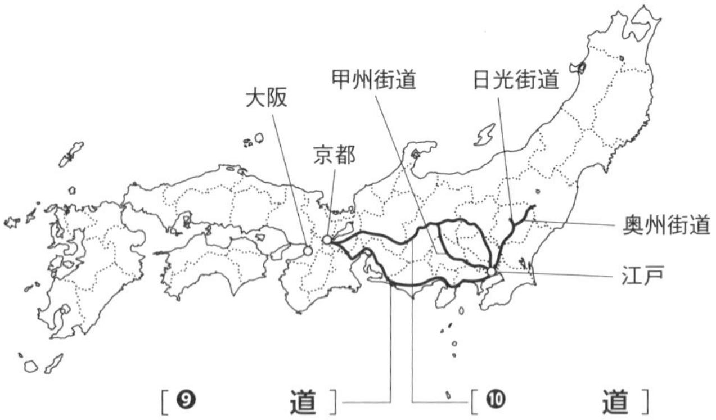

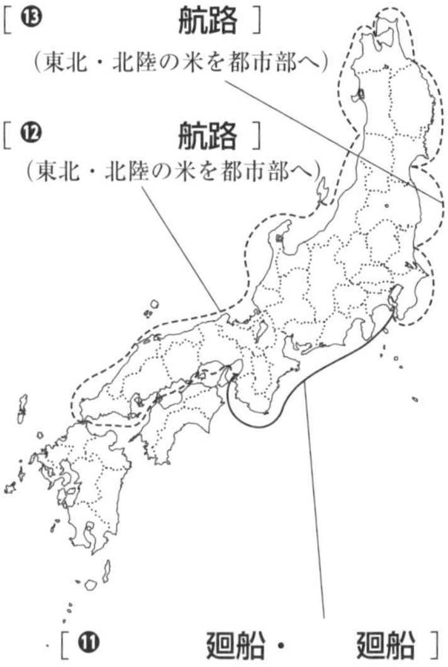

3 商業

【⓮　　　　　　】：商工業者の同業者組合（▶鎌倉・室町時代は**座**）

［⓯　　　　　　］：卸売業者（問〈問丸〉から発達・株仲間を結成することが多い）

［⓰　　　　　　］：今でいう銀行

4 工業

中期：[❶⁷ 　　　　　　　　工業]

後期：[❶⁸ 　　　　　　　　工業] (　　　　　　　　)

(明治時代：産業革命～[工場制機械工業])

5 江戸時代の鉱山

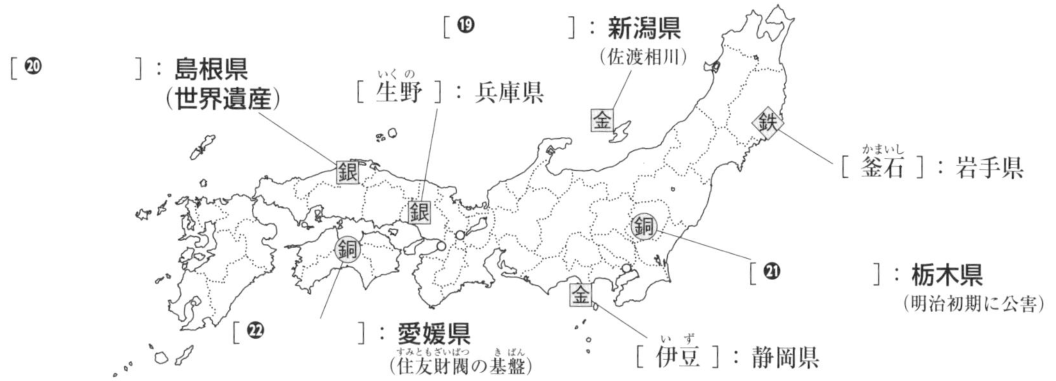

42 ▶ 元禄文化 ――江戸時代前期の文化

➡解説編 p.96～97

【❶ 　　　　文化】：[❷ 5代将軍 徳川 　　　　]のころ▶【❸ 　　　　】を中心とする町人文化

(1) 三大文学者

【❹ 　　　　】	【❺ 　　　　】	【❻ 　　　　】
 俳諧 『奥の細道』	 浮世草子 『好色一代男』 『日本永代蔵』	 人形浄瑠璃の脚本家 『曾根崎心中』 『国性爺合戦』

(2) 東大寺大仏殿の再建(戦国時代に再焼失→元禄時代に再建され，現在にいたる)

(3) 歌舞伎：大衆演劇(市川団十郎・坂田藤十郎ら)

(4) 浮世絵：「❼ 　　　　　　」by【❽ 　　　　】

(5) 装飾画：「燕子花図屏風」「紅白梅図屏風」by [❾ 　　　　]

↓

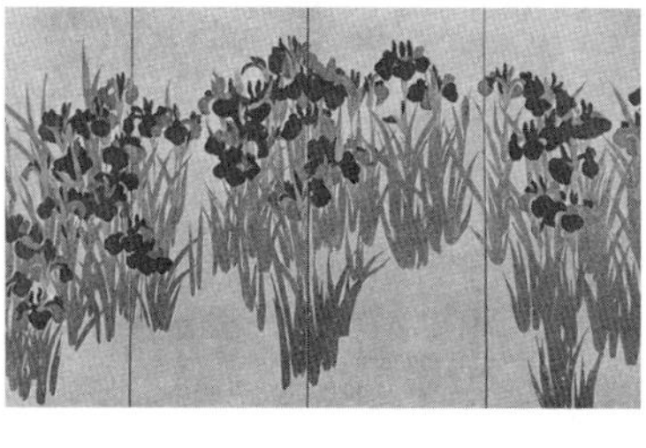

43 ▸ 江戸三大改革

➡解説編 p.98〜104

1 犬将軍の政治

【❶ 5代将軍 】(在職1680 〜 1709年)：【❷ 文化 】

[❸ 年]【❹ の令 】⇆ そのころ世界では 1688年 [❺ 革命](英)

湯島聖堂：朱子学を保護

貨幣改鋳：[❻]の含有量をへらした [❼ 小判]を発行→インフレ

2 正徳の治

【❽ 】(1709 〜 16年に政治)

貨幣の質を戻す(正徳小判)・生類憐みの令を廃止
朝鮮通信使の待遇を簡素化→財政支出を削減
長崎貿易を制限→金銀の海外流出をふせぐ
学者として『西洋紀聞』『読史余論』を著す

3 江戸三大改革(その1)

【❾ の改革 】by【❿ 8代将軍 】(在職1716 〜 45年)

【⓫ 】・町火消・小石川養生所を設置

[⓬ の制]：大名に対して，1万石につき米100石を上納させる
(その代わり参勤交代の江戸滞在期間を半年に短縮)

[⓭ の制]：役職手当で人材登用と経費削減(在職中だけ給料アップ)

検見法→定免法に：豊作凶作にかかわらず税率を一定に(→年貢増収に成功)

【⓮ 】：刑罰の法 (町奉行に大岡忠相)

キリスト教に関係のない漢訳洋書の輸入を許可→【⓯ 】の発展へ

4 田沼時代

【⓰ 】([⓱ 年]〜老中)⇆ そのころ世界では 1776年【⓲ 宣言 】

【⓳ の 】(商人と手を組んでその財力を利用)
↓
印旛沼・手賀沼(千葉県)の干拓　「ワイロ政治だ！」と非難
蝦夷地の調査と開拓計画
長崎貿易の制限緩和(俵物の輸出＝海産物の干物)

【⓴ の大飢饉 】1782 〜 87年(日照りや長雨・浅間山の噴火→一揆や打ちこわしが多発)

▶人々の蜂起が，農村でおこれば【㉑ 】・都市でおこれば【㉒ 】

5 江戸三大改革（その2）

【23　　　の改革】by【24　　　】1787～93年

そのころ世界では 1789年【25　　　革命】

白河藩主（福島県）「白河の清きに魚の住みかねて もとの濁りの田沼恋しき」

［ 倹約令 ］：質素倹約！ 風紀の取りしまりも

［ 旧里帰農令 ］：帰農者には旅費や農具代を支給→農村復興・人足寄場設置

［26　　　］：大名は米を蓄えよ→飢饉に備える

【27　　　】：棄捐令

［ 寛政異学の禁 ］：【28　　　学】を奨励

6 大御所時代

［ 11代将軍 徳川家斉 ］ 1793～1841年：【29　　　文化】のころ

▶このころ外国船が接近（1792年ラクスマン〈露〉が根室へ・1808年フェートン号〈英〉が長崎に）

↓

［30　　　年］【31　　　】：力ずくでも追い払え（「鎖国」体制を守るため）

［32　　　年］［33　　　号事件］：漂流民を届けにきたアメリカ船を打ち払った

↓これを批判

［34　　　］［35　　　］を処罰＝［36　　　］

［37　　　の大飢饉］1833～39年

↓

［38　　　年］【39　　　の乱】←［40　　　町奉行所］の元与力

7 江戸三大改革（その3）

【41　　　の改革】by【42　　　】1841～43年

［ ぜいたく禁止 ］：高級な菓子や衣服も禁止（風俗を乱す出版物も禁止）

【43　　　の　　　】：特権商人を排除し物価引下げをねらう→失敗

［44　　　の法］：強制的帰農（農民の江戸流入禁止）

【45　　　令】←【46　　　戦争】の結果を聞いて驚いた！（1842年）

＝（47　　　令を緩和）

［48　　　令］：江戸・大阪周辺の大名の領地を直轄領に→反対されて失脚

▶江戸三大改革：色・花・よい（1716・1787・1841）

44 ▸ 江戸時代の学問

➡解説編 p.106〜108

1 【❶　　　　　】：［❷　　　　　を重視 ］→ **寛政異学の禁**で保護される
↑
・【❸　　　　　】：【❹　　　　　】の道徳・政治思想から始まった

2 【❺　　　　　】：オランダ経由で伝えられた西洋の学問

(1) ［❻　　　　　］がキリスト教に関係のない漢訳洋書の輸入を許可

(2) サツマイモ研究：［❼　　　　　］(甘藷先生)

(3) 『❽　　　　　』：【❾　　　　　・　　　　　】が訳(1774年)

そのころ世界では　1776年［❿　　　　　**宣言** ］

(4) 西洋医学：［⓫　　　　　］(ドイツ人医師)：［⓬　　　　　］in長崎

：［⓭　　　　　］大阪に適塾(適々斎塾)

◀シーボルト

(5) 鎖国批判：［⓮　　　　　］『戊戌夢物語』
：［⓯　　　　　］『慎機論』(画家でもある)
} **蛮社の獄**

3 【⓰　　　　　】：日本の古典を研究し，日本人本来の考えを探求→幕末の尊王論へ

『⓱　　　　　』：【⓲　　　　　】が大成(三重の医者)

4 教育機関とその他のおもな学問

(1) 【⓳　　　　　】：庶民の教育施設(読み・書き・そろばん)
識字率が高く，**瓦版**とよばれた新聞もあった
▶各藩も藩校を設置して改革をすすめ「**薩長土肥**」など幕末の雄藩に成長

(2) 数　学：(前期)　［⓴　　　　　］：『発 微 算 法』(和算の大成)

(3) 歴史学：(前期)　［ 徳 川 光 圀 ］：『大 日 本 史』(幕末の尊王論に影響。1657 ~ 1906年完成)

(4) 農　学：(前期)　［ 宮 崎 安 貞 ］：『農 業 全 書』(1697年。諸国をまわって研究)
(後期)　［ 大 蔵 永 常 ］：『広益国産考』『農具便利論』

(5) その他：(中期)　［ 安 藤 昌 益 ］：『自然真営道』(八戸の医者。身分社会を批判)
(後期)　【㉑　　　　　】：「大日本沿海輿地全図」(**とてもくわしい日本地図**)

45 ▸ 化政文化 ——江戸時代中～後期の文化

➡解説編 p.109～110

【❶　　　　文化】▶【❷　　　　】を中心とする町人文化（当時の年号が文化・文政）

1 文芸

(1) 川柳：こっけいを主とし，世相を風刺し皮肉をこめた短詩（五・七・五）

(2) 狂歌：こっけいを主とし，世相を風刺し皮肉をこめた和歌（五・七・五・七・七）

(3) 俳諧：与謝蕪村『蕪村七部集』（天明期。画家でもある）・小林一茶『おらが春』（化政期）

(4) 小説（浮世草子に代わる新ジャンルが登場）

【❸　　　　】『❹　　　　』：弥次さん喜多さんのおもしろ東海道旅行記

（このころ，伊勢参りが江戸庶民の夢だった）

【❺　　　　】『❻　　　　』：SF ファンタジー

［　鶴屋南北　］『　東海道四谷怪談　』（歌舞伎で大人気。お岩さんの幽霊が…）

2 【❼　　　　】：多色刷りの版画

［❽　　　　］：多色刷り（色がいっぱい）の浮世絵版画（鈴木春信が始める）

(1) 美人画：【❾　　　　】

(2) 役者絵：【❿　　　　】（東洲斎写楽）

(3) 風景画：【⓫　　　　】【⓬　　　　】

：【⓭　　　　】【⓮　　　　】

（安藤広重）

▲美人画

▲役者絵

▲富嶽三十六景

▲東海道五十三次

▶江戸時代後期の北方探検

(1) 1785年［⓯　　　　］：蝦夷地の探検

(2) 1798年［⓰　　　　］：国後島・択捉島へ（択捉に日本領だと主張する標柱を立てる）

(3) 1800年【⓱　　　　】：蝦夷地をはじめ全国を調査→**とてもくわしい地図**を作成

(4) 1808年［⓲　　　　］：樺太が島だと確認→［⓳　　　　**海峡**］発見

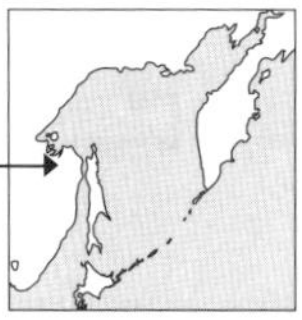

・1792年，ラクスマンが大黒屋光太夫と根室に来航し，通商を求める

・1811年，ゴロウニンを国後島で逮捕。高田屋嘉兵衛と交換

46 ▸ 西ヨーロッパ近代国家の成立

➡解説編 p.112～119

▶ 市民革命：[　　　　　　]を倒そうとする革命の総称

1 イギリス

[❶　　年]【❷　　　　　　】(大憲章)：国王の専制政治に貴族が抗議
(国王の権力を制限→憲法のもと)

[❸　　年]スペインの無敵艦隊をやぶり，制海権をにぎる

[❹　　年]東インド会社設立 by [❺　　　　1世]

1628年　権利の請願(議会が王の権限を制限しようとした)　「王でも勝手な命令はするな！」
↓
しかし国王はこれを無視
↓
【❻　　年】【❼　　　　　革命(清教徒革命)】

革命のリーダー[❽　　　　　　]がすぐに独裁に走る
そこでふたたび王を立てるが，またもや王が専制政治

【❾　　年】【❿　　　　革命】：議会が王を追放して別の王を立てる(流血なしの革命)
↓
1689年【⓫　　　　　　　】：国王に認めさせた文書

「王は[⓬　　　　]の承認なしに法律を変えたりしてはならない」
↓
議会制民主主義の確立「(王は)君臨すれども統治せず」

2 アメリカ＜アメリカ独立革命＞

【⓭　　年】【⓮　　　**宣言**】：[⓯　　　　]の植民地(**東部**[⓰　　**州**])が独立を宣言

「我々は次の真理を自明のものと認める。
すべての人は平等につくられ」

・初代大統領は【⓱　　　　　　】

3 啓蒙思想家

(1)【⓲　　　　　(　　　)】：1690年『市民政府二論』
【⓳　　　　**革命**】を理論づける

民衆には抵抗権がある

(2)【⓴　　　　　(　　　)】：1748年『㉑　　　　　　』

三権分立！

(3)【㉒　　　　　(　　　)】：1762年『㉓　　　　　　』
(社会と契約？→つまりみんなの約束のもとで政治をする＝民主主義の思想)

4 フランス

(1) 【24　　　年】フランス革命 & 【25　　　宣言】：(by国民議会←三部会から独立)

「人は生まれながらにして，［26　　　］かつ［27　　　］な権利をもつ」

ルイ16世を処刑(妃のマリー＝アントワネットも)

(2) 革命直後の混乱：周辺の国々の王が革命に干渉(うちでもおこったら大変！)

【28　　年】【29　　　】が皇帝に

→失脚→また王政

→この後，また革命(1830年, 七月革命・1848年, 二月革命)→共和政

フランス人民の
権利は私が守るぞ

5 ふたたびアメリカ

人民の人民による
人民のための政治
(ゲティスバーグの演説)

(1) ［30　　　戦争］(1861 ~ 65年)

(2) 【31　　年】【32　　　宣言】by【33　　　大統領】

6 ドイツ

［34　　年］ドイツ帝国の建国by［35　　　首相］(プロイセン中心)

7 【36　　　　】

(1) 18世紀中ごろ【37　　　】から始まる→「世界の工場」

(2) 工場制機械工業の発展(綿工業)・動力は［38　　　機関］・【39　　　主義】の成立

一方で，**社会主義思想**の発達：1848年『共産党宣言』by［40　　　］・エンゲルス

8 欧米諸国のアジア侵略

イギリスの［41　　　貿易］→

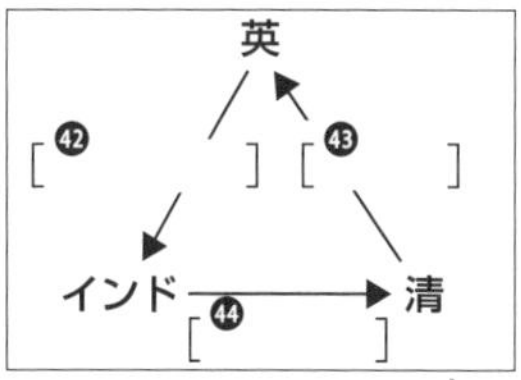

(1) 【45　　年】【46　　　戦争】：［47　　　］(中国)vs［48　　　］

↓

［49　　年］［50　　　条約］：【51　　　】割譲＋上海など5港開港

(2) 【52　　年】【53　　　の乱】by［54　　　］(南京を首都に漢民族国家→内乱で崩壊)

(滅満興漢＝満州人が建国した清を滅ぼして，漢民族国家をつくろうとした)

(3) 【55　　年】【56　　　(　　　の乱)】：［57　　　帝国］滅亡

↳イスラム教徒が建てた国
(1526 ~ 1858年)

↓

【58　　　】がインドを直接支配

47 ▸ 幕末

➡解説編 p.120～125

1 開国

【❶　　　年】黒船来航：【❷　　　　　】が［❸　　　　（　　　　県）］に来る

（アメリカは捕鯨船や貿易船の寄港地がほしかった）

［❹　　　年］【❺　　　　　　　条約】：［❻　　　・　　　］開港など（再来日したペリーと）

【❼　　　年】【❽　　　　　　　条約】：【❾　　　・　　　・　　　・　　　・　　　】開港

【❿ アメリカ総領事　　　　　】と【⓫ 大老　　　　　　】

【⓬　　　　　　　（　　　　　）】を認め，

【⓭　　　　　　　　】がないなど不平等でござる

・オランダ・イギリス・フランス・ロシアとも同様の修好通商条約を結ぶ（安政の五か国条約）

2 開国直後の貿易

(1) 輸出入額のトップは【⓮　　　　　　　】（全体の約85%）：ほとんど［⓯　　　　港］で

(2) 輸出品の８割は【⓰　　　　　】⇔ 輸入品は［⓱　　　織物］と［⓲　　　織物］が７割

輸出増で［⓳　　　　　］→物価が［⓴　　　　　］＆金の海外流出（金銀比価問題）

↓

各地で［㉑　　　　　一揆］

(3) 1867年［㉒　　　　　　　　］：有名社寺のお札が天から降ってきたと大騒ぎに

3 倒幕運動の展開

(1) 【㉓　　　　　　運動】
- 尊王論＝天皇中心の国家体制をつくろう
- ＋
- 攘夷論＝外国勢力を追い出せ

▶開国後の経済混乱などから「条約を結んだのは間違いだ！」→大老への反発

これに対し，大老［㉔　　　　　　］が尊王攘夷派を弾圧

長州出身，松下村塾。
高杉や伊藤の師

↓

［㉕　　　年］【㉖　　　　　　　】：［㉗　　　　　　　］らを処刑

↓

1860年　尊王攘夷派の報復：井伊は【㉘　　　　　　の変】で暗殺by水戸浪士ら

・幕府は朝廷を利用して権威回復をめざす＝公武合体策（孝明天皇の妹と14代将軍家茂との結婚）

⑵ 雄藩は外国を打ち払おうとするが…すべて失敗

【㉙　　　藩（鹿児島県）】	【㉜　　　藩（山口県）】
1862年［㉚　　　事件］：行列を横切った英人殺害 ↓ 1863年 イギリスの報復から［㉛　　　戦争］ ↓ 大敗…「欧米は強い！ 攘夷は無理だ！」	1863年 **関門海峡を通る外国船を砲撃** ↓ 1864年 四国艦隊下関砲撃事件（by 米英仏蘭） ↓ 大敗（下関を占領される）…「攘夷は無理だ！」

参考

新撰組：尊王攘夷派の制圧（池田屋事件など）

新撰組は幕府を守るために働いたのさ（近藤勇）

奇兵隊 by **高杉晋作**（長州）

攘夷をあらため，外国の侵略に備えよう

4 薩長の方針転換

［㉝　　　年］【㉞　　　同盟】

外国を追い出すのは無理でごわす。幕府を倒して新政府をつくるぞ！

薩摩：【㉟　　　・　　　】⇔**長州**：**木戸孝允**

仲介は【㊱　　　（　　　藩）】

新しい日本の夜明けぜよ

薩摩と長州が手を結んだ！
しかたがない，ここは政権を朝廷に返して，
徳川氏を中心とする雄藩連合政権をつくるぞ

5 幕府の滅亡

【㊲　　　年】【㊳　　　】by【㊴ 15代将軍 **徳川**　　　】in **二条城**（**京都**）

↓

すぐに朝廷は【㊵　　　】：天皇が政治をおこなうことを宣言

「徳川氏は追放でおじゃる！」by 岩倉具視

【㊶　　　**戦争**】：旧幕府勢力（会津藩・新撰組など）vs 新政府軍（薩長中心）

［㊷　　　**の戦い**］（京都）→江戸城無血開城：西郷隆盛と［㊸　　　］

→［㊹　　　**の戦い**］（福島県）→［㊺　　　**の戦い**］（函館）→新政府側の勝利

12章 明治時代

48 ▸ 明治維新

➡解説編 p.126~132

1 国家体制の整備

1868年 【❶ 】：政府の基本方針(天皇が神に誓う形式で示す)

[❷]：国民統制(一揆・外国人への暴行・キリスト教の禁止など)

【❸ 年】【❹ 】：土地と人民を朝廷に返還する
(しかし藩主は**知藩事**として健在＝江戸時代と変わらない)

【❺ 年】【❻ 】：中央集権体制の確立
＝藩主をやめさせ，中央政府から [❼]を派遣

1871年 [解放令(身分解放令)]：従来の身分制度をなくす政策(完全に平等ではない)

【❽ 年】【❾ 】：[❿]の発行
↓
土地所有者が [⓫ の %を]

【⓬ 】
反対一揆→1877年 [⓭ %]に

2 国内成長への道

【⓮ ・ 】：明治初期の国家目標・資本主義の推進

1872年 【⓯ 製糸場】in【⓰ 県】(フランスの技術を導入)→各地に官営工場

【⓱ 年】【⓲ 令】：[⓳ 満 歳]以上の男子に [⓴]の義務
(近代軍隊の創設)

・北海道に【㉑ 】を設置。士族らを【㉒ 】として派遣

3 新しい文化

【㉓ 】：古い習慣を打破し・西洋のものを取り入れようとする風潮

1871年 [郵便制度] by 前島密(全国均一料金を採用)

【㉔ 年】【㉕ 】公布：[㉖満 歳]以上のすべての国民が小学校へ
しかし明治初期の小学校の就学率は全体の [㉗]

1872年 [㉘ (東京)] ~ [㉙]間に初の鉄道開通(蒸気機関車)

・太陽暦の採用・銀座にガス灯ができる・牛肉を食べる習慣も
都市部では生活の洋風化がすすむ(農村では江戸時代と変わらず)

【㉚ 】：『学問のすすめ』

天は人の上に人をつくらず
人の下に人をつくらず

[㉛]：ルソーの『社会契約論』を翻訳→東洋のルソー

4 明治初期の外交〈1〉

(1) 1871年【㉜　　　　使節団】：不平等条約の改正に行くが…相手にされず

伊藤・大久保・木戸・女子留学生 [㉝　　　　] らが同行

(2) 1871年 [㉞　　　　修好条規] ：はじめての対等条約

5 征韓論と明治政府の分裂

[㉟　　　　政治] への不満が高まる(薩長の要職独占&廃刀令などで武士の特権を失った)

【㊱　　　　】by 【㊲　　　　・　　　　】(不平士族の代表)

vs

欧米から帰国した 【㊳　　　　・　　　　】が反対

国内体制の確立が優先だ！

→板垣・西郷は明治政府を去る

板垣退助：　1874年 【㊴　　　　】を提出

西郷隆盛：【㊵　　　　年】【㊶　　　　戦争】(最後の不平士族反乱)

6 明治初期の外交〈2〉

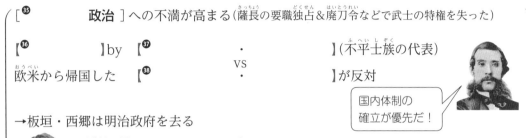

(1) 1874年 台湾出兵(琉球漁民の殺害 by 台湾人→清から賠償金)→琉球を日本領と承認させる

(2) 1875年 [㊷　　　　事件] →1876年 [㊸　　　　修好条規] ：不平等条約を押し付ける

(征韓論はやぶれたが，結局，軍事衝突を機に朝鮮を開国させた)

(3) 1875年 [㊹　　　　条約] (←ロシアと)

(4) 1879年　琉球藩→沖縄県(注意。廃藩置県で沖縄県がおかれたのではない)

49 ▸ 立憲国家の成立

➡解説編 p.133～135

1 国会開設への道

【❶　　　　運動】：政府に対し，民主的な改革を要求した運動

【❷　　　　】の設立 in [❸　　　　県] by [❹　　　　]・植木枝盛

↓

愛国社：全国的組織へ発展(大阪で結成)

↓

【❺　　　　】：国会開設を請願

↓

[❻　　　　年] 国会開設の勅諭：**10年後に国会を開くという天皇の勅諭**

▶国会開設に備えて
- 【❼　　　　】：【❽　　　　党】(フランス流)
- 【❾　　　　】：【❿　　　　党】(イギリス流)

・民権運動の激化(急進派の旧自由党員による)：1884年 [⓫　　　　事件] in 埼玉県(困民党)

2 大日本帝国憲法と帝国議会

(1) **初代内閣総理大臣＝【⓬　　　　　　　　　】**(1885年)

↓

[⓭　　　　　　(　　　　)**憲法**] を模範(✎ [⓮　　　　　　　　　　　　　　　])枢密院で審議

【⓯　　　年　　月　　日】：**大日本帝国憲法発布**(天皇が国民に与える形＝欽定憲法)

発布時の首相は [⓰　　　　　　　　] (アジアで初の立憲国家に！)

(2)　1890年 **【⓱　　　　　　　　　　】**発布：教育の基本は [⓲　　　　　　　　]

(3) [⓳　　　　**年**] **第1回帝国議会**：[⓴　　　**議院**] と [㉑　　　　**院**] (選挙なし・華族などから選出)

↓

▶**選挙権：直接国税【㉒　　　円以上を納める満　　歳以上の　　　　　】**

(人口のわずか1.1%)

50 ▸ 日清・日露戦争と国際関係の変化

➡解説編 p.136～140

1 日清戦争

[❶　　　**年**] **【❷　　　　　　　戦争(　　　　の乱)】**in [❸　　　　　]

↓

日清戦争：日本と清が朝鮮に軍隊を派遣して衝突→日本の勝利

↓

1895年 **【❹　　　　　条約】**：日本側全権 [❺　　　　　　　　] ⇔清は李鴻章

① **【❻　　　　　半島**(地図の　　)**】**・**【❼　　　　　**(地図の　　)**】を日本に譲る**

② 清は**賠償金** 2 億両を払う

③ **朝鮮の独立を認める**(中国のものではないぞという確認)

しかし **【❽　　　　　　　　　】**by [❾　　・　　・　　]

ロシアに対する国民感情悪化

日本はリアオトン半島
を返しなさいよ

・賠償金の一部で **【❿　　　　　製鉄所】**(1901年操業開始) を建設 (大部分は軍備拡張費に)

[⓫　　　**年**] [⓬　　　　　　**事件**] in中国「扶清滅洋」

(欧米諸国は中国から出て行け！)

→8か国の軍隊が鎮圧(→ますます中国侵略がすすむ)

日本とロシアが満州・韓国に進出し対立が深まる

イギリスはロシアの南下政策を警戒

↓

[⓭　　　**年**] **【⓮　　　　　　　同盟】**を結ぶ

↓

(ますますロシアとの関係は深刻化)→日露戦争へ

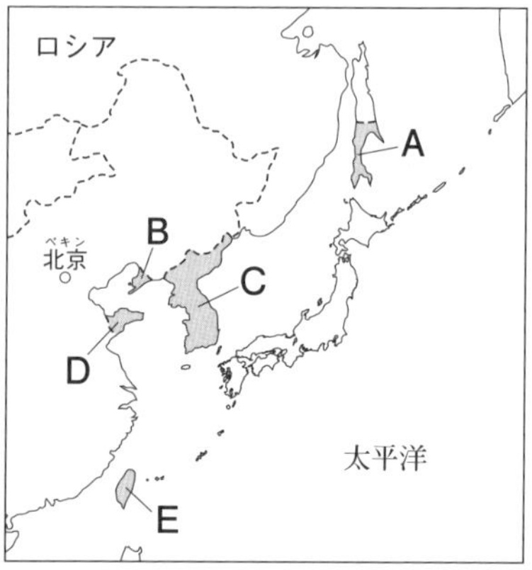

2 日露戦争

【⑮　　　年】 **日露戦争**：日本の勝利(日本海海戦でバルチック艦隊をやぶる)

↓

1905年 【⑯　　　　　　**条約**】：米大統領セオドア＝ローズベルトの仲介
(日本側全権は小村寿太郎⇔ロシアはウィッテ)

- ①韓国における日本の優位を認める
- ②旅順・大連(遼東半島)の租借権を日本に譲る
- ③南満州鉄道の利権を日本に譲る
- ④**北緯【⑰　　度】以南の【⑱　　　　(　　　　)(地図の　　)】を日本に譲る**
- ⑤オホーツク海やベーリング海沿岸での日本の漁業権を認める

▶**賠償金は取れなかった→[⑲　　　　　　　　事件]**

▶日露戦争に反対
- 【⑳　　　　　　　】(文学者)「君死にたまふことなかれ」
- **幸徳秋水**(社会主義者)・**内村鑑三**(キリスト教徒)

3 韓国との関係(ポーツマス条約で優位権を獲得→保護国化)＜1897年，国号を朝鮮→大韓帝国＞

[㉑　　　　　]設置：初代統監【㉒　　　　　】←暗殺by[㉓　　　　　]

【㉔　　　年】【㉕　　　　　】：[㉖　　　　　　]を設置～1945年(終戦まで)
〈このとき，韓国→朝鮮と改称〉

4 中国の動き(孫文は1905年，東京で中国同盟会を結成)

[㉗　　　年][㉘　　　　**革命**]by【㉙　　　　】：[㉚　　　　**主義**]を唱える

↓

1912年 【㉛　　　　　　】成立(アジア初の共和国)：首都は[㉜　　　　]
孫文が臨時大総統→すぐに軍閥の[㉝　　　　　]が大総統となり，独裁

5 不平等条約の改正(不平等条約＝日米修好通商条約など5か国との条約)

(1) 1871年 【㉞　　　　**使節団**】：不平等条約改正交渉に行くが，失敗(→ *p.45*)

・その後 [㉟　　　　**政策**]by井上馨外務卿：[㊱　　　　　]で舞踏会(でも失敗)

(2) 1886年 【㊲　　　　　　**号事件**】：日本人を見殺し(でも英人船長は軽い罪)

(3) 【㊳　　　年】【㊴　　　　　**撤廃**】by【㊵　　　　**外相**】

(4) 【㊶　　　年】【㊷　　　　　**回復**】by【㊸　　　　**外相**】

51 ▶ 近代産業の発展

➡解説編 p.141～142

1 日本の産業革命は［❶　　　　**戦争**］のころ～(軽工業＝繊維産業から始まる)

(1) 1901年【❷　　　**製鉄所**(　　　**県**)】の操業開始(日清戦争の賠償金で建設)→重工業もさかんに

▶戦前の日本の工業(輸出品も)は生糸・綿織物など糸偏のもの＝つまり**繊維が中心**

▶日本の工業力が高まるにつれて輸出入品に変化(発展途上国型の貿易→工業国型の貿易へ)

①1870～80年代：明治維新から殖産興業へ

(1872年，富岡製糸場ができたころ)

✎［❸(工場で加工された製品である)　　　］

輸入(1885)

綿糸	砂糖	綿織物	毛織物	機械類	石油	鉄類	その他
17.7%	15.9	9.8	9.1	6.6	5.7	3.6	31.6

↓

輸出(1899)

綿糸	生糸	絹織物	石炭	銅	その他
13.3%	29.1	8.1	7.1	5.4	37.0

②1880年代後半～：産業革命(製糸業中心)

✎［❹　　　　　　　　　　　　］

③1919年～(第一次世界大戦後)：日本はアジア初の工業国に(農業生産額＜工業生産額)

(2) 1882年［❺　　　　　　］設立(日本の中央銀行)

(3) 三菱・三井などの［❻　　　　］が形成される

日本資本主義の父といわれています

▲渋沢栄一

2 **公害・労働問題と社会運動の展開**

発展の一方で公害問題・労働問題。［❼　　　　**主義**］の運動もさかんに

(1) 1901年 **足尾銅山鉱毒事件**(❽　　　**県・渡良瀬川流域**)：【❾　　　　　】が天皇に直訴

(2) 1901年［❿　　　　　　**党**］結成(最初の社会主義政党)→2日後禁止

(3) 1910年［⓫　　　　**事件**］：幸徳秋水ら社会主義者を弾圧(天皇暗殺計画？を口実にする)

(4) 1911年【⓬　　　　　】：女性運動 by【⓭　　　　　　】「元始，女性は実に太陽であった」

52 ▶ 近代教育の発展

➡解説編 p.143

1872年【❶　　　　　　】：**満6歳以上の男女**は小学校へ・就学率30%ほど(授業料は有償)

1879年［　教育令　］：自由主義・地方自治主義→改正し中央集権化

1886年［　学校令　］：義務教育を**4年**とする・帝国大学～学校体系の確立

1890年【❷　　　　　　】：教育のよりどころ→［❸　　　　　　］が理念

第1回帝国議会の直前に発布。正式には「教育ニ関スル勅語」

1900年　義務教育の授業料を無償化

1903年［国定教科書制度］：小学校教科書は文部省の著作物に限る

1907年　**義務教育**を［❹　　　**年間**］**とする**・就学率が100%に近づく

53 ▶ 明治時代の文化

➡解説編 p.143〜145

1 文学

[　坪内逍遙　]：『小説神髄』

[　二葉亭四迷　]：『浮雲』→言文一致体

[❶　　　　　]：『舞姫』

【❷　　　　　】：『たけくらべ』『にごりえ』

[　島崎藤村　]：『若菜集』『破戒』

【❸　　　　　】：『みだれ髪』「君死にたまふことなかれ」

[❹　　　　　]：『一握の砂』(社会主義の影響をうける)

【❺　　　　　】：『吾輩は猫である』『坊っちゃん』

[❻　　　　　]：『ホトトギス』(俳句雑誌)で活躍・俳句の革新運動をすすめる

2 自然科学

[❼　　　　　]：ペスト菌・破傷風菌・伝染病研究所(血清療法で第１回ノーベル賞候補に)

[❽　　　　　]：赤痢菌

【❾　　　　　】：黄熱病・ガーナで殉職

[　鈴木梅太郎　]：ビタミンB_1(オリザニン)

[　長岡半太郎　]：物理学，原子模型の理論

3 美術・音楽・その他

[　黒田清輝　]：「読書」「湖畔」(西洋画)

[　横山大観　]：「無我」(日本画)

[❿　　　　　]：「荒城の月」(作曲家)

[⓫　　　　　]：『民約訳解』(ルソー『社会契約論』を翻訳)→[⓬　　　　　]

【⓭　　　　　】：『学問のすすめ』『西洋事情』『文明論之概略』。慶應義塾

4 明治時代の外国人

少年よ，大志をいだけ
Boys, be ambitious!

[⓮　　　　　](米)：教育者。札幌農学校を創設

[⓯　　　　　](米)：動物学者・考古学者。【⓰　　　　貝塚】を発見

【⓱　　　　　】(米)：哲学者。[⓲　　　　　]とともに日本美術を復興

13章 大正時代

54 ▶ 第一次世界大戦

➡解説編 p.146~149

1 [❶ 主義]：列強は植民地をめぐって対立(グループをつくってにらみ合う)

三国同盟：【❷ 】[❸] [❹]
└開戦後脱退→協商側につく

VS

三国協商：[❺] [❻] [❼]
└【❽ 同盟】

2 第一次世界大戦

【❾ 年】【❿ 事件】：オーストリア皇太子の暗殺 by セルビア人
↓ in [⓫ 半島] =「ヨーロッパの火薬庫」

第一次世界大戦が始まる

日本は【⓬ 同盟】を口実に参戦→中国の [⓭ 領] 占領
(⓮ 半島の青島)

1915年 【⓯ 】：中国に認めさせる

【⓰ 年】【⓱ 革命】by [⓲] (社会主義政権を樹立)

↓

[⓳ 年]【⓴ 出兵】：革命干渉(→ソ連成立は [㉑ 年])

↓

【㉒ 】：[㉓ 県] の主婦から始まる・[㉔ 女房一揆]

↓ ✎【㉕ 原因 】

【㉖ 】：初の本格的政党内閣の誕生

1918年 終 戦(アメリカ参戦→[㉗] 降伏)

↓

(1919年【㉘ 憲法】制定〈世界初の社会権 / 20歳以上の男女の普通選挙〉)

【㉙ 年】【㉚ 条約】：[㉛ 講和会議]

【㉜ 国際連 】創設＆[㉝] を提唱 by [㉞ アメリカ大統領]

・1920年成立 in ジュネーブ(スイス)・日本は常任理事国 [㉟ 事務局次長]

・主要国の足並みがそろわず，**戦争をふせぐ力は弱かった。**

▶日本は大戦景気

✎ [㊱]

・[㊲] の出現。三井・三菱・住友などの [㊳] が強大化。

55 ▸ 第一次世界大戦後の世界

➡解説編 p.150〜151

1 アジア各国の独立運動

［❶　　　年］【❷　　　　　　運動】in朝鮮「［❸　　　　］から独立だ！」→軍が鎮圧

［❹　　　年］【❺　　　　　運動】in中国（抗日運動）

【❻　　　　　】inインド→［❼　　　　　］に抵抗

非暴力・不服従

2 軍縮への動き

1921年～［❽　　　　　会議］｛四か国条約＝日英同盟の廃止／九か国条約＝日本の大陸進出を阻止

1930年～［❾　　　　　海軍軍縮条約］：日本に不利な内容

56 ▸ 大正デモクラシー

➡解説編 p.152〜153

1【❶　　　　　　　　】：大正時代の民主主義を求める動き
　→【❷　　～　　年】

政治は国民の意思に基づくべきだ

(1) 理論的支柱は【❸　　　　　】の【❹　　　主義】

(2) 1912年　第一次護憲運動：［❺　　　政治］への批判→［❻　　　　内閣］退陣

1918年　【❼　　　　】内閣：米騒動後・**初の本格的政党内閣**［❽政党　　　　］

(3) 1924年　第二次護憲運動→憲政の常道（加藤高明～犬養毅）

【❾　　　年】【❿　　　　法】←セットで→【⓫　　　　法】by［⓬　　　首相］

＝

▶【⓭満　　歳】以上のすべての【⓮　　　　】に選挙権　社会主義者を取締り

2 社会運動の高まり

(1) 1911年　【⓯　　　　】：女性解放by【⓰　　　　　　】「元始，女性は実に太陽であった」

(2) 1920年　［⓱第1回　　　　　］：毎年5月1日に開催される労働者の祭典（戦時中は禁止）

(3) 1922年　［⓲　　　　　　］：**部落解放**by西光万吉「人の世に熱あれ，人間に光あれ」

57 ▸ 大正～昭和初期の文化

➡解説編 p.153

［武者小路実篤］：『その妹』『友情』『人間万歳』（白樺派）

［志賀直哉］：『暗夜行路』『城の崎にて』（白樺派）

［芥川龍之介］：『羅生門』『鼻』『河童』

［川端康成］：『伊豆の踊子』『雪国』（1968年，ノーベル文学賞）

【❶　　　　　】：『蟹工船』←【❷　　　　　　文学】（社会主義の影響大）

・［❸　　　　放送］始まる（1925年～）

14章 昭和時代(戦前期)

58▶世界恐慌とファシズムの台頭

➡解説編 p.154～155

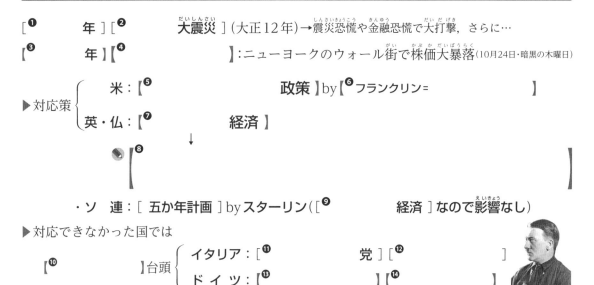

[❶　　　年][❷　　　大震災](大正12年)→震災恐慌や金融恐慌で大打撃，さらに…

【❸　　　年】【❹　　　】:ニューヨークのウォール街で株価大暴落(10月24日・暗黒の木曜日)

▶対応策
- 米：【❺　　　政策】by【❻フランクリン=　　　】
- 英・仏：【❼　　　経済】

↓

【❽　　　】

・ソ　連：[五か年計画]byスターリン([❾　　　経済]なので影響なし)

▶対応できなかった国では

【❿　　　】台頭
- イタリア：[⓫　　　党][⓬　　　]
- ドイツ：【⓭　　　】【⓮　　　】

59▶軍部の台頭と大陸での戦争

➡解説編 p.156～157

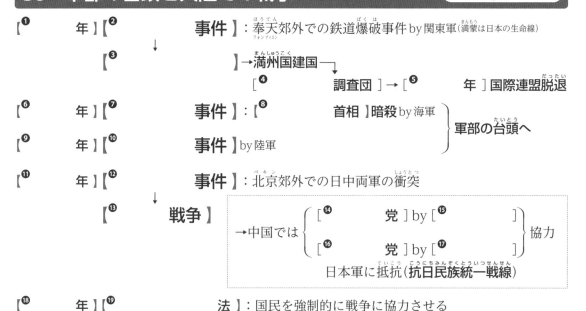

【❶　　　年】【❷　　　事件】：奉天郊外での鉄道爆破事件by関東軍(満蒙は日本の生命線)

↓

【❸　　　】→満州国建国→

[❹　　　調査団]→[❺　　　年]国際連盟脱退

【❻　　　年】【❼　　　事件】：【❽　　　首相】暗殺by海軍

【❾　　　年】【❿　　　事件】by陸軍

}軍部の台頭へ

【⓫　　　年】【⓬　　　事件】：北京郊外での日中両軍の衝突

↓

【⓭　　　戦争】

→中国では
- [⓮　　　党]by[⓯　　　]
- [⓰　　　党]by[⓱　　　]

}協力

日本軍に抵抗(抗日民族統一戦線)

【⓲　　　年】【⓳　　　法】：国民を強制的に戦争に協力させる

1940年　[⓴　　　]：政党は解散(国会は軍部に従う)

・ヨーロッパのファシズム国家

1936年：イタリアが[㉑　　　]併合

1938年：ドイツが[㉒　　　]併合(1939年，独ソ不可侵条約→しかし1941年，独ソ戦勃発)

60 ▸ 第二次世界大戦

➡解説編 p.158～160

【❶　　　年】【❷　　　　　】の【❸　　　　　侵攻】＝第二次世界大戦が始まる

1940年6月　ドイツがフランスをやぶる(独軍がパリ占領)

1940年9月　日本軍が［❹ **北部　　　領**　　　］へ進駐

【❺　　　　　同盟】

1941年4月　**【❻　　　　　条約】**：南進のため北方の安全を確保

日本軍が［❼**南部　　　領**　　　］へ進駐

対日石油輸出禁止・資産凍結

アメリカなどが日本の資源輸送路を海上封鎖：［❽　　　**包囲陣(網)**］

1941年8月　大西洋憲章発表by米英。反ファシズムを宣言(国際協調の構想→国連成立へ)

【❾　　　年】【❿　　　　　攻撃】inハワイ
同時にマレー半島の英軍も攻撃
}**【⓫　　　　　戦争】**開始

日本は［⓬　　　　　　］建設を提唱(欧米からアジアの植民地を解放)

(ミッドウェー海戦での敗北→戦況悪化
生活必需品の配給・勤労動員・学徒出陣・学童集団疎開…)

1943年9月　イタリア降伏

1943年11月　**カイロ会談**(米英中)：対日戦争方針・朝鮮など日本の獲得地の返還要求

1944年7月　［⓭　　　　　**島**］玉砕(以後，米軍の本土空襲の拠点となる)

1945年2月　**【⓮　　　　　会談】**(米英ソ)：対独戦後処理・**ソ連の対日参戦**
(南樺太など日本の利権継承)

1945年3月　東京大空襲

1945年4月　沖縄本島に米軍が上陸(地上戦が始まる)

1945年5月　ドイツ降伏(4月：ソ連軍ベルリン突入)

1945年7月　**【⓯　　　　　会談】**：日本の無条件降伏など
米英ソが会談→［⓰　　　・　　　・　　　］の名で宣言

【⓱　　　年】原子爆弾投下：広島［⓲　　　月　　　日］・長崎［⓳　　　月　　　日］

［⓴ **8 月　　　日**］ソ連が対日参戦
(日ソ中立条約を破棄)

【㉑　　　　　宣言】受諾→無条件降伏

終戦記念日：【㉒　　　年　　　月　　　日】

15章 戦後の日本と世界

61 ▸ 占領と民主化

➡解説編 p.161～163

【❶　　　　　】＝連合国軍最高司令官総司令部が日本占領

最高司令官：【❷　　　　　　　　】

五大改革指令　①女性(婦人)解放　②労働組合の結成　③教育の自由主義化
④圧政的諸制度の撤廃　⑤経済の民主化

1 改革の内容

【❸　　　　　　　　】：日本経済を支配してきた財閥を解体(＆**独占禁止法**制定)

【❹　　　　　　　　】：［❺　　　　］の土地を強制的に買い上げ
↓
［❻　　　　］に安く売ることで［❼　　　　］をふやす

［　**選挙法改正**　］：【❽ **満**　　**歳**】**以上のすべての**【❾　　　　】**に選挙権**

・　治安維持法を廃止・政党政治の復活・天皇の人間宣言

・　労働三法制定：労働組合法・労働関係調整法・労働基準法

・［❿　　　　　　**法**］制定(教育勅語は廃止)・学校教育法制定：義務教育［⓫　　**年**］

・［⓬　　**法**］改正：男女平等を原則(均分相続制など)

2 日本国憲法：公布［⓭　　　年　　月　　日］→施行［⓮　　　年　　月　　日］

三大原則	【⓯　　　　　　　　】	以前は［⓲　　　　］**の範囲内で認められた**
	【⓰　　　　　】	以前は［⓳　　　　］が最高権力者
	【⓱　　　　　】	以前は天皇の軍隊として**兵役**の義務

3 その他<第二次世界大戦に関連して>

・［⓴　　　　　　　**裁判**］(東京裁判)：日本の戦争責任者を裁く

［㉑　　　　　　　］：ユダヤ人の少女・『アンネの日記』の作者
ナチスの迫害から逃れるため，家族と屋根裏にかくれ住む
1945年，強制収容所で病死(15歳)

［㉒　　　　　］：リトアニアの日本領事代理
ナチスの迫害をうけたユダヤ人にビザを発給

■大日本帝国憲法と日本国憲法■ ⇨解説編 p.164

	大日本帝国憲法	日本国憲法
成立	[❶　　年　　月　　日]発布	[❷　　年　　月　　日]公布 [❸　　年　　月　　日]施行
性格	[❹　　　憲法] 天皇が下し与える形式で発布	[　民定憲法　] 国民によって制定される形式で制定
主権	[❺　　　主権]	【❻　　　主権】
人権	【❼　　　】の範囲内での保障	永久不可侵の権利 公共の福祉に反しない限り尊重
戦争	天皇が軍の[❽　　　]をもつ 臣民には[❾　　　]の義務	平和主義(戦争放棄)＝[❿ 第　　条]
天皇	[⓫　　　]であり[　神聖不可侵　]	日本国および国民統合の【⓬　　　】
議会	【⓭　　　議院】と【⓮　　　院】 天皇の協賛機関 **天皇の立法権を補佐する** 貴族院は選挙なし(天皇による任命など)	【⓯　　　議院】と【⓰　　　議院】 国会は国の唯一の立法機関 国会は国権の最高機関 ▶主権者である国民によって選挙された国会議員で構成される
内閣	天皇の輔弼機関 **天皇の行政権を補佐する**	議院内閣制 ▶国会の信任によって成立し，国会に対して連帯責任を負う

■選挙権の推移■ ⇨解説編 p.135，161

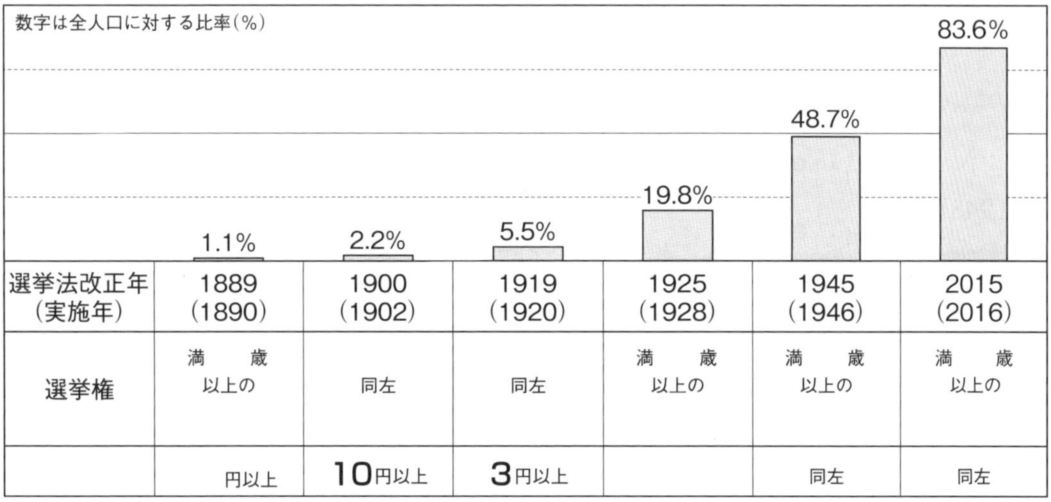

選挙法改正年(実施年)	1889(1890)	1900(1902)	1919(1920)	1925(1928)	1945(1946)	2015(2016)
選挙権	満　歳以上の	同左	同左	満　歳以上の	満　歳以上の	満　歳以上の
	円以上	10円以上	3円以上		同左	同左

62 ▶ 戦後の国際社会

➡解説編 p.165～171

1 【❶国際連　　　】

1945年に成立：本部は［❷　　　　　　　　　　］

【❸　　　　　　　　　　　　　】：平和を守る(国連の中心機関)

‖

常任理事国：【❹　　　・　　　・　　　・　　　・　　　】の5大国→【❺　　　　**権**】をもつ

└現在はロシア

2 冷戦 ［❻　　　　　　　　　　　　　　　　　　　　　　　　　　　　］

西側	東側
【❼　　　　**主義**】	【⓫　　　　**主義**】
資本主義経済(自由経済)	社会主義経済(計画経済)
【❽　　　　】中心(西欧諸国・［❾　　　　］も)	【⓬　　　　　】中心(東欧諸国など)
【❿　　　　　　**条約機構**(　　　　　)】	【⓭　　　　　　**条約機構**】

◇**ドイツ**(第二次世界大戦に負け，米英仏ソによって分割占領された)

1949年,東西分裂→1961年【⓮　　　　　　　**の壁**】建設→1989年,撤去→1990年,東西統一

◇**中国**

戦後の内戦｛［⓯　　　　**党**］⟶【⓱　　　　　】に逃れる　by［⓲　　　　　］ vs ［⓰　　　　**党**］→1949年，**中華人民共和国**by【⓳　　　　　】↗

◇**朝鮮半島**

日本の植民地支配の終了→［⓴ **北緯**　　　**度線**］を境に南北分断

1948年｛北に［㉑　　　　　　］の援助で**朝鮮民主主義人民共和国**
　　　　南に［㉒　　　　　　］の支援で**大韓民国**

【㉓　　　　**年**】**朝鮮戦争**　～1953年休戦：南北会談の場は［㉔　　　　　］

（日本は【㉕　　　　**景気**】←米軍からの注文がふえた
　　　　【㉖　　　　　　**隊**】創設(1950年)→保安隊(1952年)→**自衛隊**(1954年)）

◇ベトナム

1945年【㉗　　　　　】から独立を宣言→インドシナ戦争（独立を認めないフランス）

（フランス撤退後，北ベトナムの社会主義政権vs南ベトナムの資本主義政権に分かれて対立）

1965年［㉘　　　　　］が軍事介入（泥沼の戦闘）→1973年，米軍撤退→1976年，南北統一

‖　　　　　↓

【㉙　　　　戦争】　　［㉚ベトナム　　　主義共和国］

◇キューバ（1902年〜アメリカの保護国→1959年，革命→1961年，社会主義宣言byカストロ）

1962年［㉛　　　　　］：ソ連の援助でミサイル配備計画→アメリカが怒って海上封鎖

（米ソ全面核戦争？の寸前→ケネディ・フルシチョフ会談でミサイル計画は白紙撤回）

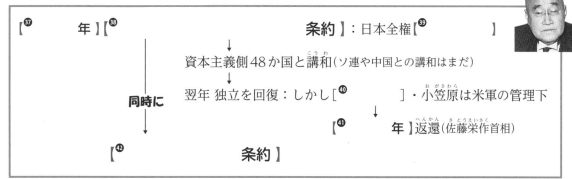

ケネディ▶

◇アジア・アフリカ

【㉜　　　年】アジア＝アフリカ会議 in【㉝　　　　の　　　　】

↓

平和十原則（植民地支配に反対・平和主義。前年の周恩来とネルーの平和五原則がベース）

↓

独立の気運が高まる　→【㉞　　　年】は【㉟　　　　の年】

・アジア，アフリカ，ラテンアメリカ諸国は［㊱　　　　　］とよばれる

3 日本の国際社会への復帰（アメリカは日本を西側資本主義陣営の一員にしたい→講和を急ぐ）

【㊲　　　年】【㊳　　　　　　　条約】：日本全権【㊴　　　　】

↓

資本主義側48か国と講和（ソ連や中国との講和はまだ）

↓

翌年 独立を回復：しかし［㊵　　　　］・小笠原は米軍の管理下

↓

【㊶　　　年】返還（佐藤栄作首相）

同時に

↓

【㊷　　　　　　条約】

4 その他の講和

㊸　　　年	㊹	→【㊺国際連　　加盟】
㊻　　　年	㊼　　　　条約	（北朝鮮とはまだ国交がない）
㊽　　　年	㊾	［㊿　　　　首相］
51　　　年	52　　　　条約	［53　　　　首相］

63 ▸ 戦後の日本経済

➡解説編 p.172〜174

1 1955年ころ～【❶　　　　】：朝鮮戦争の特需をきっかけに復興→急成長

1960年代【❷　　　　】…白黒テレビ・冷蔵庫・洗濯機
1970年代［❸　　　　］…………カラーテレビ・カー・クーラー

1960年　［❹　　　　**計画**］by［❺　　　　**内閣**］

1960年代［❻　　　　**革命**］：石炭から石油へ

［❼　　**年**］［❽　　　　**新幹線**］・［❾　　　　**オリンピック**］・首都高速道路

1968年　**国民総生産**（❿　　　　）が，資本主義国でアメリカに次ぐ**2位**に

四大公害病　…高度経済成長の中で公害問題発生

公害病	発生地	原因物質
⓫　　**病**	⓬　　**県・鹿児島県**（八代海沿岸）	メチル水銀（有機水銀）
⓭　　**病**	⓮　　**県**（阿賀野川流域）	メチル水銀（有機水銀）
⓯　　**病**	⓰　　**県**（神通川流域）	カドミウム
⓱	⓲　　**県**（四日市市）	亜硫酸ガス

1967年【⓳　　　　**法**】→1993年【⓴　　　　**法**】
1971年［㉑**環境**　　　］→2001年［㉒**環境**　　　］

参考 1948年［㉓　　　**人**］が［㉔　　　（**国**）］建国
↓
アラブ諸国（㉕　　　**教**）は大反対→［㉖**第一次**　　　**戦争**］勃発

パレスチナをめぐるイスラエルと周辺アラブ諸国の対立：［㉗　　　**問題**］
↑
ユダヤ教・キリスト教・イスラム教の**聖地**［㉘　　　　］がある

1973年［㉙**第**　　**次中東戦争**］**の際**【㉚　　　（**石油輸出国機構**）】**が石油戦略**

↓

2 【㉛　　　**年**】【㉜　　　　】：**高度経済成長が終わる**

3 石油危機後，安定成長期…アメリカと【㉝　　　　】がおこる

4 **1980年代後半【㉞　　　　経済】→1990年代はじめには崩壊**

バブル崩壊後は，低成長のため景気回復の実感がもてない厳しい時期が続く
2013～20年，安倍晋三内閣（政策はアベノミクスという）は，デフレからの脱却をめざした

64 ▸ 軍縮と冷戦の終結

➡解説編 p.174~176

1 軍縮のあゆみ

1954年[❶　　　　　　　　　]被曝→1955年，第1回原水爆禁止世界大会in広島

1962年　**キューバ危機**→軍縮と米ソの歩み寄り(緊張緩和＝デタント)

1963年，部分的核実験停止条約・1968年，**核拡散防止条約**(❷　　　　　)

1987年，中距離核戦力全廃条約(❸　　　　**全廃条約**　)

1996年，包括的核実験禁止条約(❹　　　　　)今のところ発効していない

2017年，核兵器禁止条約(2021年発効)

1967年【❺　　　　　　　　】：[❻　　　　　　　**首相**]

もたず・つくらず・もちこませず

2 冷戦の終結とソ連の解体

1986年[❼　　　　　　　](**ソ連**)が[❽　　　　　　　](のちに失敗)

1989年【❾　　　　　**会談**】：**冷戦終結宣言**byブッシュ(父)・ゴルバチョフ→

1989年[❿　　　　　**の壁**]開放

1990年【⓫　　　　　　**統一**】·1991年,**バルト三国**分離独立(エストニア・ラトビア・リトアニア)

1991年【⓬　　　　**解体**】→ロシア連邦を中心にCIS(独立国家共同体)成立

65 ▸ 現代の日本と世界

➡解説編 p.176~178

1955年[❶　　　　**体制**]：自由党＋日本民主党＝**自由民主党**の結党

1960年[❷　　　　　　　　**条約**](新安保・60年安保)by岸信介首相

1975年[❸**第1回**　　　　　(**先進国首脳会議**)]開催(現在は**主要国首脳会議**とよばれる)

1989年[❹　　　　**年**]：【❺　　　**税**(　　%)】導入(1997年5%→2014年8%→2019年10%)

1991年[❻　　　　**戦争**]おこる(イラクvsアメリカを中心とする多国籍軍)

1992年[❼　　　　**協力法**]→同年[❽　　　　　　　　]へ自衛隊派遣

1993年【❾　　　　】(**ヨーロッパ連合**)(2020年現在27か国が加盟)

2001年[❿　　　　　　　　　　　　]おこる・2003年[⓫　　　　**戦争**]おこる

2011年　東日本大震災

2014年[⓬　　　　　　　　　]行使容認を閣議決定→2015年[⓭　　　　　　　**法**]

2021年東京オリンピック·パラリンピック開催(新型コロナウイルスの世界的流行で1年延期で開催)

[　　　**年**][　　　　　　　**高校**]へ入学する　　　　　　　　(…がんばれ！)

■まとめて年代暗記・世界■

年代	できごと	ゴロ合わせ
B.C.221	秦の中国統一by始皇帝	B.C. 2 2 1 お前はじじい，始皇帝
375	ゲルマン人の大移動(翌年以降ローマ帝国内へ移住)	3 7 5 みんなでGOとゲルマン人
476	西ローマ帝国滅亡	4 7 6 死なむとするか西ローマ
610	このころイスラム教成立inメッカ(サウジアラビア)	6 10 路頭に迷う人を救うムハンマド
843	フランク王国3分裂(→仏・独・伊のもと)	8 4 3 早よう3つに分けなさい
1096	第1回十字軍遠征	109 6 1096 遠くへ向かえ十字軍(十字軍は一苦労)
1215	マグナ=カルタ(大憲章)成立(英)	1 2 1 5 人に一言，マグナ=カルタ
1271	元の建国byフビライ=ハン	1 2 7 1 人にない，物をほしがるフビライ=ハン
1392	朝鮮の建国by李成桂	1 3 92 いざ国まとめる李成桂
1453	東ローマ帝国滅亡	1 4 5 3 人死んで，ゴミにまみれる東ローマ
1492	コロンブスが西インド諸島に到達	1 49 2 意欲に燃えるコロンブス
1517	ルターの宗教改革inドイツ	1 5 1 7 免罪符，以後人泣かすことはなし
1533	インカ帝国滅亡byスペイン	1 5 3 3 以後さんざんな，インカ帝国
1541	カルバンの宗教改革inスイス	1 5 4 1 以後よい教会，カルバン派
1588	イギリスがスペインの無敵艦隊をやぶる	1 5 8 8 以後はばきかすエリザベス
1600	イギリスが東インド会社を設立	1 6 00 うわ～，ひろ～東インド会社
1642	ピューリタン革命(英・クロムウェルの鉄騎隊)	1 6 4 2 人，無視に怒るピューリタン
1688	名誉革命(英)→翌1689権利の章典	16 8 8 色やや明らか，議会制
1776	アメリカ独立宣言(7月4日)	1 7 7 6 いーな，なろうぜ独立国
1789	フランス革命(7月14日)&人権宣言	1 7 8 9 非難バクハツ，バスティーユ
1804	ナポレオンが皇帝に即位(仏)	1 8 0 4 いばれよ皇帝ナポレオン
1840	アヘン戦争(英vs清)	1 8 4 0 一夜(いちや)で知れたアヘン戦争
1842	南京条約→香港を割譲	1 8 4 2 香港とられて人は死に
1851	太平天国の乱by洪秀全	1 8 5 1 天国よいとこ，人は来い
1857	インド大反乱(シパーヒーの乱)	1 8 5 7 一発こなごな，シパーヒー

(戦争等，長期にわたるできごとは開始年のみ)

1863	奴隷解放宣言byリンカン(ゲティスバーグの演説)	一番無惨な奴隷を解放
1871	ドイツ帝国成立(首相ビスマルク・プロイセン中心)	みずからの手柄言わないビスマルク
1894	甲午農民戦争→日清戦争	一躍，清を打ちやぶる
1899	義和団事件(翌1900北京に侵入)	いっぱい窮屈，清から出てけ
1902	日英同盟	日暮れに握手，日英同盟
1904	日露戦争	行くわよロシア
1910	韓国併合	ひどく異例な韓国併合
…11	辛亥革命by孫文(翌1912中華民国成立)	いちいちうるさい孫文さん
1914	サラエボ事件→第一次世界大戦	幾年(いくとし)も続いた大戦第一次
1917	ロシア革命byレーニン	特異な経済レーニンです
1919	ベルサイユ条約	行く行くパリのベルサイユ
1929	世界恐慌(10月24日・暗黒の木曜日)	人，国，苦しむ世界恐慌
1931	満州事変	戦イヤだよ柳条湖
1937	日中戦争	戦ながびく盧溝橋
1939	第二次世界大戦(ドイツ軍がポーランドに侵攻)	世界にふたたび戦来る
1941	真珠湾攻撃→太平洋戦争	行くよ一気に真珠湾
1945	ヤルタ会談・ポツダム会談	ひどくしごかれるぞ，ポツダム宣言
1949	中華人民共和国建国	行くよ苦難の毛沢東
1950	朝鮮戦争	隣で戦争，ひどくこまる(ことはなかったけど)
1951	サンフランシスコ平和条約	インク濃い字で，安保もね
1955	アジア=アフリカ会議(inインドネシアのバンドン)	行くぜGOGOバンドンへ
1956	日ソ共同宣言→日本が国連加盟	恨み解くころ，国連加盟
1960	アフリカの年	なんとか独立一苦労
…73	第四次中東戦争→石油危機	ナミダが出るぜ，紙がない…
…91	ソ連解体	悔いが残るぜソ連邦
2001	アメリカ同時多発テロ(9.11)	(21世紀の始まりの年です)

まとめて年代暗記・日本

年代	できごと	ゴロ合わせ
57	「漢委奴国王」の金印をもらう	5 7 いつなんどきも金印忘れず
239	邪馬台国の卑弥呼が魏に使者派遣	2 3 9 文(ふみ)来るかなと卑弥呼は待つ
538	仏教伝来(百済から)	5 3 8 仏教伝来，ご参拝
607	遣隋使として小野妹子を派遣(聖徳太子)	6 0 7 無礼なり，怒る煬帝(ようだい)，太子の国書
645	大化の改新始まる(中大兄皇子・中臣鎌足vs蘇我蝦夷・入鹿)	6 4 5　6 4 5 蒸し米で大化を祝う(蘇我氏を蒸し殺し)
663	白村江の戦い(中大兄皇子vs唐&新羅)	6 6 3 無論惨敗，白村江
672	壬申の乱(大海人皇子vs大友皇子)	6 7 2 無難に済まない壬申の乱
710	平城京遷都(元明天皇)	7 10 ナント大きな平城京
743	墾田永年私財法・大仏造立の詔	7 4 3 おなじみの大仏さん(聖武天皇・行基)
794	平安京遷都(桓武天皇)←寺社勢力の政治介入をきらう	7 9 4 泣くよ**坊さん**平安京
894	遣唐使停(廃)止(菅原道真)	89 4　8 9 4 白紙に戻す遣唐使(吐くよゲロゲロ遣唐使)
935	平将門の乱・藤原純友の乱(939)	9 3 5 関東を組みこむ新皇，将門の乱
1016	藤原道長が摂政となる	101 6　10 1 6 遠い昔の道長摂政(人は異論の道長摂政)
1053	平等院鳳凰堂が完成(藤原頼通)	1 0 5 3 平等院，入れこみ入れこみ阿弥陀仏
1086	白河上皇が院政を始める	10 8 6　1 0 8 6 父ちゃん，やろうぜ院政を(いわば無敵の院政だ)
1156	保元の乱(天皇家や藤原氏の争いに武士が動員)	1 1 5 6 いいころみんなで殺し合い(1159平治の乱)
1192	源頼朝が征夷大将軍になる(鎌倉に幕府)	1 1 9 2 イイクニつくろう鎌倉幕府
1221	承久の乱(後鳥羽上皇vs 2代執権北条義時)(六波羅探題)	1 2 2 1 後鳥羽上皇，いいジジイ
1232	御成敗式目制定(3代執権北条泰時)	1 2 3 2 一文に(ひとふみに)，記(しる)す武家法，御成敗
1274	元寇(文永の役・フビライvs 8代執権北条時宗)	1 2 7 4　8 1 いになよ元軍(去(い)に=「帰れ」)→弘安の役(ハイ)
1297	永仁の徳政令	1 297 皮肉な結果の徳政令
1333	鎌倉幕府滅亡(翌1334建武の新政by後醍醐天皇)	1 3 3 3 一味さんざん，鎌倉滅亡
1338	足利尊氏が征夷大将軍になる(室町幕府成立)	133 8 瞳さわやか尊氏将軍
1392	南北朝の合一(3代将軍足利義満)・朝鮮建国	1 392 いざ国まとめる南北朝
1429	琉球王国の建国	1 4 2 9　1 4 2 9 いっしょに国をつくりましょう(石にくい打ち，琉球建国)
1467	応仁の乱(8代将軍足利義政)	1 4 6 7 人の世むなしい応仁の乱
1549	キリスト教伝来(スペイン人ザビエルin鹿児島)	1 5 4 9 以後よく広まるキリスト教
1573	室町幕府滅亡(信長が15代将軍足利義昭を追放)	1 5 7 3 以後ナミダの室町幕府
1582	本能寺の変(明智光秀)	1 5 8 2 イチゴパンツの本能寺
1588	刀狩令(豊臣秀吉)	1 5 8 8　1 5 8 8 以後はばきかす刀狩(以後は刃物は禁止です)
1603	徳川家康が江戸幕府を開く	1 6 0 3 ヒーローおっさん家康将軍
1615	武家諸法度(2代将軍徳川秀忠の名で)	161 5 広い御殿で，ご法度だ
1635	参勤交代の制度化(3代将軍徳川家光)	1 6 3 5 疲労見事な参勤交代
1637	島原・天草一揆(島原の乱・天草四郎)	1 6 3 7 一路みんなで島原へ
1669	シャクシャインの戦い	1 6 6 9 ヒーローむくわれずシャクシャイン

※江戸三大改革：(吉宗(よしむね)享保(きょうほ)・松(まつ)平寛(か)政・水(み)野天(て)保)(色(16)・花(87)・よい(41)←1716・1787・1841)

1687	生類憐みの令(5代将軍徳川綱吉)(この年が本格的)	**犬**でもそんなの拾わない
1772	田沼意次が老中になる	柔軟な日本をつくる田沼さん
1825	異国船打払令	永遠(とわ)に来ぬよう打ち払え
1837	大塩平八郎の乱	人はみな，困っているぞと大塩さん
1853	ペリー来航(浦賀)→翌1854日米和親条約	イヤでござんすペリーさん
1858	日米修好通商条約(井伊直弼)	いやー怖いわハリスさん
1866	薩長同盟(西郷隆盛・木戸孝允・坂本龍馬)	一夜，ムムっと薩長同盟
1867	大政奉還(15代将軍徳川慶喜)・王政復古の大号令	一夜むなしい大政奉還
1869	版籍奉還	人はムクれる版籍奉還
1871	廃藩置県	これからは，藩とイワナイ，県という
1872	学制公布	人は何より学校へ
1873	地租改正	イヤな3％地租改正
1873	徴兵令	人はナミダで兵役へ
1877	西南戦争(西郷隆盛)	いやな名，残した西郷さん
1889	大日本帝国憲法発布	いち早く，つくるよ憲法とりいそぎ
1902	日英同盟	日暮れに握手，日英同盟
1910	韓国併合(朝鮮総督府を設置)	ひどく異例な韓国併合
…11	関税自主権回復(小村寿太郎外相)	**寿**ってイイ**感じ**(関・自)
1918	シベリア出兵(ロシア革命に干渉)	行くのイヤだわシベリアへ
1919	ベルサイユ条約	行く行くパリのベルサイユ
1925	普通選挙法・治安維持法	〈1925年に25歳以上〉
1929	世界恐慌	人，国，苦しむ世界恐慌
1931	柳条湖事件→満州事変	戦イヤだよ柳条湖
1932	五・一五事件(犬養毅暗殺)	戦になるぞ，五・一五
1936	二・二六事件	ひどく寒いぞ二・二六
1937	盧溝橋事件→日中戦争	戦ながびく盧溝橋
1938	国家総動員法	戦はみんなで総動員
1939	第二次世界大戦	世界にふたたび戦来る
1941	真珠湾攻撃・マレー半島上陸→太平洋戦争	行くよ一気に真珠湾
1950	朝鮮戦争(警察予備隊を設置)	隣で戦争，ひどくこまる(ことはなかったけど)
1951	サンフランシスコ平和条約(吉田茂首相)	インク濃い字で，安保もね
1956	日ソ共同宣言→国際連合加盟	恨み解くころ，国連加盟
1965	日韓基本条約	行くか老後は韓国へ
1972	沖縄返還	人，苦難に耐えて復帰する
1972	日中共同声明	ビッグなニュースで**声**が**明**るい
…73	第四次中東戦争→石油危機	ナミダが出るぜ，紙がない…
1978	日中平和友好条約	平和の使者はビッグなパンダ

※日清→日露→第一次：下1ケタが4の10年おき(1894→1904→1914)

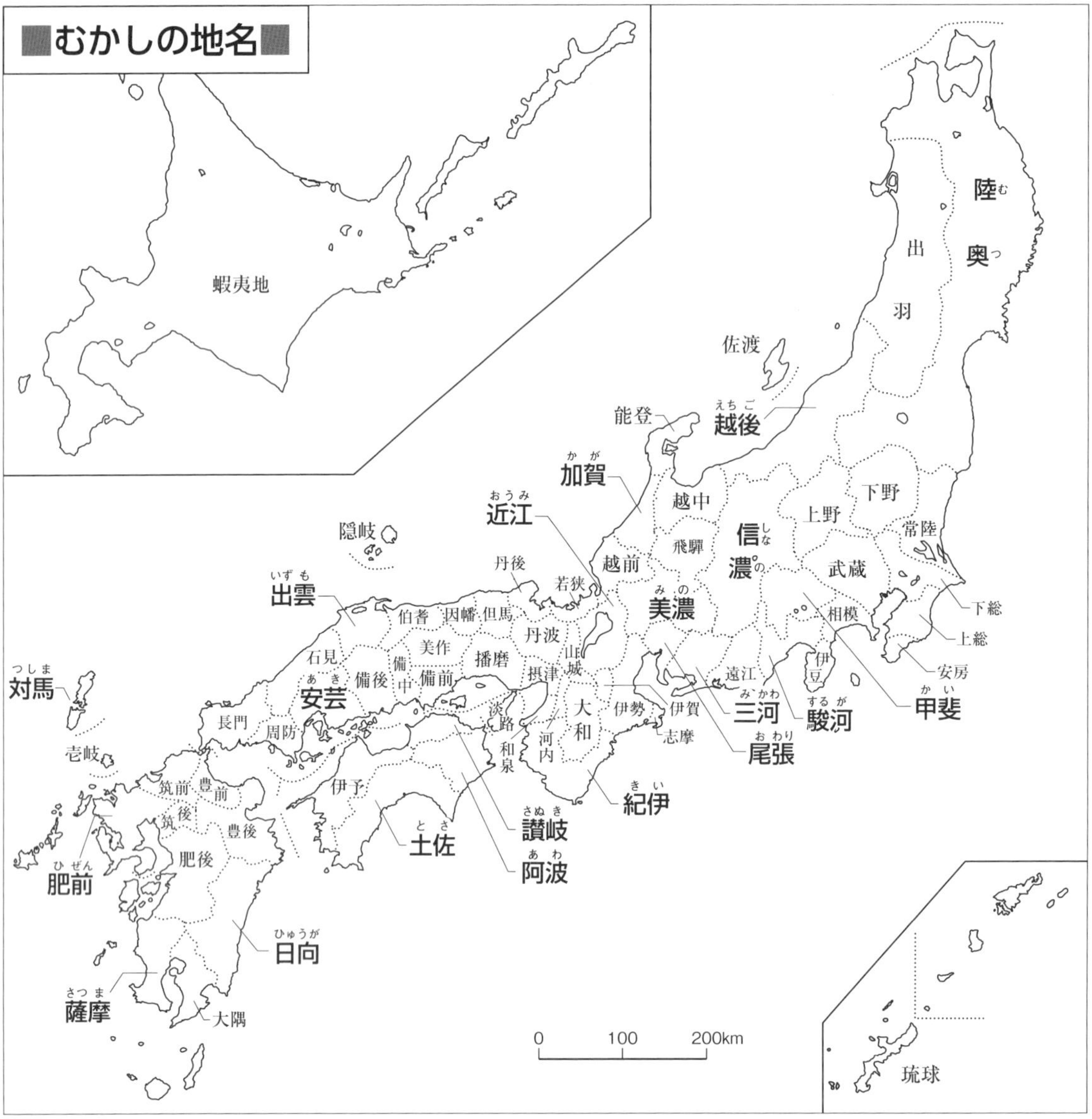
■むかしの地名■
蝦夷地
陸奥
出羽
佐渡
越後
能登
加賀
越中
信濃
上野
下野
常陸
近江
隠岐
飛騨
越前
武蔵
丹後
若狭
美濃
下総
出雲
伯耆
因幡
但馬
相模
上総
美作
丹波
山城
石見
備中
備後
備前
播磨
摂津
伊豆
安房
対馬
安芸
遠江
甲斐
三河
駿河
長門
周防
淡路
大和
伊勢
伊賀
志摩
河内
和泉
尾張
壱岐
筑前
豊前
伊予
紀伊
筑後
豊後
讃岐
土佐
肥後
阿波
肥前
日向
薩摩
大隅
0
100
200km
琉球

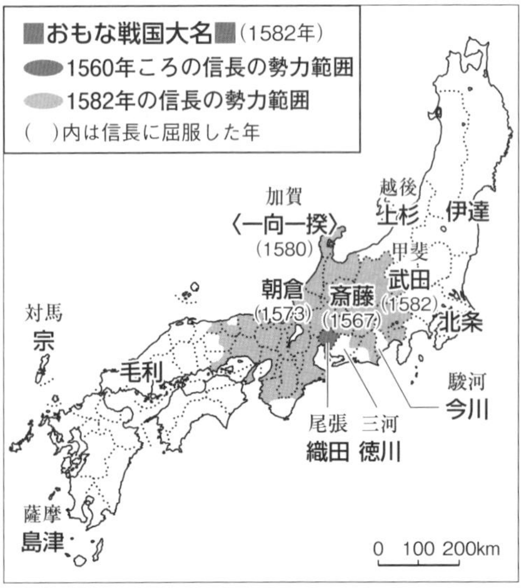
■おもな戦国大名■(1582年)
1560年ころの信長の勢力範囲
1582年の信長の勢力範囲
( )内は信長に屈服した年
加賀
〈一向一揆〉
(1580)
越後
上杉
伊達
甲斐
武田
(1582)
朝倉
(1573)
斎藤
(1567)
北条
対馬
宗
毛利
駿河
今川
尾張
織田
三河
徳川
薩摩
島津
0
100
200km

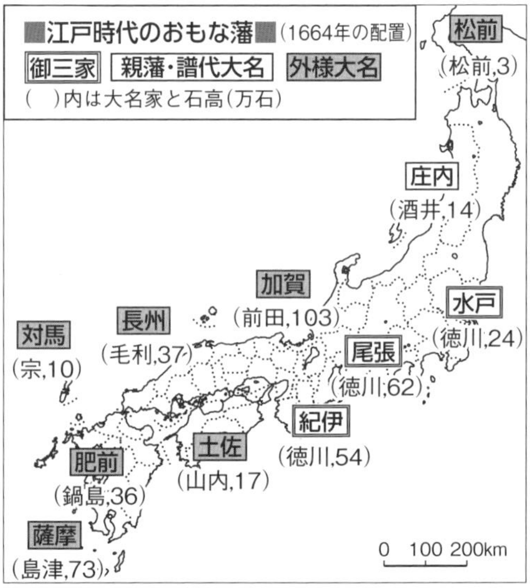
■江戸時代のおもな藩■(1664年の配置)
御三家
親藩・譜代大名
外様大名
( )内は大名家と石高(万石)
松前
(松前,3)
庄内
(酒井,14)
加賀
(前田,103)
水戸
(徳川,24)
対馬
(宗,10)
長州
(毛利,37)
尾張
(徳川,62)
紀伊
(徳川,54)
土佐
(山内,17)
肥前
(鍋島,36)
薩摩
(島津,73)
0
100
200km

③